金毓黻等 編

文溯閣四庫全書提要

四

集部

中華書局

本冊目錄

欽定四庫全書提要卷七十九

集部一

楚辭類

楚辭章句

臣等謹案楚辭章句十七卷漢王逸注逸字叔師南郡宜城人順帝時官至侍中事迹具後漢書文苑傳舊本題校書郎中蓋據其注是書時所居官也初劉向裒集屈原離騷九歌天問九章遠遊卜居漁父宋玉九辨招魂景差大招而以賈誼惜誓淮南小山招隱士東方朔七諫嚴忌哀時命王褒九懷及向所作九歎共爲楚辭十六篇是爲總集之祖逸又益以己作九思與班固二敘爲十七卷而各爲之注其九思之注洪興祖疑其子延壽所爲然漢書地理志藝文志即有自注事在逸前謝靈運作山居賦亦自注之安知非用逸例耶舊說無文未可遽疑爲延壽作也陳振孫書錄解題載有古文楚辭釋文一卷其篇第

逈與今本不同興祖據逸九章注中稱皆解於九辨中知古本九辨在前九章在後振孫又引朱子之言據天聖十年陳說之序謂舊本篇第混併乃考其人之先後重定其篇第知今本爲說之所改則自宋以來已非逸之舊本又黄伯思東觀餘論謂逸注楚辭序皆在後如法言舊本之例不知何人移於前則不但篇第非舊併其序亦非舊矣然洪興祖考異于離騷經下注曰釋文第一無經字而逸注明云離別也騷愁也經徑也則逸所注本確有經字與釋文本不同必謂釋文爲舊本亦未可信姑存其說可也乾隆四十七年十一月恭校上

楚辭補註

臣等謹案楚辭補註十七卷宋洪興祖撰興祖字慶善陸游渭南集有興祖手帖跋稱爲洪成季慶善未之詳也丹陽人政和中登上舍第南渡後召試授祕書省正字歷官提點江東刑獄知眞州饒州後忤秦檜編管昭州卒事迹具宋史儒林傳周麟之海陵集有興祖贈直敷文閣制極褒其編纂之功蓋檜死乃

昭雪也案陳振孫書錄解題列補註楚辭十七卷考異一卷稱興祖少時從柳展如得東坡手校本十卷凡諸本異同皆兩出之後又得洪玉父而下本十四五家參校遂爲定本始補王逸章句之未備者成書又得姚廷輝本作考異附古本釋文之後又得歐陽永叔孫莘老蘇子容本於關子東葉少協校正以補考異之遺云云則舊本兼載釋文而考異一卷附之在補註十七卷之外此本每卷之末有汲古後人毛表字奏叔依古本是正印記而考異已散入各句下未知誰所竄亂也又目錄後有興祖附記稱鮑欽止云辨騷非楚辭本書不當錄班固二序舊在九歎之後今附於第一通之末云云此本離騷之末有班固二序與所記合而劉勰辨騷一篇仍列序後亦不詳其何故豈但言其不當錄而未敢遽删歟漢人注書大抵簡質又往往舉其訓詁而不備列其考據興祖是編列逸註於前而一一疏通證明補註於後於逸註多所闡發又皆以補曰二字別之使與原文不亂亦異乎明代諸人妄改古書恣情損益於楚辭諸注

之中特爲善本故陳振孫稱其用力之勤而朱子作集註亦多取其說云乾隆四十七年四月恭校上

楚辭集注

臣等謹案楚辭集注八卷辨證二卷後語六卷宋朱子撰以後漢王逸章句及洪興祖補注二書詳於訓詁未得意旨乃隱括舊編定爲此本以屈原所著二十五篇爲離騷宋玉以下十六篇爲續離騷隨文詮釋每章各繫以興比賦字如毛詩傳例其訂正舊注之謬誤者别爲辨證二卷附焉自爲之序又刊定晁補之續楚辭變離騷二書録荀卿至吕大臨凡五十二篇爲楚辭後語亦自爲之序楚辭舊本有東方朔七諫王褒九懷劉向九歎王逸九思晁本删九思一篇是編并削七諫九懷九歎三篇益以賈誼二賦陳振孫書録解題謂以七諫以下詞意平緩意不深切如無病而呻吟者也晁氏續離騷凡二十卷變楚辭亦二十卷後語删爲六卷去取特嚴而揚雄反騷爲舊録所不取者乃反收入

自序謂欲因反騷而著蘇氏洪氏之貶詞以明天下之大戒也周密齊東野語紀紹熙内禪事曰趙汝愚永州安置至衡州而卒朱熹爲之注離騷以寄意焉然則是書大旨在以靈均寓放逐宗臣之感以宋玉招魂抒故舊之悲耳固不必於箋釋音叶之間規規爭其得失矣乾隆四十七年五月恭校上

離騷草木疏

臣等謹案離騷草木疏四卷宋吴仁傑撰仁傑有古周易已著録是編末有仁傑慶元丁巳自序謂梁劉杳有草木疏二卷見于本傳其書已亡杳疏凡王逸所集者皆在焉仁傑獨取二十五篇疏之其大旨謂離騷之文多本山海經故書中引用每以山海經爲斷若辨夕攬洲之宿莽句引朝歌之山有莽草焉爲據駮王逸舊注之非其說甚辨然騷人寄興義不一端瓊枝若木之屬固有寓言澧蘭沅芷之類亦多即目必舉其隨時抒望觸物興懷悉引之于大荒之外使靈均所賦悉出伯益所書是澤畔行吟主于侈其博贍非以寫其哀怨是亦

好奇之過矣然其徵引宏富考辨典核實能補王逸訓詁所未及以視陸璣之疏毛詩羅願之翼爾雅可以方軌並駕爭騖後先故博物者恒資焉迹其賅洽固亦考證之林也此本爲影宋舊鈔末有慶元庚申方燦跋又有校正姓氏三行蓋仁傑官國子學錄時屬燦刊于羅田者舊板散佚流傳頗罕寫本僅存亦可謂藝林之珍笈矣乾隆四十七年十月恭校上

欽定補繪蕭雲從離騷全圖

臣等謹案 欽定補繪離騷全圖三卷 國朝蕭雲從原圖乾隆四十七年奉勅補繪雲從字尺木當塗貢生考天問序稱屈原放逐彷徨山澤見楚有先王之廟及公卿祠堂圖畫天地山川神靈琦瑋譎佹及古聖賢怪物異事因書其壁呵而問之是楚辭之興本由圖畫而作後世讀其書者見所徵引自天文地理蟲魚草木與凡可喜可愕之物無不畢備咸足以擴耳目而窮幽渺往往就其興趣所至繪之爲圖如宋之李公麟等皆以此擅長特所畫不過一篇一

章未能賅極情狀雲從始因其章句廣爲此圖當時咸推其工妙爲之鐫刻流傳然原本所有祇以三閭大夫鄭詹尹漁父合爲一圖冠於卷端及九歌爲九圖天問爲五十四圖而目錄凡例所稱離騷經遠遊諸圖並已闕佚香草一圖則自稱有志未逮核之楚辭篇什挂漏良多　皇上幾餘披覽以其用意雖勤而脫略不免　特命內廷諸臣參考釐訂各爲補繪於離騷經則分文析句次爲三十二圖又九章爲九圖遠遊爲五圖九辯爲九圖招魂爲十三圖大招爲七圖香草爲十六圖於是體物摹神粲然大備不獨原始要終篇無賸義而靈均旨趣亦藉以考見其比興之原仰見　大聖人游藝觀文意存深遠而雲從以繪事之微荷蒙　宸鑒得爲大輅之椎輪實永被榮施於不朽矣乾隆四十九年十一月恭校上

山帶閣注楚辭

臣等謹案山帶閣注楚辭六卷楚辭餘論二卷楚辭說韻一卷　國朝蔣驥撰

驥字涑塍武進人是書自序題康熙癸巳而餘論上卷有庚子以後復見安溪李氏離騷解義之語蓋餘論又成於注後也注前冠以史記屈原列傳沈亞之屈原外傳楚世家節略以考原事迹之本末次以楚辭地理列爲五圖以考原涉歷之後先所注即據事迹之年月道里之遠近以定所作之時地雖穿鑿附會所不能無而徵實之談終勝懸斷餘論二卷駁正注釋之得失考證典故之同異其間詆訶舊說頗涉輕薄如以少司命爲月下老人之類亦幾同戲劇皆乖著書之體而汰其冗蕪簡其精要亦自瑕不掩瑜說韻一卷分以字母通以方音又博引古音之同異每部列通韻叶韻通母叶韻三例以攻顧炎武毛奇齡之說夫雙聲互轉四聲遞轉之二例沙隨程迥已言之此非驥之刱論至於五方音異自古已然不能謂之不協亦不能執以爲例黄庭堅詞用蜀音以笛韻竹林外詞用閩音以掃韻所安可據爲典要謂宋韻盡如是乎又古音一字而數叶亦如今韻一字而重音佳字佳厤並收寅字支眞並見是卽其例使非

韻書具在亦將執其別韻以攻今韻之部分蓋古音本無成書不過後人參互比校擇其相通之多者區爲界限猶之九州列國今但得約指其地而不能一一稽其犬牙相錯之形驥不究同異之由但執一二小節遽欲變亂其大綱亦非通論以其引證浩博中亦間有可採者故仍從原本與餘論並附錄焉乾隆四十七年十月恭校上

欽定四庫全書提要卷七十九

欽定四庫全書提要卷八十

集部二

別集類一

揚子雲集

臣等謹案揚子雲集六卷漢揚雄撰漢書藝文志隋書經籍志唐書藝文志皆載雄集五卷其本久佚宋譚愈始取漢書及古文苑所載四十餘篇仍輯爲五卷已非舊本明萬曆中遂州鄭樸又取所撰太元法言方言三書及類書所引蜀王本紀琴清英諸條與諸文賦合編之釐爲六卷而以逸篇之目附卷末即此本也雄所撰諸箴古文苑及中興書目皆二十四篇惟晁公武讀書志稱二十八篇多司空尚書博士太常四篇是集復益以太官令太史令爲三十篇考後漢書班固傳注引雄尚書箴太平御覽引雄太官令太史令二箴則樸之所增未爲無據然考漢書胡廣傳稱雄作十二州箴二十五官箴其九箴亡則漢

世止二十八篇劉勰文心雕龍稱卿尹州牧二十五篇則又亡其三不應其後復出且古文苑載司空等四箴明注崔駰崔瑗之名葉大慶考古質疑又摘初學記所載潤州箴中乃有六代都輿之語則諸書或屬誤引未可遽定爲雄作也乾隆四十七年五月恭校上

蔡中郎集

臣等謹案蔡中郎集六卷漢蔡邕撰隋志載後漢左中郎將蔡邕集十二卷註曰梁有二十卷錄一卷則其集至隋已非完本舊唐志乃仍作二十卷當由官書佚脱而民間傳本未亡故復出也宋志著錄僅十卷則又經散亡非其舊本矣此本爲雍正中陳留所刊文與詩共得九十四首證以張溥百三家集刊本多寡增損互有出入卷首歐靜序論姜伯淮劉鎮南碑斷非邕作以年月考之其說良是張本删去劉碑不爲無見然以伯淮爲邕前輩宜有邕文遂改建安二年爲熹平二年則近於武斷矣張本又載薦董卓表而陳留本無之其事范

書不載或疑爲後人贋作然劉克莊後村詩話已排詆此表與揚雄劇秦美新同稱則宋本實有此文不自張本始載後漢諸史自袁范二家以外尚有謝承薛瑩張璠華嶠謝沈袁崧司馬彪諸家今皆散佚亦難以史所未載斷其事之必無或新本刊於陳留以桑梓之情欲爲隱諱故削之以滅其迹歟乾隆四十七年五月恭校上

孔北海集

臣等謹案孔北海集一卷漢孔融撰案魏文帝典論論文稱孔氏卓卓信含異氣筆墨之性殆不可勝後漢書融本傳亦曰魏文帝深好融文詞歎曰揚班儔也募天下有上融文章者輒賞以金帛所著詩頌碑文奏議六言策表檄教令書記凡二十五篇隋書經籍志載漢少府孔融集九卷註曰梁十卷錄一卷則較本傳所記已多增益新舊唐書皆作十卷蓋猶梁時之舊本宋史始不著錄則其集當佚於宋時此本蓋明人所掇拾凡表一篇疏一篇上書三篇奏事二

篇議一篇對一篇敎一篇上書十六篇碑銘一篇論四篇詩六篇共三十七篇其聖人優劣論蓋一文而偶存兩條編次者遂析爲兩篇其實三十六篇也張溥百三家集亦載是編較此本少再告高密令敎告高密縣僚屬敎二首大抵掇摭史傳類書多斷簡殘章首尾不具非惟失隋唐之舊即蘇軾孔北海贊序稱讀其所作楊氏四公贊而今本亦無之則宋人所及見者今已不具矣然人既國器文亦鴻寶雖缺佚之餘彌可珍也其六言詩之名見於本傳今所傳三章詞多凡近又皆盛稱曹操功德斷以融之生平可信其義不出此即使舊本有之亦必黄初閒購求遺文之時贋託融作以重曹操未可定爲眞本也流傳既久姑仍舊本錄之而附糾其僞於此集中詩文多有箋釋本事者不知何人所作疏奏之類皆附綴篇末書敎之類則夾注篇題之下體例自相違異今悉夾注篇題之下俾從畫一焉乾隆四十七年四月恭校上

臣等謹案曹子建集十卷魏曹植撰案魏志植本傳景初中撰錄植所著賦頌詩銘雜論凡百餘篇副藏内外隋書經籍志載陳思王集三十卷唐書藝文志作二十卷而注其下曰三十卷蓋三十卷者隋時舊本二十卷者爲後來合併重編實無兩集鄭樵作通志略亦併載二本焦竑作國史經籍志遂合二本卷數爲一稱植集爲五十卷謬之甚矣陳振孫書錄解題亦作二十卷然振孫謂其間頗有采取御覽書鈔類聚中所有者則捃摭而成已非唐時二十卷之舊文獻通考作十卷又併非陳氏著錄之舊此編目錄後有嘉定六年癸酉字猶從宋寧宗時本翻刻蓋即通考所載也善哉行一篇諸本皆作古詞乃誤爲植作不知其下所載當來日大難即當此篇也使此爲植作將自作而自擬之乎其舛誤疏略不得謂之善本唐以前舊本既佚後來刻植集者率以是編爲祖本别無更古於斯者錄而存之亦不得已而思其次也乾隆四十七年十月恭

校上

嵇中散集

臣等謹案嵇中散集十卷舊本題晉嵇康撰案康爲司馬昭所害時當塗之祚未終則康當爲魏人不當爲晉人晉書立傳實房喬等之舛誤本集因而題之非也隋書經籍志載康文集十五卷新舊唐書並同鄭樵通志略所載卷數尚合至陳振孫書録解題則已作十卷且稱康所作文論六七萬言其存于世者僅如此則宋時已無全本矣疑鄭樵所載亦因仍舊史之文未必真見十五卷之本也此本凡詩四十七篇賦一篇書二篇雜著二篇論九篇箴一篇家誡一篇而雜著中嵇荀録一篇有録無書實共文六十二篇又非宋本之舊蓋明嘉靖乙酉吳縣黄省曾所重輯也楊慎丹鉛録嘗辨阮籍卒于康後而世傳籍碑爲康作此本不載此碑則其考核猶爲精審矣乾隆四十七年十月恭校上

陸士龍集

臣等謹案陸士龍集十卷晉陸雲撰雲字士龍吳郡人吳大司馬抗之子官至

清河內史爲成都王穎所殺事蹟具晉書本傳雲與兄機齊名時稱二陸史謂其文章不及機而持論過之今觀集中諸啟其執辭諫諍陳義鯁切誠近於古之遺直至其文藻麗密詞旨深雅要足獨步當時於士衡亦有未可遽相優劣者隋書經籍志載雲集十二卷又稱梁十卷錄一卷是當時所傳之本原有異同新唐書藝文志但作十卷則所謂十二卷者已不復見至南宋時十卷之本又漸就湮沒慶元間信安徐民瞻始得之於祕書省與士龍集並刊以行蓋即此本然史稱雲所著文詞三百四十九篇今此集僅錄二百餘篇似非足本疑隋唐所傳舊集久已亡佚此特後人從他書摘鈔以行者故敘次頗爲叢雜如答兄平原詩二首其行矣怨路長一首乃機贈雲之作故馮惟訥詩紀收入機詩內而此本譌作雲答機之詩又綠房含青實四語及逍遙近南畔二語皆自藝文類聚芙蕖部嘯部中摘出逸句古詩紀以爲失題系之卷末而此乃直標其題亦殊失於附會特雲之原集既不可見惟藉此以僅存什一故悉仍其舊

錄之亦庶以得其梗概焉乾隆四十七年四月恭校上

陶淵明集

臣等謹案陶淵明集八卷晉陶潛撰據北齊陽休之序錄潛集行世凡三本一本八卷無序一本六卷有序目而編比顛亂兼復闕少一本爲蕭統所撰（案古人編錄之書亦謂之撰故文選舊本皆題梁昭明太子撰而徐陵玉臺新詠序亦稱撰錄艷歌凡爲十卷休之稱潛集爲統撰蓋沿當日之稱今亦依其舊文）亦八卷而少五孝傳及四八目四八目即聖賢羣輔錄也休之參合三本定爲十卷已非蕭統之舊又宋庠私記稱隋書經籍志潛集九卷又云梁有五卷錄一卷唐志作五卷庠時所行一爲蕭統八卷本以文列詩前一爲陽休之十卷本其他又數十本終不知何者爲是晚乃得江左舊本次第最有倫貫今世所行即庠稱江左本也然昭明太子去潛世近已不見五孝傳四八目不以入集陽休之何由續得且五孝傳及四八目所引尚書自相矛盾決不出於一手當必依託之文休之誤信而增之以後諸本雖卷帙多少次第先後各有不同其竄入僞作則同一轍

實自休之所編始庠私記但疑八儒三墨二條之誤亦考之不審矣今四八目已經　睿鑒指示灼知其贋别著録於子部類書而詳辨之其五孝傳文義庸淺決非潛作既與四八目一時同出其贋亦不待言今並刪除惟編潛詩文仍從昭明太子爲八卷雖梁時舊第今不可考而黜僞存眞庶幾猶爲近古焉乾隆四十七年十月恭校上

璇璣圖詩讀法

臣等謹案璇璣圖詩讀法二卷明康萬民撰萬民字無沴武功人海之孫也蘇蕙織錦回文古今傳爲佳話劉勰文心雕龍稱回文所興道原爲始則齊梁之際尚未見其圖此圖及武曌序均莫知所從來考晉書列女傳載苻堅秦州刺史竇滔有罪徙流沙其妻蘇蕙織錦爲回文旋圖詩無滔鎭襄陽及趙陽臺讒間事又考晉書孝武帝紀稱太元四年苻丕陷襄陽苻堅載記稱以其中壘梁成爲南中郎將都督荊揚州諸軍事荊州刺史領護南蠻校尉配兵一萬鎭襄

陽亦不言竇滔與序所言全然乖異序末稱如意元年五月一日是時晉書久成不應矛盾至此又其文萎弱亦不類初唐文體疑後人依託然晉書稱其圖凡八百四十字縱横宛轉以讀之文多不錄則唐初實有是圖又李善註江淹別賦引織錦回文詩序曰竇滔秦州被徙沙漠其妻蘇氏秦州臨去別蘇誓不再娶至沙漠便娶婦蘇氏織錦端中作此廻文詩以贈之苻國時人也其說亦與晉書合益知詩眞而序僞考黄庭堅詩已用連波悔過陽臺暮雨事其僞當作宋以前也乾隆四十七年十月恭校上

鮑明遠集

臣等謹案鮑明遠集十卷宋鮑照撰照字明遠東海人晁公武讀書志作上黨人蓋誤讀虞炎序中本上黨人之語照或作昭蓋唐人避武后諱所改韋莊詩有欲將張翰松江雨畫作屏風寄鮑昭句押入平聲殊失其實沈約宋書李延壽南北史作於武后稱制前者實皆作照不作昭也照爲臨川王子頊參軍沒

於亂兵遺文零落齊散騎侍郎虞炎始編次成集隋書經籍志著錄十卷而註曰梁六卷然則後人又續增矣此本爲明正德庚午朱應登所刊云得自都穆家卷數與隋志合而冠以炎序未審即隋志舊本否考其編次既以樂府別爲一卷而采桑梅花落行路難亦皆樂府乃別入詩中唐以前人皆解聲律不應舛互若此又行路難第七首躑躅字下註曰集作樽樽啄字下註曰集作逐使果原集何得又稱集作此後人重輯之明驗矣然文章皆有首尾詩賦亦往往有自序自註與六朝他集從類書採出者不同殆因傳舊本而稍爲竄亂歟鍾嶸詩品云學鮑照纔能日中市朝滿學謝朓劣得黄鳥度青枝今集中無此一句益知非梁時本也乾隆四十七年十月恭校上

謝宣城集

臣等謹案謝宣城集五卷齊謝朓撰朓字元暉陳郡陽夏人據南齊書本傳朓以中書郎出爲宣城太守以選復爲中書郎又出爲晉安王鎮北諮議南東海

太守行南徐州事遷尙書吏部郎被誅其官實不止于宣城太守然詩家皆稱謝宣城殆以北樓吟詠爲世盛傳耶據陳振孫書錄解題稱朓集本十卷樓炤知宣州止以上五卷賦與詩刋之下五卷皆當時應用之文衰世之事可采者已見本傳及文選餘視詩劣雖無傳可也考鍾嶸詩品稱朓極與予論詩感激頓挫過其文則振孫之言審矣張溥刻百三家集合朓詩文爲一卷此本五卷即紹興二十八年樓炤所刻前有炤序猶南宋佳本也本傳稱朓長於五言詩沈約嘗云二百年來無此詩鍾嶸詩品乃稱其微傷細密頗在不倫一章之中自有玉石又稱其善自發端而末篇多躓過毁過譽皆失其眞趙紫芝詩曰輔嗣易行無漢學元暉詩變有唐風斯于文質升降之間爲得其平矣乾隆四十七年十月恭校上

昭明太子集

臣等謹案昭明太子集六卷梁太子蕭統撰案梁書本傳稱統有集二十卷隋

書經籍志唐書藝文志並同宋史藝文志僅載五卷已非其舊文獻通考不著錄則宋末已佚矣此本爲明嘉興葉紹泰所刊凡詩賦一卷雜文五卷賦每篇不過數句蓋自藝文類聚諸書採掇而成皆非完本詩中擬古第二首林下作伎一首照流看落釵一首美人晨妝一首名士悅傾城一首皆梁簡文帝之詩見于玉臺新詠其書爲徐陵奉簡文之令而作不容有誤當由據題作皇太子輾轉稗販故誤以爲昭明又錦帶書十二月啓亦不類齊梁文體其姑洗三月啓中有啼鶯出谷爭傳求友之聲句考唐人試鶯出谷詩李綽尚書故實譏其事無所出使昭明先有此啓綽豈不見乎是亦作僞之明證也張溥百三家集中亦有統集以兩本互校此本七召一篇與東宮官屬令一篇謝賚涅槃經講疏啓一篇謝勅賚銅造善覺寺塔露盤啓一篇謝賚魏國錦賚廣州塸賚城邊橘賚河南菜賚大菘啓五篇與劉孝儀與張纘與晉安王論張新安書三篇駁舉樂議一篇皆溥本所無溥本與明山賓令一篇詳東宮禮絕旁親議一篇謝

勅鑄慈覺寺鐘啟一篇亦此本所無然則是二本者皆明人所掇拾耳乾隆四十七年九月恭校上

江文通集

臣等謹案江文通集四卷梁江淹撰淹事蹟具梁書及南史本傳淹自序傳稱自少及長未嘗著書惟集十卷考傳中所序官階止於中書侍郎核以史傳正當建元之初則永明以後所作尚不在其内今舊本散佚行於世者惟歙縣汪士賢太倉張溥二本此本乃乾隆戊寅淹鄉人梁賓以汪本張本參合異同又益以睢州湯斌家鈔本參互成編汪本闕知己賦一篇井賦四語銅劒讚一篇詠美人春遊一篇征怨一篇張本闕爲蕭某拜太傅揚州牧表一篇此皆補完他如待罪江南思北歸賦張本無題首四字尚書符張本題下缺夾注起都宫鈞局符蘭臺八字爲蕭某重讓揚州表中任鈞無負圖之重句張本脱無字爲蕭某讓太傅相國十郡九錫表首張本脱備九錫之禮五字上建平王書末汪

本脱此心既照死且不朽八字亦均校正其餘字句皆備錄異同若雜擬詩序中芳草寧共氣句此本訛氣爲棄之類小小疎舛間或不免然終較他本爲善也乾隆四十七年四月恭校上

水部集

臣等謹案水部集一卷梁何遜撰遜字仲言東海郯人官至水部員外郎故自唐以來稱何水部事迹具梁書本傳王僧儒嘗輯遜詩編爲八卷宋黄伯思東觀餘論有遜集跋稱爲春明宋氏本蓋宋敏求家所傳其卷數尚與梁書相符而伯思云杜甫所引昏鴉接翅歸金粟裹搔頭等句不見集中則當時已有所佚脱今舊本久亡所謂八卷者不可復睹即永樂大典所引遜詩亦皆今世所習見則元明間已不存矣此本爲正德丁丑松江張紘所刊首列遜小傳凡詩九十五首附載范雲劉孝綽同作擬古二首聯句十三首末載黄伯思跋後附七召一篇末復有紘跋稱舊與陰鏗集偕刻紘以二家體裁各别不當比而同

之公暇獨取是集删其繁蕪同寅毘陵陸懋之永嘉李升之捐俸共刻然則是集又經紘刊削有所去取歟玉臺新詠載遜學青青河邊草一首此本標題作擬靑靑河畔草轉韻體爲人作其人識節工歌與玉臺新詠不同考六朝以前之詩題無此體格顯爲後人所妄加又靑靑河邊草爲蔡邕之作靑靑河畔草爲枚乘之作六朝人所擬截然有別此倣邕體而題作畔字明爲後人據十九首而妄改復以古詩不換韻此詩換韻妄增轉韻體云云也蓋字句亦多所竄亂非其舊矣乾隆四十七年九月恭校上

庾開府集箋註

臣等謹案庾開府集箋註十卷周庾信撰　國朝吴兆宜註信字子山新野人梁散騎常侍中書令肩吾之子元帝時仕至右衛將軍封武康縣侯加散騎侍郎梁亡仕魏爲車騎大將軍儀同三司魏亡仕周爲司宗中大夫大象初以疾去職周亡入隋卒於開皇元年事蹟具周書本傳考集中辛成碑文稱開皇元

年七月某日反葬河州則入隋幾一載矣信爲梁元帝守朱雀航望敵先奔厥後歷仕諸朝如更傳舍其立身本不足重其駢偶之文則集六朝之大成而導四傑之先路自古迄今屹然爲四六宗匠初在南朝與徐陵齊名故李延壽北史文苑傳序稱徐陵庾信其意淺而繁其文匿而采詞尚淸險情多哀思王通中說亦曰徐陵庾信古之夸人也其文誕令狐德棻作周書至詆其誇目侈於紅紫蕩心逾於鄭衛斥爲詞賦之罪人然此自指臺城應教之日二人以宫體相高耳至信北遷以後閱歷既久學問彌深所著皆華實相扶情文兼至抽黃對白之下灝氣舒卷變化自如則非陵之所能及矣北史本傳稱有集二十卷與周滕王逌之序合隋書經籍志作二十一卷皆已久佚倪瓚淸閟閣集有與彝齋學士書曰聞執事新收得庾子山集在州郭時欲借以示僕不時也茲專一力致左右千萬暫借一觀云云則元末明初尚有重編之本今亦未見此本蓋由諸書鈔撮而成非其原帙也乾隆四十七年十一月恭校上

庾子山集

臣等謹案庾子山集十六卷周庾信撰　國朝倪璠註璠字魯玉錢塘人康熙乙酉舉人官內閣中書舍人是編以吳兆宜所箋庾開府集合衆手以成之頗傷漏略乃詳考諸史作年譜冠於集首又旁採博蒐重為註釋其中如小園賦前一段本屬散文而璠以為用古韻未免失之穿鑿漢書藝文志別栩陽賦五篇自是人姓名而信哀江南賦乃云栩陽亭有離別之賦唐山夫人安世房中歌桂華二字自屬篇名馮馮翼翼承天之則二句乃下章之首而信黃帝雲門舞歌乃云清野桂馮馮皆顯然舛誤璠依違其詞不加駁正亦失之附會然比核史傳實較吳本為詳哀江南賦一篇引據時事尤為典核集末彭城公夫人爾朱氏墓誌銘伯母東平郡夫人李氏墓誌銘並考核年月證以文苑英華知為楊炯之文誤入信集辨證亦頗精密不以稍傷蕪冗為嫌也乾隆四十七年五月恭校上

徐孝穆集

臣等謹案徐孝穆集六卷陳徐陵撰　國朝吳兆宜箋註陵字孝穆東海郯人梁太子左衛率摛之子八歲能屬文旣長博涉史籍在梁世已以文章名入陳後累官侍中安右將軍左光祿大夫南徐州大中正建昌縣開國侯謚曰章事跡具陳書本傳隋書經籍志載陵集本三十卷自唐以後久佚不傳此乃後人從藝文類聚文苑英華諸書内採掇而成非其原本兆宜字顯令吳江人所注有玉臺新詠庾信集才調集韓偓集諸書而是編亦其一種中間有未及註者則其同里徐文炳所續補也陵爲文綺麗與庾信齊名世號徐庾體史稱其緝裁巧密多有新意自有陳創業文檄軍書及禪授詔策皆陵所製爲一代文宗今其著作什一尚存往往可與史相證如資治通鑑梁武帝太清二年遣建康令謝挺散騎常侍徐陵等聘于東魏胡三省註謂建康令秩千石散騎常侍二千石謝挺不當在陵之上蓋陵將命而使挺特輔行耳今案陵在北齊與楊僕

射書有云謝常侍今年五十有一吾今年四十有四介已知命賓又杖鄉云云是謝挺實爲正使蓋假散騎常侍以行特通鑑但書其本官故三省不免曲爲之説可據此書以釋其疑是亦讀史者之所宜參考矣乾隆四十七年五月恭校上

欽定四庫全書提要卷八十一

集部三

別集類二

東皐子集

臣等謹案東皐子集三卷唐王績撰績字無功太原祁人通之弟也隋大業中授祕書省正字出爲六合丞歸隱北山東皐自號東皐子唐初以前官待詔門下復求爲太樂丞去官新唐書載入隱逸傳績簡放嗜酒嘗作醉鄉記五斗先生傳無心子傳今俱在集中唐書藝文志載績集五卷陳振孫書錄解題亦云其友呂才鳩訪遺文編成五卷爲之序而今本實止三卷又晁公武讀書志引呂才序稱績年十五謁楊素占對英辨薛道衡見其登龍門憶禹賦歎爲今之庾信且載其卜筮之驗者數事今本呂才序尚存而晁公武所引之文皆無之又序稱鳩訪未畢輯爲三卷與書錄解題不合其登龍門一賦亦不載集中或

宋末本集已佚後人從文苑英華文粹諸書中采績詩文彙爲此編而復託才
序以冠之未可知也序中又言其著會心高士傳五卷酒譜二卷及注老子今
皆不傳云乾隆四十七年十月恭校上

寒山子詩集

臣等謹案寒山子詩集一卷附豐干拾得詩一卷寒山子貞觀中天台廣興縣
僧居于寒巖時還往國清寺豐干拾得則皆國清寺僧世傳台州刺史閭邱胤
遇三僧事跡甚怪蓋莫得而考證其詩相傳即胤令寺僧道翹尋寒山平日于
竹木石壁上及人家廳壁所書得三百餘首又取拾得土地堂壁上所書偈言
並纂集成卷豐干則僅存房中壁上詩二首自爲之序宋時又名三隱集見淳
熙十六年沙門道南所作記中唐書藝文志載寒山詩入釋家類作七卷今本
併爲一卷以拾得豐干詩別爲一卷附之則明新安吳明春所校刻也王士禎
居易錄云寒山詩詩家每稱其鸜鵒花間弄琵琶月下彈長歌三月響短舞萬

人看謂其有唐調案寒山子即唐人士禎以爲有唐調蓋偶未考其時代謹附訂于此其詩有工語有率語有莊語有諧語至云不煩鄭氏箋豈特毛公解又似儒生語大抵佛語菩薩語也今觀所作皆信手拈弄全作禪門偈語不可復以詩格繩之而機趣橫溢多足以資勸戒且專集傳自唐時行世已久今仍著之于錄以備釋氏文字之一種焉乾隆四十七年九月恭校上

王子安集

臣等謹案王子安集十六卷唐王勃撰勃字子安絳州龍門人通之孫仕爲虢州參軍坐事除名以渡海溺死事蹟見唐書文苑傳勃文思敏贍爲四傑之冠本傳稱其有文集三十卷而楊炯集序則謂分爲二十卷具諸篇目馬端臨通考亦作二十卷其集後亡佚舊目不可考世所傳者僅詩賦二卷而已此本乃明崇禎中閩人張燮從文苑英華文粹諸書搜錄編爲十六卷雖非唐宋舊本而視別本之闕略者較爲完善矣乾隆四十七年十月恭校上

盈川集

臣等謹案盈川集十卷唐楊炯撰炯華陰人舉神童授校書郎遷盈川令博學善屬文爲唐初四傑之一張說評其文謂如懸河酌之不竭其才實出王勃盧照鄰之上所著如渾天賦冕服議該洽精詳具有原本文集本三十卷宋時已多亡逸通考著錄者二十卷今亦不存此本乃明萬歷中龍游童珮從諸書裒集得詩賦四十二首序表碑銘誌狀雜文三十九首詮次成編别爲附錄一卷皇甫汸從而刋之雖出後人掇拾已非復唐時原帙然菁華略備亦可以得其概矣乾隆四十七年十一月恭校上

盧昇之集

臣等謹案盧昇之集七卷唐盧照鄰撰照鄰范陽人昇之其字也唐書文苑傳稱照鄰初爲鄧王府典籤調新都尉以病去官後手足攣廢竟自沈潁水而死考集中相里夫人檀龕序稱乾封紀歲當爲乾封元年丙寅對蜀父老問稱龍

集荒落當爲總章二年己巳皆在益州時所作病梨樹賦序稱癸酉之歲臥病長安則其罷官當在咸亨四年以前計其羈栖一尉僅五六年又窮魚賦序稱曾以橫事被拘將致之深議則中間又遭非罪其病廢以後與洛陽名流朝士乞藥借書至每人求乞錢二千其貧亦可想見蓋文士之極坎坷者故平生所作大抵歡寡愁殷有騷人之遺響亦遭遇使之然也史又稱王楊盧駱以文章齊名楊炯嘗謂愧在盧前恥居王後張說則曰盈川文如懸河酌之不竭優於盧而不減王恥居後信然愧在前謙也今觀照鄰之文似不及王楊駱三家之宏放疑說之論爲然然所傳篇什獨少未可以一斑槩全豹杜甫均以江河萬古許之似難執殘編斷簡以强定低昂況張鷟朝野僉載亦記是語而作照鄰謂喜居王後恥在駱前文人品目多一時興到之言尤未可據爲定論也其集晁氏陳氏書目俱作十卷此本僅七卷則其散佚者已多又窮魚賦序稱嘗思報德故冠之篇首則照鄰自編之集當以是賦爲第一而此本列秋霖賦爲二

賦後其與在朝諸賢書亦非完本知由後人掇拾而成非其舊帙矣乾隆四十

七年五月恭校上

駱丞集

臣等謹案駱丞集四卷唐駱賓王撰賓王義烏人仕至侍御史左遷臨海丞後與徐敬業傳檄討武后兵敗不知所終事迹具唐書本傳中宗時詔求其文得百餘篇命郗雲卿編次之陳振孫書錄解題引雲卿舊序稱光宅中廣陵亂伏誅蓋據李孝逸奏捷之語孟棨本事詩則云賓王落髮徧遊名山宋之問遊靈隱寺作詩嘗爲續樓觀滄海日門對浙江潮之句今觀集中與之問蹤迹甚密在江南則有投贈之作在兗州則有餞別之章宜非不相識者何至覿面失之封演爲天寶中人去賓王時甚近所作聞見記中載之問此詩證月中桂子之事並不云出賓王棨書晚出乃有是說蓋武后改唐爲周人心共憤敬業賓王之敗世頗憐之故造爲是語棨不考而誤載也其集新舊唐書皆作十卷宋藝

文志又載有百道判三卷今並散佚此本四卷蓋後人所裒輯其注則明給事中顏文選所作援引疎舛殆無可取以文選之外別無注本而其中亦尚有一二可採者故姑並錄之以備參考焉乾隆四十七年五月恭校上

陳拾遺集

臣等謹案陳拾遺集十卷唐陳子昂撰子昂字伯玉梓州射洪人武后時官至右拾遺事蹟具唐書本傳及盧藏用所爲別傳唐初文章不脫陳隋舊習子昂始奮發自爲追古作者韓愈詩云國朝盛文章子昂始高蹈柳宗元亦謂張說工著述張九齡善比興兼備者子昂而已馬端臨乃謂子昂惟詩語高妙其他文則不脫偶儷卑弱之體韓柳之論不專稱其詩皆所未喻今觀其集惟諸表序猶沿排儷之習若論事書疏之類實疏樸近古韓柳之論未爲非也子昂嘗上書武后請興明堂太學宋祁以爲薦圭璧於房闥以脂澤汙漫之其文今載集中文苑英華八百二十卷別有大崇福觀記一篇稱武士彠爲太祖孝明皇

帝集中不載疑自削也此本傳寫舊多譌脫第七卷闕兩葉據目錄尋之禡牙文禜海文在文苑英華九百九十五卷弔塞上翁文在九百九十九卷祭孫府君文在九百七十九卷今並葺補俾成完本焉乾隆四十七年四月恭校上

張燕公集

臣等謹案張燕公集二十五卷唐張說撰說字道濟一字說之洛陽人官至左丞相封燕國公事蹟具唐書本傳其文章典麗宏贍當時與蘇頲並稱朝廷大述作多出其手號曰燕許唐書藝文志載其集三十卷今所傳本止二十五卷然自宋以後諸家著錄並同則其五卷之佚久矣集中元處士碣銘序稱爲處士子將作少監行沖撰而唐書行沖傳乃不載其爲此官爲留守奏慶山醴泉表稱萬年縣令鄭固忠狀六月十四日縣界霸陵鄉有慶山見醴泉出而唐書武后傳載此事乃作新豐縣皆與史傳頗有異同然說在當時必無譌誤知唐書之疏舛多矣此書所以貴舊本也乾隆四十七年十月恭校上

曲江集

臣等謹案曲江集二十卷唐張九齡撰九齡字子壽韶州曲江人官至尚書右丞相貶荆州長史卒贈荆州大都督謚文獻事蹟具唐書本傳徐浩作九齡墓碑稱其學究精義文參微旨而不及其文集卷數唐宋二史藝文志文獻通考俱載有九齡文集二十卷其後流播稍稀惟明文淵閣書目有曲江文集一部四册又一部五册而外間多未之覩至成化時邱濬始從内閣本録出韶州知府蘇韡爲刋行之其卷目與唐志相合蓋猶宋以來之舊本也九齡守正嫉邪以道匡弼稱開元賢相而文章亦有名於時不獨以事業勳猷見重徐堅嘗論其文如輕縑素練實濟時用而窘邊幅柳宗元則謂其兼工詩文但不能究其極然九齡感遇諸什神味超軼可與陳子昂方駕文筆博大典實有垂紳正笏氣象亦具見大雅之遺堅與宗元所言乃文人抑揚之詞不足以爲定論至所撰制草明白切當多得王言之體本傳稱爲祕書少監時會賜渤海詔而書命

無足爲者乃召九齡爲之被詔趣成因遷工部侍郎知制誥今檢集中有勅渤海王大武藝書當即其時所作而其他詔命亦多可與史傳相參考如集中有勅奚都督右金吾衛大將軍歸誠王李歸國書而核之唐書外國傳所載奚事自開元以後僅有李大酺魯蘇李詩延寵婆固諸酋長名而不及歸國知史文有所脫漏不及此集之得其實是尤可以補史之闕矣乾隆四十七年五月恭校上

李北海集

臣等謹案李北海集六卷附錄一卷唐李邕撰邕字泰和江都人崇文館學士善之子官至北海太守故稱曰李北海事蹟具唐書本傳邕文集本七十卷宋志已不著錄此本爲明無錫曹荃所刋皆採摭文苑英華諸書所録裒而成帙非原書矣史稱邕長于碑頌前後所製凡數百首今惟賦五首詩四首表十四首疏狀各一首碑文八首銘記各一首神道碑五首墓誌銘一首蓋已十不存

一舊唐書稱其韓公行狀洪州放生池碑批韋巨源謚議爲當時文士所重李白東海有勇婦一篇稱北海李使君飛章奏天庭杜甫八哀詩稱朗詠六公篇憂來豁蒙蔽趙明誠金石錄亦稱唐六公詠文詞高古今皆不見此集中殊可惜也卷末附錄新舊唐書邕本傳及贈送諸作而別載文苑英華所錄邕賀赦表六篇題曰糾繆謂考其事在代宗德宗憲宗時邕不及見蓋論次尚爲精審云乾隆四十七年四月恭校上

李太白文集

臣等謹案李太白文集三十卷唐李白撰舊唐書白傳稱山東人新唐書則作隴西成紀人考杜甫作崔端薛復筵醉歌有近來海内爲長句汝與山東李白好句楊慎丹鉛錄據魏顥李翰林集序有世號爲李東山之文謂杜集傳寫誤倒其字似乎有理然元稹作杜甫墓誌亦稱與山東人李白其文鑿然如倒之作東山人則語不成文又難以魏序爲解檢白集寄東魯二子詩有我家寄東

魯句顗序亦稱合於魯一婦人生子曰頗黎蓋居山東頗久故人亦以是稱之實則非其本籍劉昫等誤也至於隴西成紀乃唐時李氏以郡望通稱故劉知幾史通因習篇自注曰近代史爲王氏傳曰瑯邪臨沂人爲李氏傳曰隴西成紀人非惟王李二族久離本郡亦自當時無此郡縣皆是魏晉以前舊名今勘驗唐書地理志果如所說則陽冰局於習俗宋祁等又襲舊文亦不足據惟李陽冰爲白族人魏顥爲白好友陽冰序稱涼武昭王暠之後謫居條支神龍之始逃歸於蜀復指李樹而生伯陽驚姜之夕長庚入夢云云顥序稱白本隴西後家於綿身既生蜀云云則白爲蜀人具有確證二史所書皆非其實也陽冰草堂集序不言卷數新唐書藝文志則曰草堂集二十卷李陽冰編按宋敏求後序曰唐李陽冰序李白草堂集十卷咸平中樂史別得白歌詩十卷合爲李翰林集二十卷史又纂雜著爲別集十卷然則草堂集原本十卷唐志以陽冰所編爲二十卷者殊失之不考今草堂集不傳樂史所編亦罕見此本乃宋敏

求得王溥及唐魏顥本又裒集唐類詩諸編洎石刻所傳輯爲一集曾鞏又考其先後而次第之爲三十卷首卷惟載諸序碑記二卷以下乃爲歌詩二十三卷雜著六卷其本流傳頗少　國朝康熙中吳縣繆曰芑始重刊之後有曰芑跋云得臨川晏氏宋本重加校正較坊本頗爲近古然陳氏書録解題晁氏讀書志馬氏經籍考並題李翰林集而此乃曰太白全集未審爲宋本所改曰芑所改是則稍稍可疑耳今仍以歌詩爲首而以諸序碑記等録於末卷以符全書體例焉乾隆四十七年十月恭校上

李太白集分類補註

臣等謹案李太白集分類補註三十卷宋楊齊賢集註而元蕭士贇所删補也杜甫集自北宋以來註者不下數十家李白集註宋元人所撰輯者今惟此本行世而已康熙中吳縣繆曰芑翻刻宋本李翰林集前二十三卷爲歌詩後六卷爲雜著此本前二十五卷爲古賦樂府歌詩後五卷爲雜文且分標門類與

繆本目次不同其爲齊賢改編或士贇改編原書無序跋已不可考惟所輯註文則以齊賢曰士贇曰互爲標題以別之故猶可辨識註中多徵引故實兼及意義卷帙浩博不能無失唐覲延州筆記嘗摘士贇註寄遠詩第七首減燭解羅衣句不知出史記滑稽傳淳于髡語乃泛引謝瞻曹植諸詩又如臨江王節士歌齊賢以爲史失其名士贇則引樂府遊俠曲證之不知漢書藝文志臨江王及愁思節士歌原各爲一篇自南齊陸厥始併作臨江王節士歌後來庾信杜甫俱承其誤白詩亦屬沿訛齊賢等不爲辨析而轉以爲史失其名此類俱未爲精核然其大致詳贍足資檢閱中如廣武戰場懷古一首士贇以爲非太白之詩釐置卷末亦具有所見其於白集固不爲無功焉齊賢字子見春陵人士贇字粹可寧都人篤學工詩與吳澄相友善所著有詩評二十餘篇及冰崖集俱已久佚獨此本爲世所共傳云乾隆四十七年九月恭校上

臣等謹案李太白集注三十六卷　國朝王琦撰琦字琢崖錢塘人註李詩者自楊齊賢蕭士贇後明林兆珂有李詩鈔述註十六卷簡陋殊甚胡震亨駁正舊注作李詩通二十一卷琦以其尙多漏略乃重爲編次箋釋定爲此本其詩參合諸本益以逸篇釐爲三十卷以合曾鞏序所言之數別以序誌碑傳贈答題詠詩文評語年譜外紀爲附錄六卷而繆氏本所謂考異一卷散入文句之下不另列焉其注欲補三家之遺闕故採摭頗富不免微傷于蕪雜然捃拾殘賸時亦寸有所長自宋以來注杜詩者如林而注李詩者寥寥僅二三本錄而存之亦足以資考證是固物少見珍之義也乾隆四十七年五月恭校上

九家集注杜詩

臣等謹案九家集注杜詩三十六卷宋郭知達編知達蜀人前有自序作于淳熙八年又有曾噩重刻序作於寶慶元年噩據書錄解題作字子肅閩清人凌迪知萬姓統譜則作字噩甫閩縣人慶元中尉上高復遷廣東漕使與陳振孫

所記小異振孫與噩同時廸知所敘與序中結銜合未詳孰是也宋人喜言杜詩而注杜詩者無善本此書集王洙宋祁王安石黃庭堅薛夢符杜田鮑彪師尹趙彥材九家之注頗爲簡要知達序稱屬二三士友隨是非而去取之如假託名氏撰造事實皆刪削不載陳振孫書錄解題亦曰世有稱東坡故事者（案當作老杜事實）隨事造文一一牽合而皆不言其所自出且其詞氣首末出一口蓋妄人僞託以欺亂流俗者書坊輒鈔入集注中殊敗人意此本獨削去之云云與序相合知其別裁有法矣振孫稱噩刊板五羊漕司字大宜老（案宜老謂宜乎老眼刻本或作可考）非最爲善本此本即噩家所初印字畫端勁而清楷宋板中之絕佳者振孫所言固不爲虛云乾隆四十九年十一月恭校上

補注杜詩

臣等謹案補注杜詩三十六卷宋黃希原本而其子鶴續成之者也希字夢得宜黃人登進士第官至永新令嘗作春風堂于縣治楊萬里爲作記今載誠齋

集中鶴字叔似著有北窗寓言集今已久佚希以杜詩舊註每多遺舛嘗爲隨文補緝未竟而歿鶴因取槧本集註即遺稾爲之正定又益以所見積三十餘年之力至嘉定丙子始克成編書首原題補千家集註杜工部詩史所列註家姓氏實止一百五十一人註中徵引則王洙趙次公師尹鮑彪杜修可魯訔諸家之說爲多其他亦寥寥罕見而當時所稱僞蘇註者乃並見採綴蓋坊行原有千家註本鶴特因而廣之故以補註爲名其郭知達九家註蔡夢弼草堂詩箋視鶴本成書稍前案知達本成于淳熙辛丑在鶴本前三十餘年夢弼成于嘉泰甲子在鶴本前十有二年而註內無一字引及殆流傳未廣偶未之見也書中凡原註各稱某曰其補註則稱希曰鶴曰以別之大旨在于按年編詩故冠以年譜辨疑用爲綱領而詩中各以所作歲月註于逐篇之下使讀者得考見其先後出處之大致其例蓋始于黃伯思後魯訔等踵加考訂至鶴父子而益推明之鉤稽辨證頗具苦心其間牴牾不合者亦多而其考據精核者後來註杜諸家亦往往援以爲證故無不攻駁其書而終不

能廢棄其書焉乾隆四十七年五月恭校上

集千家注杜工部詩集

臣等謹案集千家注杜工部詩集二十卷不著編輯人名氏前載王洙王安石胡宗愈蔡夢弼四序所採不滿百家而題曰千家蓋自誇摭拾之富如魏仲舉韓柳集注亦虛稱五百家也其句下篇末諸評悉劉辰翁之語朱彝尊謂夢弼所編入然夢弼所撰本名草堂詩箋其自序內標識注例甚詳與此本不合宋犖謂杜詩評點自劉辰翁始劉本無注元大德間有高楚芳者删存諸注以劉評附之此本疑即楚芳所編也辰翁評所見至淺其標舉尖新字句殆于竟陵之先聲王士禎乃比之郭象注莊殆未爲篤論至編中所集諸家之注眞贋錯雜亦多爲後來所抨彈然宋以來注杜詩者已鮮有專本傳世遺文緒論頗賴此書以存其篳路藍縷之功亦未可盡廢也乾隆四十七年十月恭校上

臣等謹案杜詩攟四卷明唐元竑撰元竑字遠生烏程人萬歷戊子舉人明亡不食死論者以首陽餓夫比之是編乃其讀杜詩時所劄記所閱蓋千家註本其中附載劉辰翁評故多駁正辰翁語自宋人倡詩史之說而箋杜詩者遂以劉昫宋祁二書據爲稿本一字一句務使與紀傳相符夫忠君愛國君子之心感事憂時風人之旨杜詩所以高於諸家者固在於是然集中根本不過數十首耳詠月而以爲比肅宗詠螢而以爲比李輔國則詩家無景物矣謂紈袴下服比小人謂儒冠上服比君子則詩家無字句矣元竑所論雖未必全得杜意而刊除附會涵泳性情頗能會於意言之外其中如白鷗沒浩蕩句必抑蘇軾而申宋敏求宛馬總肥秦苜蓿句正用漢武帝離宮種苜蓿事而執誤本春苜蓿字以爲不對漢嫖姚又往往喜言詩讖尤屬不經然大旨合者爲多勝舊註之穿鑿遠矣乾隆四十七年十月恭校上

杜詩詳註

臣等謹案杜詩詳註二十五卷附編二卷 國朝仇兆鼇撰兆鼇字滄柱鄞縣人康熙乙丑進士官至吏部侍郎是書乃康熙三十二年兆鼇爲編修時所奏進凡詩注二十三卷雜文注二卷後以逸杜詠杜補杜論杜爲附編上下二卷其總目自二十八卷以下尚有做杜集杜諸卷皆有錄無書疑欲續爲而未成也每詩各分段落先詮釋文義於前而徵引典故列於詩末其中摭拾類書小有舛誤者如注忘機對芳草句引高士傳葉幹忘機今高士傳無此文即太平御覽所載嵇康高士傳幾盈二卷亦無此文又注宵旰憂虞軫句不知二字本徐陵文乃引左傳注旰食引儀禮注宵衣考之鄭注宵乃同綃非宵旦之宵也至吟杜卷中載徐增一詩本出其說唐詩中所謂佛讓王維作才憐李白狂者蓋以維詩雜禪趣白詩多逸氣以互形甫之謹嚴兆鼇乃改上句爲賦似相如逸乖其本旨如此之類往往有之皆不可據爲典要然援據繁富而無千家諸注僞撰故實之陋習核其大局可資考證者爲多往往爲舊注所不及也乾隆

四十七年十月恭校

王右丞集箋註

臣等謹案王右丞集箋註二十八卷附錄二卷　國朝趙殿成撰殿成字松谷仁和人王維集舊有顧起經分類注本但注詩而不及文詩注亦間有舛漏殿成是本初定稿於雍正戊申成書於乾隆丙辰鉤稽考訂定爲古體詩六卷近體詩八卷皆以元劉辰翁評本所載爲斷其別本所增他書互見者則爲外編一卷其雜文則釐爲十三卷倂爲箋注又以王縉進表代宗批答唐書本傳世系遺事及同時唱和後人題詠爲一卷弁之於首以詩評畫錄年譜爲一卷綴之於末其年譜亦本傳世系之類後人題詠亦詩評畫錄之類而一置於後一置於前編次殊爲未協又集外之詩既爲外編其論畫諸篇亦集外之文疑以傳疑者而混於文集不復分別體例亦未畫一然排比有緒終較他本爲精審其箋注往往捃拾類書不能深究出典即以開卷而論閶闔字見楚詞而引三

輔黄圖八荒字見淮南子而引章懷太子後漢書注胡牀字見世說新語桓伊戴淵事而引張端義貴耳集朱門字亦見世說新語支遁語而引程大昌演繁露雙鵠字自用古詩願爲雙黄鵠語而引謝維新合璧事類絶迹字見莊子而引曹植與楊修書皆未免舉末遺本然於顧注多所訂正又維本精於佛典顧注多未及詳殿成以王琦熟于三藏屬其助成亦頗補所未備固可與顧註相輔而行也乾隆四十七年三月恭校上

高常侍集

臣等謹案高常侍集十卷唐高適撰適字達夫唐書作渤海人其集亦題曰渤海河間府志據其封丘縣詩我本漁樵孟諸野句又初至封丘詩有去家百里不得歸句定爲梁宋間人而集中别孫沂詩題下又註時俱客宋中則又似非生於梁宋者考唐代士人多題郡望史傳亦復因之往往失其里籍劉知幾作史通極言其弊而終不能更適籍既無定辭則亦闕疑可也適集唐志十卷通

考又有集外文一卷詩一卷此本從宋本影鈔內廟字闕筆避寧宗嫌名當爲慶元以後之本凡詩八卷文二卷其集外詩文則無之考明人所刻適集以太平廣記高鍇侍郎墓中狐妖絶句所謂危冠高髻楚宮妝閒步前庭趁夜涼自把玉簪敲砌竹清歌一曲月如霜者併載入之蕪雜殊甚又九日一詩見宋程俱北山集毛奇齡選唐人七律亦誤題適作此本不載較他本特爲精審第十卷中有賀安祿山死表稱臣得河南道及諸州牒皆言逆賊安祿山苦痛而死手足俱落眼鼻殘壞則祿山竟以病死與史載李豬兒事迥異蓋兵戈雲擾得諸傳聞不能盡確固未可據以訂史耳乾隆四十七年五月恭校上

孟浩然集

臣等謹案孟浩然集四卷唐孟浩然撰浩然事蹟具新唐書文藝傳前有天寶四載宜城王士源序又有天寶九載韋滔序士源序稱浩然卒于開元二十八年年五十有二凡所屬綴就輒毀棄無復編錄鄉里購采不有其半數求四方

往往而獲今集其詩二百一十八首分爲四卷此本四卷之數雖與序合而詩乃二百六十三首較原本多四十五首洪邁容齋隨筆嘗疑其示孟郊詩時代不能相及今考長安早春一首文苑英華作張子容而同張將軍薊門看燈一首亦非浩然遊跡之所及則後人竄入者多矣士源序又稱詩或缺逸未成而製思清美及他人酬贈咸次而不棄而此本無不完之篇亦無唱和之作其非原本尤有明徵排律之名始于楊宏唐音古無此稱此本乃標排律爲一體其中田家元日一首晚泊潯陽望香爐峰一首萬山潭一首渭南園即事貽皎上人一首皆五言近體而編入古詩臨洞庭詩舊本題下有獻張相公四字見方回瀛奎律髓此本亦無之顯然爲明代重刻有所移改至序中丞相范陽張九齡等與浩然爲忘形之交語考唐書張說嘗謫岳州司馬集中稱張相公張丞相者凡五首皆爲說作若九齡則籍隸嶺南以曲江著號安得署曰范陽亦明人以意妄改也以今世所行别無他本姑仍其舊録之而附訂其舛互如右乾

隆四十七年十月恭校上

常建詩

臣等謹案常建詩三卷唐常建不知其字其里貫亦無可考據陳振孫書錄解題知爲開元十五年進士終于盱眙尉而已詩家但稱曰常尉從其官也唐書藝文志載常建詩一卷此本三卷乃毛晉汲古閣所刊云不知何人類而析之據書錄解題作於宋末尚稱一卷則元明人所分矣殷璠作河嶽英靈集去取至爲精核甫代之間所錄僅二十四人以建爲冠載詩僅二百三十四首而建詩居十五首其序稱劉楨死於文學左思終於記室鮑照卒於參軍常建亦淪於一尉深用悲惋又稱其松際露微月清光猶爲君山光悅鳥性潭影空人心諸句而尤推弔王將軍墓一篇以爲善敘悲怨勝於潘岳今觀其詩凡五十七首所與贈答者率莫考其姓字其中最知名者惟王昌齡一人而僅有宿其隱居一篇爲招與張賁共隱則非惟宦途寂寞守道無營即倡和交遊亦泊然於

名場聲氣之外不然則李白與昌齡最契高適王之渙等亦與昌齡旗亭畫壁同作俊遊建亦何難因緣牽附以博一時之譽哉其人品如是則詩品之高固其所矣乾隆四十七年十月恭校上

儲光羲集

臣等謹案儲光羲集五卷陳振孫書錄解題載儲光羲詩五卷唐監察御史魯國儲光羲撰與崔國輔綦毋潛皆同年進士天寶末任僞官貶死唐書藝文志儲光羲政論下註曰兖州人開元進士第又詔中書試文章歷監察御史安禄山反陷賊自歸與振孫所敘爵里同而任僞官事已小異又包融集條下註曰融與儲光羲皆延陵人與丁仙芝等十八人皆有詩名殷璠彙次其詩爲丹陽集者則併其里籍亦異自相矛盾莫之詳也唐志載其集七十卷是集前有顧況序亦稱所著文篇賦論七十卷辛文房唐才子傳稱其又有九經分疏義二十卷與所作政論十五卷並傳今皆散佚存者惟此詩五卷耳其詩源出陶潛

質樸之中有古雅之味位置於王維孟浩然間殆無愧色殷璠河岳英靈集稱其削盡常言得浩然之氣非溢美也乾隆四十七年九月恭校上

次山集

臣等謹案次山集十二卷唐元結撰結事蹟具新唐書本傳結所著有元子十卷李商隱爲作序文編十卷李紓爲作序又猗玗子一卷並見唐志今皆不傳所傳者惟此本而書名卷數皆不合蓋後人摭拾散佚而編之非其舊本觀洪邁識所記二十國事如方國圓國言國相乳國無手國無足國惡國忍國無鼻國觸國之類見于容齋隨筆者此本皆無之則其佚篇多矣結性不諧俗亦往往迹涉詭激初居商餘山自稱季及逃難猗玗洞稱猗玗子又或稱浪士或稱聱叟或稱漫叟爲官或稱漫郎頗近于古之狂然制行高潔而深抱閔時憂國之心文章戛戛自異變排偶綺靡之習杜甫嘗和其舂陵行稱其可爲天地萬物吐氣晁公武謂其文如古鐘磬不諧俗耳高似孫謂其文章奇古不蹈襲蓋

唐文在韓愈以前毅然自爲者自結始亦可謂耿介拔俗之姿矣皇甫湜嘗題其浯溪中興頌曰次山有文章可惋只在碎然長於指敘約潔有餘態心語適相應出句多分外於諸作者間拔戟成一隊其品題亦頗近實也乾隆四十七年十月恭校上

顏魯公集

臣等謹案顏魯公集十五卷補遺一卷唐顏眞卿撰眞卿事蹟具唐書本傳其集見于藝文志者有吳興集十卷又廬州集十卷臨川集十卷至北宋皆亡有吳興沈某者採掇遺佚編爲十五卷劉敞爲之序但沈稱佚而不著名字嘉祐中又有宋敏求編本亦十五卷見館閣書目江休復筆錄極稱其採錄之博至南宋時又多漫漶不完嘉定間劉元剛守永嘉得敏求殘本十二卷失其三卷乃以所見眞卿文別爲補遺而宋沈所編全書皆不存後人復分元剛之十二卷爲十五卷以當之迨明而流傳益罕今世所行本乃明萬歷中眞卿裔孫允

祚重刊脫漏舛錯盡失其舊獨此本爲錫山安國所刻雖已分十五卷然猶元剛原本也眞卿大節炳著史册而文章典博莊重稱其爲人集中廟享議等篇說禮尤爲精審特遺文在宋散佚已多故元剛所編亦不免缺略今去唐益遠而其文之見于石刻者尙間有可採謹詳加搜緝增入補遺卷內焉乾隆四十七年五月恭校上

宗玄文集

臣等謹案宗玄文集三卷附元綱論內丹九章經一卷唐吴筠撰筠字貞節華陰人隱于南陽天寶中召至京師請爲道士居嵩山復求還茅山東遊會稽往來天台剡中與李白孔巢父酬唱大歷中卒弟子私謚曰宗玄先生新舊唐書皆載隱逸傳此本爲浙江鮑氏知不足齋所鈔末有原跋云收入道藏中世無别本然文獻通考云吴筠宗玄先生集十卷前有權德輿序列于别集諸人之次則當時非無傳本此跋題戊申歲不著年號疑作于通考後也卷首權德輿

序稱太原王顔類遺文爲三十卷後又有吴尊師傳亦德輿撰乃言文集二十
卷均與文獻通考稱十卷者不合考德輿序稱四百十五篇而此本合詩賦論
僅一百十九篇則非完書矣又舊書筠本傳云魯中儒士也新書本傳云華州
華陰人德輿序稱華陰人而傳又云魯儒士序稱受正一法于馮尊師上距陶
弘景五傳傳又云受正一法于潘體元乃馮之師亦相乖剌考舊書李白傳稱
天寶初客遊會稽與道士吴筠隱于剡中而傳乃言祿山將亂求還茅山既而
中原大亂江淮多盜乃東遊會稽與詩人李白孔巢父詩篇酬和不知天寶亂
後白已因永王璘事流夜郎矣安能與筠同隱此傳殆出于依託據新舊唐書
皆有元綱三篇語則卷末所附元綱論三篇自屬筠作至内丹九章經僞妄顯
然以流傳已久姑併録之而辨其牴牾如右乾隆四十七年十月恭校上

杼山集

臣等謹案杼山集十卷唐湖州杼山寺僧皎然撰皎然字清晝或謂名清晝而

字皎然謝靈運裔孫也代宗大歷閒嘗與刺史顏眞卿唱和德宗時取其集入
內府此集有刺史于頔序及贊寧所爲傳末有毛晉所補集外詩及跋語贊寧
以皎然及貫休齊己爲三高僧傳三人皆以詩名皎然所作弱于齊已而雅于
貫休集末附載雜文數篇則聊以備體而已非其所長也乾隆四十七年九月
恭校上

劉隨州集

臣等謹案劉隨州集十一卷唐劉長卿撰長卿字文房河閒人開元末登進士
第官終隨州刺史故至今稱曰劉隨州是集凡詩十卷文一卷第二卷中送河
南元判官赴河南勾當苗稅充百官俸錢詩不書勾字但註曰御名蓋宋高宗
諱構當時之例凡音同御名者皆避故勾字亦不敢徑書則猶從南宋舊本翻
雕也然編次叢脞頗甚諸體皆以絕句爲冠中閒古體近體亦頗淆亂如四月
深澗底桃花方欲然寧知地勢下遂使春風偏四句第四卷中作晚桃詩前半

首乃幽居八詠上李侍郎之一而第一卷又割此四句爲絶句題曰入百丈澗見桃花晚開是二者必有一訛也舊原有外集一卷所錄僅詩十首而重送一首已見八卷中又佚去題中裴郎中貶吉州六字次前溪館作一首已見二卷中贈袁贊府一首已見九卷中而又誤以題下所注時經劉展平後句爲題併佚去時經二字送裴二十七端公詩亦見二卷中哭李宥一首亦見九卷中秋雲嶺洞山陽横龍渡赤沙湖四首即四卷中湘中紀行十首之四又訛秋雲嶺爲雲秋嶺洞山陽爲同山陽寄李侍郎行營五十韻一首已見七卷又佚其題首至德三年等二十四字不知何以舛謬至此蓋宋本亦有善不善不能一一精核也今刊除入百丈澗見桃花晚開一首其外集亦一併刊除以省重複長卿詩號五言長城大抵研練深穩而自有高秀之韻其文工於造語亦如其詩故於盛唐中唐之間號爲名手但才地稍弱是其一短高仲武中興間氣集病其十首以後語意略同可謂識微之論王士禎論詩絶句乃云不解雌黄高仲

武長城何意貶文房非篤論也乾隆四十七年五月恭校上

韋蘇州集

臣等謹案韋蘇州集十卷唐韋應物撰應物京兆人新舊唐書俱無傳宋姚寬西溪叢語載吳興沈作喆爲作補傳稱應物少遊太學當開元天寶間充宿衛扈從遊幸頗任俠負氣兵亂後流落失職乃更折節讀書由京兆功曹累官至蘇州刺史太僕少卿兼御史中丞爲諸道鹽鐵轉運江淮留後年九十餘不知其所終先是嘉祐中王欽臣校定其集有序一首述應物事蹟與補傳皆合惟云以集中及時人所稱推其仕宦本末疑止於蘇州刺史考劉禹錫集有蘇州舉韋中丞自代狀則欽臣爲疏略矣補傳又稱應物爲周逍遙公夐之後夐之孫待價仕隋爲左僕射封扶陽公待價生令儀令儀生鑾鑾生應物世系表則云夐生沖沖生挺挺生待價相武后以本紀考之垂拱元年韋待價以天官尚書同鳳閣鸞臺三品是待價爲夐曾孫且並未仕隋此又作喆之誤也唐李觀

集有上應物書深言其褊躁而李肇國史補云應物性高潔鮮食寡欲所居焚
香掃地而坐二説頗異蓋狷潔之過每近峭刻亦事理所應有其爲詩馳驟建
安以來各得風韻白居易常語元稹云韋蘇州歌行才麗之外深得諷諫之意
五言尤高遠雅淡自成一家其爲時人推重如此是編即欽臣所校本明毛晉
汲古閣刻四家詩別有拾遺數首稱據熙寧丙辰紹興壬子乾道辛卯諸本增
入蓋非欽臣之舊　國朝康熙間歙人項絪依宋本重刊字畫精好但不載補
傳及拾遺諸詩然尚屬宋人原帙遠勝毛本今故據以著錄焉乾隆四十七年
五月恭校上

欽定四庫全書提要卷八十二

集部四

別集類三

毘陵集

臣等謹案毘陵集二十卷唐獨孤及撰及字至之洛陽人官至司封郎中常州刺史唐書有傳唐自貞觀以後文士皆沿六朝之體經開元天寶詩道大興而文則未能復古及起於永泰大歷間所爲文乃力趨樸直盡掃藻飾靡麗之習其後韓柳繼之而唐之古文遂大盛然推其始斵雕爲樸則及最有功是集爲其門人安定梁肅所編李舟爲之序凡詩三卷文十七卷其中如景皇帝配天議郭知運呂諲等謚議皆粹然儒者之言不徒以文格勝也宋元間其集久晦明吳寬始從內閣祕書中鈔出於是世乃有傳本又集中馬退山茅亭記一篇乃柳宗元作蓋後人誤入又文苑英華載有及賀赦二表代獨孤將軍讓魏州

刺史表爲崔使君讓潤州表代于京兆請停官侍親表唐文粹有招北客文凡六篇集内並無之按賀赦表所云誅剪大憝淸復闕廷及歸過罪己降去鴻名此並切德宗興元時事及沒於大歷十二年去興元事甚遠殆英華誤題招北客文文苑英華又題爲岑參作與文粹彼此錯互亦疑莫能詳今姑依舊本闕載焉乾隆四十七年十月恭校上

蕭茂挺文集

臣等謹案蕭茂挺文集一卷唐蕭穎士撰穎士穎川人茂挺其字也梁鄱陽王之裔世系俱載其贈韋司業書中開元二十三年舉進士對策第一天寶初官祕書正字以搜括遺書淹久不報劾免尋召爲集賢校理忤李林甫調廣陵參軍韋述薦爲史館待制又忤林甫免林甫死調河南府參軍安祿山反穎士走山南源洧辟掌書記後爲揚州功曹參軍復棄官去遂客死於汝南事蹟具唐書本傳穎士嘗作櫻桃賦以刺林甫唐書本傳頗譏其褊而晁公武讀書志則

稱其每俯臨於蕭牆姦回得而窺伺句爲知幾先見唐書貶之爲非今考穎士當祿山寵盛之時嘗與柳幷預策其必反既而言驗乃詣河南採訪使郭納言獻策守禦納言不能用祿山別將攻南陽山南節度使源洧欲遯穎士力持之乃堅意拒賊永王璘嘗召之不赴而與宰相崔圓書請先防江淮之亂既而劉展果反其才略志節皆過於人不但如晁氏之所云文章根柢固不僅在學問之博奧也穎士與李華齊名而穎士尤當代所重李邕負一代宿望而進芝草表假手穎士則其推挹可知唐志載穎士游梁新集三卷文集十卷宋志僅載文集十卷而游梁新集已佚此本前有曹溶名字二印蓋其所藏僅賦九篇表五篇牒一篇序五篇書五篇史稱其與崔圓書今集中不載書錄解題所云柳幷序今亦佚之乃後人鈔撮文苑英華唐文粹諸書而成非復十卷之舊矣然殘膏賸馥猶足沾溉正不必以不完爲歉也乾隆四十七年四月恭校上

李遐叔文集

臣等謹案李遐叔文集四卷唐李華撰華字遐叔趙州贊皇人累中進士宏辭科天寶中遷監察御史爲權幸所疾徙右補闕安祿山反明皇入蜀華爲賊所得僞署鳳閣舍人賊平貶杭州司戶參軍李峴表置幕府擢吏部員外郎以風痺去官卒新舊唐書俱載入文苑傳中舊唐書又稱華有文集十卷行於時而獨孤及序則稱自監察已前十卷號爲前集其後二十卷爲中集卷數頗不合馬端臨經籍考不列其目則南宋時原本已亡此本不知何人所編蓋取唐文粹文苑英華諸書所載裒集類次而仍以及序冠之者故但有篇次而無卷目然銓敘頗備亦可以便觀覽析爲四卷著之於錄華遭踐危亂污辱賊庭晚而自傷每托之文章以見意如權皋銘云瀆而不滓瑜而不瑕元德秀銘云貞玉白華不緇不磷四皓銘云道不可屈南山採芝㥘慕元風徘徊古詞史並以爲稱道微婉然其志雖可憫而失節之愆終不能以自蓋論者又未嘗不深惜之至其文詞緜麗精彩煥發實可追配古之作者蕭穎士見所著含元殿賦而以

爲在景福之上靈光之下其品評庶幾無愧當時因其才名遜於穎士遂謂其少宏傑氣其實殊未盡然也集中原有盧坦楊烈婦二傳檢勘皆李翺之文今並從刊削焉乾隆四十七年五月恭校上

錢仲文集

臣等謹案錢仲文集十卷唐錢起撰起字仲文吳郡人天寶中舉進士官至考功郎中大歷以還詩格初變開寶渾厚之氣漸遠漸漓風調相高稍趨浮響升降之關十子實爲之職志起與郎士元其稱首也然溫秀蘊藉不失風人之旨前輩典型猶有存焉其集唐志作一卷晁公武讀書志作二卷今本十卷殆後人所分其中凡古體詩皆題曰往體考陸龜蒙松陵集亦以古體爲往體蓋唐代詩集標目有此亦偶然異文別無他義又集末江行絶句七十五首胡震亨唐音統籤以爲本錢珝之詩誤入起集有考辨甚詳然舊本流傳相沿已久且珝固起孫即附錄祖集之末亦無不可故今亦仍並存之焉乾隆四十七年十

月恭校上

華陽集

臣等謹案華陽集三卷唐顧況撰況字逋翁海鹽人至德二年進士德宗時以祕書郎遷著作郎貶饒州司戶參軍晚年退居茅山自號華陽眞逸集有皇甫湜序稱爲三十卷經籍考作二十卷陳振孫書錄解題惟載其詩集云本十五卷今止五卷今皆不傳此本乃明萬歷中況裔孫名端者裒其詩文成三卷末附況子非熊詩十餘首文苑英華唐文粹中尚有況詩四首非熊詩一首皆未收入尚未爲賅備也非熊詩有父風登長慶第大中閒爲盱眙簿亦棄官隱茅山酉陽雜俎記非熊再世爲況子事甚奇而不足信本事詩又載況紅葉題詩事尤不經其所題詩亦猥鄙不足傳殆好事者爲之也乾隆四十七年五月恭校上

翰苑集

臣等謹案翰苑集二十二卷唐陸贄撰贄字敬輿嘉興人歷官中書侍郎同中書門下平章事謚曰宣事蹟具唐書本傳案藝文志載贄議論表疏集十二卷又翰苑集十卷韋處厚纂陳振孫書錄解題陸宣公集二十二卷中分翰苑榜子爲二集其目亦與史志相同惟晁公武讀書志所載乃祇有奏議十二卷且稱舊有榜子議論翰苑諸集元祐中改從今名疑是裒諸集成此書與史志名目全不相合今考尤袤遂初堂書目所列實作翰苑集而錢曾讀書敏求記載所見宋槧大字本二十二卷者亦作翰苑集則自南宋以後已合議論表疏爲一集而總題以翰苑之名公武所見乃天祐本恐非全冊而今世刊行贄集亦有題作陸宣公奏議者則又沿讀書志而失之者也宋祁作贄傳贊稱其論諫數十百篇譏陳時病皆本仁義炳炳如丹青而惜德宗之不能盡用其言故祁史例不錄排偶之作獨取贄文十餘篇以爲後世法司馬光作資治通鑑尤重贄議論所採奏疏至三十九篇其後蘇軾亦乞以贄文校正進讀蓋其文雖多

出於一時匡救規切之語而於古今政治得失之故無不深切著明洵有足爲萬世龜鑑者贄尚有詩文别集十五卷久佚不傳全唐詩所錄僅存試帖詩三首及語林所載逸句説者或以亡失不完爲恨然經世有用之言悉具是書則所以爲贄重者固不必在雕章繪句之末矣乾隆四十七年四月恭校上

權文公集

臣等謹案權文公集十卷唐權德輿撰德輿字載之天水人官至同平章事事迹具唐書本傳德輿嘗自纂制集五十卷楊憑序之其孫憲又編其詩文爲五十卷楊嗣復序之今制集已佚文集亦久無傳本此本乃明嘉靖二十年楊愼得之於滇南僅存目錄及詩賦十卷劉大謨從而刻之又删其無書之目錄德輿文集舊目遂不可考惟文苑英華及唐文粹中時時散見尚有出此本之外者耳考王士禎居易錄載權文公集五十卷註曰詩賦十卷文四十卷碑銘八卷識論二卷記二卷集序三卷贈送序四卷策問一卷書二卷疏表狀五卷祭

文三卷稱無錫顧宸藏本劉體仁之子凡寫之以貽士禎者然則德輿全集康熙中猶存不識何以今所傳者皆楊慎之殘本第士禎所註卷目以數計之乃八十卷與五十卷之說不合又不識其何故今既無可參證姑仍楊慎本錄之焉乾隆四十七年九月恭校上

韓集舉正

臣等謹案韓集舉正十卷外集舉正一卷宋方崧卿撰崧卿莆田人孝宗時嘗知台州軍事是書後有淳熙己酉崧卿自跋稱古昌黎先生集四十卷外集一卷附錄五卷增考年譜一卷復次其異同爲舉正十卷陳振孫書錄解題所載同而多外鈔八卷其註稱年譜洪興祖撰莆田方崧卿增考且撰舉正以校其同異而刻之南安外集但據嘉祐劉煜所錄二十五篇而附以石刻聯句詩文之遺見於他集者及葛嶠刻柳文又以大庾韓郁所編註諸本號外集者併考疑誤輯遺事共爲外鈔刻之然則外鈔非方氏書特葛刻柳集以配韓因而增

入故崧卿跋不之及也據自跋與陳氏所錄則此書蓋與文集外集附錄年譜並刻此本惟有舉正蓋所存止此也十卷之末又有外集舉正一卷而跋中不及陳氏亦不及核其原刻不標卷第殆即附之十卷中歟書錄解題又曰韓昌黎集四十卷外集十卷朱侍講以方氏本校正凡異同定歸於一多所發明外集皆如舊本獨用方本益大顛三書今考外集舉正所列自海水詩至明水賦二十五篇之數俱全無所謂大顛三書者亦無所謂石刻聯句詩文之遺於他集者不知考異所據何本此亦千古之大疑姑闕所不知可矣乾隆四十七年九月恭校上

原本韓集考異

臣等謹案原本韓集考異十卷宋朱子撰其書因韓集諸本互有異同方崧卿所作舉正雖稱參校衆本棄短取長實則惟以館閣本爲主多所依違牽就即南山有高樹詩之婆娑弄毛衣傳安道所舉爲笑端者亦不敢明言其謬是以

覆加考訂勒爲十卷凡方本之合者存之其不合者一一詳爲辨證其體例本如陸德明經典釋文但摘正文一二字大書而所考夾註于下於全集之外別行至宋末王伯大始取而散附句下別刋以行以其易于省覽故流布至今不復知有朱子之原本其間譌脱竄亂頗失本來此本出自李光地家乃從朱子門人張洽所校舊本翻雕最爲精善第一卷之末有洽補註一條稱陪杜侍御游湘西兩寺詩長沙千里平句千里當作十里言親至嶽麓寺見之方氏及朱子皆未知又第四卷末洽補註一條辨原性一篇唐人實作性原引楊倞荀子註所載全篇證方氏舉正不誤朱子偶未及考又第七卷末有洽補註一條辨曹成王碑中搏力句卒之義皆今本所未載其字爲徐用錫所校點畫不茍光地沒後其板闕佚故傳本頗少此本猶當日之初印毫無刓缺尤可貴也乾隆四十七年九月恭校上

別本韓文考異

臣等謹案别本韓文考異四十卷外集十卷遺文一卷宋王伯大編案朱子韓文考異本十卷如陸德明經典釋文司馬貞史記索隱之例但標有所考正之字句而夾注其下于集外别行康熙中李光地翻刻之宋板是其原本然當時摹印無多故流傳頗少此本乃伯大以朱子考異散入各句之下刊于南劒州又採洪興祖年譜辨證樊汝霖年譜注孫汝聽解韓醇解祝充解而自爲之音釋附于各篇之末今卷首題朱文公跋昌黎先生集凡例十二條者乃伯大重編之凡例非朱子考異之凡例也厥後麻沙書坊以注釋綴于篇末不便披尋又取而散諸各句之下非爲全改朱子之舊併伯大之舊亦全改矣流俗相傳執此爲朱子之本其實誤也據李光地翻宋板跋摘此本之舛譌遺漏不一而足蓋屢次重編更改次第不能一一清整勢所必然然注附句下較與文集各自别行者究屬易于省覽今録光地所録十卷之本以存舊觀仍録此本以便檢閲自宋以來經典釋文史記索隱均各有别行之本而監本經史仍兼用散

入句下之本以資參考是即其例矣乾隆四十七年十一月恭校上

五百家注昌黎集

臣等謹案五百家注昌黎集四十卷宋魏仲舉編仲舉建安人書前題慶元六年刻於家塾實當時坊本也首列評論詁訓音釋諸儒名氏一篇自唐燕山劉氏迄潁人王氏共一百四十八家又附以新添集注五十家補注五十家廣注五十家釋事二十家補音二十家協音十家正誤二十家考異十家統計祇三百六十八家不足五百之數而所云新添諸家皆不著名氏大抵虛搆其目務以炫博非實有其書即所列一百四十八家如皇甫湜孟郊張籍等皆同時倡和之人劉昫宋祁范祖禹等亦僅撰述唐史均未嘗詮釋文集乃引其片語即列爲一家亦殊牽合蓋與所刊五百家注柳集均書肆之習氣然其間如洪興祖朱子程敦厚朱廷玉樊汝霖蔣璨任淵孫汝聽韓醇劉崧祝充張敦頤嚴有翼方崧卿李樗鄭耕老陳汝義劉安世謝無逸李樸周行己蔡夢弼高元之陸

九齡郭忠孝郭雍程至道許開周必大史深大等有考證音訓者凡數十家原書世多失傳猶賴此以獲見一二亦不可謂非仲舉之功也朱彝尊稱此書向有宋槧本在長洲文氏後歸李日華家正集之外尚有外集十卷別集一卷附論語筆解十卷此本止四十卷而外集別集不與焉蓋流傳既久又有所缺佚矣乾隆四十七年四月恭校上

東雅堂昌黎集註

臣等謹案東雅堂昌黎集註四十卷外集十卷不著撰人名氏惟卷末各有東吳徐氏刻梓家塾小印考陳景雲韓集點勘書後曰近代吳中徐氏東雅堂刋韓集用宋末廖瑩中世綵堂本其註采建安魏仲舉五百家註本爲多間有引他書者僅十之三復刪節朱子單行考異散入各條下皆出瑩中手也瑩中爲賈似道館客事見宋史似道傳徐氏刋此本不著由來殆深鄙瑩中爲人故削其名氏併開板年月耶云云今考此本前列重校凡例九條內稱廟諱一條確

爲宋人之語景雲之説爲可信知此本爲瑩中註也景雲文中又有自註曰東雅堂主人徐時泰萬歷中進士官工部郎中今考明進士題名碑萬歷甲戌科有徐時泰長洲人蓋即其人矣乾隆四十七年四月恭校上

韓集點勘

臣等謹案韓集點勘四卷　國朝陳景雲撰景雲即撰通鑑胡註舉正者是編因廖瑩中世綵堂所註韓集舉正其訛因彙成編卷首註曰校東雅堂本以廖註爲徐時泰東雅堂所翻雕也末有景雲自跋稱瑩中彊涉文義全無學識其博采諸條不特遴擇失當即文義亦多疎舛今觀所校考據史傳訂正訓詁删繁補闕較原本實爲精密如別知賦之一旦爲仇證以爾雅元和聖德詩之廝列證以李白夢游天姥詩城南聯句之疆畛證以周禮鄭註梁國公主挽歌之厭翟證以毛詩鄭箋師説之句讀證以經典釋文送韓侍御序之所治證以魏文帝與吳質書祭李使君文之驚透證以揚雄方言左思賦烏氏廟碑之立議

證以漢書顏註太原郡公神道碑之者事證以王安石文劉統軍墓誌之父訟證以漢書段頴傳太傅董公行狀之其子乃證以唐書李萬榮傳以至郾城聯句之諛噱當爲庾噱證以李藩傳進學解守正當爲宗王證以新唐書及文粹皆援據精確足資考證也乾隆四十七年九月恭校上

柳河東集

臣等謹案柳河東集四十五卷外集二卷新編外集一卷唐柳宗元撰宋韓醇音釋醇字仲韶臨邛人其始末未詳宗元集爲劉禹錫所編其後卷目增損在宋時已有四本一則三十三卷爲元符間京師開行本一則曾丞相家本一則晏元獻家本一則此四十五卷之本出自穆修家云即禹錫原本按陳振孫書錄解題曰劉禹錫作序稱編次其文爲三十二通退之之誌若祭文附第一通之末今世所行本皆四十五卷又不附誌文非當時本也刻韓柳集者自穆修始雖非禹錫之舊第諸家之本亦無更古于是者矣政和中胥山沈晦取各本

參校獨據此本爲正而以諸本所餘者别作外集二卷附之于後蓋以此也至淳熙中醇因沈氏之本爲之箋注又搜葺遺佚别成一卷附于外集之末醇先作韓集全解及是又注柳文其書蓋與張敦頤韓柳音辨同時並出而詳博實過之魏仲舉五百家注亦多引其説明唐覲延州筆記嘗摘其注南霽雲不知汧城鑿穴之奇句本潘岳馬汧督誄是誠一失然不以害其全書也乾隆四十七年十一月恭校上

柳河東集注

臣等謹案柳河東集注四十三卷舊本題宋童宗説注釋張敦頤音辨潘緯音義宗説南城人始末未詳敦頤有六朝事迹已著録緯字仲寶雲間人據乾道三年吴郡陸之淵序稱爲乙丑年甲科官灊山廣文亦不知其終於何官也之淵序但題柳文音義序中所述亦僅及緯仿祝充韓文音義撰柳氏釋音不及宗説與敦頤書中所注各以童云張云潘云别之亦不似緯自撰之體例蓋宗

說之注釋敦頤之音辨本各自爲書坊賈合緯之音義刊爲一編故書首不以柳文音義標目而別題曰增廣注釋音辨唐柳先生集也其本以宗元本集外集合而爲一分類排次已非劉禹錫所編之舊而不收王銍僞龍城錄之類則尚爲謹嚴其音釋雖隨文詮解無大考證而於僻音難字一一疏通以云詳博則不足以云簡明易曉以省檢閱篇韻之煩則於讀柳文者亦不爲無益矣舊有明代刊本頗多訛字此本爲麻沙小字板尚不失其眞云乾隆四十七年十月恭校上

五百家註柳先生集

臣等謹案五百家註柳先生集二十一卷唐柳宗元撰宗元集劉禹錫稱編次爲三十二通至宋初穆修好其文復爲刊行之其後方崧卿鄭定張敦頤等各爲訓釋卷目遞有增損此本乃南宋慶元中建安魏仲舉所輯五百家註與昌黎集並刊於家塾者前有評論訓詁諸儒姓氏一篇檢核實不足五百家之數

書中所列有集註有補註有音釋有解義又有孫氏童氏張氏韓氏諸解此外亦罕所徵引蓋宋人輯書喜誇採摭之富所云家數固不足盡憑然蒐羅究爲繁富書後外集二卷新編外集一卷乃原集未錄之文共二十五首附錄二卷則羅池廟牒及崇寧紹興加封告詞之類而法言註五則亦在其中疑即方崧卿所裒集者又附以龍城錄二卷而柳文綱目文安禮年譜則俱冠之卷首其中如封建論後附載程敦夫論一篇又揚雄酒箴李華德銘屈原天問劉禹錫天論之類亦俱采掇附入其體例與韓集稍異雖編次叢雜不無繁冗而旁搜遠引斤斤以博學詳說爲務殊有足資考訂者且其槧鍥最精在宋代舊刻中尤稱善本今流傳五六百年而紙墨如新神明煥發復得與昌黎集註聯珠合璧同爲　祕府之儲是固可爲寶貴也乾隆四十七年十一月恭校上

劉賓客文集

臣等謹案劉賓客文集三十卷外集十卷唐劉禹錫撰禹錫字夢得彭城人貞

元九年進士登博學鴻詞科歷官檢校禮部尚書兼太子賓客其集亦名中山集陳振孫稱原本四十卷宋初佚其十卷宋次道裒其遺詩四百七篇雜文二十二首爲外集然未必皆十卷所逸也禹錫在元和初以附王叔文被貶爲八司馬之一又喜以詩詞調謔人頗嫉之以是屢起屢蹶然韓愈獨與之友善集中有上杜黃裳書歷引愈言爲重又外集有作子劉子自傳一篇叙述前事亦不甚詆譏叔文蓋其人本急於功名致爲羣邪所註誤者其文章恣肆宏辨頗與杜牧相近而詩律尤精始禹錫所與唱和者白居易及令狐楚李吉甫等皆一時名人嘗編其唱和詩爲彭陽集吳蜀集汝洛集有夢得所作之序引皆在外集中而其書在宋已佚惟正集文二十卷詩十卷明時曾有刊本頗行於世而獨無外集故亦罕流傳今揚州所進有明毛晉汲古閣所藏鈔本紙墨精好蓋猶從宋刊本錄存者謹合爲一編著之於錄用還文獻通考卷目之舊焉乾隆四十七年五月恭校上

衡州集

臣等謹案衡州集十卷唐呂溫撰溫字和叔一字化光河中人貞元十四年進士官至刑部郎中兼侍御史後謫道州刺史徙衡州卒事蹟具唐書本傳劉禹錫編次其文稱斷自人文化成論至諸葛武侯廟記爲上篇此本先詩賦後雜文已非禹錫編次之舊又第六卷七卷誌銘已缺數篇卷末有孱守居士跋云甲子歲從錢氏借得前五卷戊辰從郡中買得後三卷俱宋本第六第七二卷均之闕如因取英華文粹照目寫入以俟得完本校定又云第二卷聞砧以下十五首宋本所無照陳解元棚本鈔入孱守居士常熟馮舒之別號蓋舒所重編也溫亦入司馬之黨當王叔文敗時以使吐蕃幸免其人品本不純粹而學春秋于陸淳學文章于梁肅則授受頗有淵源集中如與族兄皐書深有得于六經之旨送薛天信歸臨晉序洞見文字之原裴氏海昏集序論詩亦殊精邃古東周城銘能明君臣之義以糾左氏之失其思子臺銘序謂遇一物可以正

訓于世者秉筆之士未嘗闕焉其文章之本可見矣惟代尹僕射度女爲尼表可以不存而諸葛武侯廟記以爲有才而無識尤好爲高論失之謬妄分別觀之可矣乾隆四十七年八月恭校上

張司業集

臣等謹案張司業集八卷唐張籍撰籍字文昌和州人貞元十五年進士官至國子司業事蹟附載唐書韓愈傳中籍以樂府鳴一時其骨體實出王建上後槩稱張王未爲篤論韓愈稱張籍學古淡軒鶴避雞羣誠矣其文惟文苑英華載與韓愈二書餘不槩見相其筆力亦在李翱皇甫湜間視李觀歐陽詹之有意劖彫亦爲勝之昌黎集有代籍上李渤東書稱以盲廢然集中祭退之詩稱公比欲爲書遺約有修章令我署其末以爲後事程則愈沒之時籍猶執筆作字知其目疾已愈世傳盲廢者非也其集爲張洎所編洎序稱自丙午至乙丑相次綴輯得四百餘篇考丙午爲南唐李昪昪元元年當晉開運三年乙丑爲

宋乾德二年蓋泊搜葺二十年始成完本亦云勤矣陳振孫書録解題云張泊所編籍詩名木鐸集凡十二卷近世湯中季庸以諸本校定爲張司業集八卷刻之平江此本爲明萬歷中和州張尚儒與張孝祥于湖集合刻者尚儒稱購得河中劉侍御本又參以朱蘭嵎太史金陵刊本得詩四百四十九首併録與韓昌黎書二首訂爲八卷則已非張泊湯中之舊然其數不甚相遠似乎無所散佚也乾隆四十六年十二月恭校上

皇甫持正集

臣等謹案皇甫持正集六卷唐皇甫湜撰湜睦州人持正其字也元和元年進士解褐爲陸渾尉仕至工部郎中卞急使氣數忤同省求分司裴度特愛之辟爲東都判官其集唐志作三卷晁公武讀書志作六卷雜文三十八篇與今本合唐書本傳載湜爲度作光福寺碑文酣飲援筆立就度贈車馬繒綵甚厚湜曰吾自爲顧況集序未嘗許人今碑字三千一字三縑何遇我薄耶高彦休唐

闕史亦載是碑併記其字數甚詳蓋實有是作非史之謬然此本僅載況集序而碑文已佚即集古金石二錄已均不載此碑殆唐末尚存故彥休得見五代兵燹遂已亡失歟足證此本爲宋人重編非唐時之舊矣其文與李翺同出韓愈翺得愈之淳而湜得愈之奇其答李生三書盛氣攻辨又甚于愈然如編年紀傳論孟子荀子言性論亦未嘗不持論平允集中無詩洪邁容齋隨筆嘗記其浯溪一篇以爲風格無可採陸游跋湜集則以爲自是傑作邁語爲傳寫之誤今考此詩爲論文而作李白集之大雅久不作一篇蘇軾集之我雖不工書一篇即是此格安可全詆游之所辨是也乾隆四十七年九月恭校上

李文公集

臣等謹案李文公集十八卷唐李翺撰翺字習之隴西成紀人涼武昭王暠之裔也貞元十四年進士官至山南東道節度使檢校戶部尚書事迹具唐書本傳其集唐藝文志作十八卷趙汸東山存稿有書後一篇稱李文公集十有八

卷百四篇浙江行省參政趙郡蘇公所藏本與唐志合陳振孫書錄解題則云蜀本分二十卷近時凡有二本一爲明景泰間河東邢讓鈔本　國朝徐養元刻之訛舛最甚此書爲毛晉所刊仍十八卷或即蘇天爵家本歟考閻若璩潛邱劄記有與戴唐器書曰特假舊唐書參考李浙東不知何名或李翺習之全集出尚可得其人然老矣倦于尋訪矣云云則似尚不以爲定本不知何所據也翺爲韓愈之姪壻故其學皆出于愈集中載答皇甫湜書自稱高愍女楊烈婦傳不在班固蔡邕下其自許稍過然觀與梁載言書論文甚詳至寄從弟正辭書謂人號文章爲一藝者乃時世所好之文其能到古人者則仁義之詞惡得以一藝名之故才與學雖皆遜愈不能鎔鑄百氏皆如己出而立言具有根柢大抵溫厚和平俯仰中度不似李觀劉蛻諸人有矜心作意之態蘇舜欽謂其詞不逮韓而理過于柳誠爲篤論惟集中皇祖實錄一篇立名頗爲僭越夫皇祖皇考文見禮經至明英宗時始著爲禁令翺在其前稱之猶有說也若實

錄之名則六代以來已定爲帝制隋志所載班班可稽翱乃以題其祖之行狀殊爲不經編是集者無所刊正則失所別裁矣乾隆四十七年九月恭校上

歐陽行周文集

臣等謹案歐陽行周文集十卷唐歐陽詹撰詹字行周泉州人舉進士官至四門助教事蹟具新唐書文苑傳其集有大中六年李貽孫序稱韓侍郎愈李校書觀洎君並數百歲傑出今觀詹之文與李觀相上下去愈遠甚蓋此三人同年舉進士皆出陸贄之門並有名聲其優劣未經論定故貽孫之言如此然詹之文實有古格在當時纂組排偶者上韓愈爲歐陽生哀辭稱許詹甚至亦非過情也王士禎池北偶談嘗摘其自誠明論謂尹喜自明誠而長生公孫弘自明誠而爲卿張子房自明誠而輔劉公孫軼自明誠而佐嬴諸句以爲離經畔道其說信然然宋儒未出以前學者論多駁雜難以盡糾亦存而不論可矣愈稱閩舉進士自詹始王應麟謂黃璞閩川名士傳詹之前已有薛令之林藻考

之登科記璞所傳誠然愈言爲誤蓋古事可資典籍近事惟據見聞沈括沈遼

呂祖謙皆一代名流而宋人或誤稱其世系則愈之失考固亦不足怪矣乾隆

四十七年十月恭校上

李元賓文編

臣等謹案李元賓文編三卷外編二卷唐李觀撰觀字元賓李華之從子也貞元八年登進士第九年復中博學宏詞科官至太子校書郎年二十九卒韓愈爲誌其墓文載昌黎集中是集前三卷爲大順元年給事中陸希聲所編希聲自爲之序後爲外編二卷題曰蜀人趙昂編希聲後至宰相昂則未詳其仕履晁公武讀書志稱昂所編凡十四篇此本闕帖經日上王侍御書一篇又時時有闕句闕字蓋輾轉傳寫脫佚久矣觀與韓愈歐陽詹爲同年並以古文相砥礪其後愈文雄視百世而二人之集寥寥僅存論者以元賓早世其文未極退之窮老不休故能獨擅其名希聲之序則謂文以理爲本而詞質在所尚元賓

尙於詞故詞勝其理退之尙於質故理勝其詞退之雖窮老不休終不得爲元賓之詞假使元賓後退之死亦不及退之之質今觀其文大抵瑰琢艱深或格格不能自達其意殆與劉蛻孫樵同爲一格而鎔鍊之功或不及則不幸早凋未卒其業之故也然則當時之論以較蛻樵則可以較於愈則不及希聲所序爲有見宜希聲以爲不然也顧當瑀章繪句之時方競以駢偶鬬工巧而觀乃從事古文以與愈相左右雖所造不及愈固非餘子所及王士禎池北偶談詆其與孟簡吏部奚員外諸書如醉人使酒罵坐抑之未免稍過矣惟希聲之序稱其文不古不今卓然自作一體品題頗當今併録之以弁於篇首焉乾隆四十七年九月恭校上

孟東野詩集

臣等謹案孟東野詩集十卷唐孟郊撰宋宋敏求編前有敏求序稱世傳其集汴吴鏤本五卷一百二十四篇周安惠本十卷三百三十一篇蜀人蹇濬所纂

凡二卷一百八十篇取韓愈贈郊句名之曰咸池集自餘諸家所雜錄不爲編帙諸本各異敏求總括遺逸删除重複分十四類編輯得詩五百一十一篇郊詩托興深微而結體古奥唐人自韓以下莫不推之自蘇軾空螯小魚之誚始有異詞元好問論詩絶句乃有東野窮愁死不休高天厚地一詩囚之句當以蘇尙俊邁元尙高華門徑不同故是丹非素究之郊詩品格不以二人之論減價也乾隆四十七年五月恭校上

長江集

臣等謹案長江集十卷唐賈島撰島字閬仙范陽人初爲僧名無本後返初服舉進士不第坐謗責授長江主簿終於普州司倉參軍島之謫也唐書本傳謂在文宗時王定保摭言謂在武宗時晁公武讀書志謂長江祠中有宣宗大中九年墨制石刻陳振孫書錄解題亦稱遂寧刊本首載此制二人皆辨其非今考集中卷二有寄令狐相公詩不署其名卷五有送令狐綯相公詩卷六有謝

令狐綯相公賜衣九事詩又有寄令狐綯相公詩二首則顯出綯名考綯本傳
其爲相在大中四年十月與石刻墨制年號相合然韓愈送無本師歸范陽詩
年譜在元和六年本傳載島卒時年五十六從大中九年逆數至元和六年凡
四十五年則愈贈詩時島纔十二歲自長江移普州又在其後則贈愈詩時島
不滿十歲恐無此理今檢寄綯諸詩皆在長江以後歲月尙無顯證至送綯詩
中有梁園趨旄節句又有是日榮遊汴當時怯往陳句當是楚鎭河中之時綯
未嘗爲是官殆原集但作令狐相公遂寧本各增一綯字以遷就大中九年之
制經晁陳二家辨明故後來刋本削去此制而詩題所妄增則未及改正耳晁
氏稱長江集十卷詩三百七十九首此本共存三百七十八首僅佚其一蓋猶
舊本唐音統籤載島送無可上人詩獨行潭底影數息樹邊身二句之下自註
一絕云二句三年得一吟雙淚流知音如不賞歸臥故山秋晁氏其倂此數之
爲三百七十九耶集中劍客一首明代選本末二句皆作今日把示君誰有不

平事惟舊本才調集誰有作誰爲馮舒兄弟嘗論之以有字爲後人妄改此集正作誰爲然則猶舊本之未改者矣乾隆四十七年三月恭校上

昌谷集

臣等謹案昌谷集四卷外集一卷唐李賀撰賀字長吉系出鄭王故自以郡望稱隴西實則家於昌谷昌谷地近洛陽於唐爲福昌縣今宜陽縣也事蹟具唐書文學傳集中屢言歸昌谷宋張耒集有春遊昌谷訪長吉故宅詩又福昌懷古詩中亦有李賀宅一首其明證矣幽閒鼓吹稱賀遺詩爲其表兄投溷中故流傳者少然但謂李藩所收耳其沈子明所編杜牧所序者實未嘗亡牧序述子明之書稱賀且死嘗授我平生所著歌詩離爲四編凡二百三十三首則卷帙併賀所手定也唐宋志皆稱賀集五卷較牧序多一卷檢文獻通考始知爲集四卷外集一卷吳正子昌谷集箋註曰京師本無後卷有後卷鮑本也常聞薛常州士龍言長吉詩蜀本會稽姚氏本皆二百一十九篇宣城本二百四十

二篇云云蓋外集詩二十三首合之則爲二百四十二除之則爲二百一十九實即一本也惟正集較杜牧所序少十四首而外集較黄伯思東觀餘論所跋少二十九首則莫可考耳乾隆四十七年十月恭校上

箋註評點李長吉歌詩

臣等謹案箋註評點李長吉歌詩四卷外集一卷舊本題西泉吴正子箋註須溪劉辰翁評點辰翁所評班馬異同已著録正子則不知何許人近詩王琦作李長吉歌詩彙解亦稱正子時代爵里未詳考此本以辰翁之評列於其後則當爲南宋人又外集之首注稱嘗聞薛常州士龍言云云士龍爲薛季宣字據書録解題季宣卒於乾道九年則正子亦孝宗時人矣註李賀詩者明以來有徐渭董懋策曾益余光姚佺五家本又有邱象升邱象隨陳愫陳開先楊妍吴甫六家之辨注孫枝蔚張恂蔣文運胡廷佐張星謝啟秀朱潮遠七家之評王琦又采諸家之説作爲彙解遞相糾正互有發明而要以正子是註爲最古賀

之爲詩冥心孤詣往往出筆墨蹊徑之外又所用典故率多點化其意藻飾其文宛轉關生不名一格正子此註但略疏所出而不一一穿鑿其說猶勝諸家之淆亂辰翁詩以幽雋爲宗所評杜詩每舍其大而求其細惟評賀詩其宗派見解乃頗相近故所得較多今亦並錄之以資參證焉乾隆四十七年十月恭校上

絳守居園池記

臣等謹案絳守居園池記一卷唐樊宗師撰元趙仁舉吳師道許謙三家所注也宗師始末具韓愈所作墓誌中是文乃長慶三年宗師官絳州刺史即守居構園池自爲之記文僻澀不可句讀董逌廣川書跋稱嘗至絳州得其舊碑剷刮劘洗見其後有宗師自釋然僅略注亭榭諸名其文仍不盡可解故好奇者多爲之注據李肇國史補唐時有王晟劉忱二家注今並不傳故趙仁舉補爲此注皇祐癸丑吳師道以爲疎漏爲補二十二處正六十處延祐庚申許謙仍

以爲未盡又補正四十一條且謂宗師本記守居之園池舊注兼守居言故多誤至順三年師道得謙之本又重加判定復爲之跋稱校此文二十年屢經竄易尙未得爲定稿蓋其字句皆不師古不可以訓詁考證不過據其文義推測鉤貫以求通文僅七百七十七字而衆說紛紜終無定論固其宜也以其相傳既久如古器銘識雖不可音釋而不得不謂之舊物賞鑑家亦存而不棄耳謙稱宗師之文傳者僅此篇今考宗師別有越王樓詩序載計有功唐詩紀事中其僻澀與此文相類謙蓋偶未及檢　國朝仁和孫之騄始合二篇而注之題曰樊紹述集注今別著于錄云乾隆四十七年四月恭校上

王司馬集

臣等謹案王司馬集八卷唐王建撰建字仲和潁州人大歷十年進士太和中爲陝州司馬據文獻通考建集本十卷此本爲　國朝胡介祉所校刊凡古體二卷近體六卷蓋後人之所合併也介祉嘗謂虞山毛氏曾有刊本行世校對

亦未盡善至宮詞自宋南渡後逸去其七好事者妄爲補之如淚盡羅巾白樂天詩也鴛鴦瓦上花蘂夫人詩也寶帳平明王少伯詩也日晚長秋與日映西陵樂府銅爵臺詩也銀燭秋光冷畫屏與閒吹玉殿昭華管皆杜牧之詩也獨楊升菴集中別載七首云得之古本正可補其闕略介祉所論蓋本之胡仔苕溪漁隱叢話其考證皆精確惟楊愼之言多不足據石鼓文尚能僞造何有於王建宮詞介祉遽從而增入未免輕信之失至於傷近而不見乃玉臺新詠舊題此本訛爲傷近者不見江南三臺名見樂府詩集及才調集此本訛爲江南臺亦未免小有所失不能全識毛本但取以相較猶爲此善於彼耳乾隆四十七年五月恭校上

沈下賢集

臣等謹案沈下賢集十二卷唐沈亞之撰下賢亞之字也本長安人而原序稱曰吳興人李賀集有送亞之詩亦曰吳興才人怨春風蓋從郡望耳亞之登元

和十年進士第太和三年柏耆宣慰德州辟爲判官耆罷亞之亦坐貶南康尉是集凡詩賦一卷雜文雜記一卷雜著二卷記二卷書二卷序一卷策問併對一卷碑文墓誌表一卷行狀祭文一卷杜牧李商隱集均有擬沈下賢詩則亞之固以詩名世而此集所載乃止十有八篇其文則務爲險崛在孫樵劉蜕之間觀其答學文僧請益書謂陶器速售而易敗煆金難售而經久送韓靜略序亟述韓愈之言蓋亦戛然自異者也其中如秦夢記異夢錄湘中怨解大抵諱其本事託之寓言如唐人后土夫人傳之類後人或譏其不經殊乖厥旨此本前有元祐丙寅重刊序不著姓名錢曾讀書敏求記乃稱爲元祐丙申刻考元祐元年歲在丙寅至甲戌已改元紹聖中間不應有丙申蓋即此本而曾誤記寅爲申又是集本十二卷曾記爲二十卷亦誤倒其文也卷末有跋曰吳興文集十二卷義取艱深字多舛脫不可卒讀因從秦對岩借所藏季滄葦鈔本校閱一過題曰辛卯仲夏有小印曰邦采不知爲誰然則此本校以季氏本季氏

本鈔自錢氏宋刻其源流固大概可見矣乾隆四十七年九月恭校上

追昔遊集

臣等謹案追昔遊集三卷唐李紳撰紳字公垂亳州人元和元年進士武宗時爲中書侍郎同中書門下平章事事蹟具唐書本傳此集皆其未爲相時所作晁公武讀書志載前有開成戊午八月紳自序此本無之詩凡一百一首新唐書本傳所載貶端州司馬禱神灘漲及刺壽州虎不爲暴爲河南尹惡少斂迹皆語出此集史傳事須實錄而宋祁以紳所自言者爲據殊乖徵信之義且考紳之赴端州也在夏秋之間其妻子舟行十月始至其時灘水減矣故以書祝媪龍池而江復漲紳詩內及所自注者如此祁乃以爲紳自度嶺時事是闕其集亦未審後儒以名之輕重爲文之是非必謂新書勝舊書似非篤論也紳與李德裕元稹號三俊白居易亦有笑勸迂辛酒閒吟短李詩句今觀此集音節嘽緩似不能與同時諸人角爭强弱然春容恬雅無雕琢細碎之習其格究在

晚唐諸人刻畫纖巧之上也乾隆四十七年九月恭校上

會昌一品集

臣等謹案會昌一品集二十卷別集十卷外集四卷唐李德裕撰德裕事蹟具唐書本傳晁公武讀書志稱所作名會昌一品集者皆武宗時制誥外集皆賦詩雜文窮愁志則遷謫以後閒居論史之文也此本正集二十卷別集十卷外集四卷別集即所謂外集外集即所謂窮愁志與晁公武讀書志所載相合但標題小異意即蜀本之舊較明時袁州所刻僅會昌一品集十卷外集四卷者尙爲完備陳振孫書錄解題稱衞公備全集五十卷年譜一卷又稱蜀本之外有姑臧集五卷獻替錄辨謗略諸書共十一卷則其本不傳久矣史言德裕在穆宗朝爲翰林學士號令大典册咸出其手而文多不傳意皆在五十卷內也會昌一品集序鄭亞所作李商隱集所謂滎陽公者是也其文亦見商隱集稱代亞作而兩本異同者不一考尋文義皆以此集所載爲長蓋亞所改定之本

云乾隆四十七年十月恭校上

欽定四庫全書提要卷八十二

欽定四庫全書提要卷八十三

集部五

別集類四

元氏長慶集

臣等謹案元氏長慶集六十卷補遺六卷唐元稹撰稹爵里事迹具唐書本傳考稹與白居易書稱河東李明府景儉在江陵時僻好僕詩章僕因撰成卷軸其中有旨意可觀而詞近古往者爲古諷意亦可觀而流在樂府者爲樂諷詞雖近古而止於吟寫性情者爲古體詞實樂流而止於模象物色者爲新題樂府聲勢沿順屬對穩切者爲律詩仍以五七言爲兩體其中有稍存寄興與諷爲流者爲律諷又稱有悼亡詩數十首艷詩百餘首自十六時至元和七年有詩八百餘首成二十卷又稱昨巴南道中有詩五十首又書中得七年以後所爲向二二百篇然則稹三十七歲之時已有詩千餘首唐書本傳稱稹卒時五十

三其後十六年中又不知所作凡幾矣白居易作稹墓誌稱著文一百卷題曰
元氏長慶集唐書藝文志又載有小集十卷然原本已闕佚不傳此本爲宋宣
和甲辰建安劉麟所傳明松江馬元調重刊而卷帙與舊說不符即標目亦與
所自敘迥異不知爲何人所重編前有麟序稱稹文雖盛傳一時厥後寖以不
顯惟嗜書者時時傳錄某先人嘗手自鈔寫謹募工刻行云云則麟及其父均
未嘗有所增損蓋在北宋即僅有此殘本爾乾隆四十七年四月恭校上

白氏長慶集

臣等謹案白氏長慶集七十一卷唐白居易撰居易爵里事迹具唐書本傳案
錢曾讀書敏求記稱所見宋刻居易集兩本皆題爲白氏文集不名長慶集汪
立名校刻香山詩集亦謂寶歷以後之詩不應概題曰長慶今考居易嘗自寫
其集分置僧寺據所自記太和九年置東林寺者二千九百六十四首勒成六
十卷開成元年置于聖善寺者三千二百五十五首勒成六十五卷開成四年

置于蘇州南禪院者凡三千四百八十七首勒成六十七卷皆題曰白氏文集開成五年置于香山寺者凡八百首合爲十卷則别題曰洛中集惟長慶四年元稹作白氏長慶集序稱盡徵其文手自排纂成五十卷二千一百九十一首又稱明年當改元長慶訖于是因號曰白氏長慶集則長慶一集特穆宗甲辰以前之作曾及立名所辨不爲無據然唐志載白氏長慶集七十五卷宋志亦載白氏長慶集七十一卷而白氏文集之名轉不著録又宋人目録傳於今者晁公武讀書志尤袤遂初堂書目陳振孫書録解題亦均作白氏長慶集則謂宋刻必作白氏文集亦未盡然況元稹之序本爲長慶集作而聖善寺文集記中有居易自註稱元相公先作集序并目録一卷在外則長慶集序已移弁開成新作之目録知寶歷以後之詩文均編爲續集襲其舊名矣未可遽以總題長慶爲非也至其卷帙之數晁公武謂前集五十卷後集二十卷續集五卷今亡三卷則當有七十二卷陳振孫謂七十一卷之外又有外集一卷亦當有七

十二卷而所標總數乃仍爲七十一卷與今本同則其故不可得詳矣乾隆四十七年十一月恭校上

白香山詩集

臣等謹案白香山詩集四十卷附錄年譜二卷 國朝汪立名編唐白居易長慶集七十五卷今存七十一卷其中文三十四卷詩三十七卷立名引宋祁之言謂居易長于詩而他文未能稱是因别刋其詩以成是集又據元稹序謂長慶時所作僅前五十卷其寶歷以後所作不應概名以長慶因即其歸老之地題曰香山參互衆本重加編次定爲長慶集二十卷後集十七卷别集一卷又采摭諸書爲補遺二卷而以新定年譜一卷陳振孫舊本年譜一卷併元稹長慶集序一篇及舊唐書本傳冠于首復采諸書之有關居易詩者各箋註于其下居易集舊有明武定侯家刻本今已罕見世所行者惟蘇州錢氏松江馬氏二本皆頗有顛倒訛舛胡震亨唐音丁籖所錄又分體瑣屑往往以一題割裂

二卷殊爲叢脞立名此本考證編排特爲精審其所箋釋雖不能篇篇皆備而引據典核亦勝于註書諸家漫衍支離徒溷耳目蓋于諸刻之中特爲善本焉立名號西亭歙縣人其書成于康熙壬午朱彝尊宋犖皆爲之序云乾隆四十七年三月恭校上

鮑溶詩集

臣等謹案鮑溶詩集六卷外集一卷鮑溶字德源唐元和四年進士唐書無傳其事蹟已不可考溶詩在後世不甚著然張爲作主客圖以溶爲博解宏拔主以李羣玉爲上入室而爲與司馬退之二人同居入室之列則當時固絕重之也其集宋史館舊本五卷訛謬鮑防曾鞏始據唐文粹唐詩類選考正之又以歐陽修本參校增多三十三篇合舊本共二百三十三篇釐爲六卷晁公武讀書志仍作五卷稱惟存一百九十二篇餘皆佚此本爲江南葉裕家所鈔首有曾鞏校上序今核所錄惟集外詩一卷與曾鞏序新增三十三首之說合其正

集比犖序多一卷而詩止一百四十五首蓋舊本殘缺傳寫者離析其卷帙以足犖序之數而忘外集一卷本在六卷中也全唐詩所錄較此本多十六首較晁本多二首而較曾本尚少三十九首則其集之佚者多矣乾隆四十七年十月恭校上

樊川集

臣等謹案樊川集二十二卷唐杜牧撰牧字牧之京兆萬年人官至中書舍人事蹟具唐書本傳是集爲其甥裴延翰所編唐藝文志作二十卷而晁氏讀書志又載外集一卷新城王士禎謂舊藏杜集止二十卷後見宋版本雕刻甚精而多缺卷考劉克莊後村詩話云樊川有續別集三卷十八九皆許渾詩牧仕宦不至南海而別集乃有南海府罷之作則宋本外集之外又有續別集三卷此本僅附外集別集各一卷有宋熙寧六年田概序較之後村所見別集尚少二卷而南海府罷之作不收焉則又經後人删定非克莊所見本矣牧嘗稱元

白歌詩傳播使子父女母交口誨淫恨吾無位不得以法繩之其持論甚峻後村詩話則謂牧風情不淺如杜秋娘張好好諸詩青樓薄倖之句街吏平安之報未知去元白幾何比之以燕伐燕是亦公論然牧詩風骨實出元白之上其古文縱横奥衍罪言一篇宋祁作新唐書藩鎮傳論實全錄之亦非元白所可及也乾隆四十七年五月恭校上

姚少監集

臣等謹案姚少監集十卷唐姚合撰合字無考宰相崇之曾孫登元和十一年進士第調武功主簿又爲富平萬年二縣尉寶應中歷監察殿中御史戶部員外郎出爲荆杭二州刺史後爲戶刑二部郎中諫議大夫陝虢觀察使開成末終于祕書少監然詩家皆謂之姚武功其詩派亦稱武功體以其早作武功縣詩三十首爲世傳誦故相習而不改也合選極元集去取至爲精審自稱所錄爲詩家射雕手論者以爲不誣其自作則刻意苦吟冥搜物象務求古人體貌

所未到張爲作主客圖以李益爲淸奇雅正主以合爲入室然合詩格與益不相類不知爲何以云然其集在北宋不甚顯至南宋永嘉四靈始奉以爲宗其末流寫景於瑣屑寄情於偏僻遂爲論者所排然由摹倣者滯於一家趨而愈下要不必追咎作始遽懲羹而吹虀也此本爲毛晉所刻分類編次唐人從無此例殆宋人所重編晉跋稱此爲浙本尙有川本篇次小異又稱得宋治平四年王頤石刻武功縣詩三十首其次序字句皆有不同然則非唐時舊本審矣

乾隆四十七年十月恭校上

李義山詩集

臣等謹案李義山詩集三卷唐李商隱撰商隱字義山懷州河内人開成二年進士釋褐祕書省校書郎調弘農尉會昌二年又以書判拔萃王茂元鎭河陽辟爲掌書記歷佐幕府終于東川節度判官檢校工部郎中事迹具唐書本傳商隱詩與溫庭筠齊名詞皆縟麗然庭筠多綺羅脂粉之詞而商隱感時傷事

尙頗得風人之旨故蔡寬夫詩話載王安石之語以爲唐人能學老杜而得其藩籬者惟商隱一人自宋楊億劉子儀等沿其流波作西崑唱酬集詩家遂有西崑體致伶官有撏撦之譏劉攽載之中山詩話以爲口實元祐諸人起而矯之終宋之世作詩者不以爲宗胡仔漁隱叢話至摘其馬嵬詩渾河中詩詆爲淺近後江西一派漸流于生硬麤鄙詩家又反而講溫李自釋道源以後註其詩凡數家大抵刻意推求務爲深解以爲一字一句皆屬寓言而無題諸篇穿鑿尤甚至于流俗傳誦多錄其綺艷之作如集中有感二首之類選本從無及之者取所短而遺所長益失之矣乾隆四十七年十月恭校上

李義山詩集注

臣等謹案李義山詩集注三卷補注一卷　國朝朱鶴齡撰鶴齡有尙書埤傳已著錄李商隱詩舊有劉克張文亮二家注本後俱不傳故元好問論詩絕句有詩家總愛西崑好只恨無人作鄭箋之語案西崑體乃宋楊億等摹擬商隱之詩好問竟以商隱爲西崑殊爲謬誤謹附訂于此

明末釋道源始爲作注王士禎論詩絶句所謂獺祭曾驚奥博殫一篇錦瑟解
人難千秋毛鄭功臣在尚有彌天釋道安者即爲道源是注作也然其書徵引
雖繁實冗雜寡要多不得古人之意鶴齡因取其什一補輯其什九以成此注
後來注商隱集者如程夢星姚培謙馮浩諸家大抵以鶴齡爲藍本而補正其
闕誤惟商隱以婚于王茂元之故爲令狐綯所擠淪落終身特文士輕于去就
苟且目前之常態鶴齡必以爲茂元黨李德裕綯父子黨牛僧孺商隱之從茂
元爲擇木之智涣邱之公然則令狐楚方盛之時何以從之受學令狐綯見讐
之後何以又屢啓陳情新舊唐書班班具在鶴齡所論未免爲回護之詞至謂
其詩寄托深微多寓忠憤不同于温庭筠段成式綺靡香艷之詞則所見特深
爲從來論者所未及惟所作年譜于商隱出處及時事頗有疎漏故多爲馮浩
注本所糾又如有感二首詠文宗甘露之變者引錢龍惕之箋以李訓鄭注爲
奉天討死國難則觸於明末璫禍有激而言與詩中如何本初輩自取屈氂誅

臨危對盧植始悔用龐萌諸句顯爲背觸殊失商隱之本旨又重有感一首所謂竇融表已來關右陶侃軍宜次石頭者竟以稱兵犯闕望劉從諫漢十常侍之已事獨未聞乎鶴齡又引龍惕之語不加駁正亦未免牽就其詞然大旨在於通所可知而闕所不知絶不牽合新舊唐書務爲穿鑿其摧陷廓清之功固超出諸家之上矣乾隆四十七年十一月恭校上

李義山文集箋註

臣等謹案李義山文集箋註十卷　國朝徐樹穀箋徐炯註樹穀字藝初康熙乙丑進士官至山東道監察御史炯字章仲康熙壬戌進士官至直隸巡道皆崑山人考舊唐書李商隱傳稱有表狀集四十卷新唐書藝文志稱李商隱樊南甲集二十卷乙集二十卷玉溪生詩三卷文賦一卷宋史藝文志稱李商隱文集八卷四六甲乙集四十卷別集二十卷詩集三卷今惟詩集三卷傳文集皆佚　國初吳江朱鶴齡始裒緝諸書編爲五卷而闕其狀之一體康熙庚午

炯典試福建得其本于林佶採撫文苑英華所載諸狀補之又補入重陽亭銘

一篇是爲今本鶴齡原本雖略爲詮釋而多所疎漏蓋猶未竟之稿樹穀因博

考史籍證驗時事以爲之箋炯復徵其典故訓詁以爲之註其中上崔華州書

一篇樹穀斷其非商隱作近時桐鄉馮浩註本則辨此書爲開成二年春初作

崔華州乃崔龜從非崔戎故買相國乃賈餗非賈耽崔宣州乃崔鄲非崔羣引

據唐書紀傳證樹穀之誤疑又重陽亭銘一篇炯據全蜀藝文志採入馮浩註

本則辨其碑末結銜及鄉貫皆可疑知爲舊碑漫漶楊慎僞補足之援慎僞補

樊敏栁銘二碑證炯之誤信又據成都文類採入爲河東公上西川相國京兆

公書一篇及逸句九條皆足補正此本之疎漏然上京兆公書乃案牘之文本

無可取逸句尤無關宏旨故仍以此本著于錄焉乾隆四十七年八月恭校上

溫飛卿集箋注

臣等謹案溫飛卿集箋注九卷　國朝山陰曾益撰長州顧予咸補輯予咸子

嗣立又重訂之凡註中不署名者益原註署補字者予咸註署嗣立案則所續註也曾註謬譌頗多嗣立悉爲是正考據頗爲詳核唐藝文志載庭筠握蘭集三卷金荃集十卷詩集五卷漢南眞稿十卷宋志亦同陳振孫書錄解題作飛卿集七卷文獻通考則云金荃集七卷別集一卷曾益本合爲四卷名溫八叉集以作賦之事名其詩頗爲杜撰嗣立此註稱從所見宋刻分詩集七卷別集一卷以還其舊疑即通考所載之本又稱采文苑英華萬首絕句所錄爲集外詩一卷較曾本差爲完備然總之非唐之舊本也乾隆四十七年四月恭校上

丁卯集

臣等謹案丁卯集二卷續集二卷續補一卷集外遺詩一卷唐許渾撰渾字用晦武后朝宰相圉師之後考新唐書宰相世系表圉師爲安陸許氏渾爲其後應亦出於安陸陳振孫書錄解題乃稱渾爲丹陽人觀集中送王總歸丹陽詩有曰憑寄家書爲回報舊居還有故人知蓋其家于丹陽猶李白系出隴西而

爲蜀人矣渾太和六年進士及第爲當塗太平二令以病免起潤州司馬大中三年爲監察御史歷虞部員外郎睦郢二州刺史其曰丁卯集者潤州有丁卯橋渾别墅在焉因以名集集中有夜歸丁卯橋村舍詩是也新唐書藝文志作二卷晁氏讀書志亦作二卷陳氏書録解題注云蜀本有拾遺二卷今之續集當即陳氏所謂拾遺爲後人改題其續補及集外遺詩又後人掇拾增入耳惟晁氏稱近得渾集完本五百篇止二卷是本篇數雖合而卷帙不同蓋非宋人刊本之舊矣毛晉汲古閣刊本亦二卷詩僅三百餘篇疑即晁氏所見之本讀書志或誤三爲五亦未可知以此本較毛本完備故置彼而録此焉乾隆四十七年十月恭校上

文泉子集

臣等謹案文泉子集六卷唐劉蜕撰蜕字復愚長沙人大中四年進士及第咸通中官至左拾遺外謫華陰令案孫光憲北夢瑣言載蜕爲桐廬人官至中書

舍人有從其父命死不祭祀一事所敘鄉里皆不同或疑爲别一劉蜕未之詳也是集前有自序一篇曰自褐衣以後三月辛卯以前收其徵詞屬意古今上下之間者爲内外篇復收其怨抑頌記嬰于仁義者雜爲諸篇焉物不可以終雜故離爲十卷離則名之不絶故授之以爲文泉蓄罩以九流之旨曰文配以不竭之義曰泉崖谷結珠璣昧則將救之雲雷亢粢盛乾則將救之豈託之空言哉觀其命名之義自負者良厚其文冢銘最爲世所傳他文皆原本揚雄亦多奇輿險于孫樵而易于樊宗師大旨與元結相出入欲挽末俗反之古而所謂古者乃多歸宗于老氏不盡協聖賢之軌又詞多恚憤亦非仁義藹如之旨然唐之末造相率爲纂組俳儷之文而蜕獨毅然以復古自任亦可謂特立者矣高彦休唐闕史載蜕能辨齊桓公盎之僞其學蓋有根柢舊唐書令狐楚傳載咸通二年左拾遺劉蜕極論令狐綯之子恃權納貨之罪坐貶華陰令則蜕在當時本風裁矯矯宜其文拔俗也原集十卷今已不傳此本爲崇禎庚辰閩

人韓錫所編僅得一卷蓋從文苑英華諸家書采出非其舊帙存留唐文之一家姑見崖略云耳乾隆四十七年九月恭校上

黎嶽集

臣等謹案黎嶽集一卷唐李頻撰頻字德新壽昌人大中八年擢進士第調祕書郎累遷建州刺史卒於官州人思其德立廟黎山歲時享祀頗著靈異宋紹興慶元嘉泰開禧時累加封爵元亦列於祀典頻爲姚合之壻然其詩別自爲格不類武功之派唐書列於文藝傳中是編本名建州刺史集後人敬頻之神尊黎山曰黎嶽集亦因之改名初罕傳本眞德秀得本於三館欲刻未果嘉熙三年金華王埜始求得舊本鋟板元元貞及後至元間頻裔孫邦材會同明永樂中河南師祐正統中廣州彭森先後重刊者四此本即正統刻也凡詩一百九十五首較全唐詩所載少八首而送劉山人歸洞庭一首卷中兩見惟起二句小異又秋宿慈恩寺遂上人院詩誤作送宋震先輩赴靑州題與詩兩不相

應殊不及席氏唐百家詩所刊完善特以專集行世者僅有此本故仍其舊錄之王士禎稱詩人爲神未有若頻之顯著者然頻詩自佳耳其爲神則政事之故非文章之故固未可相提並論也乾隆四十七年九月恭校上

李羣玉集

臣等謹案李羣玉集三卷後集五卷唐李羣玉撰羣玉字文山澧州人大中八年詣闕進詩授弘文閣校書郎其集首載羣玉進詩表及令狐綯薦狀鄭處約所行制詞表稱歌行古體今體七言今體五言四通合三百首考劉禹錫作柳宗元集序稱四十二通則唐詩以一通爲一卷今本三卷已與表不合又表稱三百首而今本正集僅一百三十五首外集亦僅一百一十三首合之尚不足三百之數觀其中卷之末有出春明門一首自註曰時請告歸則此集雖仍以歌行古體今體七言今體五言分目而已兼得官以後之詩非復奏進之原本矣太平廣記載羣玉遇湘君事甚異其詩今載後集第三卷然前一首爲弔古

之詞無媟褻之意後一首寫當時棹女與二妃尤不相關況羣玉雖放誕風流亦豈敢造作言語瀆慢神明污蔑古聖因其詩爲時傳誦小說家因造此事附會之洛神訛爲感甄李善至取以註文選俗語丹青往往如是未可據爲實錄也乾隆四十七年九月恭校上

孫可之集

臣等謹案孫可之集十卷唐孫樵撰樵字可之又字隱之自稱關東人函谷以外幅員遼闊不知其籍何郡縣也大中九年進士授中書舍人僖宗幸岐隴時詔赴行在遷職方郎中上柱國賜紫金魚袋新唐書藝文志通志通考皆載樵經緯集三卷書錄解題稱樵自爲序凡三十五篇此本十卷爲毛晉汲古閣所刊稱王鏊從內閣鈔出樵與王霖秀才書云某嘗得爲文眞訣于來無擇來無擇得之于皇甫持正皇甫持正得之于韓吏部退之其與友人論文書又復云然今觀三家之文韓愈包孕羣言自然高古而皇甫湜稍稍有意爲奇樵則視

湜益有努力爲奇之態其彌有意于奇是其所以不及歟讀書志引蘇軾之言稱學韓愈而不至者爲皇甫湜學湜而不至者爲孫樵其論甚微毛晉跋是集乃以軾言爲非所見淺矣乾隆四十七年八月恭校上

曹祠部集

臣等謹案曹祠部集二卷附曹唐詩一卷唐曹鄴撰鄴字鄴之陽朔人明蔣冕序稱大中間登進士第由天平節度掌書記累遷太常博士祠部郎中仕至洋州刺史然鄭谷雲臺編有送曹鄴吏部歸桂林詩則又嘗官吏部冕考之未盡也唐書高元裕傳載鄴爲太常博士時議宰相高璩贈謚事其論甚偉顧其詩乃作怨老嗟卑之語王定保摭言載鄴登第之時年已垂暮當時有五老榜之目蓋坎壈不遇晚乃成名故一生寄托不出此意不但韋慤所稱四怨三愁五情諸篇及平登第以後杏園席上同年詩則曰恩忽出九衢僮僕顏色異獻恩門詩則曰名字如鳥飛數日便到越寄陽朔友人詩則曰桂林須產千株桂未

解當天影日開我到月中收得種爲君移向故園栽又何其淺也張爲作主客圖鄴與其數則當時亦爲文士所推其續李斯傳及始皇陵下作二首諸家選本或取之然皆無深致唐志載鄴集三卷今僅二卷其有佳篇而逸之耶流傳已久姑存以備一家末附曹唐詩一卷唐字堯賓桂林人初爲道士太和中返初服舉進士累辟諸府從事其遊仙詩最著名蓋本顔延之爲織女贈牽牛詩而曼衍及諸女仙各擬贈答然諸篇姓名雖易語意略同實非傑出之作唐志載其集亦三卷蔣冕求其原本不獲乃蒐諸選本裒成一卷附之曹鄴詩後以二人皆粤産耳乾隆四十七年九月恭校上

麟角集

臣等謹案麟角集一卷唐王棨撰棨字輔之福清人咸通三年進士官至水部郎中黄巢亂後不知所終唐代重進士科試以詩賦有司案其聲病以爲去取議者皆患其浮薄少實而迄不能廢其前後得人亦最爲盛雖以當世大賢如

裴度韓愈之徒皆工爲之其所作往往附見集本中然未有以程試之文專加裒輯行世者有之自棨此集始凡律賦四十五篇又棨八代孫宋著作佐郎蘋于館閣得棨省題詩錄附于集凡二十一篇題曰麟角者蓋取顔氏家訓學如牛毛成如麟角之義以及第比登仙也集中佳作已多載文苑英華中雖科舉之業大都鞶帨其詞無關著述而一朝選舉之式略具于斯錄而存之亦足備文章之一格也乾隆四十七年九月恭校上

文藪

臣等謹案文藪十卷唐皮日休撰日休字襲美襄陽人隱鹿門山自號醉吟先生登咸通八年進士官太常博士舊傳其降於黃巢後爲所害而陸游老學菴筆記獨據皮光業碑以爲日休終於吳越並無陷賊之事舊說疑失實也是編乃其文集自序稱咸通丙戌不上第退歸州墅編次其文發篋叢萃繁如藪澤因名文藪凡二百篇宋晁公武謂其尤善箴銘今觀集中書序論辨諸作亦多

能原本經術其請孟子爲學科請韓愈配饗太學二書在唐人尤爲卓識不得僅以詞章目之集中詩僅一卷蓋已見松陵唱和集者不復重編亦如笠澤叢書之例耳乾隆四十七年十一月恭校上

笠澤叢書

臣等謹案笠澤叢書四卷補遺一卷唐陸龜蒙撰龜蒙有詩集別行此書所載雜著爲多以其叢脞細碎故名叢書編以甲乙丙丁爲次後有補遺一卷宋元符間蜀人樊開始序而梓之政和初毘陵朱袞復行校刊止分上下二卷及補遺爲三卷此本爲元季龜蒙裔孫德厚重鐫既依蜀本釐爲四卷而序仍毘陵本作三卷者誤也又王士禎跋謂得都穆重刊蜀本內紀錦裙在丙集迎潮詞在丁集而此本錦裙在乙迎潮在丙則敘次又不盡依蜀本今姑仍其舊錄之焉乾隆四十七年五月恭校上

甫里集

臣等謹案甫里集二十卷唐陸龜蒙撰龜蒙著作頗富其載於笠澤叢書者卷帙無多即松陵集亦僅倡和之作不爲賅備宋寶祐間葉茵始蒐采諸書得遺篇一百七十一首合二書所載四百八十一首共六百五十二首編爲十九卷並附錄總爲二十卷林希逸爲序刊板置於義莊歲久闕失明成化丁未崑山嚴景和重刊之於附錄中增胡宿所撰甫里先生碑銘一篇陸釴序之萬曆乙卯松江許自昌又取嚴本重刻於附錄中續增范成大吳郡志一條王鏊姑蘇志一條其餘詩十三卷賦二卷雜文四卷則悉依舊次即此本也葉本所附顏萱過張祜丹陽故居詩序龜蒙特屬和而已其事不應附之於集胡宿碑銘姑蘇志云其碑亡嚴氏所錄乃有全文意成化中宿集尚未佚也希逸序中辨詔拜拾遺一事極精核足證新唐書之誤茵於楊億談苑所載彈鴨一事反覆辨其必無殊蛇足文人游戲亦復何關於賢否乃若以爲瑕玷而諱之亦迂拘之甚矣乾隆四十七年十月恭校上

詠史詩

臣等謹案詠史詩二卷唐胡曾撰曾邵陽人事蹟無可考見文苑英華載其二啓皆干謁方鎮之作陳振孫書錄解題載咸通末爲漢南從事蓋終於幕府也是編雜詠史事各以地名爲題自共工之不周山迄於隋之汴水凡一百五十首文獻通考載三卷此本二卷蓋後人合而編之每首之下鈔撮史書各爲之註前後無序跋亦不載註者名氏觀所引證似出南宋人手如鉅橋詩中遂作商郊一聚灰句註曰武王發鹿臺之財散鉅橋之粟大賚于四海而萬姓悦服詩謂其作商郊聚灰非也又渭濱詩當時未入非熊夢句註曰非虎非羆舊作非熊非羆流俗本誤後世莫知是正亦間有駁正然弇陋特甚如洞庭詩詠軒轅自指張樂一事而註乃置莊子本文反引史記鼎湖之説未免失之于眉睫徒以舊本存之耳乾隆四十七年九月恭校上

臣等謹案雲臺編三卷唐鄭谷撰谷字守愚宜春人光啟三年進士爲右拾遺乾寧中仕至都官郎中谷父嘗爲永州刺史與司空圖同院圖見谷即奇之謂當爲一代風騷主詩名盛于唐末人多傳諷稱爲鄭都官與張喬許棠諸人同號十哲其事蹟頗見計有功唐詩紀事中新唐書藝文志載谷所著有雲臺編三卷宜陽集三卷乃隨時裒訂分帙各行者今宜陽集已佚不復見惟此編尚存凡上中下三卷所錄詩約三百首其名雲臺編者據自序稱乾寧初上幸三峰朝謁多暇寓止雲臺道舍因以所記編而成之蓋昭宗以李茂貞犯闕行幸華州時也谷以鷓鴣詩得名至有鄭鷓鴣之稱而其詩格調卑下實非集中上乘方回瀛奎律髓又稱谷詩多用僧字凡四十餘處谷自有句云詩無僧字格還卑其僻好所在殊不可解要亦其詩中一病而其他佳作尚多往往于風調之中獨饒骨力汰其膚淺擷其菁華固亦足爲晚唐之巨擘矣乾隆四十七年九月恭校上

司空表聖文集

臣等謹案司空表聖文集八卷唐司空圖撰表聖圖字也河中虞鄉人於僖宗時知制誥爲中書舍人旋解職去晚自號耐辱居士朱全忠召之力拒不出及全忠僭位遂不食而死唐書列之卓行傳圖所著詩曰一鳴集別行於世此十卷其文集也尚有唐代舊格無五季猥雜之習集內韓建德政碑五代史謂乾寧三年昭宗幸華州所立還朝乃封建潁川郡王而碑稱爲乾寧元年立已書建爲潁川郡王蓋史之誤其時建方强橫昭宗不得已而譽之圖奉敕爲文詞多誡飭足見其剛正之氣矣又集內解縣新城碑爲王重榮作河中生祠碑爲其弟重盈作宋祁遂謂重榮父子雅重圖嘗爲作碑今考其文亦皆奉敕所爲事非得已不足以爲圖病也陳繼儒太平清話載耐辱居士墨竹筆銘此集無之其銘序云咸通二年余登進士叨職史館案唐制進士無即入史館者圖成進士在咸通末出依王凝爲幕職本傳甚明焉有職史館之事又云自後召拜

禮部員外郎遷知制誥尋以中書舍人拜禮戸二侍無日不與竹對案序稱墨竹種於長安圖知制誥中書舍人乃僖宗次鳳翔時其爲兵部侍郎又當昭宗在華州時何由得與竹對況圖身爲唐死年七十二而序乃云今爲梁庚寅余年八十有二其爲僞撰益明矣是編舊本前後八卷皆題爲雜著六卷獨題曰碑實則他卷亦有碑文例殊叢脞今併削之云乾隆四十七年九月恭校上

韓內翰別集

臣等謹案韓內翰別集一卷唐韓偓撰唐書本傳謂偓字致光計有功唐詩紀事作字致堯胡仔漁隱叢話謂字致元毛晉作是集跋以爲未知孰是案劉向列仙傳稱偓佺堯時仙人堯從而問道則偓字致堯於義爲合致光致元皆以字形相近譌也世爲京兆萬年人父瞻與李商隱同登開成四年進士第又同爲王茂元壻商隱集中所謂留贈畏之同年者即瞻之字偓十歲即能詩商隱集中所謂韓冬郎即席得句有老成之風者即偓也偓亦登龍紀元年進士第

昭宗時官至兵部侍郎翰林學士承旨忤朱全忠貶濮州司馬再貶榮懿尉徙鄧州司馬天祐二年復故官偓惡全忠逆節不肯入朝避地入閩依王審知以卒偓爲學士時內預祕謀外爭國是屢觸逆臣之鋒死生患難百折不渝晚節亦管寧之流亞實爲唐末完人其詩雖局於風氣渾厚不及前人而忠憤之氣時時溢於語外性情既摯風骨自遒慷慨激昂迥異當時靡靡之響其在晚唐亦可謂文筆之鳴鳳矣變風變雅聖人不廢又何必定以一格繩之乎唐書藝文志載偓集一卷香匳集一卷晁氏讀書志云韓偓詩二卷香匳集不載卷數陳振孫書錄解題云香匳集二卷入內廷後詩集一卷別集三卷各家著錄互有不同今鈔本既曰別集又注曰入內廷後詩而集中所載又不盡在內廷所作疑是後人裒集成書案年編次實非偓之全集也乾隆四十七年九月恭校

上

臣等謹案唐英歌詩三卷唐吳融撰融字子華越州山陰人龍紀元年登進士第昭宗時官至翰林學士承旨戸部侍郎知制誥事迹具唐書本傳融與韓偓同第進士又同爲翰林學士故偓有與融玉堂同直詩然二人唱酬僅一兩篇未詳其故以立身本末論之偓心在朝廷力圖匡輔以孱弱文士毅然折逆黨之凶鋒其詩所謂報國危曾捋虎鬚者實非虛語純忠亮節萬萬非融所能及以文章工拙論之則融詩音節諧雅猶時有中唐之遺風較偓爲稍勝焉在天祐諸詩人中閒遠不及司空圖沈摯不及羅隱繁富不及皮日休奇闢不及周朴然其餘作者實罕與雁行唐書本傳稱昭宗反正融於御前跪作十許詔少選即成意詳語當唐詩紀事又稱李巨川爲韓建草謝表以示融融吟罷立成一篇巨川賞歎不已蓋在當時亦鐵中錚錚者矣乾隆四十七年九月恭校上

元英集

臣等謹案元英集八卷唐方干撰干字雄飛新定人章八元之外孫干以詩名

于江南咸通中一舉不第遂遯迹會稽歿後宰相張文蔚請追賜名儒淪落者及第凡十五人而干與焉後進私謚曰元英先生因以名集其見于新唐書志者十卷乾寧丙辰中書舍人祁縣王贊序之而樂安孫郃爲之傳何光遠鑑戒錄又稱干爲詩鍊句字字無失詠繫風雅體絶物理郃傳亦稱其高堅峻拔蓋其氣格清迥意度閒遠于晚唐纖靡俚俗之中獨能自振故一時詩家推爲職志然其七言淺弱較遜五言郝氏林亭而外佳句無多則又風會有以限之也贊序稱干甥楊弇洎門僧居遠收綴遺詩三百七十餘篇析爲十卷此本爲明嘉靖丁酉其裔孫廷璽重刊者祇分八卷已非其舊近時洞庭席氏百家唐詩本從宋刻録出者仍作十卷而詩亦止三百十六篇全唐詩增多詩至三百四十七篇然與贊序原數終不相合蓋流傳既久已有脱闕矣乾隆四十七年九月恭校上

臣等謹案唐風集三卷唐杜荀鶴撰荀鶴池州人案計有功唐詩紀事稱荀鶴有詩名大順初擢第或云牧之微子也牧之自齊安移守秋浦時有妾懷姙出嫁長林鄉杜筠而生荀鶴又稱荀鶴擢第時危勢晏復還舊山田頵在宣州甚重之頵起兵陰令以牋問梁太祖後頵遇禍梁祖表授翰林學士主客員外郎中知制誥恃勢侮易搢紳衆怒欲殺之而未及天祐初卒又稱荀鶴初謁梁王朱全忠雨作而天無雲荀鶴賦詩有若教陰翳都相似爭表梁王造化功句是荀鶴爲人至不足道其稱杜牧之子殆亦梁師成之依托蘇軾乎其詩最有名者爲風暖鳥聲碎日高花影重一聯而歐陽修六一詩話以爲周朴詩吳聿觀林詩話亦稱見唐人小說作朴詩荀鶴特竊以壓卷二人皆生於宋代猶及見唐代遺編其言必有所據然則此一聯者又如寶月之於柴廓矣此集乃其初登第時所自編詩多俗調不稱其名以唐人舊集流傳已久姑存以備一家毛晉刻本前有顧雲序序末謂之唐風集以下文不相屬殊不可解蓋舊本唐詩

紀事載雲此序誤連下條荀鶴初謁梁王云云六十四字爲一條晉不察而誤
并鈔之殊爲疎舛今刊除此條以還其舊爲乾隆四十七年十月恭校上

徐正字詩賦

臣等謹案徐正字詩賦二卷唐徐寅撰寅字昭夢莆田人乾寧元年進士及第
授祕書省正字後以王審知幕府歸老延壽溪所著有探龍釣磯二集共五卷
自唐書藝文志已不著録諸家書目亦不載其名意當時即散佚不傳此本僅
存賦一卷計八首各體詩一卷計三百六十八首蓋其後裔從唐音統籤文苑
英華諸書裒輯成編附刻家乘之後者已非五卷之舊矣其賦句雕字琢不出
當時程試之格而刻意鍛煉時多秀句集中贈渤海賓貢高元固詩序稱其國
傳寫寅斬蛇劍御溝水人生幾何三賦至以金書列爲屏幛則當時亦價重雞
林矣詩亦不出五代之格體物之詠尤多五言如白髪隨梳少青山入夢多貴
計懸僧債科名負國恩七言如豐年甲子春無雨良夜庚申夏足眠月明南浦

夢初斷花落洞庭人未歸鷓鴣聲中雙闕雨牡丹花畔六街塵諸聯已爲集中佳句然當時文體不過如斯不能獨責備于寅也寅嘗獻賦于朱全忠後忤全忠乃遁歸閩非眞有惓惓故主之思乃與司空圖羅隱二人遙相倡和有如臭味又作大夫松詩曰爭如澗底淩霜節不受秦王號此官馬嵬詩曰張均兄弟皆何在卻是楊妃死報君更似一飯不忘唐者蓋文士之言不盡足據論世者所以貴考其實也乾隆四十七年四月恭校上

黃御史集

臣等謹案黃御史集八卷唐黃滔撰滔字文江莆田人乾寧乙卯進士除四門博士歷官威武軍節度推官王審知據有全閩終守臣節皆滔規諷之力爲多其稱御史蓋幕僚所攝官也原集散逸文苑英華錄其詩文僅十一篇新唐書藝文志有黃滔泉山秀句集三十卷亦失傳至宋紹興間滔八世孫公度搜得遺稿釐爲十卷又得詩文五卷於呂長卿家得逸詩於翁承贊家總彙成帙名

曰東家編略楊萬里洪邁謝諤各爲之序一刻於宋淳熙再刻於明正德三刻於萬歷甲申四刻於崇禎戊寅此本卽明人所併也滔文頗贍蔚詩亦有貞元長慶風格與韓偓吳融相頡頏末有附錄一卷則天啟中其裔孫崇翰所編次云乾隆四十七年九月恭校上

羅昭諫集

臣等謹案羅昭諫集八卷唐羅隱撰隱字昭諫自號江東生杭之新城人本名横咸通乾符中十舉進士不第遂更名隱從事諸鎭歷湖南淮潤皆不合晚乃從錢鏐之辟爲掌書記歷節度判官鹽鐵副使尋奏授給事中考吳越備史隱本傳云隱有江東甲乙集淮海寓言及讒書後集並行於世鄭樵通志藝文略載羅隱集二十卷後集三卷又有吳越掌記集三卷至陳振孫書錄解題晁公武讀書志則僅載有甲乙集十卷讒書五卷而其他不得見矣此本爲康熙初新城知縣張瓚所刻後有瓚跋云昭諫諸集今不復見僅得江東集鈔本於邑

入袁英家嗣復得甲乙集刻本合而讀之雖全集不獲盡覩窺豹者已得一斑

蓋出於後人所掇拾非舊帙矣所載詩四卷又有雜文一卷啟一卷與世所傳

甲乙集合雜文及啟則不知原在何集又有湘南集僅存自序一篇列於卷中

序謂湘南文失落於馬上軍前僅分三卷而舉牒祠祭之文亦與爲今雜文既

無長沙應用之作亦無舉牒祠祭之文惟諸啟多作於湖南或即湘南集之遺

歟文苑英華有隱秋雲似羅賦一篇而此本失載則所採亦尚遺漏矣第七篇

爲雜著十二篇末一篇爲廣陵妖亂志前十篇疑即淮南寓言之文也隱不得

志於唐迨唐之亡也梁主以諫議大夫召之拒不應又力勸錢鏐舉兵討梁事

雖不成君子韙之其詩如徐寇南逼感事獻江南知己一首即事中元甲子一

首中元甲子駕幸蜀四首皆忠憤之氣溢於言表視同時李山甫杜荀鶴輩有

鸞梟之分雖殘缺之餘猶爲藝林所寶重殆有由矣乾隆四十七年九月恭校

上

白蓮集

臣等謹案白蓮集十卷唐釋齊已撰齊已益陽人自號衡岳沙門宋人註杜甫已上人茅齋詩謂齊已與甫同時其謬不待辨舊本題爲梁人亦誤考齊已嘗依高季興爲龍興寺僧正季興雖嘗受梁官然齊已爲僧正時當龍德元年辛已在唐莊宗入洛之後矣集中已稱南平王而陶岳五代史補載徐東野在湖南幕中贈齊已詩稱我唐有僧號齊已安得謂爲梁人耶是集爲其門人西文所編首有天福三年孫光憲序前九卷爲近體後一卷爲古體古體之後又有絶句四十二首疑後人采輯附入也唐代緇流能詩者衆其有集傳於今者惟皎然貫休及齊已皎然清而弱貫休豪而麤齊已七言律詩不出當時之習五七言古詩以盧仝馬異之體縮爲短章詰屈聱牙尤不足取惟五言律詩居全集十分之六雖頗沿武功一派而風格猶遒如劍客聽琴祝融峰諸篇猶有大歷以還遺意其絶句中庚午年十五夜對月詩曰海澄空碧正團圞吟想元宗

此夜寒玉兔有情應記得西邊不見舊長安惓惓故君尤非他釋子所及宜其與司空圖相契矣乾隆四十七年四月恭校上

禪月集

臣等謹案禪月集二十五卷補遺一卷唐釋貫休撰貫休字德隱姓姜氏蘭谿人舊本題曰梁人案貫休初以乾寧三年依荆帥成汭後歷遊高季興錢鏐間晚乃入蜀依王建以建乾德癸未卒年八十一終身實未入梁舊本誤也陶岳五代史補稱貫休西岳集四十卷吳融序之然集末載其門人曇域後序編次歌詩文贊爲三十卷則岳亦誤記矣此本爲宋嘉熙四年蘭谿兜率寺僧可燦所刊毛晉得而重刊之僅詩二十五卷豈佚其文贊五卷耶補遺一卷亦晉所輯然所收佚句如朱門當大道風雨立多時一聯乃贈乞食僧詩今在第十七卷之首但道作路雨作雪耳晉不辨而重收之殊爲失檢文獻通考别載寶月集一卷亦云貫休作今已不傳然曇域不云有此集疑馬端臨或誤毛晉又云

西岳集或作南岳記考貫休生平未登太華疑南岳之名爲近之西字或傳寫誤也又書籍刋板始于唐末然皆傳布古書未有自刻專集者曇域後序作于王建乾德五年稱檢尋藁草及闇記憶者約一千首雕刻成部則自刻專集自是集始是亦可資考證也乾隆四十七年十月恭校上

浣花集

臣等謹案浣花集十卷補遺一卷唐韋莊撰莊字端己杜陵人乾寧九年第進士授校書郎轉補闕後仕蜀王建至吏部侍郎同平章事文獻通考載莊集五卷此本十卷乃毛晉汲古閣所刻爲莊弟藹所編前有藹序疑後人析五爲十故第十卷僅詩六首也末爲補遺一卷則毛晉所增然如癸丑年下第獻新先輩一首既見於卷八又入補遺殊爲失檢今删去全唐詩所錄較此本多勉兒子即事等篇共三十餘首蓋藹序作於癸亥年六月爲唐昭宗之天復三年莊方得杜甫草堂故以名集自是以後篇什皆未載焉故往往散見諸書後人遞

有增入耳乾隆四十七年三月恭校上

廣成集

臣等謹案廣成集十二卷蜀杜光庭撰光庭以道士事蜀主王建王衍賜號廣成先生後歸隱青城山年八十五乃卒所著洞天福地記道教靈驗記墉城集仙錄神仙感遇傳俱別著錄道家類中宋史藝文志載光庭廣成集一百卷又壺中集三卷通志藝文略載光庭集三十卷今此本十二卷僅表及齋醮文二體十國春秋所載序毛仙翁略文一篇又瀘州劉眞人碑記青城縣重修沖妙觀碑記雲昇宮廣雲外尊師碑記三學山功德碑文諸目皆不在集中蓋殘缺之餘已非完本也考通鑑載蜀主以光庭爲諫議大夫而集有謝除戶部侍郎表史並不言其爲此官又通鑑載王宗綰取寶雞岐保勝節度使李繼岌降復姓名爲桑宏志而集中賀收復隴州表稱節度使桑簡以手下兵士歸降是宏志又名簡而史不之及又有賀太陽當虧不虧表稱今月一日丁未巳時太陽

合虧於軫十一度今以史志核之蜀高祖永平元年正月丁亥朔後主乾德三年六月乙卯朔五年十月辛未朔皆當日食而獨無丁未日蜀用胡秀林永昌歷或其法與中國不同是可以備參考光庭駢偶之文詞頗贍麗而多涉其敎中荒誕之說不能悉軌於正獨是五季文字闕略集中所存足與正史互證者尚多故具錄之以爲稽考同異之助焉乾隆四十七年五月恭校上

集部六

別集類五

騎省集

臣等謹案騎省集三十卷宋徐鉉撰鉉字鼎臣洪州新建人仕南唐至右僕射與弟鍇並負重名宋師南伐鍇卒於圍城中鉉入宋爲散騎常侍終靜難軍節度行軍司馬集三十卷前二十卷仕南唐時作後十卷皆歸宋後作其壻吳淑所編也天禧中都官員外郎胡克順得其本於陳彭年刋刻表進始行於世鉉博學多藝詩以才調勝文有六朝初唐之體五季之末古文未行以當時文格而言亦歸然一巨手也李煜之歿太宗詔鉉爲墓銘鉉請得伸故主之誼其文措詞有體尤爲世所稱誦云乾隆四十七年十月恭校上

河東集

臣等謹案河東集十六卷宋柳開撰開大名人開寶六年進士歷典州郡終如京使開少時慕韓愈柳宗元爲文因名肩愈字紹先既而更易今名字仲塗自以爲能開聖道之塗也集中東郊野夫補亡先生二傳自述甚詳集原十五卷乃門人張景所編今合景所撰行狀一卷共十六卷宋朝變偶儷爲古文實自開始而體近艱澀又尊崇揚雄太過至比之聖人持論殊謬人亦多以此議之然宋時學者最喜贊雄雖司馬光之賢猶不能免蓋亦習尙使然至綱目出而大義始明於開固無足責要其轉移風氣之功未可盡沒也乾隆四十七年十月恭校上

咸平集

臣等謹案咸平集三十卷宋田錫撰錫字表聖四川洪雅人其先京兆人唐末徙蜀錫宋初與胡旦何士宗齊名登興國三年進士第歷相州桐廬淮陽海陵四郡守知制誥終於諫議大夫贈工部侍郎嘗慕魏徵李絳之爲人以獻納爲

已任王君玉國老談苑記太宗幸龍圖閣閲書指西北架一漆函上親自署鑰者謂學士陳堯叟曰此田錫所上疏也愴然者久之則當時已重其言故其没也范仲淹爲作墓誌司馬光爲作神道碑而蘇軾序其奏議亦比之賈誼則其爲人可知也是集載奏議一卷書三卷賦五卷論三卷箴銘二卷詩六卷頌箴笏記表狀七卷制誥考詞三卷凡三十卷通考載錫集本五十卷疑此或非完書然亦足見錫之槩矣乾隆四十七年四月恭校上

逍遥集

臣等謹案逍遥集一卷宋潘閬撰閬大名人晁公武讀書志謂其字爲逍遥江少虞事實類苑則謂其自號逍遥子少虞説或近是歟太宗時召對賜進士第後坐事亡命眞宗捕得之釋其罪以爲滁州參軍閬在宋初去五代餘風未遠其詩如秋夕旅舍書懷一篇喜雪一篇間有五代粗獷之習而其他風格孤峭亦尚有晚唐作者之遺蘇軾嘗稱其夏日宿西禪院詩又稱其題資福院石井

詩不在石曼卿蘇子美下劉攽中山詩話稱其歲暮自桐廬歸錢塘詩不減劉長卿事實類苑稱其苦吟詩貧居詩峽中聞猿詩哭高舍人詩寄張詠詩諸佳句劉克莊後村詩話稱其客舍詩方回瀛奎律髓稱其渭上秋夕閒望詩秋日題瑯琊寺詩落葉詩事實類苑又記其在浙江時好事者畫爲潘閬詠潮圖郭若虛圖畫見聞志又記長安許道寧愛其華山詩畫爲潘閬倒騎驢圖一時若王禹偁柳開寇準宋白林逋諸人皆與贈答蓋宋人絕重之也讀書志載逍遙詩三卷宋史藝文志則作潘閬集一卷原本久佚未詳孰是今考永樂大典所載裒而錄之編爲一卷而逸篇遺句載在他書者亦併採輯以補其闕雖不能如晁氏著錄之數而較宋志所載則約略得其八九矣其古意一首今刻唐詩者皆以爲崔國輔作而永樂大典則題閬名疑以傳疑亦姑併錄之而註其訛異於本題之下焉乾隆四十六年九月恭校上

臣等謹案忠愍集三卷宋寇準撰準字平仲華州下邽人太平興國中進士淳化五年參知政事眞宗朝累官尚書右僕射集賢殿大學士同中書門下平章事封萊國公乾興初貶雷州司戸徙衡州司馬卒仁宗時贈中書令追謚忠愍事迹具宋史本傳初準知巴東縣時自擇其詩百餘篇爲巴東集後河陽守范雍裒合所作二百餘篇編爲此集考石林詩話有過襄州留題驛亭詩一首侍兒小名録拾遺有和蒨桃詩一首合璧事類前集有春恨一首春晝一首皆集中所無蓋題驛亭和蒨桃二篇語皆淺率春晝春恨二首格意頗卑雍殆有所持擇特爲删汰非遺漏也準以風節著于時而其詩含思悽婉綽有晚唐之致湘山野録所稱江南春二首雖體近小詞而不失高韻至所謂野水無人渡孤舟盡日横二句以爲深入唐格則殊不然野渡無人舟自横本韋應物西磵絶句準點竄一二字改爲一聯殆類生吞活剝準詩自佳此二句實非其佳處不足盡準所長也乾隆四十七年九月恭校上

臣等謹案乖崖集十二卷附録一卷宋張詠撰詠字復之濮州鄄城人舉太平興國五年進士歷官禮部尚書知陳州贈尚書右僕射追謚忠定事蹟具宋史本傳詠集宋代有兩本其一本十卷見于趙希弁讀書附志所稱錢易墓誌李畋語録附于後者是也其一本十二卷見于陳振孫書録解題所稱郭森卿宰崇陽刻此集舊本十卷今增廣並語録爲十二卷者是也此本前有森卿序一篇蓋即振孫所見之本序中稱于石刻中增詩八篇别附以韓琦神道碑王禹偁送宰崇陽序李燾祠堂記項安世北峯亭記今檢勘並合惟所云删次年譜别爲一卷者則已不見集中蓋傳鈔佚之矣詠兩莅益州爲政恩威並用所至畏服平日剛方尚氣有巖巖不可犯之節而所作詩文乃疏通平易不爲嶄絶之語而體格自高其聲賦一首窮極幽渺梁周翰至歎爲二百年不見此作蓋其光明俊偉發于自然洵有非彫章琢句之士所能幾及者案韓琦神道碑稱

詠與逸人傳霖友善登第後與傳詩有巢由莫相笑心不爲輕肥之句今集中乃作七言琦蓋節用其意故與集本頗不合又案陳輔之詩話稱蕭林之知溧陽時張乖崖召食見几案一絕句云獨恨太平無一事江南閑殺老尚書蕭改恨作幸字且言公功高身重奸人側目以此與公全身乖崖曰蕭弟一字之師也云云今考集中游趙氏西園詩末聯云方信承平無一事淮陽閒殺老尚書詩中既無恨字幸字亦不作江南字且七律而非絕句則輔之所記乃傳聞訛異之詞又青箱雜記載詠贈官妓小英歌今不見集中其詩詞意凡劣決非詠之所爲殆亦吳處厚誤採鄙談不足據也乾隆四十七年五月恭校上

小畜集

臣等謹案小畜集三十卷宋王禹偁撰禹偁字元之鉅野人太平興國八年進士官至翰林學士知制誥屢以事謫守郡終於知蘄州嘗自次其文以易筮之得乾之小畜因以名集晁公武讀書志陳振孫書錄解題皆作三十卷與今本

目次正同宋志云二十卷者字有脱誤也宋承五代之後文體纖儷禹偁始爲古雅簡淡之作其奏疏尤極醇茂宋史採入本傳者議論皆英偉可觀在詞垣時所爲應制駢偶之文亦多閎麗典贍洵一時作手正不獨史所稱直躬行道爲足重也集凡賦二卷詩十一卷文十七卷紹興丁卯歷陽沈虞卿嘗序而刻之黄州明代未有刊本故世多鈔傳其詩而全集罕覯近有趙熟典者始求得宋槧本刻於平陽而中亦頗有闕字無可校補今姑仍之陳振孫又謂禹偁尚有承明集十卷奏議集三卷而今皆不傳矣乾隆四十七年五月恭校上

南陽集

臣等謹案南陽集宋趙湘撰湘字叔靈其先自京兆徙家于越至湘始家于衢遂爲西安人登淳化三年孫何榜進士即熙寧名臣資政殿大學士趙抃之祖也宋史抃傳不著世系故湘仕履始末亦不具于史惟蘇軾爲抃作碑稱湘官廬州廬江尉其後追贈司徒則以抃貴推恩者也湘著作散佚僅宋文鑑載其

春夕偶作詩一首剡錄載其剡中寄唐郎中所居詩一首方輿勝覽載其方廣寺石橋詩一首瀛奎律髓載其贈水墨巒上人贈張處士詩二首文翰類選載其秋夜集李式西齋詩一首雲門集載其別耶溪諸叔詩一首爛柯山志載其遊爛柯山詩一首餘悉不傳併南陽集之名知者亦罕惟永樂大典所載詩文頗多裒之尚可成帙北宋遺集傳者日稀是亦難覯之祕本矣案元方回作羅壽可詩序稱宋剗五代舊習詩有白體崑體晚唐體其晚唐一體九僧最逼眞寇萊公林和靖魏仲先父子潘逍遙趙清獻之祖凡四家深涵茂育氣勢極盛又回所選瀛奎律髓評湘贈張處士詩曰清獻家審言如此宜乎乃孫之詩如其人之清有自來哉云云其推挹者甚至然回錄湘二詩止取其體近江西者殊不盡湘所長今以永樂大典所載觀之大抵運意清新而風骨不失蒼秀雖源出姚合實與雕鏤瑣碎務趨僻澀者迥殊其古文亦掃除排偶有李翺皇甫湜孫樵之遺非五季諸家所可及沈埋晦蝕幾數百年今逢　聖代右文復得

掇拾散亡表見于世豈非其精神足以不朽故光氣終莫可掩歟其中揚子三辨一篇推重揚雄殊爲過當然孫復司馬光亦同此失蓋北宋儒者所見如斯不能獨爲湘責知其所短則可矣方回又稱清獻漕益路時宋景文序叔靈集歐陽公跋亦稱之是原集實扑所編宋祁歐陽修皆預裁定名流精鑒體例當必可觀惜其目次已不可考謹分類排訂釐爲六卷具錄如左乾隆四十七年五月恭校上

武夷新集

臣等謹案武夷新集二十卷宋楊億撰億字大年建州浦城人七歲善屬文雍熙初年十一召試詩賦授祕書省正字淳化中命試翰林賜進士第歷官翰林學士兼史館修撰卒贈禮部尚書謚曰文宋史本傳載所著有括蒼武夷潁陰韓城退居汝陽蓬山冠鼇諸集及内外制刀筆藝文志所著錄者惟蓬山集五十四卷武夷新編集二十卷潁陰集二十卷刀筆集二十卷别集十二卷汝陽

雜編二十卷鑾坡遺札十二卷較本傳所載已不相符陳氏書錄解題謂所著共一百九十四卷館閣書目猶一百四十六卷今俱亡佚所存者獨武夷新集及别集而已武夷新集億景德丙午入翰林明年輯其十年以來詩筆而自序之别集者避讒歸陽翟時作也此本但有武夷新集則别集又亡矣别本或題曰楊大年全集誤也田況儒林公議稱億在兩禁變文章之體劉筠錢惟演輩皆從而斆之時號楊劉三人以詩更相屬和極一時之麗億復編序之曰西崑酬唱集當時人謂之西崑蓋宋初文章當歐蘇未起之時相習以排偶爲工其流別原各有所自而億等以贍博之學發爲閎麗之詞其才實不易及固未可執槃帨爲文之説概加詆斥也乾隆四十七年五月恭校上

和靖集

臣等謹案和靖集四卷宋林逋撰逋字君復錢塘人隱西湖之孤山眞宗聞其名詔長吏歲時勞問卒賜謚和靖事迹具宋史隱逸傳逋詩澄澹高逸如其爲

人史稱其就稾輒棄去好事者往往竊記之今所傳尙三百餘篇茲集篇數與本傳相合蓋當時所收止此其他逸句往往散見於說部及眞蹟中劉克莊後村詩話謂逋一生苦吟自摘出五言十三聯今惟五聯見集中如隱非唐甲子病有晉春秋水天雲黑白霜對樹青紅風回時帶溜烟遠忽藏村如郭索鉤輈之聯皆不在焉七言十七聯集逸其三使非有摘句圖旁證則皆成逸詩矣今摘句圖亦不傳則其失於編輯者固不少也是集前有皇祐五年梅堯臣序康熙中長洲吳調元校刊之後附省心錄一卷實李邦獻所作誤以爲逋今爲考辨釐正別著錄子部中而此集則削之不載焉乾隆四十七年五月恭校上

穆參軍集

臣等謹案穆參軍集三卷附錄遺事一卷宋穆修撰修字伯長汶陽人事蹟具宋史文苑傳蘇舜欽集有修哀文稱其咸平中舉進士得出身而集中上潁州劉侍郎書稱某以大中祥符中竊進士第邵伯溫易學辨惑亦稱修爲祥符二

年梁固榜進士則舜欽蓋偶誤矣解褐授泰州司理參軍以抗直爲通判秦應
所誣搆貶池州再逢恩徙潁蔡二州文學掾明道元年病卒宋人皆謂之穆參
軍從其初官也修受數學于陳摶先天圖之竄入儒家自修始其文章則莫可
考所師承而歐陽修論尹洙墓誌書謂其學古文在洙前朱子名臣言行錄亦
稱洙學古文于修而邵伯溫辨惑稱修家有唐本韓柳集募工鏤板今本柳宗
元集尚有修後序蓋天資高邁沿溯于韓柳而自得之宋之古文實柳開與修
爲倡然開之學即身而止修則一傳爲尹洙再傳爲歐陽修而宋之文章於斯
爲極盛則其功亦不尠矣惟第三卷之首載亳州魏武帝帳廟記一篇稱曹操
建休功定中土垂光顯盛大之業于來世又稱惟帝之雄使天濟其勇尚延數
年之位豈强吳庸蜀之不平又稱至今千年下觀其書猶震惕耳目悚動毛髮
使人凛其遺風餘烈又稱高祖于豐沛光武于南陽廟像咸存威德弗泯其次
則譙廟也云云其獎篡助逆可謂大乖于名教至于述守臣之言有吾臨此州

不能導爾小民心知所奉是亦吾過云云顯然以亂賊導天下尤爲悖理尹洙春秋之學稱受于修是于春秋爲何義乎自南宋以來無一人能摘其謬殊不可解今承

睿鑒指示使綱常大義順逆昭然允足立天經而定人紀豈可使之仍厠簡牘貽玷汗青謹刊除此文以章衮鉞其他作則仍錄之用不沒其古文一脈蓽路繿縷之功舊本前有劉清之序其祖無擇序佚而不載今從龍學集補錄遺事一卷不知何人所編亦附載備考諸家鈔本或稱河南穆先生文集或稱穆參軍集祖無擇序則稱河南穆公集今考文獻通考以穆參軍集著錄蓋南宋時通用此名今從之焉乾隆四十七年十月恭校上

元獻遺文

臣等謹案元獻遺文一卷宋晏殊撰殊字同叔臨川人景德初以神童召試賜進士出身慶歷中拜集賢殿學士同平章事元獻其謚也事跡具宋史本傳東都事略稱有文集二百四十卷中興書目作九十四卷文獻通考載臨川集三

十卷紫薇集一卷陳振孫云其五世孫大正爲年譜一卷言先元獻嘗自差次起儒館至學士爲臨川集三十卷起樞廷至宰席爲二府集二十五卷云云今皆不傳此本爲國朝康熙中慈谿胡亦堂所輯僅文六篇詩六首餘皆詩餘殊當北宋盛時日與諸名士文酒唱和其零章斷什往往散見諸書如復齋漫錄古今歲時雜詠侯鯖錄西清詩話所載諸詩此本皆未收入未爲完備然殊在北宋號曰能文雖二宋之作亦資其點定如能改齋漫錄所記白雪久殘梁複道黄頭閒守漢樓船者其推重可以想見原集既已無存則此裒輯之編僅存什一於千百者亦不能不錄備一家矣乾隆四十七年十月恭校上

文莊集

臣等謹案文莊集三十六卷宋夏竦撰竦有古文四聲韻已著錄其集本一百卷宋史藝文志著錄今已不傳茲據永樂大典所載兼以他書附益之尚得詩文三十六卷竦之爲人無足取其文章則詞藻瞻逸風骨高秀尚有燕許軌範

歸田錄青箱雜記東軒筆錄中山詩話玉海困學紀聞諸書皆稱引之呂祖謙編文鑑亦頗採錄蓋其文可取不以其人廢矣集中多朝廷典冊之文蓋所長特在于是所載事迹如太宗爲京兆尹時召見魏咸信事在乾德五年而史以爲在開寶中澶淵河清見底事在端拱元年而史以爲在雍熙四年竦之直集賢院以獻文得官而史以爲自通判召入凡斯之類皆足以訂宋史之譌他若李昉之追封韓國公王曾之爲兵部郎中魯宗道之爲給事中任中正之爲右諫議大夫史皆失書凡斯之類亦足補宋史之缺蓋托克托等年遠傳聞不及竦紀錄時事爲得其實也集中表奏有代王曾王旦寇準諸人作者考之史傳竦在洪州能斷妖巫毀淫祠仁宗時增設賢良等六科復百官轉對置理檢使亦皆竦所發好水川之事議者歸咎韓琦竦於任福衣帶中得琦檄奏之明其非罪則竦雖巧使較之丁謂王欽若輩尚稍稍有間故正人尚肯假手歟抑或爲所籠絡當時尚未遽悟其姦也竦學問賅洽百家及二氏之書皆能通貫故

其文徵引奥博傳寫者不得其解往往舛訛今參考諸書爲之是正各附案語以明之其不可盡考者則姑仍其舊從闕疑之義焉乾隆四十六年二月恭校上

春卿遺稿

臣等謹案春卿遺稿一卷宋蔣堂撰堂字希魯宜興人大中祥符五年擢進士第仁宗朝歷官禮部侍郎致仕嘗兩守蘇州因家焉事迹具宋史本傳堂學問淹貫文辭工敏尤嗜作詩有吳門集二十卷今久佚不傳此本乃明天啟間堂二十世孫鐄所裒集凡賦一首詩三十七首記一首皆從志乘及他書採入所得僅寥寥數篇案堂行狀爲胡宿所撰見於永樂大典所載宿文恭集中而鐄摭拾未及則其他挂漏當亦不少然吉光片羽固未可以叢殘之本而槩棄之也乾隆四十七年五月恭校上

東觀集

臣等謹案東觀集十卷宋魏野撰野字仲先號草堂居士先世蜀人徙于陜州眞宗聞其名召之不出天禧三年卒贈祕書省著作郎野與林逋同時身後之名不及逋裝點湖山供後人題詠而當時則聲價出逋上澠水燕談載眞宗西祀汾陰至遣人圖畫所居宋史本傳載大中祥符遼使至宋言本國得野草堂集上帙願求全部續湘山野錄載長安名姬添蘇得野一詩至署于堂壁夸騖于人則傾動一時可想也據天聖元年薛田作集序野先有草堂集行在人間宋史亦稱野草堂集十卷則十卷者野舊本也序又稱其子閑以新舊詩三百篇混而編之彙爲七卷因取贈典命之曰鉅鹿東觀集則東觀集者閑所重編七卷之本也此本凡詩三百五十九首題曰東觀集而乃作十卷未喻其故豈序文誤十爲七歟別有東觀集補遺三卷出桐鄉汪氏家前後無序跋不知何人所輯今核所載詩一百十九首即此本之四卷至六卷蓋書賈作僞之本不足爲據或疑除此三卷正合薛田序七卷之數當爲後人所合併不知除此一

百一十九首則七卷僅詩二百四十首與田序三百首之說仍不相合知決不
然矣野在宋初其詩尚仍五代舊格未能及林逋之超詣而胸次不俗故究無
齷齪凡鄙之氣較楊朴詠蓑諸篇固無多讓亦錄隱逸詩者所不遺也乾隆四
十七年四月恭校上

元憲集

臣等謹案元憲集宋宋庠撰庠字公序開封雍邱人天聖二年進士第一歷官
檢校太尉平章事樞密使封莒國公以司空致仕元憲其謚也事蹟具宋史本
傳史稱庠所著有國語補音三卷紀年通譜十二卷別集四十卷掖垣叢志三
卷尊號錄一卷今惟國語補音有傳本已別著錄餘書與文集並佚永樂大典
修於明初距宋末僅百餘年舊刻猶存故得以采錄而庠文章淹雅可取者多
故所載特爲繁富今以類排比仍可得四十卷因內有青詞樂語不合文章正
體謹遵旨于刊本中删削不錄共存三十六卷方回瀛奎律髓載夏竦守安

州日庠兄弟以布衣遊學席上各賦落花詩竦以爲有台輔器趙令時侯鯖錄亦云二宋落花詩爲時膾炙今考庠詩所謂漢皋佩冷臨江失金谷樓危到地香祁詩所謂將飛更作回風舞已落猶成半面妝者特晚唐濃豔之作實不盡其所長祁集有和庠赴鎮圃田遊西池作極稱其長楊獵近寒熊吼太液歌殘瑞鵠飛句歎其警邁蔡絛西清詩話亦稱之又載其許昌西湖詩鑿開魚鳥忘情地展盡江湖極目天曠古未有然集中名句雋語絡繹紛披固不止是數聯也文章多館閣之作皆溫雅瑰麗渢渢乎治世之音蓋文章至五季而極弊北宋諸家各奮起振作以追復唐賢之舊穆修柳開以及尹洙歐陽修則沿洄韓柳之波庠兄弟則方駕燕許之軌譬諸賈董枚馬體製各殊而同爲漢京之極盛固不必論甘而忘辛是朱而非素矣陳振孫稱景文淸約莊重不逮其兄以此不至公輔今觀其集庠有沈博之氣而祁多新警之思其氣象亦復小殊所謂文章關乎器識者歟書錄解題及文獻通考俱載是集通考于是集之下又

附注曰一作湜中集其名又異永樂大典實祇標元憲集則非湜中集甚明故今仍舊目不取通考之名焉乾隆四十六年七月恭校上

景文集

臣等謹案景文集六十二卷宋宋祁撰祁字子京開封雍邱人天聖甲子與其兄庠同舉進士累官翰林學士承旨謚景文事蹟具宋史晁公武讀書志謂祁詩文多奇字證以蘇軾詩淵源皆有考奇險或難句之語以今觀之殆以祁撰唐書彫琢劖削務爲艱澁故有是言實則所著詩文博奥典雅具有唐以前格殘膏賸馥沾匃靡窮未可盡以詰屈斥也陳振孫書錄解題又稱祁自言年至六十見少時所作皆欲燒棄然考祁筆記有云年二十五即見奇於宰相夏公試禮部又見稱於龍圖劉公蓋少作未嘗不工晚年特爲進境至於陸機之謝華啟秀韓愈之陳言務去以爲爲文之要則其生平得力具可想見矣祁曾戒其子無妄編綴作集使後世嗤詆今據陳之强原序所稱知在嘉定時安州守

王允初等曾將二宋集合刊但序內僅稱其言八十餘萬未經析及卷數祁本傳稱集百卷藝文志則稱百五十卷又有濡削一卷刀筆集二十卷已與本傳不符其餘如范鎮所作神道碑馬端臨通考則俱稱百五十卷曾鞏隆平集王稱東都事略陳振孫書錄解題及焦竑經籍志則俱稱百卷鄭樵通志則止稱七十八卷唐庚序則稱二百卷因集已失傳記載互殊莫詳孰是陸游集又載祁詩有出麾小集西州猥稾蜀人任淵曾與黃庭堅陳無己二家同注今亦不傳近人所輯北宋小集中有西州猥稾一種乃從成都文類瀛奎律髓文翰類選諸書採輯而成非原本也茲就永樂大典所載薈萃裒次釐卷六十有二雖未必盡還舊觀然名章鉅製諒可得十之七八矣祁兄弟俱以文學名當時號大宋小宋其兄庠遺集已從永樂大典採綴成編今祁集亦於蠹蝕之餘得以復見於世雖其文章足以自傳實亦幸際 聖朝表章遺佚乃得晦而再顯同邀 乙夜之觀其遭遇之奇亦良非偶然矣乾隆四十九年十月恭校上

文恭集

臣等謹案文恭集宋胡宿撰宿字武平常州晉陵人天聖二年進士歷官兩浙轉運使召修起居注知制誥由翰林學士拜樞密副使以太子少師致仕文恭其謚也事蹟詳宋史本傳宿立朝以廉直著歷事仁宗英宗多所獻納爲時名臣學問亦極該博當時文格未變尙沿四六駢偶之習而宿于是體尤工所爲朝廷大制作典重贍麗上法六朝于韻語最長五七言律詩其波瀾壯濶而結響閎遠亦可直造盛唐閫閾洵足雄視一時迥出楊億錢惟演諸人之上宿集本七十卷見于陳氏書錄解題馬氏經籍考世間久無傳本近人編北宋名賢小集所輯僅寥寥數篇厲鶚撰宋詩紀事搜羅至博而所錄宿詩亦秖從志乘掇拾皆未嘗得見全集至金元好問選唐詩鼓吹誤編入宿詩二十餘首說者遂以爲唐末爵里未詳之人今考好問所錄諸詩大半在文恭集內且其中有和朱況一首其人爲胡氏之壻與宿同籍常州具見所撰李太夫人行狀確鑿

可據好問乃不能考證舛錯至此亦可知金元之閒其集已罕覯矣今惟永樂
大典分採入各韻下者裒而錄之計詩文一千四百餘首雖未必盡合原目而
篇章較富已可以什得其八九既繕錄全帙編入四庫全書復恪稟　睿裁刪
其靑詞樂語詭于正理者定著爲四十卷授之剞劂俾藝林好古之士復見完
書且千古共知　彝訓昭垂凡是非彰癉之義無不即小見大更足爲千古論
文者立之準則焉乾隆四十七年五月恭校上

武溪集

臣等謹案武溪集二十卷宋余靖撰靖字安道韶州曲江人天聖二年進士累
官工部尚書贈少師諡曰襄事蹟具宋史靖初爲臺諫與范仲淹歐陽修尹洙
有四賢之目後從狄青討平儂智高摩崖築京觀作記以旌武功當時咸重其
文故所作銘誌碑碣居多嘗奉使契丹其契丹官儀一篇可備史略他如論史
序潮諸作亦多卓然可傳集本乃其子屯田員外郎仲荀所編凡古律詩百二

十首碑誌記五十首議論箴碣表五十三首制誥九十八首判五十五首表狀啟七十五首祭文六首卷目與歐陽修所撰墓誌相合尚有奏議五卷今已不傳集首有宋屯田郎中周源序明成化中邱濬鈔自內閣始刊行之今所傳則嘉靖甲午都御史唐胄重刊本也乾隆四十七年十月恭校上

安陽集

臣等謹案安陽集五十卷宋韓琦撰琦字稚圭安陽人天聖中進士第二歷官同中書門下平章事集賢殿大學士封魏國公謚忠獻徽宗時追封魏王事蹟具宋史本傳其集稱安陽者因地以名晁公武讀書志陳振孫書錄解題宋史藝文志俱作五十卷此本目次相符蓋即當時原本也琦歷相三朝功在社稷生平不以文章名世而所作厚重剴切有垂紳正笏氣象呂祖謙宋文鑑錄其文十首其中如論減省冗費論西夏請和論時事論青苗諸篇皆閎議正論凜然足覘其大節詩句清新和雅尤有風人之遺又案吳師道禮部詩話載琦手

書早夏三詩備蕭散閒適之趣爲安陽集所無又陸游渭南集有韓忠獻帖跋稱西夏犯邊琦當禦戎重任後入輔帷幄陳謨書策駕馭人材觀此可見今集中亦未載此帖則編次時有所脱遺也乾隆四十七年四月恭校上

范文正集

臣等謹案范文正集二十卷別集四卷補編五卷宋范仲淹撰仲淹字希文其先邠人徙蘇州官至樞密副使參知政事事蹟具宋史本傳是編本名丹陽集凡詩賦五卷二百六十八首雜文十五卷一百六十五首元祐四年蘇軾爲之序淳熙丙午鄱陽從事綦煥校定舊刻又得詩文三十七篇爲遺集附於後即今別集其補編五卷則 國朝康熙中仲淹裔孫能濬所搜輯也仲淹人品事業卓絶一時本不借文章以傳而貫通經術明達政體凡所論著一一皆有本之言固非虛飾詞藻者所能亦非高談心性者所及蘇軾稱其天聖中所上執政萬言書天下傳誦考其平生所爲無出此者蓋行求無愧於聖賢學求有濟

于天下古之所謂大儒者有體有用不過如此初不必說太極衍先天而後謂之能聞聖道亦不必講封建議井田而後謂之不愧王佐也觀仲淹之人與仲淹之文可以知空言實效之分矣乾隆四十七年五月恭校上

河南集

臣等謹案河南集二十七卷宋尹洙撰洙字師魯河南人天聖二年進士授絳州正平主簿以薦爲館閣校勘累遷右司諫知渭州兼領涇原路經略公事以爭永洛城事徙慶州復爲董士廉所訟貶崇信軍節度副使監均州酒稅卒事蹟具宋史本傳洙爲人內剛外和能以義自守久歷邊塞灼知敵情凡所措置多有成效其沒也歐陽修爲墓誌韓琦爲墓表而范仲淹爲序其集皆一代名賢蓋其氣節幹濟均有足重者至所爲文章古峭勁潔繼柳開穆修之後一挽五季浮靡之習尤卓然可以自傳邵伯溫聞見錄稱錢惟演守西都起雙桂樓建臨園驛命歐陽修及洙作記修文千餘言洙只用五百字修服其簡古又稱

修早工偶儷之文及官河南始得師魯乃出韓退之之文與之學蓋修與師魯于文雖不同而爲古文則居師魯後也云云蓋有宋古文修爲巨擘而洙實開其先故所作具有原本自修文盛行洙名轉爲所掩宋之史官遂謂洙才不足以望修殊非公論矣聞見錄又稱修作五代史嘗約與洙分撰今集中五代春秋二卷紀事亦簡核有體應即其時所作集凡二十七卷與宋史藝文志所載合晁公武郡齋讀書志云二十卷者蓋傳寫之脱漏其雙桂樓臨圜驛記集中未載疑編錄時其文已佚云乾隆四十七年五月恭校上

孫明復小集

臣等謹案孫明復小集一卷宋孫復撰復有春秋尊王發微已別著錄是集凡文十九首詩三首末附歐陽修所撰墓志一篇文獻通考載孫復睢陽子集十卷宋史亦同此本出自泰安趙國麟家蓋從宋文鑑聖宋文選諸書鈔撮而成非其本書然復集久佚得此猶見其梗概蘇轍作歐陽修墓碑載修謂于文得

尹師魯孫明復而意猶不足蓋宋初承五代之弊文體卑靡穆修柳開始追古格復與尹洙繼之風氣初變明而未融故修之言云爾然復之文根柢經術謹嚴峭潔卓然爲儒者之言與歐蘇曾王千變萬化務極文章之能事者又當別爲一格論之修所言似未可概執也至于尊重揚雄過爲溢美至謂其太元之作非以準易乃以嫉莽則白圭之玷亦不必爲復諱矣乾隆四十七年五月恭校上

徂徠集

臣等謹案徂徠集二十卷宋石介撰介字守道兗州奉符人天聖八年進士及第初授嘉州判官後以直集賢院出通判濮州事迹具宋史本傳初介嘗躬耕徂徠山下人以徂徠先生稱之因以名集介深惡五季以後文格卑靡故集中亟推柳開之功而復作怪說以排楊億其文章宗旨可以想見雖主持大過抑揚皆不得其平要亦戛然自異者王士禎池北偶談稱其倔强勁質有唐人風

較勝柳穆二家而終未脱草昧之氣誠篤論也王偁東都事略記仁宗時罷呂夷簡夏竦而進章得象晏殊賈昌朝杜衍范仲淹韓琦富弼王素歐陽修余靖諸人介時爲國子直講因作慶歷聖德詩以褒貶忠佞其詩今載集中蓋仿韓愈元和聖德詩體然唐憲宗削平淮蔡功在社稷愈仿雅頌以紀功是其職也至于賢姦黜陟權在朝廷非儒官所應議且其人見在非蓋棺論定之時迹涉嫌疑尤不當播諸簡牘以招恩怨厥後歐陽修司馬光朋黨之禍屢興蘇軾黄庭堅文字之獄迭起實介有以先導其波又若太學諸生挾持朝局北宋之末或至于變割中使南宋之末或至于驅逐宰執由來者漸亦介有以倡之史稱孫復見詩有子禍始此之語是猶爲一人言之未及慮其大且遠者也雖當時以此詩得名而其事實不可以訓故仍舊本存之而附論其失如右乾隆四十七年十月恭校上

臣等謹案端明集四十卷宋蔡襄撰襄字君謨仙遊人天聖八年舉進士甲科官至端明殿學士知杭州徙南京留守未及行以憂歸越歲卒於家乾道中追謚忠惠事迹具宋史本傳宋史藝文志載襄集六十卷奏議十卷文獻通考則作十七卷多寡懸殊不應如是疑通考以奏議十卷合于集六十卷總爲七十卷而傳刻譌舛倒其文爲十七也然其初本世不甚傳乾道四年王十朋出知泉州已求其本而不得後屬知興化軍鍾離松訪得其書重編爲三十六卷與教授蔣邕校正鋟板乃復行於世陳振孫書録解題惟載十朋三十六卷之本與史不符蓋以此也至元代板復散佚後其里人宋珏重爲排次而不及全刻僅刻其詩集以行雍正甲寅襄裔孫廷魁始校録重刻是爲今本觀十朋序稱所編凡古律詩三百七十首奏議六十四首雜文五百八十四首則已合奏議於集中又稱嘗於張唐英仁英政要見所作四賢一不肖詩而集中不載乃補置於卷首又稱奏議之切直舊所不載者併編之則十朋頗有所增益已非初

本之舊今本不以四賢一不肖詩弁首又非十朋之舊然據目録末徐居敬跋則此本僅古今體詩從宋珏本更其舊第其餘僅删除十五卷十九卷内重見之請用韓琦范仲淹奏一篇而已則與十朋舊本亦無大異同也乾隆四十七年十月恭校上

祠部集

臣等謹案祠部集三十五卷宋强至撰至字幾聖錢塘人官至三司戸部判官尚書祠部郎中宋史不爲立傳曾鞏序稱其爲韓琦所知常引入幕府自助今世所傳韓忠獻遺事即至所撰其歷官本末見於集中者大約登第後調選得泗掾以薦令浦江東陽元城諸邑又嘗入爲京曹從韓琦辟入陜西幕府其上河北都運元給事書所云四歷州縣三任部屬者可以見其生平大槩至爲大賢所嘉契其才品卓有可稱而所作奏牘之文曲折疏鬯切中事情尤爲有裨世用杭州志稱韓琦出鎮時上奏及他書皆至屬稿琦乞弗散青苗錢神宗閲

之曰此必强至之文也因出其疏以示宰臣新法幾罷是固琦之忠誠惻怛足以感動人主而至之文章懇摯亦有以助之集中諸體詩沈鬱頓挫氣格頗高在北宋諸家中尤可别樹一幟觀所作送邵秀才序稱初爲鄉試舉首賦出四方皆傳誦之既得第恥以賦見稱乃專力六經發爲文章有譽其賦者輒頸漲面赤惡其薄己是其屏斥時好力追古人實有毅然以著作自命者宜其根柢之深厚若此也宋史藝文志馬端臨經籍考俱載祠部集四十卷文淵閣書目尚著於錄其後遂湮没不傳近時厲鶚撰宋詩紀事僅從高似孫蟹略方回瀛奎律髓採錄二詩而其他均未之見今從永樂大典各韻中裒輯編綴得詩文數百篇雖原目久佚無由知其完闕而準計卷帙當尚存十之八九謹分類排纂釐爲三十五卷而稍據其出處之迹以爲詮次庶知人論世者猶得考見其崖略焉乾隆四十九年十月恭校上

鐔津集

臣等謹案鐔津集二十二卷宋釋契嵩撰契嵩姓李氏字仲靈自號潛子藤州鐔津人七歲出家通經書章句肆意游覽慶歷間至杭州樂其風土因居靈隱寺皇祐間入京師作萬言書上之仁宗賜號明教大師尋還山而卒契嵩深通內典銳然以文章自任嘗作原教孝論十餘篇明儒釋之一貫以與當時排佛者抗又作非韓三十篇以力詆韓愈又作論原四十篇以陰申其援儒入墨之旨其說大抵偏駁不可信而其筆力雄偉辨論鋒起實能自成一家之言蓋亦彼教中之健於文者也是編爲明弘治己未嘉興僧如卺所刊凡文十九卷詩二卷附他人所作序贊詩題疏一卷卷首有陳舜俞所撰行業記稱契嵩所著自定祖圖而下爲嘉祐集治平集凡百餘卷蓋兼宗門語錄言之此集僅載詩文故止有此數王士禎居易錄稱其詩多秀句而云集止十三卷是所見篇帙更少不及此本之完備矣乾隆四十七年四月恭校上

臣等謹案祖英集二卷宋釋重顯撰重顯字隱之遂州李氏子幼依普安院僧仁銑落髮受具北遊至復州從祚禪師得法後至靈隱翠峰晚住明州雪竇以皇祐四年卒事蹟詳具僧寶傳中此本乃所著詩集前有參學小師文政序稱師自戾止雪竇或先德言句師因而頌之或感興懷別貽贈之作總輯成二百二十首末署天聖十年孟陬月天聖十年即明道元年是歲十一月改元故正月猶稱天聖也重顯戒行清潔所作爲道日損偈釋門至今奉爲箴規故其詩多語涉禪宗與惠洪等之專事嘲風弄月者蹊逕稍別然筆意超脫其酬贈諸作亦往往能拔出塵壒五言如靜空孤鶚遠高柳一蟬新草隨春岸綠風倚夜濤寒片石寒籠蘚殘花冷襯雲啼狖衝寒影歸鴻見斷行七言如自貽云圖畫當年受洞庭波心七十二峰青如今高臥思前事添得盧公倚石屏送僧云孤雲徒自類行蹤高指金華思不窮日暮輕帆映秋水沙禽啼斷一江風喜禪人迴山云別我遊方意未論缾盂還喜到雲根舊巖房有安禪石再折松枝拂蘚

痕此類皆風致淸婉琅然可誦固非槧作禪家語者故錄而存之以備方外之一家焉乾隆四十七年五月恭校上

蘇學士集

臣等謹案蘇學士集十六卷宋蘇舜欽撰舜欽字子美其先梓州人家開封參政易簡之孫直集賢院耆之子景祐中進士累遷集賢校理監進奏院坐事除名後復爲湖州長史而卒事迹具宋史本傳是集據歐陽修序乃舜欽没後四年修于其婦翁杜衍家蒐得遺稿編輯顧修序稱十五卷晁陳二家目並同而此本乃十六卷則後人又有所續入然費袞梁溪漫志載舜欽與歐陽公辨謗書一篇句下各有自注論官紙事甚詳併有修附題之語蓋修編是集時以語涉于己引嫌避怨而删之此本仍未收入則尚有所佚矣宋文體變于修舜欽與尹洙實左右之然修作洙墓誌僅稱其簡而有法蘇轍作修墓碑又載修言於文得尹洙孫明復猶以爲未足而修爲舜欽序獨曰子美齒少于余作古文

反在其後推挹之甚至集中昭應宮火疏乞納諫書詣匭疏答韓維書宋史皆載之本傳劉克莊後村詩話稱其歌行雄放于梅堯臣軒昂不羈如其爲人及蟠屈爲近體則極平夷妥帖其論亦允惟稱其垂虹亭中秋月詩佛氏解爲銀色界仙家多住月華宮一聯勝其金餅山虹之句則殊不然二聯同一俗格在舜欽集中爲下乘無庸置優劣也王士禎池北偶談頗譏其及第後與同年宴李丞相宅詩然宋初去唐未遠猶沿貴重進士之餘習亦未可以是深病之存而不論可矣乾隆四十七年十月恭校上

蘇魏公文集

臣等謹案蘇魏公文集七十二卷宋蘇頌撰頌字子容南安人徙居丹陽慶歷二年進士官至右僕射同中書門下平章事罷爲集禧觀使徽宗立進太子太保累爵趙郡公卒贈司空魏國公事蹟具宋史本傳集爲其子攜所編宋史藝文志陳振孫書錄解題皆作七十二卷今本與之相合蓋猶原帙惟藝文志尙

載有外集一卷而今本無之則其書已佚也史稱頌天性仁厚宇量恢廓在哲
宗時稱爲賢相平生嗜學自書契以來經史九流百家之説至於圖緯陰陽五
行律吕星宫山經本草無所不通葉夢得石林燕語亦載頌爲試官因神宗問
[illegible]陶之姓頌引三國志證其當從入聲不當從洎音神宗甚喜是其學本博洽
故發之於文亦多清麗雄贍卓然可爲典則石林燕語又稱神宗用吕公著爲
中丞召頌使就曾公亮第中草制又稱頌爲晏殊謚議以其能薦范仲淹富弼
比之胡廣謝安又稱頌過省時以歷者天地之大紀賦爲本場魁既登第遂留
意天文術數之學陸游老學菴筆記又引頌起草才多封卷速把廊人衆引聲
長之句以證當時宣廊之制徐度卻掃編又稱頌奉使契丹文彦博留守北京
與之宴間魏收逋峭難爲之語何謂頌言梁上小柱名取曲折之義因即席作
詩以獻今檢是集凡諸家所舉各篇悉在其中足知完本尚存無所闕佚而頌
文翰之美單詞隻句膾炙人口即此亦可見其槩矣乾隆四十七年八月恭校

上

華陽集

臣等謹案華陽集宋王珪撰珪字禹玉成都華陽人後徙舒舉慶歷二年進士第二授大理評事累官翰林學士知開封府兼侍讀學士神宗時拜尚書左僕射門下侍郎哲宗即位封岐國公卒贈太師謚文恭事蹟具宋史本傳其功業無可稱晚居相位與蔡確比而沮司馬光尤爲物論所不予然其文章則豪贍瓌麗自成一家掌制誥者幾二十年朝廷大典策皆出其手氣象閎達詞筆典贍足繼二宋後塵故王銍謝伋陸游楊萬里等無不稱之至其詩以富麗爲主故王直方詩話謂當時有至寶丹之號要其摛藻敷華細潤熨貼精練處實復不少正不獨葛常之方回所稱明堂慶成上元應制諸篇爲工妙獨絕也原集一百卷陳振孫書錄解題宋史藝文志著錄皆同然自明以來久已湮沒宋文鑑文翰類選等書僅載其文數首今從永樂大典各韻中裒綴排比所存詩文

尙多其中靑詞密詞默詞醮詞齋文道場文功德疏及教坊致語之類均非文章正軌謹稟承聖訓槩加删削重編爲四十卷用聚珍版摹印以廣其傳焉

乾隆四十七年十月恭校上

古靈集

臣等謹案古靈集二十五卷宋陳襄撰襄字述古侯官人古靈其所居村名也慶歷二年登進士第解褐授浦城尉官至右司郎中樞密直學士事迹具宋史本傳其平生最可傳者一在熙寧中彈劾王安石併極論新法反覆陳奏若目覩後來之弊其文今具載集中一在居經筵時神宗訪以人才遂條上所知司馬光等三十三人其時或在庶僚或在謫籍而一一品題各肖其眞內惟林希一人後來附和時局自隳生平餘則碩學名臣後先接踵其人倫之鑒可謂罕與等夷其文今爲全集之壓卷而葉祖洽作行狀孫覺作墓誌陳瓘作祠記惟盛稱其興學育才勤于吏治皆不及薦賢一事于爭新法事亦僅約略一二語

蓋其時黨禍方起諱而不著也集爲其子紹夫所編葉祖洽作行狀稱襄于六經之義自有所得方將營一邱之地著書以自見其志不遂故其生平所作文集止二十五卷與今本卷數相符王士禎居易錄稱古靈集二十卷蓋所見乃謝氏鈔本非其完帙惟所稱冠以紹興元年求賢手詔者與李綱序合此本不載蓋傳寫佚之綱序稱其性理之學庶乎子思孟子其言太過至謂詩篇平淡如韋應物文詞高古如韓愈論事明白激切如陸贄雖亦稍覺溢量然核其所作固約略近之矣乾隆四十七年十月恭校上

伐檀集

臣等謹案伐檀集二卷宋黃庶撰庶字亞夫分寧人慶歷二年進士歷佐一府三州皆爲從事後終於攝知康州黃庭堅之父也江西詩派奉庭堅爲初祖而庭堅之學韓愈實自庶先倡其和柳子玉十詠中怪石一首最爲世所傳誦然集中古體諸詩並戛戛自造不蹈陳因雖魄力不及庭堅之雄瀾運用古事鎔

鑄翦裁亦不及庭堅之工妙而生新矯拔則取徑略同先河後海其淵源要有自也惟開卷近體諸詩乃多不工觀集中呂造許昌十詠後序稱造天聖中爲許昌掾取境內古蹟之著者爲十詠其時文章用聲律最盛哇淫破碎不可讀其於詩尤甚士出于其間爲詞章能主意思而不流者固少而最難云云然則庶當西崑體盛行之時頗有意矯其流弊故謝崔相之示詩稿一首有淡泊路久荒共約鋤榛菅之句擬歐陽舍人古篆一首有蘇梅鸞鳳相上下鄙語燕雀何能羣之句（原注蘇子美梅聖俞同有此詩）而其古文一卷亦古質簡勁頗具韓愈規格不屑爲駢偶纖濃之詞其不甚加意於近體蓋由於此非其才有不逮也其集自宋以來即附刻山谷集末然子雖齊聖不先父食古有明訓列父詩於子集之末於義終爲未協故今析之別著錄焉乾隆四十七年十一月恭校上

傳家集

臣等謹案傳家集八十卷宋司馬光撰凡賦一卷詩十四卷雜文五十七卷題

跋疑孟史剡共一卷迃書一卷壺格策問樂詞共一卷誌三卷碑行狀墓表哀辭共一卷祭文一卷光大儒名臣固不以文重然即以文論亦所謂辭有體要者邵伯溫聞見錄記王安石推其文類西漢不誣也伯溫又稱光除知制誥自言不善爲四六神宗許其用古文體今按集中制詔亦有儷體者但語自質實不以駢麗爲工耳邵博聞見後錄謂光辭樞密副使疏傳家集不載博獨記之熙寧中光嘗論西夏事其疏亦不傳惟略見於元城語錄中又論張載私謚一書載張子全書之首稱其眞迹在楊時家本集不載則亦頗有散佚矣光所作疑孟今載集中元白珽湛淵靜語謂爲王安石而發考孟子之表章爲經實自王安石始或意見相激務與相反亦事理之所有疑珽必有所受之亦可存以備一說也乾隆四十七年四月恭校上

清獻集

臣等謹案清獻集十卷宋趙抃撰抃字閱道衢州西安人神宗時官參知政事

以爭新法去位事蹟具宋史本傳此本詩文各五卷所載多關時事其所論陳
執中王拱辰疏皆七八上可以知其伉直而宋庠范鎮亦皆見之彈章古所稱
羣而不黨抃庶幾焉其詩諧婉多姿乃不類其爲人王士禎居易錄稱其暖風
芳草杜鵑寒食觀水五言律詩五首以文彦博擬之故非過論殆亦淵明閑情
之比也此本乃仿宋嘉定本重刊前有陳仁玉序仁玉字碧棲台州仙居人第
進士開慶中官禮部郎中歷浙東提刑入直敷文閣亦知名之士云乾隆四十
七年五月恭校上

欽定四庫全書提要卷八十五

集部七

別集類六

盱江集

臣等謹案盱江集三十七卷年譜一卷外集三卷宋李覯撰覯字泰伯建昌南城人皇祐初以薦爲試太學助敎嘉祐中召爲太學說書而卒事迹具宋史儒林傳考覯年譜稱慶歷三年癸未集退居類稿十二卷又皇祐四年庚辰集皇祐續稿八卷此集爲明南城左贊所編凡詩文雜著三十七卷前列年譜一卷後以制誥薦章之類爲外集三卷蓋非當日之舊宋人多稱覯不喜孟子余允文尊孟辨中載覯常語十七條而此集所載僅仲尼之徒無道桓文之事及伊尹廢太甲周公封魯三條蓋贊諱而删之集首載祖無擇退居類稿序特以孟子比覯又集中答李觀書云孟氏荀揚醇疵之說不可復輕重其他文中亦頗

引及孟子與宋人所記種種相反以所删常語推之毋亦贄所竄亂歟觀文格

次于歐曾其論治體悉可見于世用故朱子謂覯文實有得于經不喜孟子特

偶然偏見與歐陽修不喜繫辭同可以置而不論贄必欲委曲彌縫務滅其跡

所見陋矣集中平土書明堂五宗皆别有圖今佚不傳覯在宋代不以詩名然

王士禎居易録嘗稱其王方平璧月梁元帝送僧歸廬山憶錢塘江五絶句以

爲風致似義山今觀諸詩惟梁元帝一首不免傖父面目餘皆不媿所稱亦可

謂廣平之賦梅花矣乾隆四十七年九月恭校上

金氏文集

臣等謹案金氏文集二卷宋金君卿撰君卿字正叔浮梁人江西通志載君卿

登慶歷進士累官知臨川權江西提刑入爲度支郎中而不詳其事迹考曾鞏

元豐類稿有衞尉寺丞致仕金君墓誌銘一篇乃爲君卿父温叟而作稱温叟

四子君著君佐君卿君佑皆舉進士君卿以皇祐二年官祕書丞五年官太常

博士得以襃崇其親其敘述頗詳又稱君卿方以材自起於賤貧欲以其所爲
爲天下慨然有志則其人亦非碌碌者也宋史藝文志載金君卿集十卷江西
通志作十五卷永樂大典載是集有富臨原序一篇稱臨川江明仲求遺稿編
成十五卷號金氏文集則宋志作十卷者誤矣原本久佚今掇拾永樂大典所
載僅得十之一二然北宋文集傳者日稀此本尤世所罕見殘珪碎璧彌少彌
珍謹以類編次分爲上下二卷集中所作有文彥博韓琦生日詩范仲淹移鎮
杭州次韻詩和歐陽修潁州西湖及芍藥二詩是君卿所與皆一代端人正士
故詩文皆清醇雅飭猶有古風陳災事貢舉諸疏剴切詳明尤爲有裨世用又
如和介甫寄安豐張公儀一首卽用臨川集中安豐張令修芍陂之韻而據君
卿詩知張字爲公儀爲李璧注所未備又和曾子固直言謫官者一首檢元豐
類稿無其原唱知此篇鞏所自删亦均可互資考證富臨序稱君卿長於易嘗
著易說易箋今並不存獨有傳易之家一篇具載傳授本末疑卽易說前所載

之叙録今既無可考見姑並附于集末焉乾隆四十五年十月恭校上

公是集

臣等謹案公是集五十四卷宋劉敞撰敞有春秋傳已著録葉夢得避暑録話稱敞集一百七十五卷據其弟攽所作集序稱公是總集七十五卷敘爲五種曰古詩二十卷律詩十五卷内集二十卷外集十五卷小集五卷文獻通考亦作七十五卷則夢得所記爲誤矣原本不傳今新喻所刻三劉文集公是集僅四卷大約採自宋文鑑者居多而又以劉跂趙氏金石録序泰山秦篆譜序誤入集中即攽所作公是集序亦采自文獻通考而未見其全故注云失名其編次疎舛可知又錢塘吳允嘉别編公是集六卷亦殊缺略考史有之序春秋意林曰清江爲二劉三孔之鄉文獻宜徵而足今三孔集故在獨二劉所著燬於兵則其佚已久矣惟永樂大典所載頗富今裒輯排次釐爲五十四卷疑當時重其兄弟之文全部收入故所存獨多也敞之談經雖好與先儒立異而淹通

典籍具由心得究非南宋諸家遊談無根者比故其文洸深經術具有本原攽序稱其合衆美爲己用超倫類而獨得瓌偉奇特放肆自若又稱其考百子之雜博六經可以折衷極帝王之治功今日可以按行學聖人而得其道所以優出於前人友于之情雖未免推揚太過然曾肇曲阜集有敞贈特進制曰經術文章追古作者朱子晦菴集有墨莊記曰學士舍人兄弟皆以文章大顯於時而名後世語錄曰原父文才思極多湧將出來每作文多法古絶相似有幾件文字學禮記春秋說學公穀又曰劉侍讀氣平文緩乃自經書中來比之蘇公有高古之趣云云則其文詞古雅可以概見矣晁公武讀書志謂歐陽修嘗短其文於韓琦葉適習學記言亦謂敞言經旨間以詼語酬修積不能平復忤韓琦遂不得爲翰林學士蓋祖公武之說今考修草敞知制誥詔曰議論宏博詞章爛然又作其父立之墓誌曰敞與攽皆賢而有文章又作敞墓誌曰於學博自六經百氏古今傳記下至天文地理卜醫數術浮屠老莊之說無所不通爲

文章尤敏贍嘗直紫薇閣一日追封皇子公主九人方將下直止馬卻坐一揮

九制數千言文辭典雅各得其體其銘詞曰惟其文章燦日星雖欲有毁知莫

能則修亦雅重之晁氏葉氏所言殆非其實歟乾隆五十四年四月恭校上

彭城集

臣等謹案彭城集四十卷宋劉攽撰攽字貢父號公非與兄敞同登慶歷六年

進士第官至中書舍人事迹具宋史本傳史稱攽未冠通五經博覽羣書沈作

喆寓簡亦曰國朝六經之學自賈文元倡之而原父兄弟爲最高司馬光修資

治通鑑自辟所屬極天下之選而任史記前後漢書者攽也其知兖亳二州以

不能奉行新法黜監衡州鹽倉哲宗初起知襄州入爲祕書少監錢勰草制極

稱其詞藝其後以直龍圖閣出知蔡州孫覺胡宗愈蘇軾范百祿交薦之言攽

博記能文章政事侔古循吏身兼數器守道不回乃召拜中書舍人蘇軾草制

稱其能讀典墳邱索之書習知漢魏唐之故其没也曾鞏祭文有曰强學博敏

超絕一世肇自載籍孔墨百氏太史所錄俚聞野記延及荒外陰陽鬼神細大萬殊一載以身下至律令老吏所疑故事舊章盈廷不知有問于子歸如得師直貫傍穿水決矢飛一時書林衆俊並馳滿堂賢豪視子麈揮云云蓋一時延評士論莫不共推即朱子於元祐諸人自洛黨以外多所不滿而語錄云貢父文字工於摹倣學公羊儀禮亦復稱之豈非放學問博洽詞章奥雅有不可遏抑者乎史載所著諸書有文集五十卷五代春秋十五卷内傳國語二十卷經史新義七卷東漢刊誤四卷詩話二卷漢官儀三卷芍藥譜三卷今所存者自詩話以外惟東漢刊誤散附北監本後漢書中未見孤行之本芍藥譜亦僅而不亡文集則宋史藝文志文獻通考俱作六十卷明文淵閣書目有彭城集十五册不列卷數今所傳三劉文集僅有公非集一卷凡詩四首文二十三篇蓋掇拾于散佚之餘多所闕漏即宋文鑑所選者且不盡載其他可知至以劉顔之輔弼召對序誤屬之放舛謬尤屬顯然殊不足據今檢永樂大典所載篇章

尚富蓋即據彭城集收入謹掇拾排比釐爲四十卷較之原書所少不過十之一二與新編其兄敞公是集鉅製鴻裁舊觀幾復在北宋諸家中可謂超軼三孔而凴陵兩宋者矣乾隆四十六年七月恭校上

邕州小集

臣等謹案邕州小集一卷宋陶弼撰弼字商翁祁陽人慶歷中隨楊畋討湖南猺以功授陽朔縣主簿歷官知邕州四遷爲東上閤門使康州團練使宋史本傳詳敘其招納諸蠻之績又稱其能爲詩黄庭堅集有弼墓誌銘亦謂其聚晚學子弟講授六經平生不治細故獨以文章自喜尤號爲能詩詩文書奏十有八卷讀其書知非碌碌者今十八卷之集久佚惟此邕州小集一卷尚存鈔本所載詩僅七十三首厲鶚宋詩紀事選録弼詩有詠藕詠蜨二首見於合璧事類者茲集皆不載又湖廣通志稱弼詩尤善言風土蠟茶詩至五十韻今亦不見集中蓋是集皆在湖南所作故以邕州爲名其他非湖南所作則不在此集

也其中辰州一首園居一首皆闕首二句五溪一首闕末二句無可校補今亦

仍之焉乾隆四十七年二月恭校上

都官集

臣等謹案都官集十四卷宋陳舜俞撰舜俞有廬山記已著錄其集乃舜俞歿

後其壻周開祖所編凡三十卷蔣之奇爲之序慶元中其曾孫杞以徽猷閣待

制知慶元府復刋板四明名之曰都官集樓鑰爲後序原本久佚惟永樂大典

所載篇什頗多檢核排比可得什之六七謹以類編次益以厲鶚宋詩紀事沈

季友檇李詩繫所錄詩七首釐爲文十一卷詩三卷舜俞少學於胡瑗長師歐

陽修而友司馬光蘇軾等毅然有經世志所進萬言策至比於賈誼及貶死後

軾爲文哭之稱其學術才能兼百人之器慨然將以身任天下事而一斥不復

士大夫識與不識皆深悲之今觀其詩大半爲謫後所作氣格疎散皆自抒胸

臆之言文則論時政者居多大抵剴直敷陳通達事體而三上英宗書及諫靑

苗一疏指摘利弊尤爲深切著明雖不竟其用而氣節經濟均可於是見一斑

矣案宋史舜俞傳附於張問篇末敘述官履甚略今考集中自言爲天台從事十五年中再官天台四明二州其上唐州知郡啟注云時宰南陽又韓琦有答陳舜俞推官詩司馬光贈詩亦云他日蒼生望非徒澤壽春本集序云以光祿丞簽書壽州判官凡此皆傳所未及又陳杞跋集後稱曾祖都官陳振孫書錄解題亦云都官員外郎集名實取於此而本傳乃云以屯田員外郎知山陰諸史之中宋史最爲紕漏此亦一證也乾隆四十六年十月恭校上

丹淵集

臣等謹案丹淵集四十卷宋文同撰同字與可梓潼人漢文翁之後故人以石室先生稱之皇祐元年進士解褐爲邛州軍事判官後歷知陵州洋州改湖州未至而卒至今畫家稱文湖州從其終而言之也遺文五十卷其曾孫鶱編爲四十卷慶元中曲沃家誠之守邛州以同嘗三仕于邛多遺蹟因取其集重加

釐正而卷帙則仍其舊所增拾遺二卷及卷首年譜卷末附錄司馬光蘇軾等往來詩文一卷則誠之所輯也同未第時即以文章受知文彦博其詩如美人卻扇坐羞落庭下花諸篇亦盛爲蘇軾所推特以墨竹流傳遂爲畫掩故世人不甚稱之然馳驟于黄陳晁張之間未嘗不足頡頏上下也集中稱蘇軾爲胡侯或曰蘇子平見誠之跋中蓋其家避忌蜀黨而改之今亦姑仍其舊云乾隆四十七年九月恭校上

西溪集

臣等謹案西溪集十卷宋沈遘撰遘字文通錢塘人以蔭爲郊社齋郎皇祐元年舉進士第一以已官者不應先多士改第二歷知杭州開封府皆有能名終于翰林學士事蹟具宋史本傳是集十卷南宋初有從事郎處州司理參軍高布者與遘弟遼雲巢集遘從叔括長興集合刻於括蒼名吴興三沈集以是編爲首然史稱遘通判江寧還朝奏本治論十篇爲仁宗所嘉賞而集中竟未之

載則亦非全帙矣遘以文學致身而處事精敏一時推爲軼材其知制誥時所撰詞命大都莊重溫厚有古人典質之風詩亦清俊流逸不染俗韻第二卷末題揚州山光寺二詩其一有夾注稱爲盧中甫和詩其高臺已傾曲池平一首已見前而重出于此字句稍不同詩下亦有夾注稱傳自山光寺壁與集中異云云疑皆高布校刊時所增入非原集之舊亦足見校勘之不苟也乾隆四十七年十月恭校上

鄖溪集

臣等謹案鄖溪集二十八卷宋鄭獬撰獬字毅夫安陸人皇祐五年進士第一通判陳州入直集賢院知制誥英宗即位數上疏論事出知荆南還判三班院神宗初召拜翰林學士權開封府以不肯行新法忤王安石出知杭州徙靑州又力言靑苗之害引疾提舉鴻慶宮卒事跡具宋史本傳初獬以進士較試於廷舍人劉敞得獬卷曰此文似皇甫湜獬嘗與敞書亦言韓退之時用文章雄

立一世者獨李翺皇甫湜張籍耳然翺之文尚質而少工湜之文務實而不肆張籍歌行乃勝於詩至於他文不少見計亦在歌詩下使之質而工奇而肆則退之作也云云觀其所言知文章宗旨實源出韓門矣宋志載鄖溪集五十卷淳熙十三年秦焴嘗序而刊之今已久佚惟從永樂大典內裒輯編次又以宋文鑑兩宋名賢小集諸書所載分類補入勒爲三十卷王得臣麈史稱鄭內翰久遊場屋詞藻振時唱名之日同試進士皆歡曰好狀元仁宗爲慰悅本傳亦稱其文章豪偉峭整議論剴切精練民事今以所存諸作核之殆非虛美秦焴序稱於論綏州見其計深慮遠於論毀譽見其居寵思危辨楊繪救祖無擇則特立不詭隨今其文雖不盡傳然大槩亦可想見矣乾隆四十六年九月恭校

上

錢塘集

臣等謹案錢塘集十二卷宋韋驤撰驤字子駿錢塘人皇祐五年進士除知袁

州萍鄉縣歷福建轉運判官主客郎中出爲夔路提刑建中靖國初除知明州

句宫祠以左朝議大夫提舉杭州洞霄宫卒其事蹟不見於宋史而集中所載

表狀祭文諸篇署銜尚存可以得其大概馬端臨經籍考有錢塘韋先生集十

八卷宋史藝文志卷數亦同是編原本十六卷前有收藏家題識云宋板韋驤

集係明吴寬家藏本原缺第一第二卷實止十四卷檢勘書中凡構字皆空闕

而注其下云太上皇帝御名當出孝宗時刊本鈔傳特所闕兩卷諸本皆同今

已未由考補耳驤少以詞賦知名王安石最稱其借箸賦而集中未見考宋史

藝文志驤别有賦二十卷當别在賦集之内而今佚之矣其古體詩亦已不完

而梗概尚具觀其氣格大抵不屑屑於規撫唐人而密詠恬吟頗有自然之趣

雜文多安雅有法而四六表啟爲尤工其精麗流逸已開南宋一派雖未能接

跡歐梅要亦一時才傑之士也謹釐改目次即所存之本以第三卷爲第一定

爲一十二卷著之於録屢經傳寫脱落頗多世無别本其可知者隨文校正其

不可知者則姑從闕疑之義焉乾隆四十七年九月恭校上

淨德集

臣等謹案淨德集三十八卷宋呂陶撰陶字元鈞號淨德成都人皇祐中進士熙寧間復登制科歷官給事中改集賢院學士知陳州紹聖末坐黨籍貶徽宗初復集賢殿修撰知梓州致仕卒事蹟具宋史本傳陶秉性抗直遇事敢言所陳論多切國家大計其初應制科時值王安石方行新法陶對策言願陛下不惑理財之說不間老成之謀不興疆埸之事安石讀卷神色頓沮神宗使馮京竟讀稱其有理而卒爲安石所抑僅得通判蜀州其知彭州力陳四川榷茶之害爲蒲宗閔所劾謫官其召用於元祐初又極指蔡確韓縝章惇等之罪請亟加罷斥其他建白至多大抵於邪正是非之介剖晰最明而據理直陳絕無洛蜀諸人黨同伐異之習嚴氣正性與劉安世略同至哲宗親政之始陶首言太皇太后垂簾九年小人不無怨憾萬一姦邪之人謂某人宜復用某政宜復行

此安危之機不可不察其後興紹述之說卒應其言其深識遠慮亦不在范祖禹下故其所上奏議類皆暢達剴切洞悉事機蔣堂以賈誼比之良非虛譽其餘詩文亦多典雅可觀至學論二篇力攻王氏字說不遺餘力尤爲毅然自立不附合時局者矣宋史藝文志載陶集六十卷久無傳本其得見於世者僅宋文鑑所載請罷黄隱一疏今就永樂大典各韻内採掇裒輯分類編次釐爲三十八卷雖以史傳相較其奏疏諸篇或載或闕其應制科策一首不可復考未必能盡還舊觀然已什得七八所闕者固無幾也乾隆四十九年十月恭校上

安岳集

臣等謹案安岳集十二卷宋馮山撰山初名獻能字允南安岳人嘉祐二年進士官終祠部郎中山詩文本三十卷嘉定中瀘人周鋭與其子澥集合刋之前有劉光祖太師左丞合集序及何悳固二馮先生文集序此本澥集全佚山集目錄雖全而自十三卷以後詩文皆缺所僅存者前十二卷詩耳以徐氏傳是

樓書目考之亦然蓋殘本也山與梅堯臣蘇舜欽同時時已盡變楊劉西崑之體故其詩平正條達無纂紅刻翠之態其上金陵王荆公詩有更張漢法新之句序所謂當熙豐間不能茍合于新法者于此可見蓋亦介立之士其文足重澥當靖康中奏罷李綱宣撫西河又受張邦昌僞命墮其家聲其集與山並刻實爲薰蕕同器其不傳也正亦不足惜矣乾隆四十七年九月恭校上

元豐類稾

臣等謹案元豐類稾五十卷宋曾鞏撰鞏字子固建昌南豐人嘉祐二年進士官至中書舍人事蹟具宋史本傳鞏爲文章上下馳騁愈出愈工本原六經斟酌於司馬遷韓愈一時工文詞者鮮能過之朱子亦深所推服以爲依傍道理不爲空言史稱其立言於歐陽修王安石間紆徐而不煩簡奥而不晦卓然自成一家誠爲確論所作元豐類稾本五十卷見於郡齋讀書志文獻通考者並同韓維撰鞏神道碑于類稾外尚載有續稾四十卷外集十卷至南渡後僅存

別集六卷而他已散逸開禧中趙汝礪復得于其族孫灘因編定爲四十卷以符神道碑之數而後竟不傳今所存者惟此五十卷而已故如吳曾能改齋漫錄所載懷友一首莊綽雞肋編所載厄臺記一首皆集中所無則其遺佚者當亦不少又自明以來屢經傳刻寖以訛缺如第四十七卷太子賓客陳公神道碑銘中至脱去四百六十八字又第七卷内脱水西亭書事詩一首諸本皆同近時顧崧齡始依宋本補入今並據以校正焉乾隆四十七年四月恭校上

龍學文集

臣等謹案龍學文集十六卷宋祖無擇撰無擇字擇之上蔡人進士高第歷官龍圖閣學士知通進銀臺司坐事謫忠正軍節度副使移知信陽軍卒事迹具宋史本傳無擇少從孫復學經術穆修爲文章其著作頗多南渡後僅存十之二三紹熙三年其曾孫袁州軍事判官行始裒爲十卷取無擇知陝府日歐陽修餞行詩中右掖文章煥星斗語名之曰煥斗集又採司馬光梅堯臣等與無

擇贈答之作曰名臣賢士詩文凡二卷又輯無擇叔祖呂叔起居舍人知制誥士衡弟福建路提刑無頗等傳記勅書及其姪知普州德恭詩三首曰家集凡四卷皆附之於後見第十六卷行所作龍學始末中即此本也惟每卷標目别題洛陽九老祖龍學文集故永樂大典焦氏經籍志俱稱龍學集而焕斗之名不顯其曰洛陽九老者無擇分司西京時與文彦博等九人爲眞率會嘗有此稱當時推爲盛事行故特舉之以爲重歟無擇爲文峭厲勁折實開風氣之先足與尹洙匹敵雖流傳者少而掇拾散亡菁華猶不至盡佚至所附家集中如士衡之西齋話記載宋初故事多他書所未及亦可以備考據焉乾隆四十七年五月恭校上

宛陵集

臣等謹案宛陵集六十卷宋梅堯臣撰堯臣字聖俞宣城人官屯田都官員外郎其詩初爲謝景初所輯僅十卷歐陽修得其遺稾增併之亦止十五卷其增

至五十九卷又他文賦一卷未詳何人所編陳振孫謂即景初舊本修爲作序者殆未詳考修序文耳通考載正集六十卷外有外集十卷此爲明姜奇方所刊卷數與通考合惟無外集祇有補遺三篇及贈答詩文墓誌一卷亦不知何人所附陳振孫謂外集多與正集複出或後人删汰重複故所錄者止此耶宋初詩文尚沿唐末五代之習柳開穆修欲變文體王禹偁欲變詩體皆力有未逮歐陽修崛起爲雄力復古格其時曾鞏蘇轍陳師道黄庭堅等皆尚未顯其佐修以變文體者尹洙佐修以變詩體者則堯臣也其詩旨趣古淡惟修深賞之邵博聞見後錄載傳聞之說謂修忌堯臣出己上每商搉其詩多故删其最佳者其妄誕甚矣乾隆四十七年三月恭校上

忠肅集

臣等謹案忠肅集二十卷宋劉摯撰摯字莘老東光人家於東平登嘉祐四年甲科神宗朝累遷禮部侍郎哲宗即位歷官門下侍郎尚書右僕射以觀文殿

學士罷知鄆州紹聖初坐黨籍累貶鼎州團練副使新州安置卒紹興中追贈少師謚忠肅事蹟具宋史本傳其文集四十卷見於宋史藝文志久無傳本今從永樂大典各韻中裒輯編綴以原書卷目相較尚可存十之六七除青詞齋疏等文十七篇謹稟承 聖訓删削不錄各以類排纂釐爲二十卷而仍以劉安世原序冠之於首摯忠亮骨鯁於邪正是非之介辨之甚嚴終以見慍羣小貶死荒裔其爲御史時論率錢助役之害至王安石設難相詰而摯反覆條辨侃侃不撓今其疏並存集中他若劾蔡確章惇諸疏見於宋史者亦並存無闕其所謂修嚴憲法辨別淄澠者言論風采猶可想見固不獨文詞暢達能曲鬯情事已也至集中有訟韓琦定策功疏論王同老攘功冒賞之罪而道山清話遂謂文彥博再相摯於簾前言王同老劄子皆彥博教之乞下史官改正宣仁不從彥博因力求退今考此事史所不載而集中有請彥博平章重事疏其推重之者甚至尤足以證小說之誣蓋當時黨論交訌好惡是非率難憑據幸遺

集具在得以訂正其是非於論世知人之學亦不爲無補矣乾隆四十九年十月恭校上

無爲集

臣等謹案無爲集十五卷宋楊傑撰傑字次公無爲軍人因自號無爲子嘉祐四年進士元豐中歷官禮部員外郎出知潤州除兩江提點刑獄卒于官原序稱侍講楊先生蓋其帶職也傑及與歐陽修王安石蘇軾游故其詩雖興象未深而亦頗有規格其率易者近白居易其學爲奇崛如送李辟疆之類者或偶近盧仝大致則仍元祐體也又及與胡瑗游故所學亦頗有根柢官太常時議典禮因革多所討論集中如補正三禮圖皇族服制圖諸序以及禘祫明堂樂律諸奏皆有關于典制但其文才地稍弱邊幅微狹耳集凡賦二卷詩五卷文八卷紹興癸亥知無爲軍趙士彩所編士彩序云删除蕪纇取有補于敎化者若釋道二家詩文則見諸別集今別集不傳故張敦頤六朝事迹載其雨花臺

詩一首王象之輿地紀勝載其淨居寺詩一首潛説友咸淳臨安志載其西湖參寥山房詩一首鐵網珊瑚載其佛日山别長老彌公詩一首凡爲僧作者今皆不見于集中也然第五卷中有書寶山寺壁一首第七卷中有題寶林院五松一首東峰白雲院一首野寺一首第十卷中有圓同菴銘一首圓寂菴銘一首未免自亂其例又如銘五首入雜文贊亦雜文乃列詩中詩以古體律體分編而和謝判官宴南樓一首本拗體七言律詩而誤入古詩編次尤爲無緒至于魏詔君贊詔字蓋避仁宗嫌名而次卷仍稱魏徵君草堂校讎亦未盡善惟傑集自南渡以後湮沒不傳士彩積兩歲之力搜求編次使得復傳至今其表章之功固亦不可盡沒耳乾隆四十七年九月恭校上

王魏公集

臣等謹案王魏公集八卷宋王安禮撰安禮字和甫臨川人安石之弟也登嘉祐六年進士第歷官翰林學士知開封府尚書左丞還資政殿學士知太原府

事蹟具宋史本傳安石兄弟三人惟安國數以正議見絀其文集亦湮沒不傳安禮位稍通顯史稱其以經濟自任而闊略細謹故其生平一以知湖潤兩州與倡女共飲論罷一以貪論罷屢躓屢起蓋亦跅弛於法度之外者然其知制誥時因彗星見極言執政大臣不察上悳養元元之意用力殫于溝瘠取利究于園夫其語皆以譏刺新法則于大體尚能持正固未可以一節概貶之矣其集本二十卷見于宋史藝文志陳振孫書錄解題者並同明葉盛菉竹堂書目亦載有王魏公集六冊是明初尚有傳本厥後諸家書目皆不著錄蓋自明中葉以後已佚不存今從永樂大典散見各韻者裒輯彙編釐爲八卷其中内外制草頗典重可觀敘事之文亦具有法度其中沈季良元絳諸誌銘尤足補史傳之闕以視安石雖規模稍隘而核其體格固亦約略相似也安禮封魏公史所不載惟田書所撰王和甫家傳有云累勳至上柱國爵魏郡開國公食邑三千戶食實封五百戶蓋宋每遇郊恩輒賜羣臣勳封名號冗濫故史不盡載觀

安禮所修靈臺祕苑今著錄子部中者書前有安禮署銜一條題上騎都尉劇縣開國男而本傳亦未之及則其爲史所略者固亦多矣乾隆四十六年三月恭校上

范太史集

臣等謹案范太史集五十五卷宋范祖禹撰祖禹字淳甫華陽人嘉祐八年登進士甲科從司馬光修通鑑書成薦爲祕書省正字歷官龍圖閣學士知陝州爲言者所誣謫徙賓化而卒事蹟具宋史本傳所著帝學及唐鑑諸書已别著錄其文集世有兩本一本僅十八卷乃明程敏政從祕閣借閲因爲摘鈔以行世實非全書此本五十五卷與宋史藝文志馬端臨經籍考所載卷目相符蓋猶宋時舊帙也祖禹平生論諫不下數十萬言其在邇英守經據正號講官第一史臣稱其開陳治道區别邪正辨釋事宜平易明白洞見底藴故本傳載所上疏至五十六篇而集中章奏尤多類皆湛深經術練達事務深有裨于獻納

其中偶涉偏執者如合祭天地一事祖禹謂分祭之禮自漢以來不能舉行又謂一年再郊此必不能且夏至之日尤未易行同時蘇軾等據周禮以分祭爲是而祖禹與顧臨堅持之後卒從祖禹之議蓋其君習於宴安而議者遂爲遷就之論誠不免於賢者之過然其大端伉直持論切當要自無愧於醇儒當時以賈誼陸贄比之說者不以爲溢美云乾隆四十七年三月恭校上

潞公文集

臣等謹案潞公文集四十卷宋文彦博撰彦博字寬夫汾州介休人由進士歷事仁英神哲四朝官至平章軍國重事封潞國公謚忠烈事蹟具載宋史其集分賦頌二卷詩六卷論一卷表啟一卷序一卷碑記墓誌一卷雜文一卷其十四卷以後則皆奏議劄子之文也此本卷數與馬氏經籍考同而尚闕補遺一卷葉夢得序稱兵興以後久經殘佚蓋在南渡時已非全書矣彦博不以詩名而格律和婉自合正聲文章不事雕飾議論通達卓然經濟之言奏劄下多注

年月亦可與正史相參考焉乾隆四十七年四月恭校上

擊壤集

臣等謹案擊壤集二十卷宋邵子撰前有治平丙午自序後有元祐辛卯邢恕序晁公武讀書志云雍邃於易數歌詩蓋其餘事亦頗切理案自班固作詠史詩始兆論宗東方朔作誡子詩始涉理路沿及北宋鄙五季佻薄之弊事事還淳還樸其人品率以光明豁達爲宗其文章亦以平實坦易爲主邵子之詩蓋亦沿當日之體而晚年絕意世事不復以文字爲長意所欲言自抒胸臆原脫然於詩法之外毀之者務以聲律繩之固所謂鴻翔寥廓而索之藪澤譽之者以爲風雅正傳莊杲諸人轉相摹仿如所謂送我一壺陶靖節還他兩首邵堯夫者亦爲刻畫無鹽唐突西子失邵子之所以爲詩矣況邵子詩不過不苦吟以求工亦非以工爲厲禁如邵伯溫聞見前錄所載安樂窩詩曰半記不記夢覺後似愁無愁情倦時擁衾側臥未欲起簾外落花撩亂飛此雖置之江西派

中有何不可而明人乃惟以鄙俚相高又烏知邵子哉是集爲邵子所自編而
楊時龜山語錄稱須信畫前原有易自從删後更無詩一聯今集中無之知其
隨手散佚不復收拾眞爲寄意於詩而非刻意於詩者矣乾隆四十七年三月
恭校上

鄱陽集

臣等謹案鄱陽集十二卷宋彭汝礪撰汝礪字器資饒州鄱陽人治平二年舉
進士第一歷官權吏部尚書出知江州立朝多大節極言敢諫論救蔡確以直
報怨在熙豐元祐間稱爲名臣事蹟具宋史本傳東都事略載所著易義詩義
奏議詩文五十卷宋史藝文志鄱陽集四十卷今易義詩義已不傳此本乃其
詩集亦止十二卷並非完帙又古今體詩編次錯互頗多複混蓋其本集久佚
後人掇拾殘賸復爲此編故其淆雜如此也史稱汝礪詞命雅正有古人風而
詩筆尤諧婉可諷明瞿佑歸田詩話嘗極推其情致纏綿而洪邁容齋隨筆舉

所作許屯田詩以爲浮梁舊器故實王士禎居易錄亦引其梅花絕句所云瀟湘此日堪腸斷隨處幽香著莫人之句以證朱淑眞詞耶律楚材詩內著莫二字之所自出則亦足資考證矣乾隆四十七年四月恭校上

曲阜集

臣等謹案曲阜集四卷宋曾肇撰肇字子開南豐人鞏與布之弟也治平四年進士官至中書舍人龍圖閣學士以元祐黨籍貶濮州團練副使汀州安置崇寧中復朝散郎歸潤州而卒紹興初追謚文昭事迹具宋史本傳案肇行狀載所著曲阜集四十卷外集十卷奏議十二卷邇英進故事一卷元祐外制集十二卷庚辰外制集三卷內制集五卷尙書講義八卷曾氏譜圖一卷楊時所作神道碑曲阜集奏議目次並與行狀同而西掖集十二卷內制五十卷外制三十卷則與行狀稍異宋史藝文志馬氏經籍考其集亦並著於錄明永樂十年其裔孫刊行奏議曾棨爲序有茲特曲阜集中一卷尙當爲刻全文之語則明

初原集尚存不知後來何以漸就淪佚傳本遂絕　國朝康熙中其裔孫儼等取所存奏議益以詔制碑表諸逸篇掇拾編次別爲此集前三卷皆詩文後一卷則附錄也肇立朝有守屬黨論翻覆以一身轉側其間往往齟齬不合又嘗力諫其兄布宜引用善類而布不從所上奏議如乞復轉對宜仁皇后受冊百官上壽救韓維繳王覿外任諸篇皆爲史所稱述今並在集中可以考見大概其制誥亦爾雅典則得訓詞之體雖深厚不及其兄鞏而淵懿溫純猶能不失家法惜其全書已亡如進元豐九域志表爲肇所撰見於王應麟玉海而集中亦無之則其佳文之散失者固不少矣乾隆四十七年三月恭校上

周元公集

臣等謹案周元公集八卷宋周敦頤撰敦頤字茂叔道州營道人元名敦實避英宗舊諱改焉以舅鄭向恩補官熙寧初累官至廣東轉運判官提點刑獄以疾求知南康軍卒嘉定十三年賜謚曰元公淳祐中封汝南伯從祀孔子廟廷

事蹟具宋史道學傳是集馬端臨經籍考作七卷陳振孫書錄解題謂遺文纔數篇爲一卷餘皆附錄此本首遺書雜著二卷其後六卷則皆諸儒議論及誌傳祭文與宋本不甚相合而大致亦不甚相遠蓋後人微有所附益也敦頤作太極圖究萬物之終始作通書明孔孟之本源有功於學者甚大而其他詩文亦多精粹深密有光風霽月之槩其集明嘉靖間漳浦王會曾爲刋行　國朝康熙初其裔孫周沈珂又重鐫之原本後附遺芳集五卷乃彙輯後裔之著述事蹟與本集不相比附今別入之總集類云乾隆四十七年十一月恭校上

南陽集

臣等謹案南陽集三十卷附錄一卷宋韓維撰維字持國穎昌人絳之弟以廕入仕英宗朝累除知制誥神宗即位爲翰林學士元祐初拜門下侍郎以太子少傅致仕紹聖中坐元祐黨謫均州安置元符初復官卒嘗封南陽郡公故以名集通考載其集二十卷陳振孫云沈晦元用其外孫也跋其後卷首載觧于

綽所述行狀是本詩十四卷内制一卷外制三卷王邸記室二卷奏議五卷表章雜文碑誌各一卷手簡歌詞共一卷附錄一卷其稱王邸記室者邵伯溫聞見前錄謂神宗開潁邸韓琦擇宮僚用王陶韓維陳薦孫固忠孫思恭邵亢維於是時掌兩宮牋奏所作也目錄首列行狀而行狀乃與沈晦跋具載卷末似非原本又第三十卷與附錄一卷參考訛脱幾不可辨蓋沈晦作跋之時已云文字舛駁不可是正後人又經傳寫宜其愈謬也今考定其可知者其原缺字句則姑仍其舊焉乾隆四十七年十一月恭校上

節孝集

臣等謹案節孝集三十卷宋徐積撰積字仲車山陽人天性篤孝從胡瑗學爲高弟治平中舉進士耳疾不能仕元祐初以薦除揚州司户參軍就充楚州教授尋加秩和州防禦推官改宣德郎崇寧二年除監中岳廟政和三年賜謚節孝事蹟具宋史本傳積以學行重於時操履堅確名德顯著蘇軾等皆敬憚之

史稱其雙耳聵甚畫地爲字乃始通語終日面壁坐不與人接而四方事無不周知其詳蓋其心地虚明故於上下事物並能自然通曉發之於文亦極有奇偉之氣螢雪叢説又稱其讀史記貨殖傳人棄我取始悟作文之法其宗旨所在可以概見蘇軾嘗稱其詩文怪放如廬仝今觀其集下語固多奇縱然未至如仝之甚至其復河説欲求九河故道而穿之亦未免失之迂僻要其大致醇正依經立訓不失爲儒者之言文以人重固非嘲風弄月之流所得而比擬也

乾隆四十七年四月恭校上

文忠集

臣等謹案文忠集一百五十三卷附録五卷宋歐陽修撰修有詩本義已著録案宋史藝文志載修所著文集五十卷别集二十卷六一集七卷奏議十八卷内外制集十一卷從諫集八卷諸集之中惟居士集爲修晚年所自編其餘皆出後人裒輯各自流傳如衢州刻奏議韶州刻從諫集浙西刻四六集之類又

有廬陵本京師舊本綿州本宣和吉本蘇州本閩本諸名分合不一陳振孫書錄解題謂修集遍行海內而無善本蓋以是也此本爲周必大所編定自居士集至書簡集凡分十種前有必大所作序陳振孫以爲益公解相印歸用諸本編校刋之家塾其子綸又以所得歐陽氏傳家本歐陽棐所編次者屬益公舊客曾三異校正益完善無遺恨然必大原序又稱郡人孫謙益承直郎丁朝佐偏搜舊本與鄉貢進士曾三異等互相編校起紹熙辛亥迄慶元庚辰據此則是書非三異獨校亦非必大自輯與振孫所言俱不合檢書中舊存編校人名姓有題紹熙三年十月丁朝佐編次孫謙益校正者有題紹熙五年十月孫謙益王伯芻校正者又有題郡人羅泌校正者亦無曾三異之名惟卷末考異中多有云公家定本作某者似即周綸所得之歐陽氏本疑此書編次義例本出必大特意存讓善故序中不自居其名而振孫所云綸得歐陽氏本付三異校正者乃在朝佐等校定之後添入刋行故序亦未之及歟其書以諸本參校同

異見於所紀者曰文纂曰薛齊誼編年慶歷文粹曰熙寧時文曰文海曰文藪曰京本英辭類稾曰緘啟新範曰仕塗必用曰京師名賢簡啟皆廣爲蒐討一字一句必加考覈又有兩本重見而删其複出者如濮王典禮奏之類有他本所無而旁採附入者如詩解統序之類有别本所載而據理不取者如錢鏐等傳之類其鑒别亦最爲詳允觀樓鑰攻媿集有濮議跋稱廬陵所刋文忠集列于一百二十卷以後首尾俱同又第四卷劄子注云是歲十月撰不曾進呈檢勘所云即指此本以鑰之博洽而必引以爲據則其編定精密亦槩可見矣乾隆四十七年四月恭校上

歐陽文粹

臣等謹案歐陽文粹二十卷宋陳亮編遺粹十卷明郭雲鵬編亮乾道癸巳後敍謂録公文凡一百三十篇雲鵬嘉靖丁未後敍謂亮所存過約又彙輯八十三篇名曰遺粹今考修全集凡一百五十三卷而亮所選不及十之一二似不

足與全集並行然考周必大序謂居士集經公決擇篇目素定而參校衆本迥然不同如正統論吉州學記瀧岡阡表皆是也今以文粹校之與必大之言正合是書卷首有原正統論明正統論正統論上正統論下四篇居士集則但存正統論上下二篇其正統論上乃取原正統論學者疑焉以上十餘行竄入而論內其可疑之際有四其不同之說有三以下半篇多删易之其正統論下復取明正統論斯立正統矣以上數行竄入而論內昔周厲王之亂以下亦大半删易之其他字句異同不可枚舉爲周必大校本所未及皆足以資參訂至郭雲鵬所編遺粹則全從本集錄出無所異同固靡資於檢核矣乾隆四十七年五月恭校上

樂全集

臣等謹案樂全集四十卷宋張方平撰方平字安道宋城人舉茂材異等爲校書郎歷官參知政事卒贈司空謚文定事迹具宋史本傳其自號樂全居士因

以名集蓋取莊子樂全之謂得志語詳所作樂全堂詩中其集見于宋史藝文志者四十卷與此本合東都事略王鞏行狀尙載有玉堂集二十卷而方平在翰林時代言之文如立太子除种諤節度使韓琦守司徒呂公弼樞密使李昭亮殿前副都指揮使諸制見于宋文鑑者此集皆無之知當在玉堂集中而今已亡佚所存惟此集而已凡詩四卷頌一卷芻蕘論十卷雜論二卷對語策一卷論事九卷表狀三卷書一卷牋啟一卷記序一卷雜著一卷祭文碑誌六卷方平穎悟於書一覽不忘善爲文數千言立就才氣本什伯于人而其識又能灼見事理剸斷明決故集中論事諸文無不豪爽暢達洞如龜鑑不獨史所載平戎十策論新法疏爲切中利弊蘇軾作序以孔融諸葛比之論者不以爲私亦可信其卓然無愧立言之選矣遺集流傳甚少此本首尾頗完善愼字下皆注今上御名四字蓋從孝宗時刊本鈔存者特不載蘇軾原序疑傳寫者所遺脫今併爲錄補冠于卷首以存其舊焉乾隆四十七年四月恭校上

范忠宣集

臣等謹案范忠宣集二十卷奏議二卷遺文一卷補編一卷宋范純仁撰純仁字堯夫仲淹次子元祐間官尚書右僕射以黨禍貶永州召爲觀文殿大學士贈開府儀同三司其謀國忠懇殊有父風事蹟具載宋史本傳文集凡十八卷前五卷爲詩後十二卷皆雜文其末卷爲國史本傳則純仁再從孫之柔于刊集時所附入也集前有嘉定五年樓鑰序稱其文根柢六經切于論事蓋其氣體本自深厚固不徒以人重耳又奏議二卷自治平元年爲殿中侍御史至元祐八年再相前後所奏封事凡七十三首又遺文一卷載純仁文七首附以其弟純禮文二首純粹文十九首乃裔孫能濬據舊本重加刪補者又補編一卷載純仁尺牘一首附以制詞題跋等十二首亦能濬所編訂康熙丁亥其二十世孫時崇與仲淹集合刻行之其書錄解題所載純仁言行錄二十卷在宋世已佚又彈事五卷國論五卷今亦不傳矣乾隆四十七年十月恭校上

嘉祐集

臣等謹案嘉祐集十六卷宋蘇洵撰洵有謚法已著錄考曾鞏作洵墓誌稱有集二十卷晁公武讀書志陳振孫書錄解題俱作十五卷蓋宋時已有二本是本爲徐乾學家傳是樓所藏卷末題紹興十七年四月晦日婺州州學雕紙墨頗爲精好又有康熙間蘇州邵仁泓所刊亦稱從宋本校正然二本並十六卷均與宋人所記不同徐本名嘉祐新集邵本則名老泉先生集亦復互異未喻其故或當時二本之外更有此一本歟今世俗所行又有二本一爲明凌濛初所刊朱墨本併爲十三卷一爲 國朝蔡士英所刊任長慶所校本凡十五卷與晁氏陳氏所載合然較蔡本闕洪範圖論一卷史論前少引一篇又以史論中爲史論下而闕其史論下一篇又闕辨姦論一篇題張仙畫像一篇送吴侯職方赴闕序一篇謝歐陽樞密啟一篇謝相府啟一篇香詩一篇朱彝尊經義考載洵洪範圖論一卷注曰未見疑所見洵集當即此本中間缺漏如是恐亦

未必晁陳著錄之舊也今以徐本爲主以邵本互相參訂正其僞脫亦有此存
而彼逸者並爲補入又附錄二卷爲奉議郎充婺州學教授沈斐所輯較邵本
少國史本傳一篇而多挽詞十餘首亦並錄以備考焉乾隆四十七年十月恭
校上

臨川集

臣等謹案臨川文集一百卷宋王安石撰宋史藝文志載安石集一百卷陳振孫書錄解題亦同晁公武讀書志馬端臨經籍考則作一百三十卷焦竑國史經籍志亦作一百卷而別出後集八十卷並與史志參錯不合今世所行本實止一百卷乃紹興十年臨川郡太守桐廬詹太和校定重刊而豫章黄次山爲之序者次山謂集原有閩浙二本蓋刊本不一故卷數互有同異也案蔡絛西清詩話稱荆公云李漢豈知韓退之緝其文不擇美惡有不可以示子孫者況垂世乎以此語門弟子意有在焉而其文迄無善本如春殘密葉花枝少云云

皆王元之詩金陵獨酌寄劉原甫皆王君玉詩臨津艷艷花千樹云云皆王平甫詩據條所言則安石詩文本出門弟子排比非所自定故當時已議其舛錯而葉夢得石林詩話又稱蔡天啟言荆公嘗作詩得青山捫蝨坐黃鳥挾書眠自謂不滅杜詩然不能舉其全篇薛肇明被旨編公集徧求之終莫之得肇明爲薛昂字是昂亦嘗奉詔編定其集顧蔡條與昂同時而並未言及夾山序中亦祇舉閩浙本而不稱別有勅定之書其殆爲之而未成歟又考吳曾能改齋漫錄稱荆公嘗題一絶句于夏旼扇本集不載見湟川集又稱荆公嘗任鄞縣令昔見一士人收公親札詩文一卷有兩篇今世所刊文集無之其一馬上其一書會別亭云云是當時遺逸句未經搜輯者尚夥其編訂之辭有不僅如西清詩話所譏者然此百卷之內菁華具在其波瀾法度實足自致不朽朱子楚辭後語謂安石致位宰相流毒四海而其言與生平行事心術略無毫髮肖夫子所以有於予改是之歎斯誠千古之定評矣乾隆四十七年四月恭校上

王荆公詩註

臣等謹案王荆公詩註五十卷宋李壁撰考諸刊本或從玉作璧然壁爲李燾第三子其兄曰垕曰塾其弟曰𡌴名皆從土則作璧誤也壁字季章號鴈湖居士初以蔭入官後登進士寧宗朝累遷禮部尚書同知樞密院事謚文懿是書乃其謫居臨川時所作劉克莊後村詩話嘗譏其注歸腸一夜繞鍾山句引韓詩不引吳志注世論妄以蟲疑冰句引莊子不引盧鴻一唐彦謙語指爲疎漏然大致捃摭蒐采務求來歷疑則闕之非穿鑿附會者比原本流傳絶少故近代藏書家俱不著於録海鹽張宗松得元人槧本始爲校刊集中古今體詩以世俗所行臨川集較之增多七十二首其所佚者附録卷末壁奉使於金附和韓侂冑之意詭稱可伐遂啟開禧喪師之釁隳其家聲其人殊不足重而箋釋之功足裨後學固與安石詩均不以人廢云乾隆四十七年三月恭校上

臣等謹案廣陵集三十一卷宋王令撰令元城人幼隨其叔祖乙居廣陵遂爲廣陵人初字欽美後王莘字之曰逢原少不檢既而折節力學王安石以其妻吴氏之妹妻之年二十八卒遺腹一女適吴師禮生子曰說其集即說所編凡詩賦十八卷文十二卷又拾遺一卷墓誌事狀及交遊投贈追思之作皆附焉令才思奇軼所爲詩磅礴奥衍大率以韓愈爲宗而出入於盧仝李賀孟郊之間雖得年不永未能鍛鍊以老其材或不免縱横太過而視局促剽竊者流則固倜倜乎遠矣劉克莊後村詩話嘗稱其暑旱苦熱詩骨力老蒼識度高遠又稱其富公并門入相答孫莘老聞雁諸篇明馮惟訥編古詩紀以其於忽操三章誤收入古逸詩中以爲龐德公作豈非其氣格遒上幾與古人相亂故惟訥不能辨歟古文如性說等篇亦自成一家之言王安石於人少許可而最重令同時勝流如劉敞等並推服之固非阿私所好矣其集久無刊本傳寫訛脱幾不可讀今於有可考校者悉爲釐正其必不可通者則姑仍舊本庶不失闕疑

之意焉乾隆四十七年十月恭校上

欽定四庫全書提要卷八十六

集部八

別集類七

東坡全集

臣等謹案東坡全集一百十五卷宋蘇軾撰軾有易傳已著錄蘇轍作軾墓誌稱軾所著有東坡集四十卷後集二十卷奏議十五卷內制十卷外制三卷和陶詩四卷晁公武讀書志陳振孫書錄解題所載並同而別增應詔集十卷合爲一編即世所稱東坡七集者是也宋史藝文志則載前後集七十卷卷數與墓誌不合而又別出奏議補遺三卷南征集一卷詞一卷南省說書一卷別集四十六卷黃州集二卷續集二卷北歸集六卷儋耳手澤一卷名目頗爲叢碎今考軾集在宋世原非一本邵博聞見後錄稱京師印本東坡集軾自校其中香醪字誤者不更見於他書殆燬於靖康之亂陳振孫所稱有杭本蜀本又有

軾曾孫嶠所刊建安本又有麻沙書坊大全集本又有張某所刊吉州本蜀本建安本無應詔集麻沙本吉州本兼載志林雜說之類不加考訂而陳鵠耆舊續聞則稱姑胥居世英刊東坡全集殊有序又絕少乖謬極可賞是當時以蘇州本爲最善而今亦無存葉盛水東日記又云邵復儒家有細字小本東坡大全文集松江東日和尚所藏有大本東坡集又有小字大本東坡集盛所見宋代舊刻而其錯互已如此觀捫蝨新話稱葉嘉傳乃其邑人陳元規作和賀方回青玉案詞乃華亭姚晉作集中如睡鄉醉鄉記鄙俚淺近決非坡作今書肆往往增添改換以求速售而官不之禁云云則軾集風行海內傳刻日多而紊亂愈甚固其所矣然傳本雖夥其體例大要有二一爲分集編訂者乃因軾原本原目而後人稍增益之即陳振孫所云杭本當軾無恙之時已行於世者至明代江西刊本猶然而重刻久絕其一爲分類合編者疑即始於居世英本宋時所謂大全集者類用此例迄明而傳刻尤多有七十五卷者號東坡先生全

集載文不載詩漏略尤甚有一百十四卷者號蘇文忠全集板稍工而編輯無法此本乃國朝蔡士英所刊蓋亦據舊刻重訂世所通行今故用著錄焉乾隆四十七年八月恭校上

東坡詩集註

臣等謹案東坡詩集註三十二卷舊本題宋王十朋撰十朋有會稽三賦已著錄是集前有趙夔序稱分五十類此本實止二十九類蓋有所合併十朋序題百家註此本所引數亦不足則猶杜詩稱千家註韓柳文稱五百家註也其分類頗多顛舛如芙蓉城詩入古蹟虎兒詩入詠史之類不可殫數不但以畫魚歌入書畫爲查慎行東坡詩補註所譏其註爲邵長蘅所掊擊者凡三十八條至作正譌一卷冠所校施註之首考十朋梅溪前集載序八篇後集載序三篇獨無此序又有讀蘇文三則亦無一字及蘇詩梅溪集爲其子聞詩聞禮所編十朋著述搜輯無遺不應獨漏此序又趙夔序稱崇寧間僕年志於學逮今三

十年一字一句推究來歷必欲見其用事之處頃者赴調京師繼復守官累與小坡叔黨游從至熟叩其所知者叔黨亦能爲僕言之云云考宋史載軾知杭州蘇過年十九其時在元祐五六年間又稱過歿時年五十二則當在宣和五六年間若從崇寧元年下推三十年已爲紹興元年過之歿七八年矣夔安能見過而問之則併夔序亦出依託核書中體例與杜詩千家註相同殆必一時書肆所爲借十朋之名以行耳然長蘅摘其體例三失而云中間援引詳明展卷瞭如者僅僅及半則疎陋者不過十之五未可全廢其施註所闕十二卷亦云參酌王註徵引羣書以補之則未嘗不於此註取材大抵刱始者難工繼事者易密邵註正王註之譌查註又摘邵註之誤今觀查註亦舛漏尚多足知考證之學不可窮盡難執一家以廢其餘錄存是書亦足資讀蘇詩者之旁參也

乾隆四十七年十一月恭校上

臣等謹案施註蘇詩四十二卷續補遺二卷宋施元之註蘇軾所撰詩集其子宿從而推廣之以傳于世元之字德初吳興人官司諫宿字武子知餘姚縣市田置書以教誨學者稱爲良吏蘇詩在宋時有唐子西趙夔等註乾隆末御製序刋行紹興中有吳興沈氏註漳州黄學皋補註今皆不傳傳者惟永嘉王十朋註及此註耳王註分類別門疎陋殊甚不足觀采是註嘉泰間嘗有鏤板而歷久殘缺　國朝邵長蘅因而删補之遂爲善本宿又嘗編東坡年譜今亦不傳長蘅乃取王宗稷所編列于卷前而參以傅藻所作紀年錄互爲考證雖其間編年小紊及註語增者間爲他人指摘而五月開局歲終蕆事時日草促固未可以多爲責備矣　內府開雕袖珍本校勘尤精兹依以繕錄云乾隆四十七年四月恭校上

蘇詩補註

臣等謹案蘇詩補註五十卷　國朝查愼行撰愼行字夏重號初白海寧人康

熙癸未進士官翰林院編修先是宋施宿注蘇軾詩陸游爲之序久無傳本康熙中宋犖得其殘帙而闕佚數卷屬邵長蘅等補之急遽成書潦草殊甚又舊本巖黯字迹多難辨識長蘅等憚於尋繹往往臆改其文或竟删除以滅迹併存者亦失其眞愼行是編凡長蘅等所竄亂者並勘驗原書一一釐正又於施注所未及者悉採諸書以補之其間編年錯亂及以他詩溷入者悉考訂重編凡爲正集四十五卷又補錄帖子詞致語口號一卷遺詩補編二卷他集互見詩二卷别以年譜冠前而以同時倡和散附各詩之後雖卷帙浩博不免牴牾然考核地理訂正年月引據時事原原本本無不具有條理非惟邵注新本所不及即施注原本亦出其下自有蘇詩以下注家以此本居最間有小失固不足爲之累矣乾隆四十七年八月恭校上

欒城集

臣等謹案欒城集五十卷欒城後集二十四卷欒城第三集十卷應詔集十二

卷宋蘇轍撰轍有詩傳已著錄考晁公武讀書志陳振孫書錄解題載欒城諸集卷目並與今本相同惟宋史藝文志稱欒城集八十四卷應詔集十卷策論十卷均陽雜著一卷焦竑國史經籍志則又於欒城集外別出黃門集七十卷均與晁陳二家所紀不合今考欒城集及後集三集共得八十四卷宋志蓋統舉言之策論當即應詔集而誤以十二卷爲十卷又複出其目惟均陽雜著未見其書或後人掇拾遺文別爲編次而今佚之歟至竑所載黃門集宋以來悉不著錄疑即欒城集之別名竑不知而重載之宋志荒謬焦志尤多舛駁均不足據要當以晁陳二氏見聞最近者爲準其正集乃爲尚書左丞時所輯皆元祐以前之作後集則自元祐九年至崇寧四年所作三集則自崇寧五年至政和元年所作應詔集則所進策論及應試諸作轍之孫籀撰欒城遺言于平日論文大旨敘錄甚詳而亦頗及其篇目蓋集爲轍所手定與東坡諸集出自他人裒輯者不同故自宋以來原本相傳未敢妄爲附益也乾隆四十七年九月

恭校上

山谷集

臣等謹案山谷集三十卷別集二十卷外集十四卷詞一卷簡尺二卷宋黃庭堅撰年譜三十卷庭堅之孫䓨撰庭堅字魯直分寧人官著作佐郎坐黨籍羈管宜州事迹具宋史文苑傳葉夢得避暑錄話載黃元明之言曰魯直舊有詩千餘篇中歲焚三之二存者無幾故名焦尾集其後稍自喜以爲可傳故復名敝帚集晚歲復刊定止三百八篇不克成今傳于世者尚幾千篇云云然庭堅所自定者皆已不存其存者一曰內集庭堅之甥洪炎所編即庭堅手定之內篇所謂退聽堂本者也一曰外集李彤所編所謂邱濬藏本者也一曰別集即黃䓨所編所謂內閣鈔出宋蜀人所獻本者也內集編于建炎二年別集編于淳熙九年黃䓨年譜則編于慶元五年蓋外集繼內集而編別集繼內外兩集而編年譜繼別集而編獨李彤之編外集未著年月然考外集第十四卷送鄧

愼思歸長沙詩愼字空格注云今上御名是外集亦編于孝宗時三集皆合詩文同編後入注釋則惟取其詩任淵所注之內集即洪炎所編之內集史容所注之外集則與李彤所編次第已多有不同而李彤編外集之大意猶稍見於史注第一卷溪上吟題下惟史季溫注之別集則與黄㽦所編別集大有捂拄此則原本與注本不可相無者矣乾隆四十七年十月恭校上

山谷詩注

臣等謹案山谷詩內集注二十卷外集注十七卷別集注二卷宋任淵史容史季溫所注黄庭堅詩也任淵所注者內集史容所注者外集其別集注則容之孫季溫所補內集一稱正集其又稱前集者蓋內集編次成書在外集前故注家相承謂爲前集外集詩起嘉祐六年辛丑庭堅時年十七而內集起元豐元年戊午庭堅時年三十四故外集諸詩轉在內集之前黄㽦所編庭堅年譜云山谷以史事待罪陳留偶自編退聽堂詩初無意盡去少作胡直孺少汲建炎

初帥洪井類山谷詩文爲豫章集命汝陽朱敦孺山房李彤編集而洪炎玉甫專其事遂以退聽爲斷史容外集注序亦云山谷自言欲倣莊周分其詩文爲内外篇意固有在非欲去此取彼也譜又云洪氏舊編以古風二篇爲首今任淵注本亦云東坡報山谷書推重此二詩故置詩編首是淵所注内集即洪炎編次之本史季溫外集注跋云細考出處歲月别行詮次不復以舊集古律詩爲拘再考李彤外集跋云彤聞山谷自巴陵取道通城入黄龍山爲清禪師徧閲南昌集自有去取仍改定舊句彤後得本用以是正其言非予詩者五十餘篇彤亦嘗見於他人集中輒以除去又云前集内木之彬彬諸篇皆山谷晚年删去其去取據此而已然季溫跋稱其大父爲增注考訂在嘉定戊辰後又近十年則上距庭堅之殁已百有十年而外集原本卷次至是始經史容更定則所謂外集者併非庭堅自删之本矣然則是三集者皆賴注本以傳耳趙與旹賓退録嘗論淵注送舅氏野夫之宣城詩不得春網薦琴高出典然注本之善

不在字句之細瑣在於考核出處時事淵注內集容注外集其大綱皆系於目錄每條之下使讀者考其歲月知其遭際因以推求作詩之本旨此斷非數百年後以意編年者所能爲外集有嘉定元年晉陵錢文子序而內集鄱陽許尹序世傳鈔本皆佚之惟劉壎水雲村泯稿載其大略目錄亦多殘缺此本獨有尹序全文且三集目錄犂然皆具可與注相表裏尤足尙也淵字子淵蜀之新津人紹興元年乙丑以文藝類試有司第一任至潼川憲其稱天社者新津山名也容字公儀號薌室居士靑衣人仕至太中大夫其孫季溫字子威舉進士寶祐中官祕書少監淵又嘗撰山谷精華錄詩賦銘贊六卷雜文二卷自序謂節其要而注之然原本已佚今所傳者出明人僞託獨此注則昔人所謂獨爲其難者與史氏二注本藝林寶傳無異辭焉乾隆四十九年十月恭校上

後山集

臣等謹案後山集二十四卷宋陳師道撰師道字履常一字無已彭城人受業

曾鞏之門又學詩於黃庭堅元祐初以蘇軾薦除教授後召爲祕書省正字事蹟具宋史文苑傳師道集爲其門人彭城魏衍所編前有衍記稱以甲乙丙稿合而校之得詩四百六十五篇分爲六卷文一百四十篇分爲十四卷詩話談叢則各自爲集云云徐度卻掃編稱師道吟詩至苦竄易至多有不如意則棄稿世所傳多僞惟魏衍本爲善是也此本爲明馬暾所傳而松江趙鴻烈所重刊凡詩七百六十五篇編八卷文一百七十一篇編九卷談叢編四卷詩話理究長短句各一卷又非衍之舊本方回稱謝克家所傳有後山外集或後人合併也其五言古詩出入郊島之間意所孤詣殆不可攀而生硬之處則未脫江西之習七言古詩頗學韓愈亦間似黃庭堅而頗傷謇直篇什不多自知非所長也五言律詩佳處往往逼杜甫而間失之僻澀七言律詩風骨磊落而間失之太快太盡五七言絶句純爲杜甫遺興之格未合中聲長短句亦自爲別調不甚當行大抵詞不如詩詩絶句不如古詩古詩不如律詩律詩則七言不如

五言方回諸人一祖三宗之説未免太過馮班諸人肆意詆排要亦非篤論也其古文在當日殊不擅名然簡嚴密栗實不在李翺孫樵下殆爲歐蘇曾王盛名所掩故世不甚推棊短取長固不失爲北宋巨手也乾隆四十七年五月恭校上

后山詩注

臣等謹案后山詩注宋陳師道撰原本六卷此本作十二卷則任淵作註每卷釐爲二也淵字子淵蜀之新津人新津有天社山故是編自署曰天社淵嘗註黄庭堅内集二十卷排比年月鉤稽事跡最號精核葢淵生南北宋間去元祐諸人不遠佚文遺蹟往往而存即同時所與周旋者亦一一能知始末故所註多得詩意然師道詩得自苦吟運思幽僻較庭堅所作尤猝不易明方回號曰知詩而瀛奎律髓載其九日寄秦覯詩猶誤解末二句他可知矣又魏衍作師道集記稱其詩未嘗無謂而作故其言外寄託亦難以臆揣如送郭槩四川提

刑詩之功名何用多莫作分外慮送杜純陜西轉運詩之誰能留渴須遠井贈歐陽棐詩之歲歷四三仍此地家餘五一見今朝觀六一堂圖詩之歷數況有歸敢有貪天功次韻蘇軾觀月聽琴詩之信有千丈清不如一尺渾次韻蘇軾勸酒與詩之五十三不同夙紀鳴蟬賦寄蘇軾詩之功名不朽聊通袖海道無遠具一舟寄張耒詩之打鴨起鴛鴦離潁詩之叢竹防供爨池魚已割鮮送劉主簿詩之二父風流皆可續謗禪排道不須同送王元均詩之故國山河開始終以及宿深明閣陳州門絕句寄曹州晁大夫和晁無斁等篇非淵一一詳其本事僅據文讀之有茫不知爲何語者即鉅野詩之蒲港對蓮塘儷偶相配不似有誤非淵親見其地亦不知港當爲巷也其中如寄蘇軾詩之遙知丹地開黄卷解記清波沒白鷗二語蓋宋敏求校正杜詩誤改白鷗沒浩蕩句軾嘗論之其事見東坡志林故師道借以爲諷淵乃引其寄弟轍詩萬里滄波沒兩鷗句則與上句丹地黄卷不相應矣寄寇十一詩之錦囊佳麗鄰徐庾淵引北史

庾信傳以註之考是傳先言肩吾與徐摛繼言信與摛子陵今註作肩吾與徐陵文辭奇麗世號徐庾體則與傳迥不符矣他如兒生未知父句實用孔融詩情生一念中句實用陳鴻長恨歌傳度越周漢登虞唐句虞唐顛倒實用韓愈詩孰知詩有驗句以孰爲孰實用杜甫詩而皆遺漏不注次韻春懷詩塵生鳥跡多句鳥跡當爲馬跡之訛而引晉簡文牀塵鼠跡附會之齋居詩青奴白牯靜相宜句牯字必誤而引白角簟附會之謁龐籍墓詩叢篁侵道更須東句東字必誤而引齊民要術東家種竹附會之至于以謝客兒爲客子以龍爲龍伯皆舛謬顯然而淵亦絕不糾正是皆不免于微瑕據淵自序其編次先後亦如所注山谷集例寓年譜于目錄今注和豫章公黃梅二首曰此篇編次不倫姑仍其舊又于紹聖三年下注曰是歲春初后山當罷潁學而離潁等詩反在卷終又有未離潁時所作魏本如此不欲深加改正而其注示三子詩曰此篇原在晁張見過詩後今遷于此注雪後黃樓寄負山居士詩曰此詩原在秋懷前

今還于此注再次韻蘇公示兩歐陽五詩曰以東坡集考之原在渉潁詩後今還于此則亦有所更定非衍之舊又衍記師道卒于建中靖國元年年四十九此集託始于元豐六年則師道年已三十一不應三十歲前都無一詩觀城南寓居二首列于元豐七年而注曰或云熙寧間作則淵亦自疑之矣末卷題趙士暕高軒過圖一首引王立之詩話稱作此詩後數月間遂卒故其後更列送歐陽棐晁端仁王鞏三詩今考王立之詩話實作數日無已卒士暕贈以百縑校其所録情事作數日爲是則排纂小誤亦所不免然援證古今具有條理其所得者實多莊綽雞肋編嘗摭師道詩採用俚語者十八條大致皆淵注所已及可知其用意之密矣固與所注山谷集均可並傳不朽也乾隆四十七年三月恭校上

柯山集

臣等謹案柯山集五十卷宋張耒撰耒有詩說已著録蘇軾嘗稱其文汪洋沖

灊有一唱三嘆之音晚歲詩務平淡效白居易樂府效張籍放瀛奎律髓載錫
萬里之言謂肥仙詩自然肥仙南宋人稱耒之詞也文獻通考作柯山集一百
卷茲集卷第僅及其半查愼行注蘇軾詩云嘗見耒詩二首而今本無之考周
紫芝太倉稊米集有書譙郡先生文集後曰余頃得柯山集十卷於大梁羅仲
洪家已而又得張龍閣集三十卷於内相汪彥章家已而又得張右史集七十
卷於浙西漕臺而先生之製作於是備矣今又得譙郡先生集一百卷於四川
轉運副使南陽井公之子晦之然後知先生之詩文爲最多當猶有網羅之所
未盡者余將盡取數集削其重複一其有無以歸於所謂一百卷以爲先生之
全書云云然則耒之文集在南宋已非一本其多寡亦復相懸此本卷數與紫
芝所記四本皆不合又不知何時何人摭拾殘賸所編宜其闕佚者頗夥然考
胡應麟筆叢有曰張文潛柯山集一百卷余所得卷僅十三蓋鈔合類書以刻
非其舊也余嘗於臨安僻巷中見鈔本書一十六帙閱之乃文潛集卷數正同

明日訪之則夜來鄰火延燒此書倏煨燼矣余大悵惋彌月云云此本雖不及百卷之完備然較應麟所云十三卷者則多亦不啻五六倍亦足見未著作之大略矣乾隆四十九年十一月恭校上

淮海集

臣等謹案淮海集四十卷後集六卷長短句三卷宋秦觀撰觀字少游高郵人以祕書省正字通判杭州坐黨籍遠貶載宋史文苑傳觀與兩弟覿覯皆知名於時而觀集獨傳宋史本傳稱文麗而思深苕溪漁隱叢話載蘇軾薦觀於王安石安石答書述葉致遠之言以爲清新婉麗有似鮑謝敖陶孫詩評則謂其詩如時女步春終傷婉弱元好問論詩絶句因有女郎詩之譏今觀其集少年所作神鋒太儁或有之槩以爲靡曼之音則詆之太甚呂本中童蒙訓曰少游雨砌墮危芳風櫺納飛絮之類李公擇以爲謝家兄弟不能過遊嶺以後詩高古嚴重自成一家與舊作不同斯公論矣觀雷州詩八首後人誤編之東坡集

中不能辨別安得槩目以小石調乎文獻通考别集類載淮海集三十卷又歌詞類載淮海集一卷宋史則作四十卷今本卷數與宋史相同而多後集六卷長短句分爲三卷蓋嘉靖中高郵張綖以黄瓚本及監本重爲編次云乾隆四十七年四月月恭校上

濟南集

臣等謹案濟南集八卷宋李廌撰廌有德隅齋畫品已著録文獻通考載廌濟南集二十卷而當時又名曰月巖集周紫芝太倉稊米集有書月巖集後一篇稱借本于妙香寮已爲罕覯後遂失傳惟蘇門文粹中載遺文一卷而已永樂大典修於明初其時原集尚存所收頗夥採掇編輯十尚得其四五蓋亦僅而得存矣廌才氣洋溢其文章條暢曲折辯而中理大略與蘇軾相近故軾稱其筆墨瀾翻有飛沙走石之勢李之儀稱其如大川東注晝夜不息不至於海不止周紫芝亦云自非豪邁英傑之氣過人十倍其發爲文詞何以痛快若是蓋

其兀奡奔放誠所謂不羈之才馳騖於秦觀張耒之間未遽步其後塵也史又稱喜論古今治亂嘗上忠諫書忠厚論又兵鑒二萬言今所存兵法奇正將才將心諸篇蓋即所上兵鑒中之數首其議論奇偉尤多可取固與局促轅下者異焉案呂本中紫微詩話極稱廌贈汝州太守詩而今不見此首又其祭蘇軾文所云皇天后土鑒一生忠義之心名山大川還萬古英靈之氣者當時傳誦海内而亦不見其全篇則其詩文之湮沒者固已不少其存而未佚者固尤足稱矣乾隆四十六年九月恭校上

參寥子詩集

臣等謹案參寥子詩集十二卷宋釋道潛撰道潛於潛人蘇軾守杭州卜智果精舍居之嘗與軾及秦觀唱和軾南遷坐得罪返初服建中靖國初詔復祝髮崇寧末歸老江湖嘗賜號妙總大師　國朝吳之振宋詩鈔云參寥集杭本多誤采他詩未及與析今參寥詩凡二本一題三覺院法嗣廣賓訂智果院法嗣

海惠閱錄前有參寥子小影即海惠所臨首載陳師道餞參寥禪師東歸序次載宋濂黄諫裔時敏張睿卿四序鈔寫頗工一本題法嗣法穎編卷帙俱同而敘次迥異未知孰爲杭本按集中詩有同法穎韻者則法穎當是道潛弟子所載陳師道序亦同但題曰高僧參寥集序蓋編詩者借以冠諸卷首耳乾隆四十七年五月恭校上

寶晉英光集

臣等謹案寶晉英光集八卷宋米芾撰芾所著畫史諸書已别著録是集前有紹定壬辰岳珂序稱芾集南渡後散佚珂官潤州時既葺芾祠因摭其遺文爲一編序中不言卷數而稱山林集舊一百卷今所薈稡附益未十之一似即此本然陳振孫書録解題稱寶晉集十四卷與此不同又此本後有張丑跋云得于吴寬家中間詩文或注從英光堂帖增入或注從羣玉堂增入則必非岳珂原本又有注從戲鴻堂帖增入者則併非吴寬家本考寶晉乃芾齋名英光乃

芾堂名合二名以名一書古無是例得毋初名寶晉集後人以英光堂帖補之改立此名歟芾以書畫名而文章亦不俗曾敏行獨醒雜志載其嘗以詩一卷投許沖元云芾自會道言語不襲古人年三十爲長沙掾盡焚毀以前所作平生不錄一篇從王公貴人遇知己索一二篇則以往嘗至金陵識王介甫過杭州識蘇子瞻皆不執弟子禮云云其自負甚高猶有顛態然岳珂序引思陵翰墨志曰芾之詩文語無蹈襲出風烟之上覺其詞翰同有凌雲之氣敏行又記蘇軾嘗言自海南歸舟中聞諸子誦芾所作古賦始恨知之之晚蓋其胸次既高故吐言天拔雖不規規繩墨而氣韻自殊也乾隆四十七年十月恭校上

石門文字禪

臣等謹案石門文字禪三十卷宋釋德洪撰德洪字覺範初名惠洪筠州人嘗撰冷齋夜話天廚禁臠諸書已別著錄德洪平生頗以談詩自任是集爲其門人覺慈所輯釋氏編入大藏支那著述中許顗稱其著作似文章巨工仲殊參

寥輩皆不能及陳振孫亦謂其文俊偉不類浮屠氏語而方回瀛奎律髓則又詆諆甚至平心而論德洪之失在於自許過高求名過急至於假托黃庭堅詩以自標榜故頗爲當代所譏至有浪子和尚之目要其詩邊幅雖狹而時露清新之致未可盡排也集中有寂音自序一篇述其生平出處甚悉而晁公武所謂張商英聞其名請往峽州天寧寺者獨不之及蓋德洪竄謫實爲商英所累故諱而不書耳德洪又別有物外集三卷筠溪集十卷今並失傳云乾隆四十七年四月恭校上

青山集

臣等謹案青山集三十卷宋郭祥正撰祥正字功父當塗人熙寧中舉進士官至汀州通判攝守漳州事蹟具宋史本傳晁公武讀書志陳振孫書錄解題皆載祥正青山集三十卷王士禎居易錄曰郭祥正青山集閩謝氏寫本六卷古詩二卷近體詩四卷七言歌行僅一二篇或有闕文是士禎所見已爲傳寫殘闕

之本此本三十卷與晁陳二家所載合猶完書矣其詩好用仙佛語或偶傷拉雜而才氣縱横吐言天拔史稱母夢李白而生陸游入蜀記亦稱祥正少時詩句俊逸前輩或許爲太白後身又稱青山太白祠以祥正侑食蓋因其詩格相近從而附會然亦足見其文章警邁時似青蓮故當時有此品目也乾隆四十七年十月恭校上

青山續集

臣等謹案青山續集七卷宋郭祥正撰祥正所著青山集已著録宋史藝文志馬端臨經籍考及晁公武讀書志陳振孫書録解題諸書止載青山集三十卷均無續集之名此本前後無序跋莫審誰所編次然核其詞意確爲宋人舊本非後人所能依托也案宋史本傳祥正致仕後居于姑孰不復干進所居有醉吟菴久之起爲通判汀州後知端州復棄去家于當塗之青山以卒今續集中有浪士歌一首自序云郭子棄官合肥歸姑孰自號曰醉吟先生居五年或者

謂其未老可仕以事薦于上上即召之復序于朝俾監閩汀郡尋攝守漳南上復召之行至半道閩使者狀其罪以聞遂下吏留于漳幾三年又自號曰浦南浪士云云集中留漳南詩甚多則史所云知端州後復棄官者非也此可以補宋史本傳之缺其詩筆雄奇兀奡咄咄逼人雖才力稍遜于蘇黄諸家要非北宋以下所能企及也東坡集有郭祥正家醉畫竹石壁上郭作詩爲謝且遺二古銅劍一首又祥正觀東坡畫雪有感二首詩載王氏註中此三首青山集俱失載而續集亦無之則知其散佚者尚多矣乾隆四十七年五月恭校上

畫墁集

臣等謹案畫墁集八卷宋張舜民撰舜民字芸叟自號浮休居士邠州人中進士第以司馬光薦爲監察御史徽宗時進吏部侍郎旋以龍圖閣學士知定州改同州坐元祐黨謫楚州團練副使商州安置復集賢殿修撰卒事蹟具宋史本傳舜民爲人忠厚質直慷慨喜論事蘖帚得巖下放言稱其尚氣節而不爲

名北宋人物中殆難多數其初從高遵裕西征靈夏師無功而還舜民作詩有靈州城下千枝柳總被官軍斫作薪及白骨似沙沙似雪將軍休上望鄉臺之句爲轉運判官李蔡所奏謫監郴州酒稅其後起爲臺官浸至通顯而議論雄邁氣不稍衰崇寧初又以謝表譏謗坐貶晁公武稱其文豪縱有理致最刻意於詩晚作樂府百餘篇自序云年踰耳順方敢言詩百世之後必有知音者其自矜重如此周紫芝太倉稊米集有書舜民集後一篇稱世所歌東坡南遷詞回首夕陽紅盡處應是長安二語乃舜民過岳陽樓作又舜民題庾樓詩有萬里秋風吹鬢髮百年人事倚闌干之句或載之東坡集中蓋由其筆意豪健與蘇軾相近故後人不能辨別往往誤入軾集也文獻通考載舜民畫墁集一百卷奏議十卷周紫芝謂政和七八年間京師鬻書者忽印是集售者至塡塞衢巷事喧復禁如初而南渡後又有臨川雕本浮休全集蓋其著作在當日極爲世重而自明以來久佚不傳惟永樂大典尚間載之計其篇什雖不及什之一

二然零璣斷璧倍覺可珍謹蒐輯排比釐爲八卷用存崖略其郴行錄乃謫監酒稅時紀行之書體例頗與歐陽修于役志相似於山川古蹟往往足資考證今亦並附集末焉乾隆四十六年九月恭校上

陶山集

臣等謹案陶山集宋陸佃撰佃字農師山陰人熙寧三年廷試甲科徽宗朝官至吏部尚書拜尚書右丞出知亳州卒事迹具宋史本傳所著有爾雅新義埤雅及此集埤雅別著錄經部小學類中爾雅新義世無傳本惟永樂大典尚載之而訛缺斷爛殆不可讀此集據書錄解題本二十卷亦久散佚今以永樂大典所載裒爲十四卷蓋僅存十之七矣佃本受學于王安石故埤雅及爾雅新義多宗字說然新法之議獨斷斷與安石爭後竟入元祐黨籍安石之沒佃在金陵爲文祭之推崇頗過然但敘師友淵源而無一字及國政元祐初預修神宗實錄亦頗爲安石諱數與史官辨爭坐是外補然徽宗初召還復用佃乃欲

參用元祐舊人復與時宰齟齬而罷蓋其初誤從安石遊故牽于舊恩文字之間不能不有所假借至於事關國計則毅然不以私廢公亦可謂剛直有守者矣佃既以新法忤安石不復咨以政事惟以經術任之神宗命詳定郊廟禮文佃實主其議今集中所載諸篇是也其他文字勘以史傳所紀亦皆相符惟元豐大裘議集稱佃爲集賢校理史乃稱同列皆侍從佃獨以光祿丞居其間未免傳訛又佃紹聖初落職知泰州故到任謝表有海陵善地淮甸近州語史稱知秦州亦爲字誤殆修宋史時其集已不甚顯歟方回瀛奎律髓稱胡宿與佃詩格相似宿詩傳者稍多佃詩則不槩見惟詩林萬選載其送人之潤州一首瀛奎律髓載其贈別吳興太守中父學士一首能改齋漫錄載其韓子華挽詩一聯而已今考永樂大典所載篇什頗夥大抵與宿並以七言近體見長故回云然耶厥後佃之孫游遂以詩鳴于南宋與尤袤楊萬里范成大並稱雖得法于茶山曾幾然亦喜作七言近體家學淵源殆亦有所自來矣乾隆四十一年

六月恭校上

倚松詩集

臣等謹案倚松詩集二卷宋饒節著節字德操本撫州士人嘗爲曾布客後與布書論新法不合乃祝髮爲浮屠更名如璧掛錫靈隱晚主襄陽之天寧寺嘗作偈云閒攜經卷倚松立試問客從何處來遂號倚松道人集中詩大半爲僧後所作呂本中稱其蕭散似潘邠老宋史藝文志倚松集十四卷今止存鈔本二卷末有慶元己未校官黄汝嘉重刊一行蓋猶沿宋刻之舊又今所傳此集與謝邁韓駒二集卷首標目下俱別題江西詩派四字與他詩集不同疑即宋人所編江西詩派集一百三十七卷内之一種而後人摘出單行者也乾隆四十七年八月恭校上

長興集

臣等謹案長興集十九卷宋沈括撰括有夢溪筆談已著錄陳振孫書錄解題

載括集四十一卷南宋高布嘗合沈遼沈遘二集刻於括蒼題曰吳興三沈集此本卷末題從事郎處州司理參軍高布重校一行蓋即括蒼所刻本也括博聞强記一時罕有其匹所作筆談於天文算術音律醫卜之術皆能發明考證洞悉源流而在當時乃不甚以文章著然學有根柢所作亦宏贍淹雅具有典則其四六表啟尤凝重不佻有古作者之遺範惜流傳既久篇帙脫佚闕卷一至卷十二又闕卷三十一又闕卷三十三至四十一共二十二卷勘驗諸本亦皆相同知斷爛蠹蝕已非一日宋文鑑及侯鯖錄諸書載括詩什頗多而集中乃無一首又史稱括爲河北西路察訪使條上三十一事皆報可其他建白甚衆而集中亦無奏箚一門蓋皆在闕卷之中矣乾隆四十七年九月恭校上

西塘集

臣等謹案西塘集十卷宋鄭俠撰俠字介夫福清人熙寧中以監門吏抗疏極論新法之害發馬遞上流民圖復劾呂惠卿奸狀直聲振朝野而竟以此獲譴

時所存惟一拂故自號一拂先生茲集乃明季重刊葉向高序謂即宋本重加删汰存奏疏雜文八卷詩一卷附本傳謚議祠記等爲一卷則已非原本之舊然如景定建康志載俠劾呂惠卿論西夏事及上君子小人事業圖諸疏於理不應删削今俱不存殆因送汀州編管時追毁出身以來文字遂並亡佚歟然得其什一亦足以考見其言行之大略矣乾隆四十七年四月恭校上

雲巢編

臣等謹案雲巢編十卷宋沈遼撰遼字叡達錢塘人遘之弟也用兄任監壽州酒稅熙寧初爲審官西院主簿久之以太常寺奉禮郎攝華亭縣坐事流永州更徙池州築室齊山自號雲巢遂不復起事蹟具宋史本傳遼墓誌稱所著雲巢編二十卷今此本乃宋高布載入吳興三沈集者所存祗十卷文獻通考所載卷數亦同殆布校刊之時已有所合併歟又集中海天寥寥禾黍秋一首此本題曰初聞鶴唳而徐碩至元嘉禾志乃作題千山圓智寺又門箴一首至元

嘉禾志作華亭縣門箴且有跋語兩行均與此乖互不合或當時尚有別本故所據互有同異也遂文章豪放奇麗無塵俗齷齪之氣而尤長於歌詩王安石嘗贈以風流謝安石瀟灑陶淵明之句而安石子雱亦云前日覽佳作淵明知不如皆以柴桑格調爲比其傾倒可謂甚至然遂詩實主於生峭與陶詩蹊逕頗不相類觀其生平屢與黄庭堅酬和而庭堅亦稱其能轉古語爲我家物知爲豫章之別派非彭澤之支流矣乾隆四十七年十月恭校上

景迂生集

臣等謹案景迂生集二十卷宋晁說之撰說之字以道開封人少慕司馬光爲人故自號景迂元豐五年進士元符中以上書入邪等靖康初召爲著作郎試中書舍人兼太子詹事建炎初擢徽猷閣待制高宗惡其作書非孟子勒令致仕說之博極羣書尤長於經術年未三十蘇軾即以著述科薦之所著書數十種靖康中遺兵燬不存其孫子健訪輯遺亡復編爲十二卷又續廣爲二十卷

前三卷爲奏議四卷至九卷皆詩十卷爲易玄星紀譜十一卷易規十一篇堯典中氣中星洪範小傳各一篇詩序論四篇十二卷中庸傳及讀史數篇十三卷儒言十四卷雜著十五卷書十六卷記十七卷序十八卷後記十九二十卷傳墓表誌銘祭文其中辨證經史多極精當星紀譜乃取司馬光玄歷邵雍玄圖而合譜之以七十二候六十四卦相配而成蓋潛虚之流儒言則力攻荆舒之學黨禁以後所作也陳振孫書録解題曰劉跂斯立墓誌景迂所撰見學易集後此集無之計其佚者多矣此本當即陳氏所見而訛誤頗甚洪範小傳及十七卷序文内間有佚簡又有别本題曰嵩山集所録詩文與此本並同卷帙亦合蓋一書而兩名今附著於此不復别存其目焉乾隆四十七年八月恭校上

雞肋集

臣等謹案雞肋集七十卷宋晁補之撰補之字无咎鉅野人元豐間進士元祐

中除校書郎紹聖初落職監信州酒稅大觀中知泗州卒於官初蘇軾通刋杭州補之隨父端友宦於杭軾見所作七述大歎賞之由是知名與黄庭堅張耒秦觀爲蘇門四學士耒嘗言補之自少爲文即能追步屈宋班揚下逮韓愈柳宗元之作促駕力鞭務與之齊而後已晚歲自訂所作名雞肋集宣和以前避蜀黨祕不傳紹興中其從弟謙之始編次爲七十卷刋於建陽云乾隆四十七年四月恭校上

欽定四庫全書提要卷八十七

集部九

別集類八

樂圃餘稾

臣等謹案樂圃餘稾十卷宋朱長文撰長文字伯原蘇州吳縣人未冠登進士乙科以足疾不仕築室樂圃坊著書閱古蘇軾等薦起本州教授召爲太常博士遷祕書省正字生平著述甚富所撰詩詞賦辨表章雜說凡百卷號樂圃集南渡後盡燬於兵其從孫知漢陽軍思裒集遺文得詩百六十有三記五序六啟七墓誌五雜文六類爲十卷又以墓銘表傳等爲附錄一卷鋟諸木歲久僅存寫本康熙壬辰其裔孫岳壽重刊行之附補遺詩一首贊一則明嘉定陸嘉穎所蒐補也稾中墓銘皆署其父公綽名銜蓋長文少作從石刻中錄出者亦可見思當時搜討之勤矣乾隆四十七年四月恭校上

龍雲集

臣等謹案龍雲集三十二卷宋劉弇撰弇字偉明安福人元豐二年進士復中博學宏詞科初知峨眉縣改博士元符改元進南郊大禮賦除祕書省正字歷實錄院檢討事迹具宋史本傳是集名曰龍雲者書錄解題謂龍雲安福鄉名弇所居也其文不名一格大都氣體宏整詞致斆腴宋史本傳稱其文劇削瑕類卓詭不凡庶幾乎近其實矣詩雖才地稍弱亦峭拔不俗異于庸音之足曲也其集初刊于浦城僅二十五卷紹興四年其鄉人羅良弼搜求别本益以彭德源曾如晦等所編又得宏詞時議諸篇于郭明叔家總六百三十一首釐爲三十二卷後附誌銘及良弼跋歲久板佚明弘治中劉璋復序而重刊吳之振撰宋詩鈔不及弇集曹庭棟撰宋詩存始補收之蓋傳本較稀故之振偶未見云乾隆四十七年十月恭校上

雲溪居士集

臣等謹案雲溪居士集宋華鎮撰鎮字安仁會稽人元豐二年進士官至朝奉大夫知漳州軍事鎮原集本一百卷又有揚子法言訓解十卷書說三卷會稽覽古詩一百三篇長短句一卷會稽錄一卷并附哀文一卷通一百十七卷紹興十三年其子初成裒集刊刻曾表進於朝又鎮上蔡樞密書自云有所作王制解一編而初成所爲狀跋則不載是書蓋當時已散佚矣其集諸家書目皆不著錄寶慶會稽續志但稱鎮好學博古嘗作會稽覽古詩一百三篇不及其集惟焦竑經籍志載雲溪居士集一百卷而其他著作亦均未載近錢塘厲鶚編宋詩紀事僅從地志之中鈔得會稽覽古詩九首知自明以來是集少傳本也茲於永樂大典中掇輯詮次釐爲三十卷雖未能頓還舊觀然原刻卷數已得三之一矣樓炤序其集曰精深典贍遒麗逸發又曰介然自重不輕以求人之知其名之不昭也固宜然觀其學術大抵以王安石爲宗且與蔡京章惇輩贈答往來干祈甚至炤之所云未必遽爲公論特幸不爲京輩所汲引故尚未

麗名姦黨身敗名裂耳至其所爲詩文則才氣豐蔚詞條暢達雖不足與歐曾蘇黃比絜長短而在元豐元祐之際亦裒然自成一家置其人品取其文章可矣乾隆四十六年十月恭校上

演山集

臣等謹案演山集六十卷宋黃裳撰裳字冕仲南平人元豐五年進士第一累官禮部尚書宋史列傳別有一黃裳晉城人乾道五年進士光宗時官至顯謨閣待制名姓偶同非一人也其集見于陳振孫書録解題者六十卷今此本卷目相符蓋猶宋時原本國史經籍志作黃裳兼山集四十卷書名卷數俱不合蓋焦竑傳録之誤耳裳宋史無傳其行事不甚可考福建通志稱政和宣和間三舍法行裳上書謂宜近不宜遠宜少不宜老宜富不宜貧不如遵祖宗科舉之制人以爲確論要亦伉直有守之士故其詩文俱骨力堅勁不爲委靡之音同時莊念祖述方外志乃謂裳爲紫薇天官九眞人之一因誤校籍墮人間云

云說殊誕妄蓋以裳素喜道家元祕之書又自稱紫元翁往往愛作塵外語故從而附會之耳茲編爲乾道初其季子玠裒輯建昌軍教授廖挺訂其外誤刻於軍學前有王悅序亦稱其淵源六經議論悉出於正云乾隆四十七年十月恭校上

姑溪居士集

臣等謹案姑溪居士前集五十卷後集二十卷宋李之儀撰之儀字端叔宋史稱滄州無棣人而吴芾作前集序乃曰景城人考元豐九域志熙寧六年省景城入樂壽則當爲樂壽人史殆因滄州景城郡横海軍節度治平九年嘗由清池徙治無棣遂誤以景城即無棣也陳氏書録解題據所題郡望稱爲趙郡人益失之矣之儀元豐中舉進士元祐初爲樞密院編修官通判原州元符中監内香藥庫以嘗從蘇軾幕府爲御史石豫劾罷崇寧初提舉河東常平坐草范純仁遺表過于鯁直忤蔡京意編管太平是編前集五十卷爲乾道丁亥吴芾

所輯併爲之序姑溪居士之儀南遷後自號因以名其集也後集二十卷不知誰編然文獻通考已著録則亦出宋人手矣之儀在元祐熙寧間文章與張耒秦觀相上下王明清揮麈後録稱其尺牘最工然他作亦皆神鋒儁逸往往具蘇軾之一體蓋氣類漸染與之化也其詩名稍不及黄陳論者因蘇軾題其詩後有暫借好詩消永夜每逢佳處輒參禪句遂以爲諷其過于僻澀今觀集中諸詩雖魄力雄厚不足敵軾然大抵軒豁磊落實無郊島鉤棘艱苦之狀注家所論附會其詞非軾本意矣乾隆四十七年十月恭校上

潏水集

臣等謹案潏水集十六卷宋李復撰復字履中先世家開封祥符以其父官關右遂爲長安人登元豐二年進士歷官熙河轉運使終於中大夫集賢殿修撰其事蹟不見於宋史洪邁容齋隨筆載其於蔡京邢恕謀用戰艦一事上疏排詆甚爲切直而恨史傳之不能詳盡朱子語録亦曰閩人李復案復非閩人此句或傳寫之誤

及識横渠先生紹聖間爲西邊使者博記能文今信州有濡水集者即其文也其間有論孟養氣謂動必由理故仰不愧于天俯不怍于人無憂無懼其氣豈不充乎舍是則明有人非幽有鬼責自歉於中氣爲之喪矣此語雖疎卻得其大旨近世諸儒之論多似過高流於老莊而不知不若此説之爲得也今觀是集如謂揚雄不知道謂井田兵制不可遽言復古皆確然中理其他持論亦皆醇正不止朱子所稱一條又久居兵間嫻習戎事故所上奏議大都侃侃建白深中時弊亦不止洪邁所稱二疏至其考證今古貫穿博洽于易象算術五行律吕之學無不剖晰精微具有本末尤非空談者所可及在宋儒之中可謂有用者矣集本四十卷乾道間嘗刻于饒郡即朱子所謂信州本也後散佚無存談宋文者多不能舉其名氏今從永樂大典裒輯編綴釐爲一十六卷著之於録既以發潛德之光且以補史傳之闕略焉乾隆四十六年九月恭校上

學易集

臣等謹案學易集宋劉跂撰跂字斯立東平人尚書右僕射摯之子宋史附見摯本傳稱其能文章遭黨事爲官拓落家居避禍以壽終而不詳著其仕履惟晁說之景迂生集有所作跂墓誌稱跂登元豐二年進士初選亳州教授元祐初除曹州州學教授以雄州防禦推官知江州彭澤縣其後改管城蘄水所至有政聲復主管成都府永寧觀政和末以朝奉郎卒所敍生平梗槩頗爲詳悉說之又稱跂晚作學易堂鄉人稱爲學易先生其集名蓋取諸此也跂湛深古今行誼醇至呂本中紫微詩話謂其初登科以賢稱就亳州見劉攽所稱引皆劉所未知於是始有意讀書可謂績學好修之士故當時以孫復石介比之所作古文詞於各體無所不長類多簡勁有法度呂祖謙修文鑑多取跂作其文行皆能不愧古人觀其以摯受誣貶死再三伏闕籲辨卒白父冤其至性過人可以概見今其謝復官昭雪諸表俱在集中而上執政啟所云晚歲離騷魂竟招於異域平生精爽夢猶托於古人者呂本中詩話及王銍四六話俱極推其

隸事之工尤爲人所膾炙惟本中載其事在建中靖國間而銍謂在元符末頗有不同以宋史核之則本中所紀爲得實矣跋集原本二十卷陳振孫書錄解題謂最初李相之得於跋甥蔡瞻明紹興間洪邁傳於長樂官舍後施元之刻板行世宣防宫賦學易堂記世尤傳誦今元之舊刻久無傳本惟永樂大典內所載跋文頗多雖未盡免脫佚而掇拾排次尚可得什之六七謹依類編訂定爲十二卷其他著述之見於晁誌者尚有暇日記金石遺文錄雲和錄本草易覽司馬氏族譜諸書俱已湮沒無存並附著其目以備考訂云乾隆四十年十一月恭校上

道鄉集

臣等謹案道鄉集四十卷宋鄒浩撰浩字志完常州晉陵人元豐五年進士官至直龍圖閣贈寶文閣學士謚曰忠事蹟具宋史本傳此集乃其子柄栩所輯凡詩十四卷文二十六卷李綱嘗爲之序此本失載東都事略載浩集三十卷

疑此亦後人所分也浩於元符二年以上疏諫立劉后編管新州當時已焚燬其稿徽宗初蔡京重理浩罪求其疏不得仍僞作浩疏宣示之今集中具載原疏蓋自徽宗實録浩傳中採出者又集載疏共四首而李燾長編内尚有元符元年論執政大臣不和一疏不見集中又論章惇凡四疏集亦祇載其三而高俅轉官一制乃存而不删蓋編類之時蒐采未備去取亦未盡當也柄等鏤板宋末已燬明成化間其裔孫鄒量始得内閣鈔本萬歷中錢塘令鄒忠允亦浩之裔乃再刊行之王士禎居易録稱其古詩似白居易律詩似葉夢得又稱其受學程門而特嗜禪理詩文多宗門語其括蒼易傳序服膺荆舒之學亦駁而不醇夫浩之大節可謂不愧師門矣語言文字小小異同未足爲累蓋所學在此不在彼也以是咴求是亦不揣其本矣乾隆四十七年三月恭校上

游廌山集

臣等謹案游廌山集四卷宋游酢撰酢字定夫建陽人元豐五年進士建中靖

國初歷官監察御史宣和初終於知濠州楊時龜山集有酢墓誌銘稱所著有中庸義一卷易說一卷詩二南義一卷論語孟子雜解各一卷文集十卷年譜稱其年二十九錄明道先生語年四十一錄伊川先生語年四十六作論孟雜解中庸義年四十七作易說詩二南義而不言文集蓋諸本各爲書也此本首以論語雜解中庸義孟子雜解爲一卷次易說詩二南義爲一卷次師語師訓爲一卷次以文七篇詩十三首附以墓誌年譜爲一卷又中庸義後有拾遺孟子雜解僅八條詩二南義僅二條蓋後人掇拾重編不但非其原本且併非完書矣春日山行詩中有風詠舞雩正此日雪飄伊洛是何年之句自用程門立雪故實似亦不類酢作以其爲宋儒遺書別無他本姑錄之以備一家焉乾隆四十七年五月恭校上

西臺集

臣等謹案西臺集二十卷宋畢仲游撰仲游字公叔鄭州人同平章事士安之

曾孫與兄仲衍同舉進士歷任州縣元祐初召試學士院除集賢校理累遷吏部郎中後入元祐黨籍終於西京留司御史臺提舉鴻慶宫宋史附載入士安傳末敘其事迹頗詳厲鶚宋詩紀事以爲士安子者誤也東都事略但稱仲游有集行世不詳卷數宋史藝文志作五十卷而晁公武讀書志則稱西臺集二十卷所紀卷目多寡互殊傳本亦久絶於世今從永樂大典各韻中搜輯排比詩文諸體俱全似已尠所遺闕特未能足五十卷之數然宋志荒謬多不可憑疑五字爲傳寫之誤謹仍依讀書志釐爲二十卷以還其舊仲游少負雋名其試館職時所與同策問者乃黄庭堅張耒晁補之諸人而蘇軾獨異所作擢爲第一他日又舉以自代且稱其學貫經史才通世務文章精麗議論有餘原狀具見東坡集中今觀其著作大都雄偉博辯有原泉萬斛之致於軾文軌轍最近針芥之契殆由於此其間如正統封建郡縣諸議雖不免稍失之偏駁而其他論事之作類皆明白詳盡切中情理不爲浮誇誕謾之談蓋其學問既有根

柢所從遊者如富弼司馬光歐陽修范純仁范純粹劉摯輩又皆一時重望漸漬薰陶故發爲文章具有典則集中上蘇學士書稱其知畏於口未畏於文深戒其以文字買禍又上司馬溫公書稱其欲廢新法而左右皆安石之徒懼其禍之猶在其後紹聖中卒起紹述之說而軾亦獲罪以去悉如所慮是其深識遠計尤不可及固非獨文辭之工足傳於後而已乾隆四十九年十月恭校上

樂靜集

臣等謹案樂靜集三十卷宋李昭玘撰昭玘字成季宋史云濟南人考昭玘籍本鉅野蓋嘗署濟陰而史遂誤爲濟南也元祐中擢進士第歷官提點永興京西京東刑獄坐元符黨奪官徽宗立召爲右司員外郎遷太常少卿出知滄州崇寧編入黨籍紹興初追復直徽猷閣史稱昭玘坐廢以後居閒十五年自號樂靜先生寓意法書圖畫貯以十囊命曰燕遊十友侯蒙爲昭玘校試所舉士及蒙執政感舊恩使人致意昭玘惟求祕閣法帖而已其孤介自守不汲汲仕

進如是故其胸度夷曠發爲文章皆光明俊偉無依阿澒涊之態亦無囂呼憤戾之氣又早爲蘇軾所知耳濡目染具有典型北宋之末翹然爲一作者當時與晁補之齊名固不虛也其集前後無序跋不知何人所編宋史藝文志文獻通考皆不著錄葉盛菉竹堂書目有之而無卷數惟焦竑國史經籍志載三十卷此本凡詩四卷徐州十事一卷記一卷傳序一卷雜文二卷書二卷表三卷啟狀七卷疏一卷青詞疏文一卷僧疏一卷進卷二卷試館職策一卷碑誌行狀三卷與焦竑志合蓋即竑所見之本也乾隆四十七年九月恭校上

北湖集

臣等謹案北湖集五卷宋吳則禮撰則禮字子副富川人以父御史中復廕入仕官至直祕閣知虢州晚居豫章自號北湖居士其事蹟略見陳振孫書錄解題而不甚詳備今考集中所與唱和者若唐庚韓駒曾紆陳師道諸人皆一時名士其李長者像序署銜則嘗爲軍器監主簿又續百憂集行有疇昔罪臣投

荆州之句則中間曾以事貶謫也又永樂大典載有韓駒北湖集序題宣和壬寅而中稱則禮卒於虢州之後一年其子坰綴輯詩文云云則當終於宣和辛丑楊萬里誠齋詩話乃稱尤袤賞其二絶句其一有華館相望總使星長淮南北已休兵句乃似高宗時語豈萬里偶傳訛乎駒序稱坰所編集爲三十卷書錄解題則作北湖集十卷長短句一卷世久無傳未詳孰是今從永樂大典各韻中裒輯編綴尚得詩三百餘首長短句二十餘首雜文三十餘首謹校正訛舛釐爲五卷則禮詩格峭拔力求推陳出新雖間涉於頽唐而逸趣環生正復不煩繩削近體好爲生拗筆力縱横愈臻遒上雜文雖寥寥數首而法律嚴密具有典型觀作歐陽永叔集跋曾子固大般若經鈔序知其於古文一脈具有淵源宜其折矩周規動符軌度固非渡江以後頽唐汗漫之習所得而比並矣

乾隆四十六年九月恭校上

溪堂集

臣等謹案溪堂集十卷宋謝逸撰逸字無逸臨川人屢舉不第然以詩文名一時呂本中作江西詩派列黄庭堅而下凡二十五人逸與弟薖並與焉本中嘗稱逸才力富贍不減康樂劉克莊作江西詩派序則謂逸輕快有餘而欠工緻頗以本中之言爲失實今觀其詩雖稍近寒瘦然風格雋拔時露清新上方黄陳則不足下比江湖詩派則渢渢乎雅音矣且克莊序中又稱宣政間有岐路可進身韓子蒼諸人或自鬻其技至貴顯二謝乃老死布衣其高節爲不可及而本中紫微詩話亦載汪華贈逸詩云但得丹霞訪龐老何須狗監薦相如新年更勵於陵節妻子同鉏五畝蔬則知當時兼以人品重之不獨以其詩也考江西派中有集者二十四人逸所著文集二十卷詩集五卷補遺二卷詩餘一卷尤稱繁富今自黄陳呂晁諸家外惟韓駒陵陽集及薖之竹友集猶有寫本逸集已久佚無傳故王士禎跋竹友集以未見逸集爲歎近時厲鶚撰宋詩紀事蒐羅極廣所採逸詩亦止十餘首今從永樂大典所載裒集綴輯尙得詩文

數百篇中間如冷齋夜話所載貪夫蟻旋磨冷官魚上竿之句又豫章詩話所引逸蝴蝶詩狂隨柳絮有時見舞入棃花何處尋江天春曉暖風細相逐賣花人過橋等句雖皆已失其全篇然其存者詩詞約什之七八文亦約什之四五已可略見其大槩謹訂正訛舛釐爲十卷庶考江西詩派者猶得以備一家焉

乾隆四十六年四月恭校上

竹友集

臣等謹案竹友集十卷宋謝薖撰薖字幼槃臨川人逸之從弟江西詩派二十五人之一也與逸齊名號曰二謝逸所撰溪堂集久佚不傳僅散見永樂大典中惟薖集猶存於世然王士禎居易錄載竹友集十卷詩七卷雜文三卷此本乃止詩四卷則又佚其六卷矣士禎評其詩曰在江西派中亦淸逸可喜然倍翁沈雄豪健之氣則去之遠矣又稱其顏魯公祠堂十八學士圖諸長歌及尋山紅葉半句雨過我黃花三徑秋二句靡靡江蘺只喚愁一詩持論皆允至所

稱按峯蕉葉展新綠從臾榴花開晚紅瘦藤拄下萬峰頂老鶴來歸千歲巢則殊不盡適所長蓋一時興到之言非篤論也乾隆四十七年四月恭校上

日涉園集

臣等謹案日涉園集十卷宋李彭撰彭字商老南康軍建昌人陳振孫書錄解題以爲公擇之從孫王明清揮麈錄謂李定仲求以不得預蘇舜欽賽神會興大獄彭即其孫也二說未知孰是宋史不爲立傳其行履亦不可考趙彥衛雲麓漫鈔載呂居仁江西詩派圖錄自黄庭堅以下二十五人彭名在第十五居韓駒之亞則彭本文章之士故事迹不見於史也其集書錄解題作十卷世久無傳今檢永樂大典所載彭詩頗多鈔撮編次共得七百二十餘首諸體咸備謹校定訛謬仍釐爲十卷以還其舊集中所與酬倡者如蘇軾張耒劉羲仲等皆一代勝流故其詩具有軌度無南宋人粗獷之態呂居仁稱其詩文富贍宏博非後生容易可到劉克莊後村詩話亦稱其博覽强記而獨惜其詩體拘狹

少變化今觀所作克莊所論爲近之然邊幅未宏而鍾鍊精研時多警策頗見磨淬之功在江西派中與謝逸洪朋諸人足相頡頏終非江湖末派所能及也

乾隆四十五年十月恭校上

灌園集

臣等謹案灌園集二十卷宋呂南公撰南公字次儒南城人宋史文苑傳稱其於書無所不讀於文不肯綴緝陳言熙寧中士方推崇馬融王肅許慎之業案熙寧中科舉所用乃王安石三經新義及字說非馬融王肅許慎之學此語殊爲乖妄宋史荒陋此亦一端謹附糾其謬剽掠臨摹南公度不能逐時好一試禮闈不偶退築室灌園不復以進取爲意元祐初立十科薦士中書舍人曾肇上疏薦其不事俗學安貧守道堪充師表廷議欲命以官未及而卒陳振孫書錄解題稱南公欲修三國志名其齋曰衮斧將成而南公卒書亦不傳惟其子郁編次遺文爲三十卷然刊板久佚流傳遂絕僅存鈔本呂次儒集一卷惟錄麻姑山詩二十四首福山詩一首及錢鄧州不燒紙鏹頌義

鷹志龍母墓三篇蓋後人從宋文鑑及麻姑山志鈔撮而成十不存一今據永樂大典所載裒輯薈萃篇帙尚夥謹依類排次釐爲二十卷雖不必盡符原數視世所傳本則賅備多矣南公與汪祕校論文書自言於莊列六經百家十八代史因文見道沈酣而演繹之私心自許謂文學之事雖使聖人復生不得廢吾所是惟當勒成一書俟之百世又曰堯舜以來揚馬以前與夫韓柳之作此某所謂文者若乃場屋詭僞劫剽穿鑿猥冗之文則某之所恥者必若黃河泰山峻厚高簡渾灝奔注與天地齊同而日月不能老之者此某之所以究心今讀其集雖所言不無過夸然其覃精殫思以力追秦漢要亦毅然不惑於俗學者也乾隆四十六年九月恭校上

慶湖遺老詩集

臣等謹案慶湖遺老詩集九卷宋賀鑄撰鑄字方回衛州人唐諫議大夫知章之後玄宗時知章致政詔賜鏡湖據謝承會稽先賢傳謂慶湖以王子慶忌得

名後訛爲鏡故鑄自號慶湖遺老初以婚于宗女授右班殿直元祐中李清臣奏换通直郎通判泗州太平州卒事蹟載宋史文苑傳其詩自元祐己卯以前凡九卷自製序文是爲前集己卯以後者爲後集合前後集共二十卷同時程俱爲之敍今後集已佚惟前集僅存鑄子廪跋稱後集經兵火散失則南宋已無完本故書錄解題所載卷數與今本同也方回作瀛奎律髓稱鑄每詩題下必詳注作詩年月與其人之里居姓氏今觀此本與回所説相符蓋猶舊刻之未經删竄者矣鑄以填詞名家世傳其青玉案詞梅子黄時雨句有賀梅子之稱然其詩亦工緻修潔時有逸氣格雖不高而無宋人悍獷之習苕溪漁隱叢話稱其以望夫石詩得名陸游老學菴筆記曰賀方回狀貌奇醜俗謂之賀鬼頭喜校書朱黄未嘗去手詩文皆高不獨工長短句也今其文則不可睹矣乾隆四十七年十月恭校上

摛文堂集

臣等謹案摛文堂集宋慕容彦逢撰彦逢字叔遇宜興人元祐三年進士調銅陵簿復中詞科遷淮南節度推官崇寧元年除祕書省校書郎歷官刑部尚書卒謚文定宋史不爲立傳其生平行履具見永樂大典所載墓誌中誌稱所著有文集二十卷外制二十卷内制十卷奏議五卷講解五卷藏於家合計之當爲六十卷而宋史藝文志載有慕容彦逢集三十卷其目與誌頗不合今按彦逢孫綸原序稱因兵火散失綸搜訪所得分爲三十卷命工鏤板目以摛文堂集則是集固綸所重編也彦逢才藻富贍當紹聖初設宏詞科實首中其選後受知徽宗列禁近官侍從者十有五年一時誥命文章多出其手今集中存者尚幾數百篇其中如以刑部獄空及天下奏案斷絶具劄稱賀至三四上殊爲諛佞又如理會居養院學校諸劄子亦皆希蔡京意旨曲加文飾有乖讜正之義吕祖謙輯宋文鑑不録彦逢一篇其去取之意當在於此然彦逢没於政和七年其時大綱未裂尚未有黨邪濟惡蠹國病民之實蹟其文筆雅麗制詞尤

典重溫厚殊有可觀以視王安中孫覿之流差堪伯仲固亦未可以人廢也謹據永樂大典各韻所載分類裒輯釐爲詩二卷雜文十三卷而以謚議墓誌銘別爲一卷附之庶讀者猶得以考見崖略焉乾隆四十六年九月恭校上

襄陵文集

臣等謹案襄陵文集十二卷宋許翰撰翰字崧老拱州襄邑人元祐三年進士徽宗欽宗時再爲給事中擢同知樞密院以議論不合去高宗即位召爲尚書右丞兼權門下侍郎復乞宮祠以歸事迹具宋史本傳據蔡絛鐵圍山叢談所載絛與翰蓋最相契然史稱翰于宣和間即奏記蔡京謂百姓困敝起爲盜賊天下有危亡之憂願罷雲中之師修邊保境時不能用其後燕山之役卒以召釁論者謂其有曲突徙薪之謀其諫种師道不當罷疏至三四上亦深得救時要領至南渡後入踐政府極論黄潛善姦邪而力言李綱忠義可用致爲宵小齮齕去位生平正直之節終始不撓今所上章奏具在集中其勁氣凜然猶可

想見然則條所記錄亦如其西清詩話依附蘇黄以求名耳不足爲翰累也翰所著有論語解春秋傳諸書蓋頗究心於經術以故發爲文章具有源本惟論配享翁子一通稱揚雄與孟子異世同功請以配食孔子廟廷位次孟子其説頗爲誣謬耳陳振孫書録解題稱襄陵集二十四卷其本久佚今據永樂大典所載採輯編次釐爲十二卷其奏疏爲永樂大典所原缺者則别據歷代名臣奏議補入庶直言讜論猶得以考見其什一云乾隆四十六年四月恭校上

東堂集

臣等謹案東堂集十卷宋毛滂撰滂字澤民衢州江山人官至祠部員外郎知秀州陳振孫書録解題載滂東堂集六卷詩四卷書簡一卷樂府二卷滂嘗知武康縣縣有東堂故以名其集也初元祐中蘇軾守杭州滂爲法曹秩滿代去已行抵富陽軾聞有歌其惜分飛詞者折簡追還留連數月由此知名然其後乃出蔡氏兄弟之門蔡絛鐵圍山叢談載蔡京柄政滂上一詞甚偉麗因驟得

進用王明清揮麈後録又載滂爲曾布所賞擢至館閣布南遷坐黨與得罪流落久之蔡卞鎮潤州與滂俱臨川王氏壻滂傾心事之一日家集觀池中鴛鴦卞賦詩云莫學飢鷹飽便飛滂和呈云貪戀恩波未肯飛卞妻笑曰豈非適從曾相公池中飛過來者乎滂大慙云云是其素行猥薄反覆不常至爲婦人女子所譏人品殊不足重即集中所載酬答之文亦多涉請謁干祈不免脂韋淟涊之態故陳振孫謂其詩文視樂府頗不逮蓋亦因其人而少之然平情而論其詩有風發泉涌之致頗爲豪放不羈文亦大氣盤礴汪洋恣肆得二蘇之一鱗片甲在北宋之末要足自成一家固未可竟置之不議也謹依永樂大典蒐採裒輯釐爲詩四卷文六卷仍還其十卷之舊其書簡即附入文集不復别編至所作東堂詞則毛晉已刊入六十家詞中世多有其本今亦别著于録焉乾隆四十六年四月恭校上

浮沚集

臣等謹案浮沚集宋周行己撰行己字恭叔永嘉人元祐六年進士官至祕書省正字出知樂清縣文獻通考載其浮沚集十六卷後集三卷其名浮沚者以所居謝池坊有浮沚書院故也亦曰周博士集陳振孫書録解題稱其爲太學博士以親老歸教授其鄉再入爲館職復出作縣鄉人至今稱周博士集蓋相沿稱其初授之官也振孫之祖母即行己之女故知其本末爲詳宋史藝文志既載周博士集十卷又載周行己集十九卷殊爲複舛或爲博士時先刊一集後乃重勒爲定本故卷數不同史亦兩見歟萬歷温州府志稱行己文集三十卷則必傳訛也行己早從伊川程子游傳其緒論陳振孫稱爲永嘉學問所從出集中有上宰相書云少慕存心養性之説于周孔佛老無所不求而未嘗有意于進取又有上祭酒書云十五學屬文十七補太學諸生學科舉文又二年讀書益見古人文章學爲古文又二年讀書益見道理於是學古人之修德立行云云觀所自敍其平生學問梗槩可以略見則發爲文章明白淳實粹然爲

儒者之言固有由也且行己之學雖出程氏而與曾鞏黄庭堅晁説之秦觀李之儀左譽諸人皆相倡和集中寄魯直學士一詩稱當今文伯眉陽蘇新詞的爍垂明珠於蘇軾亦極傾倒絶不立洛蜀門戶之見故耳濡目染詩文亦皆嫻雅有法尤講學者所難矣集久失傳今從永樂大典所載蒐羅排比共得八卷較之原編十幾得五倘足見其大凡也乾隆四十二年三月恭校上

給事集

臣等謹案給事集五卷宋劉安上撰安上字元禮永嘉人紹聖四年進士丙科由錢塘尉歷擢殿中侍御史疏劾蔡京不報乃與石公弼等廷論之以劾京之故浮沈外郡者十六年晚以知舒州乞祠得提舉鴻慶宮靖康元年致仕建炎二年卒於家其平生風節甚著蓋亦伉直之士據薛嘉言作安上行狀稱其有詩五百首制誥雜文三十卷篇帙頗富然焦竑國史經籍志載劉安上集實止五卷與此本相合蓋兵燹之餘後人掇拾而成非其原本矣至宋史藝文志載

安文上集作四卷又與此互異則當由刊本訛五爲四耳其集自明以來流傳甚尠朱彝尊自潁州劉體仁家借鈔僅得其半後得福建林佶鈔本始足成之其詩醞釀未深而格意在中晚唐間頗見風致文筆亦修潔自好無蟲獷拉雜之習蓋不惟其人足重即文章亦殊可觀也乾隆四十七年四月恭校上

劉左史集

臣等謹案劉左史集四卷宋劉安節撰安節字元承永嘉人元符三年進士官至起居郎擢太常少卿出知饒州還知宣州卒于官是集不知何人所編前有劉元剛序標題雖稱劉左史而其文始終以周行己劉安上與安節並稱謂之三先生又祇言其氣節而無一字及文集莫之詳也其集編次頗無法首以奏議次以表次以疏狀是矣而以功德疏入之疏狀則爲失倫又次以應酬諸啟在墓銘之前又次以祭文青詞冠經義論策之前則顛倒尤甚終以漁樵問對其名與世傳邵子書同核其文亦皆相同考晁公武讀書志曰漁樵問對一卷

邵雍撰設爲問答以論陰陽化育之端性命道德之奥云邵氏述其祖之書也當考云云則漁樵問對有謂出自邵子者有謂出自邵子之祖者均不云安節所撰不知何以編入集中然以太極圖歸鶴林寺僧壽涯以先天圖歸華山道士陳摶儒者皆齗齗爭之以此書歸于安節而儒者未嘗駁其非或亦疑以傳疑歟集中經義尤爲條暢蓋當時太學程試之作後來八比之權輿也凡周禮十一篇論語三篇孟子二篇中庸一篇其中庸一篇介孟子二篇之中蓋繕寫者偶失其次周禮第四篇前缺四行以文義考之其題當爲時見曰會其佚文三行則不可復補矣乾隆四十七年九月恭校上

竹隱畸士集

臣等謹案竹隱畸士集二十卷宋趙鼎臣撰鼎臣字承之衛城人自號葦溪翁元祐間進士紹聖中登宏詞科宣和中以右文殿修撰知鄧州召爲太府卿其集見於宋史藝文志者四十卷陳振孫書錄解題云其孫綱立刊於復州本百

二十卷刋至四十卷而代去遂止是在當時板行者已非完本劉克莊後村詩話又云竹隱集十一卷多其舊作暮年詩無槀本所紀卷目多寡頗不合疑克莊所稱十一卷者乃專指其詩而言也鼎臣宋史無傳其家世無可考獨集中有繳進其父元祐末所上河議奏狀一首今考宋史河渠志元祐紹聖間水官建議回河獨轉運使趙偁不以爲然力主北流之議疏凡數上言皆切直與鼎臣奏狀相合是鼎臣即偁之子淵源有自其後嘗往來大名真定間與蘇軾王安石諸人交好相與酬和故所作具有門逕能力追古人劉克莊稱其詩謂材氣飄逸記問精博警句巧對殆天造地設略不戟人喉舌費人心目其推挹甚至今克莊所摘諸句已多佚其全篇而即所存諸詩觀之工巧流麗其才實未易及克莊之言故非溢美至其雜文刻意研練古雅可觀亦非儉陋者所能望其項背惜原集久經失傳謹就永樂大典各韻中蒐採彙輯勒成二十卷諸體具備蔚然可觀雖未能齊軌蘇黄然比於唐庚晁補之諸人則不啻驂之有靳

矣乾隆四十六年九月恭校上

眉山文集

臣等謹案眉山文集二十四卷宋唐庚撰庚有三國雜事已著錄讀書志書錄解題均載眉山文集二十卷宋史庚本傳亦同文獻通考則作十卷此本乃明崇禎庚辰福州徐𤊹從何楷家鈔傳　國朝雍正乙巳歸安汪亮采所校刋凡詩十卷文十二卷文末綴以三國雜事二卷共二十四卷前有鄭總呂榮義及庚弟庚三序俱作于宣和四年及庚子文若書後作于紹興二十九年總序但云太學諸生所錄鬻書家所刋榮義序亦言非完本庚序則稱比見京師刋行者止載嶺外所述因併取其少年時所作隨卷附之與文若書後均不言其卷數惟紹興二十一年鄭康佐序乃稱初于鬻城得文四十五首詩賦一百八十五首續得閩本文十二首詩賦一百十有一首又續得蜀本文一百四十二首詩賦三百有十首屬教授王維則校讐勒爲二十二卷刻板摹之則此本實鄭

氏所刊晁陳諸目所著録者殆即所謂閩本蜀本故卷數不同歟乾隆四十七

年十月恭校上

洪龜父集

臣等謹案洪龜父集二卷宋洪朋撰龜父朋字也南昌人兄弟四人號曰四洪

皆黄庭堅之甥其弟羽以元祐中上書入黨籍芻紹聖中登進士靖康初官諫

議大夫炎元祐末登進士南渡後官祕書少監惟朋兩舉進士不第年僅三十

八而卒然其人其詩則最爲當代所推重豫章續志載黄庭堅之言曰龜父筆

力扛鼎他日不患無文章垂世及其没也同郡黄君著裒其詩百篇爲集庭堅

在宜州見其本又稱爲篇篇可傳吕本中作江西宗派圖所列凡二十五人首

陳師道次潘大臨次謝逸次卽及朋紫微詩話又盛推其寫韻軒詩王直方詩

話亦稱其一朔厭蝸角萬里騎鵬背句劉克莊後村詩話復稱其游梅仙觀詩

能以直節期乃弟且稱龜父警句往往爲前人所未道惜不多見云云則朋雖

終于布衣其名在宋代且居三洪上矣陳振孫書錄解題載有朋集一卷久無傳本故厲鶚作宋詩紀事僅從宋文鑑聲畫集諸書摭得遺詩數篇即江湖小集所載亦未爲完備今採掇永樂大典分體排比釐爲上下二卷雖王直方劉克莊所稱諸名句今悉不見全篇未免尚有佚脫然核黄氏所編僅一百首今乃得一百七十八首陳氏所載僅一卷今乃溢爲二卷疑永樂大典所據之本别經後人綴緝續有所增約略大凡其所闕諒亦無幾矣乾隆四十五年九月恭校上

跨鼇集

臣等謹案跨鼇集三十卷宋李新撰晁公武讀書志曰李新字元應仙井人早登進士第劉涇嘗薦於蘇軾命賦墨竹口占一絕立就元符末上書奪官謫置遂州流落終身今考集中上李承旨書稱某叨冒元祐第弔安康郡君詞序稱解褐通籍在元祐庚午與公武早登進士之說合上皇帝萬言書首稱元符三

年五月十一日興元府南鄭縣丞李新云云上吳戶部書稱庚辰之初云云元符紀元凡三年止於庚辰與公武元符末上書之説合謝循貧啟稱妄投北闕之書久作南冠之縶與公武謫置之説亦合惟馮隱士碑陰文稱崇寧二年跨鼇居士以言抵罪竄於武信遺愛堂記亦稱崇寧初入遂寧境則其謫置在上書後三年又與馮德夫手簡稱歸來山谷幾半歲時時掖老母登高指烟雲明滅處正前日羈管所則未嘗終於謫置再與瀘南安撫手簡稱祗役新疆苟攝支邑上鄭樞相書稱陸沈州縣三十許年始以城役改官其他轉貧到任諸謝啟雖不能定在何時而更生閣記稱宣和癸卯八月誤恩貳郡復有謝茂州到任啟正在是歲則新斥廢以後仍官至丞倅亦未嘗流落終身均與公武所記不合豈宋人重內而輕外不挂朝籍即謂之流落耶新受知蘇軾初自附於元祐之局故其所上書詞極切直然一經挫折即頓改初心作三瑞堂記以頌蔡京上王丞相書以頌王安石上吳戶部書至自咎前日所言得疾迷罔謂白爲

黑其操守殊不足道且所作韓長孺論譏其馬邑之役沮前日之議敗今日之功所以陰解滅遼之失也作武侯論謂其當結魏以圖存所以陰解和金之辱也無非趨附新局以冀遷除公武但記其上書得罪而不詳其後事亦未免考之未審也惟其詩氣格開朗無南渡後啁哳之音其文序記諸篇忽排忽散雖似不合格而他作亦多俊邁可誦在北宋末年可以稱一作者固不必定以其人廢之矣集本五十卷今散見永樂大典者裒合編次尚得三十卷集中更生閣記述政和丁酉勤茂州叛羌旺烈事所述宋兵怯弱之狀殆可笑噱核其地理即今之金川土司而諸書言蜀事者未嘗舉是篇則是集亦罕觀之笈矣乾隆四十六年三月恭校上

忠愍集

臣等謹案忠愍集三卷宋李若水撰若水本名若冰欽宗爲改今名字淸卿曲州人靖康初以上舍登第由太學博士歷官吏部侍郎從欽宗如金營以力爭

廢立不屈死建炎初贈觀文殿學士謚忠愍事迹具宋史本傳書錄解題載李忠愍集十二卷蓋以其追謚名集劉克莊後村詩話作忠烈集當由傳寫之誤宋史藝文志作十卷考書錄解題稱後二卷爲附錄其死節時事宋志蓋但舉其詩文其實一也若水當金兵薄城之時初亦頗主和議于謀國之計未免少疎而卒能奮身殉節搘拄綱常與斷舌常山後先爭烈使敵人相顧歎息有南朝惟李侍郎一人之語其末路足以自贖史家以忠義稱之原其心也其詩具有風度而不失氣格其文亦光明磊落肖其爲人南宋時蜀中有鋟本劉子翬屏山集有題忠愍集詩詞極悲壯今原集不傳兹就永樂大典中所散見者掇拾編次釐爲三卷以建炎時誥詞三道附錄於後其子淳跋是集云秘歸費守樞爲先公作文序能不沒其實今費序已無惟淳跋僅存亦併附諸篇末雖蒐羅非復蜀本之舊然唐儲光羲詩格古雅其集亦裒然具存徒以苟活賊庭身污僞命併其詩亦不甚重至於張巡所作僅聞笛及守睢陽兩篇而編唐詩者

無不采錄豈非以忠孝者文章之本耶今若水詩文倘得三卷不止逕之兩篇矣殘編斷簡固皦然與日月爭光也乾隆四十六年四月恭校上

忠肅集

臣等謹案忠肅集三卷宋傅察撰察字公晦孟州濟源人年十八登進士第蔡京聞其名將妻以女拒弗答調青州司法參軍歷遷吏部員外郎宣和七年充接伴金國賀正旦使時金人已起兵而宋人未知察至玉田縣韓城鎮使人不來居數日金數十騎馳入館彊之東北行遇金大帥斡里雅布迫令下拜察抗辨不屈死之贈徽猷閣待制至乾道中追謚忠肅事蹟具宋史忠義傳集爲其孫直煥章閣伯壽所編察爲堯俞從孫學有原本史稱其文溫麗有體裁特年三十七即遘國難以死未嘗有大著作以發揮其才氣故集中所存大抵酬贈篇什及表箋啟劄駢麗之作爲多然其深厚爾雅亦自足資諷誦且當宣和末造士大夫名節掃地之餘一旦猝遭事變獨能奮身碎首致命成仁卓然自遂

其志其忠義之氣尤有不可磨滅者詩文雖屬無多固當與李若水之忠愍集

並垂不朽矣乾隆四十七年九月恭校上

欽定四庫全書提要卷八十八

集部十

別集類九

忠簡集

臣等謹案忠簡集八卷宋宗澤撰澤字汝霖義烏人元祐六年進士靖康初知磁州勤王兵起以澤爲副元帥累遷延慶殿學士兼開封尹留守東京贈觀文殿學士謚忠簡是編自一卷至六卷皆劄子狀疏詩文雜體七卷八卷爲遺事附錄皆後人紀澤事實及誥敕銘記之類澤忠義凜然載在史册文章亦朴實疏暢不愧經世之言其請高宗還汴疏凡二十八上史傳不盡錄其文今見集中者得十八篇其集乃嘉定間樓昉編輯明季熊人霖復刊行之此則國朝義烏令王廷曾重編又增入止割地一疏而以樓昉及明方孝孺序冠於篇首焉乾隆四十七年五月恭校上

龜山集

臣等謹案龜山集四十二卷宋楊時撰時字中立將樂人熙寧九年進士官至龍圖閣直學士提舉洞霄宮謚文靖事跡具宋史道學傳是集凡書奏表劄講義經解史論啟記序跋各一卷語錄四卷答問二卷辨二卷書七卷雜著一卷哀辭祭文一卷狀述一卷誌銘八卷詩五卷時受蔡京之薦後人頗有異議然葉夢得爲蔡京門客南渡後作避暑錄話石林詩話諸書尚堅護熙寧之局時于蔡氏將敗之時即力持公論集中載上欽宗第七疏詆京與王黼之亂政而請罷王安石配享詞極剴切則尚非受恩私門始終黨附者比又于靖康被兵之時首以誠意進言雖未免少迂而其他排和議爭三鎮請一統帥罷奄寺守城以及茶務鹽法轉搬糴買坑冶盜賊邊防軍制諸議皆于時勢安危言之鑿鑿亦尚非坐談性命不達世變之學可不必深相詆斥也時受學程子傳之延平李侗再傳而及朱子開閩中道學之脈本不以文章見長而其文篤實醇厚

詩亦眞朴不支儒者之言固亦當與文士別論矣其集舊板散佚明弘治壬戌將樂知縣李熙重刋併爲十六卷後常州東林書院刋本分爲三十六卷宜興刋本又併爲三十五卷萬歷辛卯將樂知縣林熙春重刋定爲四十二卷此本爲順治庚寅時裔孫令聞所刋其卷帙一仍熙春之舊云乾隆四十七年五月恭校上

梁谿集

臣等謹案梁谿集一百八十卷宋李綱撰綱有建炎時政記已著錄綱人品經濟炳然史册固不待言即以其詩文而言亦均雄深雅健磊落光明非尋常文士所及徒以喜談佛理故南宋諸儒不肯稱之然如顔眞卿精忠勁節與日月爭光固不能以書西京多寶塔碑作撫州麻姑壇記遂減其文章之價也集中有補宋璟梅花賦自序謂璟賦已佚擬而作之其文甚明元劉壎隱居通議所載璟賦二篇皆屬僞本明田藝蘅留青日札乃稱得元鮮于樞手書璟賦急錄

傳之樞之眞跡旋燬核其文句大抵點竄綱賦十同七八其爲依托顯然然亦見綱之賦格置于唐人之中可以亂眞矣乾隆四十七年五月恭校上

初寮集

臣等謹案初寮集八卷宋王安中撰安中字履道中山曲陽人登進士第累擢尚書左丞出知燕山府除大名尹兼北京留守司公事靖康初安置象州紹興初復左中大夫卒事蹟具宋史本傳安中以詞藻擅名而行誼甚爲紕繆陳振孫書錄解題稱其少時嘗師事蘇軾于定武未卒業而軾去會晁說之爲無極令復往執弟子禮說之勗以爲學當愼初之旨因築室榜曰初寮其聞見議論得于說之爲多及後貴顯遂諱晁學但稱成州使君四丈無復先生之號今考集中多直呼說之爲晁以道與振孫言相合其佻薄已可概見史稱其以作瑞應表受知徽宗考蔡絛鐵圍叢談實由詔事梁師成以進幼老春秋又稱其交結蔡攸引入禁中則奔競無恥更爲小人之尤史又稱其附和童貫王黼贊成

復燕之議又身自請行規措失當招納叛亡挑釁强鄰禍貽宗社則誤國之罪尤爲深重然其詩文豐潤凝重頗不類其爲人四六諸作尤爲雅麗史稱徽宗嘗宴睿謨殿安中賦百韻詩紀事令大書殿屏仍以副本分賜侍臣王明清揮麈後錄載其詩周煇清波雜志又補載其序皆盛相推挹張邦基墨莊漫錄又載其立春帖子稱以才華清麗其人雖至不足道而文章富贍要有未可盡泯者錄而傳之亦不以人廢言之義也其集見于本傳者七十六卷晁公武讀書志止作十卷趙希弁附志則作前集四十卷後集十卷又内外制二十六卷與史傳目次相符自明以來久佚不見今從永樂大典採掇裒次尚得詩文數百篇罔必大序稱安中送其曾大父詩不論與汝小一月政自容君數百人句又楊萬里誠齋詩話稱安中行余深少宰制仰惟前代守文爲難相我受民非賢不乂句又在象州思鄉里作文有萬里邱墳草木牛羊之踐履百年鄉社室家風雨之飄搖等句今俱不見于集中是其散佚尚多然蒐羅什一猶可考見崖

略謹釐爲八卷而仍以李邴周必大周紫芝原序三篇冠之卷首以存其舊焉

乾隆四十六年四月恭校上

橫塘集

臣等謹案橫塘集二十卷宋許景衡撰景衡字少伊溫州瑞安人登元祐九年進士宣和中召爲監察御史遷殿中侍御史欽宗即位以左正言召累遷中書舍人高宗朝至尚書右丞罷爲資政殿大學士提舉洞霄宮卒諡忠簡事蹟具宋史本傳景衡雖源出洛學而立身剛直不與貫易諸人嚚爭門戶其文章亦坦白光明粹然一出於正在徽宗時即極言民力匱乏請罷花石綱運爲王黼所中而去及從高宗在揚州又與黃潛善不協借渡江之議斥逐而死雖阨於權倖屢起屢躓而終始不撓今集中所存奏議如論童貫誤國辨宗澤無過論王安石當自便乞寬恤東南諸劄子皆誠意懇摯剴切詳明其他亦多關係家國大計雖當時不能盡用其說而史稱旣沒之後高宗每念其遇事敢言追思

不置亦足見其忠愛之忱有以感孚於平素也至其詩篇乃吐言清拔不露伉

厲之氣如玉樽浮蟻一様白青眼與山相對横諸句殊饒風調胡仔漁隱叢話

謂寇準詩含思淒婉富于音情殊不類其爲人今景衡亦然蓋詩本性情義存

比興固不必定爲濂洛風雅之派而後謂之正人也宋史藝文志載横塘集三

十卷書録解題亦同自明以來傳本久絶今從永樂大典中採掇裒綴以次排

纂釐爲二十卷朱子語録嘗稱陳少陽事其詳見許右丞哀詞中今已不覩是

篇則鉅製鴻裁佚者不少其幸而存者彌宜寶貴矣乾隆四十六年十月恭校

上

西渡集

臣等謹案西渡集二卷補遺一卷宋洪炎撰後附洪龜父洪駒父詩文共三十

四篇炎字玉父南昌人元祐末登進士官至著作郎祕書少監炎與兄朋芻弟

羽號四洪皆黄庭堅之甥受詩法於庭堅羽入黨籍早卒其集在南宋時已不

傳故陳振孫書錄解題惟載𣂏龜父集一卷芻老圃集一卷炎西渡集一卷自明以來龜父老圃二集並佚今乃從永樂大典復裒輯成帙惟炎此集僅存而亦無刊本此本爲浙江鮑氏知不足齋所藏僅分上下二卷與陳氏所載少異然老圃集陳氏亦稱一卷而今掇拾殘賸尚非一卷所能容則或書錄解題傳寫之訛宋史因之均未可知也炎詩酷似其舅今全集巋然獨完殊足寶貴卷末所附𣂏詩九首芻詩二十三首記二篇不知何人所輯觀其所引之書如宋元詩會辟疆園宋文選皆康熙中人所輯則亦近時人矣二人集已別著錄此爲複贅然芻文則老圃集中所不收未可全從删薙故仍舊本附錄焉乾隆四十七年九月恭校上

老圃集

臣等謹案老圃集二卷宋洪芻撰芻字駒父南昌人紹聖元年進士靖康中官至諫議大夫後謫沙門島以卒劉克莊後村詩話曰三洪與徐師川皆山谷之

甥龜父警句往往前人所未道然早卒惜未多見駒父詩尤工陸游老學菴筆記亦極稱其竄海島詩烟波不隔還鄉夢風月猶隨過海身句蓋當時文士頗重之然竄之竄也楓窗小牘謂坐爲金人括財太峻頗稱其寃今考王明清玉照新志所載則芻實於根括金銀之時入諸王邸中以勢挾內人唱歌侍酒得罪名教殆不容誅當時僅斥海濱殊爲佚罰其人如是其詩本不足重輕特其學有師承深得豫章之格但以文論固不愧酷似其舅之稱錄六朝人集者存沈約范雲錄唐人集者存沈佺期宋之問就詩言詩片長節取亦古來著錄之通例也宋史藝文志載老圃集一卷久佚不傳宋詩紀事僅從諸地志類書中摭撫數篇不及百分之一惟永樂大典所載尚得一百七十首殆當時全部收入歟以篇帙稍多謹釐爲上下二卷以便循覽焉乾隆四十五年九月恭校上

丹陽集

臣等謹案丹陽集二十四卷宋葛勝仲撰勝仲字魯卿丹陽人紹聖四年進士

又試學官及詞科俱第一官至華文閣待制知湖州紹興元年乞祠歸十四年卒謚文康事蹟具宋史文苑傳據其塋章倧所作行狀稱有文集八十卷外集二十卷初刊板於眞州兵燹殘缺隆興甲寅知州事宋曉補之自跋其後淳熙丙午知州事姚愘又爲重鋟中書舍人王信爲之跋自明以來傳本遂絶今永樂大典所載以類裒輯得文十五卷詩七卷詩餘一卷又附錄行狀謚議爲一卷共成二十四卷王信跋及章倧行狀並稱宣和北伐之時勝仲貽書蔡京力言其不可然宋史本傳不載此事集中亦無此書又稱自兗州教授入爲太學正時上幸學多獻頌者勝仲獨獻賦上命中書第其優劣勝仲爲首今集中亦無此賦他如本傳所載論郭天信不當提舉議歷所論僖祖廟增置殿室不必毁其奏議並佚不存又所稱官論德時爲仁孝學三論獻太子者今惟存孝論學論仁論竟無可考則其散失者已多然觀其四分之一亦足以見其大凡矣勝仲爲太府少卿時能拒盛章之援引知汝州時能拒李彥之括田知湖州時

能拒朱勔之求白雀鸂鶒其節甚偉歷典諸州皆有幹略再知湖州遭逢寇亂復有全城之功其宦績亦足以自傳本不藉以文章重即以文章論之在南北宋間亦裒然一作者也歐陽修嘗輯建隆至治平故事爲太常因革禮一百篇勝仲官太常卿時復手續其書爲三百卷故於當代典制最嫻官諭德時嘗纂歷代太子事迹爲承華詔娍又考論諸史爲評古篇故於古今成敗最悉惟青詞功德疏教坊致語之類沿宋人陋例一概濫載於集中殊乖文體今凛遵

聖訓悉從刪削焉乾隆四十六年十月恭校上

毘陵集

臣等謹案毘陵集十六卷宋張守撰守字全眞一字子固常州晉陵人崇寧元年進士高宗即位召爲監察御史紹興中歷官參知政事兼權樞密院事以資政殿學士知建康府卒諡文靖事迹具宋史本傳所著毘陵集見于陳振孫書錄解題者五十卷其本久佚故遺文世不概見僅前賢小集拾遺中載其詩一

首而已今從永樂大典各韻中蒐輯編綴約尚存十之三四謹校訂排次釐爲一十六卷而以婁機等所作謚議文二篇附之于後史稱守家貧好學過目不忘故所爲文具有體幹而論列國家大事是非利害如指諸掌卓有經世之才尤非儒生泥古者所可及本傳載其建白諸事如論防淮渡江利害論金人侵淮有四路宜擇帥捍禦論大臣宜以選將治兵爲急不急之務附之六曹論幸蜀十害論宰相非人論敵退後措置二事今其文具在集中他如論守禦事宜乞以大河州軍爲藩鎮乞修德諸劄子史所不載者尚多無不揣切時勢動合機宜其大旨在經營淮北以規復中原而不欲爲畫江自守之計雖其時宋弱金强未必盡能恢復要其所言不可不謂一時之正論也至其薦汪伯彦秦檜頗乏知人之明則瑕瑜不掩亦不必曲爲之諱矣乾隆四十七年十月恭校上

浮溪集

臣等謹案浮溪集宋汪藻撰藻字彦章饒州德興人登崇寧二年進士歷官顯

謨閣學士左太中大夫封新安郡侯事蹟具宋史文苑傳藻學問博贍爲南渡後詞臣冠冕其集見於晁公武讀書志者僅十卷陳振孫書錄解題始載浮溪集六十卷而趙希弁讀書後志又增猥槀外集一卷龍溪文集六十卷共一百二十一卷宋藝文志並著於錄然趙汸跋羅願小集謂浮溪之文再更變故失傳頗多則明初已非完帙其後遂亡佚不存有胡堯臣者以舊傳浮溪文粹共文八十五篇分十五卷刊行於世學者欲觀藻著作僅據此編而其原本終不復可見今檢勘永樂大典各韻内所載藻詩文甚夥皆題浮溪集之名視文粹所收不啻倍蓰雖未必盡符原數而什可得其六七以數百年藝林未覩之本一旦而復出人間是亦可爲寶貴矣藻工於儷語所作代言之文如隆祐太后手書建炎德音諸篇皆明白洞達曲當情事詔命所被無不悽憤激發天下傳誦以比陸贄說者謂其製作得體足以感動人心實爲辭令之極則固不獨其格律精密擅絕一時其他詩篇雜文亦多古藻鴻篇焜燿耳目深醇雅健追配

古人孫覿作誌銘以大手筆推之洵可無愧雖楊萬里誠齋詩話紀藻與李綱不叶其作綱罷相制詞至比之驩兜少正卯頗不免爲淸議所譏然其文章自能雄視一代固未可以一眚遽掩之也謹採掇編次依類分排其有永樂大典所失載者即以文粹參校補正考辨異同釐爲三十六卷具錄如左庶操觚之士咸得以考見其大概焉乾隆四十一年七月恭校上

浮溪文粹

臣等謹案浮溪文粹十五卷明胡堯臣所刻宋汪藻之遺文也藻學問賅贍貫串百家所作爾雅精純追配燕許其制詞溫厚剴切能使人聞風感動說者至擬之陸贄謂高宗南渡立國詞命亦與有功卓然爲一代文苑之冠所撰浮溪集本六十卷歲久散佚世無傳本者幾數百年今已從永樂大典中裒輯刊行嘉惠海內此本不知何人所輯而堯臣爲之授梓以行者蓋是時原集已佚僅從諸書所引掇拾而成故其目祇八十五篇未能盡窺全豹然如洪邁所稱元

祐太后手書中漢家之厄十世宜光武之中興獻公之子九人惟重耳之尙在數語又宋齊愈責詞中義重於生雖匹夫不可奪志士失其守或一言幾於喪邦數語又張邦昌責詞中雖天奪其衷坐愚至此然君異於器代匱可乎數語皆當時所謂四六名對膾炙人口者今並在其中則菁華亦略具矣藻全集自元明以來久經湮沒幸逢

聖代表章遺籍始得以復覯其全堯臣等區區搜輯於散亡之餘不過什之三四而網羅之勤要有未可盡沒者且其文多採自諸家選本故所錄大半精腴尙足以資諷誦昔歐陽修有文忠全集而又有歐陽文粹黃庭堅有山谷全集而又有精華錄談藝家俱兩存不廢今亦用其例併著於錄以備參訂焉乾隆四十七年五月恭校上

莊簡集

臣等謹案莊簡集十八卷宋李光撰光有周易詳說已著錄其集目載於紹興正論者四十卷載於宋史藝文志者前後集三十卷載於焦竑國史經籍志二

十六卷錯互不合錢溥祕閣書目葉盛菉竹堂書目俱載有莊簡集八册是明初尚存其後散佚原目多寡遂無可考證今從永樂大典中採掇編次共得詩四百二十五首詞十三首雜文二百六十五首釐爲十八卷考王明清揮麈餘話稱蔡京既敗攻擊者不遺餘力光獨無劾章坐貶謝表云當垂涕止彎弓之射人以爲狂然臨危多下石之人臣則不敢而集中無此一篇又趙甡之遺史載光在儋耳嘗賦東坡六無詩今止有食無肉居無屋二詩餘四題亦尋檢不獲是佳篇之遺落者已多然即就其現存者觀之波瀾意度亦約略可覩考光本傳光值國步阽危之時忠憤激發所措置悉有成緒又以爭論和議爲權相所排垂老投荒其節概凛然宜不可犯而其詩乃志諧音雅婉麗多姿大抵多托興深長不獨張淏雲谷雜記所舉雙雁一詩道中贈樞密使臣一詩爲清絶可愛至所上奏議如論守禦大計勸車駕親征戒約煩苛裁減營繕諸劄子尤剴切指陳有裨國是論梁師成燕瑛等疏疾惡如風俱可想見其丰采迨過嶺

以後與胡銓往還簡札甚夥乃皆醇實和平絕無幽憂牢落之意其所養抑又可知矣名臣著述幸而獲存雖殘章賸句固當以鴻寶視之也乾隆四十六年四月恭校上

忠正德文集

臣等謹案忠正德文集十卷宋趙鼎撰鼎字元鎮號得全居士解州聞喜人登崇寧五年進士第累官尚書左僕射同中書門下平章事兼樞密使卒贈太傅追封國豐公謚忠簡事迹具宋史本傳初紹興五年鼎監修神哲二宗實錄成高宗親書忠正德文四字賜之因以名集史稱其爲文渾然天成凡軍國機事多其視草有奏疏詩文二百餘篇紹興正論陳振孫書錄解題皆作十卷今久佚不傳僅就永樂大典散見各條按時事先後分類裒綴得奏議六十四篇駢體十四篇古今體詩二百七十四首詩餘二十五首筆錄七篇又據歷代名臣奏議增補十二篇仍釐爲十卷計所存者尚二百九十六篇與宋史所稱二百

餘篇不符疑其集本三百餘篇傳刻宋史者或偶誤三字爲二字歟鼎南渡名臣屹然重望氣節學術彪炳史書本不以詞藻爭短長而出其緒餘無忝作者蓋有物之言有不待雕章繪句而工者觀于是集可以見一斑矣乾隆四十五年七月恭校上

東窗集

臣等謹案東窗集十六卷宋張擴撰擴字彦實一字子微德興人宋史不爲立傳江西通志載其崇寧中進士授國子監簿遷博士調處州工曹召爲祕省校書郎尋充館職南渡歷中書舍人當有所據也宋志載擴東窗集四十卷又詩十卷而陳振孫書録解題不著於録則在宋末亦不甚傳故元明以來談藝者罕相稱引惟永樂大典尚多録其詩文其爲中書舍人時所作制詞尤夥大抵温麗縣密與汪藻可以聯驅謹採掇編輯釐爲一十六卷其爲秦檜追贈祖父及万俟卨兼侍讀諸制極詞諛頌紕繆殊深考王明清揮麈餘話稱擴爲著作

郎其兄祕書少監楚材新婚約觀梅西湖擴賦詩有折歸忍負金蕉葉笑插新臨玉鏡臺之句秦檜見之大稱賞曰旦夕當以文字官相處遷擢左史再遷而掌外制是擴本因檜得進故假草制以貢媚其爲人殊不足道然擴所交游如朱翌曾慥呂本中徐俯皆一代勝流切劘有助故詞采清麗斐然可觀要亦未可盡沒也其中贈顧景繁詩龔明之中吳紀聞僅載有五十六字厲鶚宋詩紀事遂引作絕句二首今檢閱舊文乃知爲七言古詩二篇明之特節錄數語鶚蓋未覩斯集是以傳訛亦足云罕覯之笈矣乾隆四十五年十月恭校上

忠惠集

臣等謹案忠惠集十卷附錄一卷宋翟汝文撰汝文字公巽潤州丹陽人登進士第事徽欽兩朝至顯謨閣學士出知越州高宗時歷官參知政事以伉直忤秦檜罷歸事蹟具宋史本傳及孫繁所作誌銘中忠惠者其歿後門人所私謚也汝文好古淹博深通篆籀嘗從蘇軾黃庭堅曾鞏遊故所爲文章尙有熙寧

元祐遺風史稱其爲中書舍人時外制典雅一時稱之蓋當北宋之季如汪藻孫覿皆以四六著名惟汝文能與之頡頏周必大序覿鴻慶集稱中多誤收汝文所作亦足見其體格之相近矣楊萬里誠齋詩話引汝文左僕射制中古我先王惟圖任舊人共政咸有一德克左右厥辟宅師二句以爲用成語雅馴妥貼之式又引賀蔡攸除少師啟中朝廷無出其右父子同升諸公二句以爲截斷古語補以一字而讀者不覺爲巧之至今視其文大都泿柢深重措詞雄健所謂無一字無來處者庶幾足以當之非南宋表啓塗飾剽掇之比其爲作者所推非徒然也集乃其子耆年所編見於宋史藝文志者三十卷明以來久不復傳今從永樂大典各韻中掇拾排比編爲十卷以存其梗槩又汝文罷執政後嘗提舉洞霄宮宋史失載其事近朱彝尊撰洞霄題名記僅以李彌遜筠溪集所作制詞爲據繫之紹興二年且取靖康原職題曰顯謨閣學士今考孫繁誌銘則汝文實在紹興七年冬以郊恩除資政殿學士提舉洞霄宮彝尊未見

此文故所記俱誤今並以繁文附錄於末亦足爲考證之一助焉乾隆四十六年四月恭校上

松隱集

臣等謹案松隱集四十卷宋曹勛撰勛字功顯陽翟人宣和五年進士官至昭信軍節度使事蹟具宋史本傳是集前載正統中大理寺正洪益中序稱爲勛十世孫參所藏朱彝尊亦嘗從其家借鈔迎鑾賦七篇謂勛之子姓保有此卷半千餘年勿失後復得文集錄之蓋止有家傳鈔本從未鋟板也勛嘗從徽宗北狩奉密詔南歸後使金迎宣仁太后頗著勞績故其詩文多可藉以考見時事詞筆亦淸雅可誦惟上呂頤浩書欲結劉豫以圖金則其計失之太疎然奉使之功實有未可盡沒者正不可以是槩訾之矣集中間有脫篇落句第十四卷已佚不存樓鑰攻媿集有所作松隱集序一篇此本亦失載蓋其後人傳錄僅存故不免於叢殘失次今釐訂譌舛仍其所闕著之於錄焉乾隆四十七年

四月恭校上

建康集

臣等謹案建康集八卷宋葉夢得撰夢得字少藴吳縣人紹聖四年進士官至觀文殿大學士福建安撫使事跡具宋史文苑傳此集乃紹興八年再鎮建康時所著通考載其目爲十卷今本八卷其孫畧題跋亦云八卷疑畧取十卷之舊而重汰之者夢得又有總集百卷審是集八卷今俱不傳夢得爲蔡京門客章惇姻家當過江以後公論大明不敢復噓紹述之燄而所著詩話尙尊熙寧而抑元祐往往於言外見之方回瀛奎律髓於其送嚴壻北使一詩論之頗詳然夢得本晁氏之甥猶及見張耒諸人耳濡目染終有典型故文章高雅猶存北宋之遺風南渡以後與陳與義可以肩隨尤楊范陸諸人皆莫能及也乾隆四十七年九月恭校上

簡齋集

臣等謹案簡齋集十五卷宋陳與義撰與義字去非洛陽人簡齋其號也官至參知政事事迹具宋史本傳集本十四卷第十五卷爲附録外集前後載賦及雜文僅九篇餘皆詩詞靖康以後北宋詩人如蘇軾黄庭堅陳師道等皆凋零已盡惟與義爲文章宿老巋然獨存其詩風格遒上時見劖削刻露之致當代罕能過之方回瀛奎律髓以杜甫爲一祖而以黄庭堅陳師道及與義爲三宗雖門戸之見主持太過要亦非盡搆虚詞也初與義嘗作墨梅詩見知於徽宗其後有客子光陰詩卷裏杏花消息雨聲中句亦爲高宗所賞紹興中遂至執政在南宋詩人之中最爲顯達然皆非其傑搆至於湖南流落之餘汴京板蕩以後感時撫事慷慨激越而寄託遥深乃往往突過古人故劉克莊謂第其品格當在諸家之上其表姪張嵲爲作墓誌云公詩體物寓興清邃超特紆餘閎肆高舉横厲可謂善於形容至以陶謝韋柳擬之則殊不甚似溯其源流終自江西而來特天分絶高善於變化故卓然自成一家耳乾隆四十七年五月恭

校上

北山集

臣等謹案北山集四十卷宋程俱撰俱所輯麟臺故事已從永樂大典中裒集
校刊別著錄史部中是編乃其詩文全集凡詩十一卷賦及雜文二十九卷俱
天性剛直其在掖垣凡命令下有不安於心者必反覆言之不少畏避如高宗
幸秀州賜對劄子極言賞罰施置之當合人心論武功大夫蘇易轉橫行劄子
極言朝廷之當愛重官職及徐俯與中人唱和驟轉諫議大夫俱亦繳還錄黃
頗著氣節今諸劄具在集中其抗論不阿之狀讀之猶可想見至制誥諸作尤
爲擅場史稱其典雅宏奧殆無愧色詩則取途韋柳以闚陶謝蕭散古澹有忘
言自得之趣在南渡初亦可稱獨闢蹊徑者焉集本流傳頗稀此乃吳之振得
之於季振宜者蓋猶從宋槧鈔存故鮮所闕佚近時厲鶚作宋詩紀事載俱古
詩二首律詩二首聯句一首皆稱采自北山集而其中南園一首檢集本實作

章僕射山林與鶚所引已不相合又遊大滌一首采自洞霄詩集而集本第三卷内有同餘杭尉江仲嘉褒道人陳祖德良孫遊洞霄宫一首檢勘即鶚所引而篇幅較長幾過其半鶚亦不及詳檢反欲以補是集之遺殊爲疎舛今併附糾於此云乾隆四十七年五月恭校上

檆溪居士集

臣等謹案檆溪居士集十二卷宋劉才邵撰才邵字美中廬陵人檆溪居士其自號也大觀二年上舍釋褐宣和二年又中宏詞科累遷校書郎以養親歸家居十年紹興初起爲祕書丞再掌制誥官至工部侍郎權吏部尚書加顯謨閣直學士事蹟具宋史本傳是集之名亦見本傳之中然藝文志乃闕而不載據周必大序原本蓋二十二卷也自明以來傳本甚稀厲鶚宋詩紀事從詩話補遺中錄其夜度娘歌一首今檢勘原集乃相思曲中之四句誤作全詩知舊本久亡故無從而考正矣謹就永樂大典所載裒輯編次釐爲詩三卷内外制四

卷雜文五卷其間如必大原序所舉清江引太隄曲諸詩皆不復存然約略卷帙似尚得十之六七其詩源出蘇氏故才氣頗爲縱横其雜文亦多馴雅而制誥諸作尤有體裁其他所紀朝廷典故與宋史往往異同如地理志謂南渡有淮平無盱眙而集中有向子固知盱眙軍轉官制職官志載政和七年易觀察留後爲承宣使而集中賜董先辭免新除承宣使恩命不允詔有頃因留務之職易以使名之語知承宣使之名乃始於紹興不始於政和又如選舉志不載紹興二十六年戒諭科舉事張綱傳不載綱參知政事陳康伯傳不載其居館職之類皆可據以訂訛補缺惟所行秦檜制詞語多溢量至稱其道義接丘軻之傳勳名員伊呂之佐尤爲謬妄史稱其於權臣用事之時能雍容遜避以保名節頗著徽詞其指此類歟是則白璧之瑕矣乾隆四十六年十月恭校上

筠溪集

臣等謹案筠溪集二十四卷樂府一卷宋李彌遜撰彌遜字似之連江人居吳

縣與兄彌大弟彌正俱負重名大觀三年上舍第一高宗朝試中書舍人再任戶部侍郎以爭和議忤秦檜乞歸事蹟具宋史本傳集首有樓鑰序稱其歸隱西山十六年不復有仕宦意詠詩自娛筆力愈偉朱子嘗跋其宿觀妙堂詩後亦傾倒甚至蓋其人其文俱卓然有以自立矣彌遜自號筠溪子筠溪者其居連江時所居之地集中有筠溪圖跋序其始末甚明宋史藝文志載彌遜集亦名筠溪可以互證此本題曰竹溪集考諸家著錄皆無此名知爲傳寫之誤今仍改題曰筠溪集以復其舊焉乾隆四十七年十月恭校上

華陽集

臣等謹案華陽集四十卷宋張綱撰綱字彥正金壇人大觀政和間試舍法三中首選初與蔡京王黼不合二人每擠抑之及南渡後登瑣闥復與秦檜有隙遂致仕檜歿乃召用終參知政事生平爲文每一落紙都人輒傳播遭建炎兵燬什不存一值檜柄國懼言禍絕意著述以故流傳不多嗣子堅搜輯得八百

餘篇至孫釜始刊板賔郡學以其自號華陽老人即以名集凡文三十三卷詩五卷詞一卷後附行狀一卷詩文典雅麗則講筵所進故事因事納忠亦皆剴切至南宋之初盡革紹述之弊凡元祐諸臣之後無不甄錄轉相標榜頗滋僞冒綱乃復有劄子論黨籍推恩太濫尤可謂卓然特立毫無門戶之見者矣乾隆四十七年九月恭校上

忠穆集

臣等謹案忠穆集八卷宋呂頤浩撰頤浩字元直其先樂陵人徙齊州中進士第徽宗時歷官至河北都轉運使高宗南渡起知揚州兩入政府爲同中書門下平章事後以少傅醴泉觀使致仕卒贈太師秦國公謚忠穆事蹟具宋史本傳頤浩集凡十五卷見於陳振孫書錄解題宋史藝文志者並同舊本久佚惟今永樂大典頗散見其遺篇裒而輯之尚得文一百三十七首詩詞五十八首今重爲排輯勒成八卷頤浩在相位時頗肆自用力排李綱李光諸人創立月

椿錢貽東南患深爲公論所不與然宣和伐燕之役頤浩隨軍轉輸奏燕山河北危急五事請議長久之策一時稱其切直至建炎中苗傅劉正彦爲逆頤浩與張浚倡議勤王卒平内難又少長西北兩邊於軍旅頗爲嫻習其應詔上戰守諸策載於徐夢莘三朝北盟會編者大約皆謂和議之必不可成而勸高宗爲乘機進取之計凡分兵策應機宜經畫頗備雖都督江淮迄未建恢復之績不能盡酬其所言然較張浚之迂誕寡謀媢嫉誤國富平諸役流毒蒼生者則固有間矣集中上時政一書乃作於靖康初年能預決金兵之必來諄諄以遷避爲説亦復具有先見而本傳獨未及此事是亦足以補史闕也書錄解題又稱集後三卷皆燕魏雜記著頤浩在河北時所作今祇存二十九條於古蹟頗有典據又其集在孝宗時嘗付兩浙漕司鏤板詳見其子摺所作謝表中今與頤浩配享省劄一通並附於末以備稽核焉乾隆四十六年九月恭校上

紫微集

臣等謹案紫微集三十六卷宋張嵲撰嵲字巨山襄陽人宣和三年上舍中第紹興九年除司勳員外郎累遷敷文閣待制知衢州終於提舉江州太平興國宫事蹟具宋史文苑傳嵲爲陳與義之表姪少時嘗從受學故劉克莊後村詩話謂其詩句法與簡齋相似而於五言古詩尤極賞其語意高簡意味深遠又克莊所摘七言絶句如故園墳樹想青葱諸篇尤能以標格見長而集中似此類者尚多大抵絶句清和婉約較勝與義其他雖未能遽相方駕而氣體高朗頗足以自名一家至古文典雅沈實亦尚有北宋諸家矩矱所上奏議如論和戰守論攻取等篇史皆採入於當時事勢尤條析詳明惟紹興復古詩一章貢諛秦檜深玷生平考朱子語録有云金人敗盟時秦檜大恐顯謨士問計張巨山微誦曰德無常師主善爲師善無常主協于克一檜因留與語巨山爲之畫策檜喜即命作奏稟倉卒不子細起頭兩句以德無常師爲伊尹告成湯陳力就列爲孔子之語尋擢巨山爲中書舍人有無名子作詩嘲之云成湯爲太甲

宣聖作周任云云是嵲本因附檜得進陳振孫書錄解題亦載此事且稱檜旋疑嵲貳己未幾亦罷然則此詩之作乃借以修好於檜者故本傳謂詩進後將復召用殆由檜意解而然特作史者不能得其情耳今其代檜奏藳雖已不存而是詩尚傳留供千秋之嗤點亦足以昭炯戒矣宋史藝文志載紫微集三十卷書錄解題則作張巨山集亦三十卷自明以來久無傳本今據永樂大典所錄裒輯排比諸體咸備當已尠所缺遺以其篇帙較富析爲三十六卷仍依宋史題作紫微集復其舊目焉乾隆四十六年十月恭校上

苕溪集

臣等謹案苕溪集五十五卷宋劉一止撰一止字行簡湖州歸安人宣和三年進士紹興初召試除祕書省校書郎歷給事中進敷文閣直學士韓元吉謂一止文章推本經術出入韓柳不效世俗纖巧刻琢雖演迤宏博而關鍵嚴密其爲詩寓意高遠自成一家呂本中陳與義讀之曰語不自人間來也蓋一止雖

入南渡之初而所作氣體遒邁猶有北宋名家遺矩故當時推重如此元吉所
撰行狀及宋史本傳皆稱類稿五十卷今本爲朱彝尊家舊鈔前有曝書亭印
記詩文共五十三卷末附行狀一卷告詞一卷凡五十五卷殆後人掇拾遺篇
又從而增益之者歟乾隆四十七年四月恭校上

東牟集

臣等謹案東牟集十四卷宋王洋撰洋字元渤山陽人以省試第二名中宣和
六年甲科紹興初累官起居舍人知制誥直徽猷閣歷典三郡其事蹟不見於
宋史惟周必大所作集序略紀其行履大概嘉定山陽志中有洋小傳亦皆採
必大序中語不能有所增益今考韓淲澗泉日記稱洋在信州城居有荷花水
木之趣因號王南池闢宴坐一室號半僧寮清貧衣食窶甚善詩篇云云江西
通志亦稱洋僑寓上饒與曾幾相唱和以二書所載與集序參考之蓋亦南渡
之清流也集爲其子昌祖所編宋史藝文志列其目爲二十九卷而必大原序

實作三十卷則宋史爲誤自明以來世罕傳本選錄宋詩者多未之及獨永樂大典各韻中散見頗多謹採掇編訂得古今體詩七百首雜文三百五十餘首其詩極意鏤刻往往兀臬自喜頗不爲邊幅所拘文章以溫雅見長所撰內外制詞尤有典則蓋洋生當北宋之季猶及覩前輩典型故其所作雖未能上追古人而蟬蛻於流俗之中則翛然遠矣洪邁容齋三筆載洋題餘干縣琵琶洲詩云塞外風煙能記否天涯淪落自心知眼中風物參差是只欠江州司馬詩當時稱爲佳句永樂大典內已佚不收入又澗泉日記極賞洋爲李彭元所作養源齋記檢永樂大典亦無此篇則其他殘缺者當復不少今姑就其尚存者分類排纂析爲十四卷以著其概其周必大序亦仍冠之于首焉乾隆四十五年十月恭校上

相山集

臣等謹案相山集三十卷宋王之道撰之道字彥猷廬州人宣和六年與兄之

義弟之深同登進士第調歷陽丞南渡後累官湖南轉運判官以朝奉大夫致仕後以其子蘭官樞密使追贈太師宋史爲蘭立傳而不及之道故其事蹟不詳惟尤袤所撰神道碑尚在永樂大典中可以考見大略之道嘗自號相山居士其集即以爲名宋史藝文志作二十五卷書錄解題作二十六卷寶祐濡須志及濡須續志俱作四十卷尤袤碑文作三十卷彼此乖互不合今原集既亡無可復證然袤碑乃據其子家狀所書似當得其實也初金兵南伐廬州盜起之道率鄉人據險共保城賴以全幹略頗有足稱又其登第對策時即極言燕雲用兵之非以切直抑置下列及紹興和議初成之道方通判滁州移吏部侍郎魏矼司諫曾統書力陳辱國非便尋又上疏論之並以前書繳進大忤秦檜意謫監南雄鹽稅坐是淪廢者二十年今原疏雖佚不存而所與矼統二書具在集中其所論九不可和之說慷慨激烈足與胡銓事相匹氣節尤不可及其他論事諸箚子亦多明白曉暢可以見諸施行韻語雖非所長而抒寫性情具

有直朴之致蓋有體有用之言固不徒以文章工拙論矣謹就永樂大典各韻中蒐輯編次仍可得三十卷疑明初纂修諸臣重其爲人全部收入故雖偶有脫遺而仍去原數不遠歟乾隆四十六年九月恭校上

三餘集

臣等謹案三餘集四卷考三餘集世無傳本惟散見永樂大典中然各韻所載題爲黄次岑者計七十餘篇題爲黄次山者計五篇已自相牴牾集中有見山堂記一首篇末署豫章黄次岑而永樂大典别載謝諤所撰三餘集序則曰流江黄季岑更互相舛迕宋史藝文志則作黄季岑玉餘集焦竑國史經籍志則作黄次山三餘集前賢小集拾遺載其詩一首歷代名臣奏議載其文三篇亦均作黄次山近時厲鶚撰宋詩紀事則云黄次山字季岑輾轉異同幾於不可究詰惟豐城縣志載宋黄得禮字執中元祐間進士曾爲柳州軍事參軍與集中先大夫述一首符合又載得禮長子名彦輔字伯强登政和進士次子彦平

字季岑號次山登宣和進士建炎初仕至吏部郎中出提點湖南刑獄載其世系名字科第仕履皆一一條晰然則撰此集者乃黄彦平所謂次岑次山季岑者或傳寫訛異或偶以字行耳至其集名三餘當取三國董遇三餘讀書之意宋史作玉餘亦字形相似而誤也彦平在靖康初坐與李綱善貶官南渡後數上劄子論事多所建白其論賞罰一疏持論尤爲平允厥後劉光世呂祉得失卒爲所料如操券然亦剛正有識之士矣又張端義貴耳集曰馬子方作守令幕下黄次山作敵與廟堂不入意自改云方四九之年買臣自知其將貴當乙巳之歲淵明已賦其歸來固不敢自比於古人欲以此折衷於夫子黄大服云云是其虚心從善異乎一長自足者宜其文之工也今據永樂大典所存編爲賦詩二卷雜文二卷存其文併以存其人焉乾隆四十六年二月恭校上

大隱集

臣等謹案大隱集十卷宋李正民撰正民有己酉航海記已著錄正民宋史無

傳事蹟始末不可考惟據航海記所述知其事高宗爲中書舍人嘗奉使通問隆祐太后而已今以集中諸表考之則在朝嘗爲給事中禮部吏部侍郎在外嘗知吉州筠州洪州湖州溫州婺州淮寧府剔歷頗久晚予宮祠以歸又考徐夢莘三朝北盟會編載紹興十二年五月金元帥來書云汴梁留守孟庾陳州太守李正民及畢良史者比審議使蕭毅等回具言江南嘗詢訪此人今並委沿邊官司發遣前去六月金人放東京留守孟庾知陳州李正民還云云是正民於知陳州時嘗爲金人所獲以和議成得還集中南歸詩所云淪身絶域久喽孤投老歸來鬢髮疎者蓋即其事特孟庾以東京附金歸後高宗棄不復用而正民屢更任使終始弗替則其在金朝當猶未至于失節特史文闕略不能得其詳耳其集見于宋史藝文志者三十卷傳本久佚惟嘉興府志載其海月亭詩一首今據永樂大典所載掇拾編次釐爲文六卷詩四卷中多中書制誥之作溫潤流麗頗近浮溪其詩亦妍秀可誦在南渡初猶不失爲雅音焉乾隆

四十五年七月恭校上

欽定四庫全書提要卷八十九

集部十一

別集類十

龜溪集

臣等謹案龜溪集十二卷宋沈與求撰與求字必先德清人政和五年進士高宗時官至知樞密院事卒諡忠敏事迹具宋史本傳是集爲紹熙中其孫詵所刋前有觀文殿大學士李彥穎湖州教授張叔椿二序史稱與求歷御史三院知無不言前後幾四百奏其言切直今所存僅十之三四類多深中時弊陳振孫書錄解題曰與求嘗奏王安石之罪大者在於取揚雄馮道當時學者惟知有安石喪亂之際甘心從僞無仗節死義之風實安石倡之此論前未之及也云云考熙寧以逮政和王蔡諸人以權勢奔走天下誅鋤善類引掖宵人其貪緣以苟富貴者本無廉恥之心又安能望以名節之事其偸生賣國實積漸使

然不必盡由於推獎揚雄表章馮道求與此奏亦事後吹索之詞然其說主持風教振刷綱常要不可不謂之偉論也至其制誥諸篇典雅春容亦具有唐人軌度又不徒以奏議見長矣乾隆四十七年十一月恭校上

栟櫚集

臣等謹案栟櫚集二十五卷宋鄧肅撰肅字志宏沙縣人欽宗朝召對補承務郎張邦昌僭號奔赴南京擢左正言予宫祠罷歸王明清揮麈後録載栟櫚集三十卷今本爲詩一卷詞一卷文十四卷目次不同疑已爲傳寫者所脱佚肅爲太學生嘗撰進花石詩以諷徽宗意主忠愛又有靖康迎駕行後迎駕行等篇纏綿悱惻不減少陵奉先之作至唐宋以來學者皆尊揚雄熙寧中遂至配享而肅書揚雄事獨指爲叛臣無所容於天地之間在朱子綱目未出之先其識見尤不可及矣乾隆四十七年四月恭校上

臣等謹案默成文集四卷宋潘良貴撰良貴子義榮一字子賤號默成居士婺州金華人政和五年以廷試第二人釋褐爲辟雍博士累遷提舉淮南東路常平靖康元年召還坐事除監信州汭口排岸高宗即位召爲左司諫歷除徽猷閣待制提舉亳州明道宮坐與李光通書降三官卒贈左朝奉大夫事蹟具宋史本傳良貴學術醇正侃切不阿首論何㮚等之不可爲相又與黄潛善呂頤浩相忤又面劾向子諲皆以是屏斥而無悔洵不愧古之遺直故朱子亦稱其剛毅近仁其論治體箚子等篇悱惻沈痛足以感人尤足以覘其節槪集之見於史者十五卷久佚不傳此本乃康熙中其裔孫所刊僅文二十首詩二十七首詞一首皆掇拾於散亡之餘猶可以見其梗槪且以集中除謝諸表與本傳相較亦多有足資參訂者即如良貴既至嚴州任請祠得主管亳州明道宮轉祕書少監遷起居郎拜中書舍人今集中有辭免祕書少監申省狀可證而本傳不云轉祕書少監可據是集以正其誤又良貴知嚴州之後復起凡再爲中

書舍人集中有謝中書舍人告表又有謝中書舍人表可證而本傳但云起爲中書舍人不著前後再命亦可據是集以補本傳所未備於讀史均不無裨益焉集原刊本八卷其一卷二卷皆載本傳及年譜誥敕等文七卷八卷則附錄同時名流贈題及像贊傳誌之作篇帙寥簡强加分析殊爲無法今具錄其詩文四卷如右其餘悉從删汰云乾隆四十七年十月恭校上

鄱陽集

臣等謹案鄱陽集四卷宋洪皓撰皓字光弼鄱陽人登政和五年進士第建炎中擢徽猷閣待制假禮部尚書爲大金通問使龔璹副之後璹仕劉豫皓獨不屈節遂流遞冷山居雪窖中陳王固新(案固新宋史作悟室今據金國語解改正)甚敬禮之使教諸子八人集中所稱彥清彥亨彥隆彥深者皆固新子也皓所作詩亦于此時爲多及烏珠(案烏珠宋史作兀朮今據金國語解改正)殺固新遷皓雲中至紹興十二年始歸國留金首尾凡十五年後爲秦檜所嫉安置英州詩皓所謂六十之年入瘴鄉是也居

九年始內徙行至南雄州卒謚忠宣宋史本傳稱皓有文集五十卷而書錄解題作十卷考皓子适盤洲集中載有皓集跋語一篇稱裒其在北方詩文爲十卷刻之新安郡則宋史誤矣其集久不傳今從永樂大典所載裒輯編次共爲四卷凡其始奉使時塗次所經及遷居冷山以及歸國後南竄之作有年月可考者悉以年月排比或年月不可考而確知其爲奉使後作南遷後作者亦皆以類相從其不知作于何時者則別綴于後而以适跋語冠於篇端焉皓大節凜然照映今古雖不必以文章爲重然其子适邁遵承藉家學並擅詞科著述紛綸蜚聲一代淵源有自皓實開之迄今年代迢遙篇章散佚幸得遭逢 聖世蒐羅遺逸復光輝于蠹蝕之餘斯亦其忠義之氣不可泯沒待 昌期而自發其光者矣乾隆四十五年十月恭校上

澹齋集

臣等謹案澹齋集十八卷宋李流謙撰流謙字無變漢州德陽人父良臣登政

和五年進士紹興中授館職爲尚書郎晚出守簡池二州以終流謙少以父廕
補將仕郎授成都府靈泉縣尉秩滿調雅州教授會虞允文宣撫全蜀置之幕
下多所贊畫尋以薦除諸王宫大小學教授力匃補外改奉議郎通判潼川府
事其事迹不見于宋史惟其兄益謙所作行狀尚具見其始末所著文集宋志
亦不著録惟焦竑國史經籍志黄虞稷千頃堂書目俱載有澹齋集八十一卷
是明世尚有傳本今已湮没無聞厲鶚撰宋詩紀事僅從成都文類中蒐得梅
林分韻一首其文亦與本集頗有異同又以流謙爲綿竹人與行狀不合知鶚
未覩本集故傳聞異詞也流謙以文學知名其父良臣嘗出張浚門下爲所論
薦集中分陝志專爲頌浚勳德而作鋪張太甚殊不免門户之私其詩文邊幅
稍狹間傷淺俚亦未能盡臻醇粹然筆力峭勁不屑屑以雕琢爲工視後來破
碎萎弱之習較爲勝之宋代遺集大半散佚若流謙者固不妨存備一家矣謹
就永樂大典所載鈔撮編次釐爲十八卷其益謙行狀及其子廉渠刋集原跋

並附錄於末以備考證焉乾隆四十五年九月恭校上

韋齋集

臣等謹案韋齋集十二卷宋朱松撰松字喬年別字韋齋朱子之父也政和八年同上舍出身官至吏部員外郎以言事忤秦檜出知饒州未上請閒得主管台州崇道觀滿秩再請命下而卒朱子作行狀稱有韋齋集十二卷外集十卷外集今已久佚是集初刻于淳熙再刻于至元又刻于弘治傳本亦稀康熙庚寅其裔孫昌辰又校錄重刊是爲今本核其卷數與行狀所言相合蓋猶舊帙也前有傅自得序稱其詩高遠而幽潔其文溫婉而典裁至表奏書疏又皆中理而切事情雖友朋推許之辭然松早友李侗晚折秦檜其學識本殊于俗故其發爲文章氣格高逸翛然自異其集亦足以自傳自得所云頗爲近實非後來門戶之私以張栻而尊張浚者比也乾隆四十七年十月恭校上

陵陽集

臣等謹案陵陽集四卷宋韓駒撰駒字子蒼蜀仙井監人政和中召試賜進士出身累除中書舍人權直學士院南渡初知江州事蹟具宋史文苑傳駒學原出蘇氏呂本中作江西宗派圖列駒其中駒頗不樂然駒詩磨淬翦截亦頗涉豫章之格其不願寄黄氏門下亦猶陳師道之瓣香南豐不忘所自爾非必其宗旨之迥別也陸游跋其詩草謂反覆塗乙又歷疏語所從來詩成旣以予人久或累月遠或千里復追取更定無毫髮恨乃止亦可謂苦吟者矣晁公武讀書志謂王黼嘗命駒題其家藏太乙眞人圖盛傳一時今其詩具在集中有玉堂學士今劉向之句推許甚至劉克莊謂子蒼諸人自鬻其技至貴顯蓋指此類其亦陸游南園記之比乎要其文章不可掩也乾隆四十七年十月恭校上

瀛山集

臣等謹案瀛山集三卷宋朱翌撰翌有猗覺寮雜記已著録其集目見於諸書者宋史藝文志作四十五卷詩三卷陳氏書録解題作三卷焦氏經籍志作二

卷而周必大平園集又云其子軏等類公遺稿凡四十四卷卷目彼此互異蓋必大所言即宋志之四十五卷乃其文集陳氏所云三卷者則專指詩集經籍志所載亦其詩集而又訛三卷爲二卷也今文集已不可見詩集亦無傳本惟永樂大典所收篇什尚多謹裒而集之釐爲三卷以還其原目翌父載上嘗從蘇軾黄庭堅游翌承其家學而才力又極富健故所著作頗有元祐遺風集中五七言古體皆極跌宕縱橫近體亦偉麗伉健喜以成語屬對率妥貼自然陳鵠耆舊續聞劉克莊後村詩話王應麟困學紀聞皆採其佳句盛相推挹蓋其筆力排奡實足睥睨一時與南宋時平易嘽緩之音率潦倒之習迥乎不同周必大序以杜牧擬之非溢美也今陳鵠等所摘諸句雖不能悉見全篇然三卷之内菁華具存亦足窺豹一斑矣乾隆四十五年九月恭校上

雲溪集

臣等謹案雲溪集十二卷宋郭印撰印詩數百篇散見永樂大典各韻中皆題

曰雲溪集而宋史藝文志及諸家書目均未著錄惟厲鶚輯宋詩紀事載印爲成都人政和中進士而亦不詳其官爵所錄詩僅二首一從全蜀藝文志摘出爲遊大隋山詩一從四川總志摘出則即集中遊下巖寺詩是也今案集中有雲溪雜詠小序自題亦樂居士且稱性嗜水竹經營二十載始得一畝之園云云則雲溪乃其別墅之名又有過銅梁縣詩云攝職臨茲邑于今五十年又仁壽縣山齋詩云隨牒幾推遷銅章領巖邑又次韻宋南伯云衰遲來作邑勞苦劇萬狀則嘗累任縣令晚始退居又贈劉元圭詩今年歲八十之語則其齒亦躋上壽觀所作養生歌及讀易詩蓋有得於導引之術者其交遊最密爲曾慥計有功等皆一時博雅之士則印其勝流矣特以集久不傳故錄宋詩者遂不能稱述耳今據永樂大典所載分體編輯釐爲十二卷其詩才地稍弱未能自出機杼而清詞雋語瓣香實在眉山以視宋末噌雜之音固爲猶有典型矣乾隆四十六年十月恭校上

盧溪集

臣等謹案盧溪集五十卷宋王庭珪撰庭珪字民瞻廬陵人政和八年進士第調茶陵丞與上官不合棄官去隱居盧溪胡銓謫嶺南時庭珪以詩送之有癡兒不了公家事男子須爲天下奇語後坐是流嶺南至孝宗朝召對賜國子監主簿乾道六年復除直敷文閣年九十三卒卷首載胡銓等序後附錄周必大等誌狀題跋敘述始末甚詳生平著述頗富有六經論語講義易解語錄及滄海遺珠鳳停山叢錄等書今多散佚惟此集猶傳庭珪抱經濟才鬱而未發故雄直之氣時流露于詩文間劉澄評其文在廬陵可繼歐陽之後楊萬里嘗從之遊謂其詩出自少陵昌黎大要主于雄剛渾大蓋亦得其近似云此本首載古近體等詩二十五卷次載書序及各種雜文二十五卷其脫稿不全者則附于簡末云乾隆四十七年五月恭校上

屏山集

臣等謹案屏山集二十卷宋劉子翬撰子翬字彦沖崇安人劉韐之季子嘗通判興化軍以疾歸築室屏山朱子其門人也此集乃其嗣子玶編次朱子重加訂正爲之序其談理之文辨析明快曲折盡意無語錄之習論事之文洞悉時勢亦無迂濶之見如聖傳論維民論及論時事箚子諸篇皆明體達用之作古詩風格高秀惟七言近體宗派頗雜江西蓋子翬嘗與吕本中遊故格律時復似之耳乾隆四十七年八月恭校上

北海集

臣等謹案北海集四十六卷附錄三卷宋綦崇禮撰崇禮字叔厚高密人後徙濰之北海登重和元年上舍第高宗南渡爲起居郎召試政事堂拜中書舍人歷官寶文閣學士知紹興府退居台州卒贈左朝議大夫事蹟具宋史本傳藝文志書錄解題俱載崇禮北海集六十卷世久失傳厲鶚宋詩紀事僅從天台勝記中得所作石梁瀑布詩一首而其他槪未之見今檢永樂大典載崇禮詩

文頗多中惟制誥最富表啟之類次之散體古文較少而詩什尤寥寥無幾蓋其平生以駢體擅長故也集中間有原註稱崇禮爲先祖則當時所據猶其家刻之舊本矣史稱崇禮妙齡秀發聰明絶人覃心辭章極潤色論思之選再入翰林凡五年所撰詔命數百篇文簡意明不私美不寄怨深得代言之體今觀是集所載内外諸制大約明白曉暢切中事情頗與浮溪集體格相近如呂頤浩開督府制詞則樓鑰賞其宏偉王仲嶷落職制詞則王應麟取其精切鄒浩追復待制制詞則宋史採入本傳以爲能推朝廷所以褒恤遺直之意其草秦檜罷政制則直著其惡致檜再相後奏索其稾幾蹈危禍史所云云蓋非溢美矣陸游老學菴筆記稱崇禮謝宮祠表云雜宮錦于漁蓑敢忘君賜話玉堂于茅舍更覺身榮時歎其工又有一表云欲掛衣冠尚低回于末路未先犬馬儻邂逅于初心尤佳云云今集中乃無此二聯知其傑製鴻篇尚多遺脱然據今所得覩者已足見詞藻之精麗不必全璧也謹分體排訂釐爲三十六卷又兵

籌類要一書乃其在翰苑時所撰進皆援據兵法參以史事各加論斷雖紙上空談未必遽切實用而採摭尚爲博洽今亦編爲十卷次之於後其歷官除授告詞及呂頤浩書啟李邴祭文秦檜乞追取御筆詞頭劄子原本皆載入集中今並仍其舊而益以宋史本傳氏族言行錄諸條別爲附錄三卷系諸集末以備考核焉乾隆四十六年四月恭校上

鴻慶居士集

臣等謹案鴻慶居士集四十二卷宋孫覿撰覿字仲益晉陵人徽宗末蔡攸薦爲侍御史靖康初蔡氏勢敗乃率御史極劾之金人圍汴李綱罷御營使太學生伏闕請留覿復劾綱要君又言諸生將再伏闕朝廷以其言不實斥守和州既而綱去國復召覿爲御史專附和議進至翰林學士汴都破後受金人女樂爲欽宗草表上金主極意獻媚建炎初貶峽州再謫嶺外黄潛善汪伯彦復引之使掌誥命後又以罪斥提舉鴻慶宫故其文稱鴻慶居士集孝宗時洪邁修

國史謂靖康時人獨覿在請詔下覿使書所見聞靖康時事上之覿遂於所不快者如李綱等率加誣辭邁遽信之載於欽宗實錄其後朱子與人言及每以爲恨謂小人不可使執筆故陳振孫書錄解題曰覿生元豐辛酉卒於乾道己丑年八十九可謂耆宿矣而其生平出處則至不足道然覿所爲詩文頗工尤長於四六與汪藻洪邁周必大聲價相埒必大爲作集序稱其名章雋句晚而愈精亦所謂孔雀雖有毒不能掩文章也乾隆四十七年十月恭校上

內簡尺牘

臣等謹案內簡尺牘十卷宋孫覿撰其門人李祖堯編併爲註覿所撰鴻慶集自三十七卷至五十卷皆書帖然參校此本時有不同如此本載與信安郡王孟仁仲帖二十二首集本皆不載集本四十六卷內有與孟仁仲郡王帖一首復與此不符又此本載與葉左丞少蘊帖一首與集本第四十五卷所載與葉少蘊資政帖三首四十六卷所載與葉左丞帖一首亦復各別蓋祖堯據手稿

編之故時有出入至其註中多取覿自著詩文以資考證如第三卷與周表卿侍郎第五帖註引覿集謝吏部侍郎兼權直學士表集本乃無此篇第七卷與常守徐計議第五帖註引覿集常州資聖禪院興造記云清智大師曾璿既至始改號資聖集本三十一卷載此文乃脱清智大師四字其他引證典故亦皆切實蓋祖堯親從覿游較之任淵之註陳師道黄庭堅詩聞見更爲有據非後人註前代之書撲索影響者所可同日語云乾隆四十七年五月恭校上

崧庵集

臣等謹案崧庵集六卷宋李處權撰處權宋史無傳其集諸家亦不著録惟方回瀛奎律髓内録所作送二十兄還鎮江詩一首而注其後云處權字巽伯洛陽人邯鄲公淑之後有崧庵集宣和間與陳叔易朱希真以詩名南渡後嘗領三衢云云其履貫略可考證而亦不言其距李淑幾世今其集傳本已絶獨永樂大典中有之且尋檢各韻處權自序及其從弟處全原序邵𬤇原跋一一具

在所紀生平蹤迹差爲詳備惟世系仍未明晰今案建康志有李處全小傳稱處全淑之曾孫本豐縣人後遷溧陽官至朝請大夫而王明清揮麈餘錄亦稱大理少卿李傳正爲淑孫即處全之父據此則處權實淑曾孫而家於溧陽瀛奎律髓所稱洛陽當由刻本傳訛以溧爲洛耳淑家富典籍其邯鄲圖書志晁公武每引以爲據又精研聲律所作詩苑類格今尚散見諸書中處權承其世學更能標新領異別出以清雋之思於詩道頗爲深造處全序稱其齒益高心益苦句法益老與少作不類是其覃思吟詠老而愈工雖原帙散佚東京與南渡以後所作互相糅雜不復能以年歲辨析而綜其大概五言清脫瀏亮略似張耒七言爽健伉浪可擬陳與義在當時實一作手久經湮沒幸而復存亦論宋詩者所宜甄錄也謹採掇排比以體區別釐爲六卷仍以原序跋分繫前後俾將來有以考見焉乾隆四十六年四月恭校上

藏海居士集

臣等謹案藏海居士集散見永樂大典中題宋吳可撰可事蹟無考亦不知何許人考集中年月當在宣和之末其詩有一官老京師句又有掛冠養拙之語知其嘗官于汴京復乞閒以去又有往時家分寧比年客臨汝及避寇湘江外依劉汝水旁句知其嘗居洪州建炎以後轉徙楚豫之間又可別有藏海詩話一卷亦載永樂大典中多與韓駒論詩之語中有童德敏木筆詩一條考容齋三筆載臨川童德敏湖州題顏魯公祠堂詩一篇其人與洪邁同時則可於南渡之後至乾道淳熙閒尚在也集中所與酬答者如王安中趙令畤米友仁諸人亦多南北宋閒文士元祐諸賢風流未沫故所存篇什無多而大致清警與謝薖兄弟氣格相近特其集既不傳後之言宋詩者遂不能知其姓氏厲鶚宋詩紀事搜羅至三千八百餘家亦未之及則其沈晦已久矣今一一裒輯析爲二卷與詩話同著于錄俾不致終就湮沒焉乾隆四十六年四月恭校上

臣等謹案豫章文集十七卷宋羅從彦撰從彦字仲素沙縣人以累舉恩授惠州博羅縣主簿紹興初卒淳祐間追謚文質事蹟具宋史道學傳是編爲至正三年延平進士曹道振所編以宋儒稱從彦爲豫章先生因以名集道振嘗謂郡人許源嘗刻其遺集五卷近得邑人吳紹宗稿釐爲一十三卷附錄三卷外集一卷年譜一卷凡一十八卷此本乃明代重刻末有嘉靖甲寅謝鸞跋凡遵堯錄八卷集二程及楊龜山語錄一卷雜著二卷詩一卷附錄三卷外集一卷共十七卷然第一卷雖列經解之目而其文久佚有錄無書實止十六卷而已

乾隆四十七年九月恭校上

和靖集

臣等謹案和靖集八卷宋尹焞撰焞有孟子解已著錄然孟子解雖名見書錄解題原書實已散佚今所行者乃贗本惟此集猶相傳舊笈凡奏劄三卷詩文三卷其壁帖一卷乃焞手書聖賢治氣養心之要黏之屋壁以自警惕後人錄

之成帙又師說一卷則焞平日之緒論而其門人王時敏所編也考朱子語錄謂焞文字有關朝廷者多門人代作今其孰爲假手孰爲眞筆已不可復考然指授點定亦必焞所自爲會昌一品集序雖李商隱作究以鄭亞改本爲勝正不必盡自己出也詩不多作然自秦入蜀作云南枝北枝春事休啼鶯乳燕也含愁朝來回首頻惆悵身在秦川最盡頭亦殊有詩情固未可槩以有韻語錄目之矣乾隆四十七年十月恭校上

王著作集

臣等謹案王著作集八卷宋王蘋撰蘋字信伯福建通志稱紹興初平江孫祐以德行薦於朝召對賜進士出身除祕書省正字累官左朝奉郎陳振孫書錄解題則作以趙忠簡薦賜進士出身官至著作佐郎秦檜惡之會其族子坐法牽連文致奪官與通志所記不同然此集以著作爲名則陳氏所言爲是矣陳氏著錄作四卷寶祐中其曾孫思文刊於吳學盧鉞爲序此本爲明弘治中蘋

十一世孫觀所編一卷爲傳道支派圖二卷爲翁子雜文十餘篇三卷以下爲像贊跋及門人私誌語錄之類較陳氏所記卷數遽增一倍然遺文不過一卷餘皆附錄實則亦佚四分之三蓋掇拾殘賸而成已非舊本以其學出伊洛而能不附秦檜立身無愧於師門故錄而存之不以殘缺廢焉乾隆四十七年九月恭校上

郴江百詠

臣等謹案郴江百詠一卷宋阮閱撰閱字閎休舒城人建炎初官至知袁州所撰有詩話總龜別著錄又有松菊集今佚不傳此郴江百詠則其宣和中知郴州時作其詩多入論宗蓋宋代風氣如是而閱素留心吟詠多識遺篇故尚不落爲酸腐之語如東山詩云藜杖芒鞋過水東紅裙寂寞酒樽空郡人見我應相笑不似山公與謝公又乾明寺詩云直松曲棘都休道庭下山茶爲甚紅往往自有思致又如愈泉一首所謂古人詩病知多少試問從來療得無語雖著

相然自爲其詩話一編而作是亦詩中有人異乎馬首之絡者矣此本出自厲鶚家百詠尙缺其八考郴州志亦不載吳之振選宋詩鈔及曹庭棟選宋詩存均未及收存之亦可補各家選本之遺惟每題之下不註本事非對圖經而讀之有茫不知爲何語者或傳寫佚之歟袁州府志載其宣風道上詩一首題春波亭詩一首鮑氏知不足齋本錄於此集之末以補松菊集之遺今亦從鮑本並錄存之焉乾隆四十七年九月恭校上

雙溪集

臣等謹案雙溪集十五卷宋蘇籀撰籀有欒城遺言已著錄考蘇黃二家並隸名元祐黨籍南渡以後黃氏雖承藉先澤頗見甄錄而家學殆失其傳惟其孫㽦游於朱子之門得以挂名於語錄朱子於蘇氏兄弟攻擊如讐而於庭堅無貶詞㽦之故也然㽦之著作惟宋史藝文志載有復齋漫稿二卷世無其本文獻通考已不著錄宋人亦無稱述者文章一道殆非所長惟籀以蘇轍之孫蘇

遲之子尚有此一集傳世爲能不墮其家風獨是軾轍之爲偉人不僅以文章爲重其立身本末俱不愧古賢籀此集中乃有上秦檜二書及庚申年擬上宰相書皆極言和金之利所以歸美于檜者無所不至不免迎合干進之心又雜著中別有進取策一篇復力言攻劉豫以圖金前後議論自相矛盾蓋皆揣摩時好以進說小人反覆有愧于乃祖實多轉不如黃甾之无咎无譽矣特其詩文雄快疎暢以詞華而論終爲尚有典型固亦未可遽廢焉乾隆四十七年十月恭校上

少陽集

臣等謹案少陽集六卷宋陳東撰東有靖炎兩朝見聞錄已著錄其文集宋志不載書錄解題亦不載據戴埴鼠璞載張浚奏胡珵筆削東書追勒編置蓋以浚爲黃潛善客珵爲李綱客故借此去之云云則東死以後尚牽連興鉤黨之獄宜無編輯其文者元大德中始有刻本盡忠錄凡八卷編次頗嫌錯雜續刊

於　國朝康熙中者曰少陽文集凡十卷前五卷皆東遺文後五卷則本傳行狀及他書論贊也東以諸生憤切時事摘發權姦冒禍死以冀一悟其氣節自不可及然于時國步方危而煽動十餘萬人震驚庭陛至于擊壞院鼓臠割中使迹類亂民亦乖大體南宋末太學之橫至于驅逐宰輔莫可裁制其胚胎實兆于此張浚所謂欲以布衣持進退大臣之權幾至召亂者其意雖出于私其言亦未始不近理也後應詔再出卒以此爲小人所搆亦不可謂東等無以致之矣第以志在匡時言皆中理所掊擊者皆人不敢觸之巨姦所指陳者事後亦一一皆驗故南宋以來儒者以忠義予之而遺文亦至今傳述焉蓋略迹而原其心也乾隆四十七年十月恭校上

歐陽修撰集

臣等謹案歐陽修撰集七卷宋歐陽澈撰澈字德明崇仁人建炎初徒步走行在伏闕上書請誅黄潛善汪伯彥與陳東俱論死後高宗悔之追贈祕閣修撰

紹興二十六年吳沆次其詩爲飄然集三卷倂爲作序至嘉定甲申會稽胡衍
又取其所上三書並序而刻之釐爲六卷元季板燬于兵明永樂丙申澈十世
孫永康縣丞齊重刊之金華唐光祖跋稱其書編爲三卷詩文中蹟爲四卷當
時陳東所同上之書亦爲掇拾無所失墜並取附爲一卷合爲八卷所稱贊府
士莊甫即齊字也而永樂丁酉崇仁知縣王克義序乃稱齊錄前後奏議次繼
飄然集分爲六卷與光祖跋不同蓋詞有詳略實即一本萬曆甲寅澈二十世
孫鉞再新其板吳道南爲序此本即從鉞刻傳寫而闕第八卷陳東之書然東
已有別集單行可不必附錄于此今亦仍從此本定爲七卷焉乾隆四十七年
九月恭校上

東溪集

臣等謹案東溪集二卷宋高登撰登字彥先號東溪漳浦人靖康間金人圍汴
登與陳東俱以太學生上書乞斬六賊復詣登聞檢院五上書論時事紹興元

年舉禮部廷對直言闕失以是不得高選僅調富川簿遷古縣令時胡舜陟帥靜江欲爲秦檜父立生祠登持不可遂中以危禍會舜陟敗得免僅奪官竄容州以卒今集中附載乞褒錄忠義奏狀及其祠記皆朱子守漳州時所作至比之伯夷之清足以廉頑立懦有功于世敎則其人品亦高矣文獻通考載登集二十卷今僅二卷或舊本散佚或通考誤衍一十字均不可考然上欽宗五書今亦闕一則似非完本矣卷末附言行錄十餘則紀登事蹟甚詳不知何人所作詳其詞氣亦出宋人之手也乾隆四十七年五月恭校上

欽定四庫全書提要卷九十

集部十二

別集類十一

岳武穆遺文

臣等謹案岳武穆遺文一卷宋岳飛撰飛事迹具宋史本傳陳振孫書錄解題載岳武穆集十卷今已不傳此遺文一卷乃明徐階所編凡上書一篇劄十六篇奏二篇狀二篇表一篇檄一篇跋一篇盟文一篇題識三篇詩四篇詞二篇其辭鎮南軍承宣使僅有第三奏辭開府僅有第四箚辭男雲轉官僅有第二箚辭男雲特轉恩命僅有第四箚辭少保僅有第三箚第五箚乞叙立王次翁下僅有第二箚乞解樞柄僅有第三箚辭除西鎮僅有第二箚則其佚篇蓋不可殫數史稱万俟卨白秦檜簿錄飛家取當時御札藏之以滅迹則奏議文字同遭毀棄固勢所必然矣然宋高宗御書聖賢像贊刻石太學秦檜作記勒於

後明宣德中朱訥乃磨而去之飛之零章斷句後人乃掇拾於蠹蝕灰燼之餘是非之公千古不泯固不以篇什之多少論階所編本附錄岳廟集後前冠以後人詩文四卷已爲倒置其中明人惡札如提學僉事蔡寬詩曰千古人人笑會之會之卻恐笑今時若教似我當鈞軸未必相知岳少師尤爲項上之穢今併芟除而獨以飛遺文著錄集部用示聖朝表章之義焉乾隆四十七年五月恭校上

茶山集

臣等謹案茶山集八卷宋曾幾撰幾字吉甫贛縣人徙居河南以兄弼邺恩授將仕郎試吏部優等賜上舍出身歷校書郎高宗朝歷江西浙西提刑忤秦檜去位僑寓上饒茶山寺自號茶山居士檜死召爲祕書少監權禮部侍郎提舉玉隆觀年七十九致仕越三年卒謚文清陸游爲作墓誌云公治經學道之餘發於文章而詩尤工以杜甫黄庭堅爲宗而魏慶之詩人玉屑云茶山之學出

於韓子蒼蓄韓駒詩法得自庭堅而庭堅又刻意以學杜甫句律淵源遞相祖
述其實一而已矣後幾之學傳于陸游加以研練面目略殊遂爲南渡之大宗
殆有出藍之譽然幾詩風骨高騫而含蓄深遠介乎豫章劒南之間亦豈遽爲
蜂腰哉趙仲白題其集曰清于月白初三夜淡似湯烹第一泉咄咄逼人門弟
子劒南已見一燈傳是當時固有公論也又陸游跋幾奏議稿曰紹興末先生
居會稽禹蹟精舍某自敕局歸無三日不進見見必聞憂國之言先生時年過
七十聚族百口未嘗以爲憂憂國而已據此則幾之一飯不忘君殆與杜甫之
忠愛等發之文章具有根柢不當僅以詩人目之求諸字句間矣墓誌稱有文
集三十卷易釋象五卷易釋象已不傳其集則文獻通考及宋史均作十五卷
然通考列之詩集類中疑三十卷者指其詩文全集而十五卷則專指詩集也
自明以來傳本久佚僅僅散見各書偶存一二茲從永樂大典中搜採編輯勒
爲八卷凡得古今體五百六十一首雖不足盡幾之長然較相傳九百一十之

數所佚者不過三百四十九篇耳殘膏賸馥要足沾匃無窮也乾隆四十七年十月恭校上

雪溪集

臣等謹案雪溪集五卷宋王銍撰銍字性之汝陰人昭素五世孫莘之子也嘗撰七朝國史紹興初詔硯秩史官給札奏御會秦檜柄國中止宋史藝文志馬端臨經籍考均載銍雪溪集八卷今尚少三卷似非全本銍熟于掌故見重當時而所著雲仙雜記託名馮贄者詞采特爲濃麗其詩格亦清新婉約多緣情綺靡之詞在唐人中殊近溫李王士禎居易録詆其詩不甚工而獨稱其附載廬山僧可和詩一篇似非篤論惟銍以博洽名乃集中白頭吟序不引西京雜記而引吳兢語已迷其本又稱宋志載文君詩云云不知宋志作古詞不作文君也此亦千慮之一失矣乾隆四十七年五月恭校上

蘆川歸來集

臣等謹案蘆川歸來集十卷宋張元幹撰元幹字仲宗自號眞隱山人又曰蘆川老隱周必大跋其送胡銓詞稱長樂張元幹睢陽王浚明跋其幽嵓尊祖錄則稱永福張仲宗皆宋人之詞莫詳孰是也王明清揮麈錄紀其以作詞送胡銓得罪除名考卷末其孫欽臣跋語稱得賀新郎詞二首眞迹于銓之子其說當信然銓貶于紹興戊午而集中上張丞相詩稱罪放丙午末歸來辛亥初又自跋祭祖母劉氏文後稱宣和元年八月獲緣職事道過墓下則徽宗時已仕宦欽宗時已貶謫但不知嘗爲何官耳元幹及識蘇軾見所作蘇黃門帖跋又從陳瓘游頗久見所作了堂文集序其結詩社同唱和者則洪芻洪炎蘇堅蘇庠潘淳呂本中汪藻向子諲見所作蘇養直詩帖跋而江端友王銍諸人皆有贈答之作劉安世游酢楊時李綱朱松諸人皆爲題幽嵓尊祖錄故其學尊元祐而詆熙寧詩文亦皆有淵源其集今有鈔本稱嘉定己卯其孫欽臣所錄然跋稱誦上陳侍郎詩序知掛冠之年甫四十一鈔本無此篇又曾季貍艇齋詩

話載元幹題瀟湘圖詩鈔本亦無此篇考胡仔苕溪漁隱叢話稱嘗錄元幹之詩一卷而元幹不自憶則當時已不自收拾疑欽臣所錄本有佚失且鈔本但五言律詩一卷七言律詩一卷而無古體及絕句知非完書又跋米元暉瀑布軸跋蘇養直絕句後跋江天暮雨圖跋江貫道古松絕句反收之題跋類中亦似後人所竄亂非其原本及考永樂大典所載則所佚諸篇鑿然具在今裒集成帙與鈔本互相勘校删其重複補其殘缺定爲十卷元幹詩格頗遒其題跋諸篇具有蘇黄遺意蓋耳目漸染之故也鈔本末有尊祖錄一卷乃記其爲祖母外家置祭田事附以同時諸人題跋中多元祐名臣之筆亦仍其舊第幷附錄焉乾隆四十五年十月恭校上

東萊詩集

臣等謹案東萊詩集二十卷宋吕本中撰本中有春秋集解已著錄其詩法出于黄庭堅嘗作江西宗派圖列陳師道以下二十五人而以己殿其末其紫微

詩話及童蒙訓論詩語皆具有精詣（案今本童蒙訓不載論詩諸條其文散見各書中說見本條之下）敖陶孫詩評稱其詩如散聖安禪自能奇逸頗爲近似苕溪胡仔漁隱叢話稱其樹移午影重簾靜門閉春風十日閒往事高低半枕夢故人南北數行書殘雨入簾收薄暑破牕留月鏤微明諸句殊不盡其所長朱子語錄乃稱本中論詩欲字字響而暮年詩多啞然朱子以詩爲餘事而本中以詩爲專門吟詠一道所造自有淺深未必遂爲定論也此集有乾道二年曾幾後序文獻通考別載有集外詩二卷此本無之蓋已散佚陸游嘗稱嗣孫忱平悉裒集他文爲若干卷今此本有詩無文惟其草趙鼎遷右僕射制詞所云合晉楚之成不若尊王而賤伯散牛李之黨未如明是而去非之語以秦檜惡之載于日歷尚爲世所傳誦其他文則泯沒久矣乾隆四十七年十月恭校上

澹菴集

臣等謹案澹菴集六卷宋胡銓撰銓字邦衡廬陵人建炎二年進士甲科紹興

五年以薦除樞密院編修官抗疏詆和議謫吉陽軍孝宗即位特召還擢用歷官權中書舍人兼國子祭酒權兵部侍郎以資政殿學士卒謚忠簡事蹟具宋史本傳銓師蕭楚明于春秋故集中嘉言讜論多本春秋義例于南渡大政多所補救史但稱其高宗時請誅秦檜今考集中論撰賀金國敵一篇則于孝宗朝召還以後更嘗請誅湯思退又孝宗本紀隆興元年三月金以書來索四州未報八月又竇書兩省今考集中玉音問答一篇知答金人書孝宗已與銓定于五月三日遲至八月未遣必湯思退有以持之當時情勢可以考見史文疏漏賴此集尚存其崖略也本傳稱銓集凡百卷今所存者僅文五卷詩一卷蓋得之散佚之餘然書錄解題載銓集七十八卷宋志載銓集七十卷則當時已非百卷之舊矣羅大經鶴林玉露曰胡澹菴十年貶海外北歸飲于湘潭胡氏園題詩曰君恩許歸此一醉旁有梨頰生微渦謂侍妓黎倩也後朱文公見之題詩曰十年浮海一身輕歸見梨渦卻有情世上無如人欲險幾人到此誤平

生云云今本不載此詩或在佚篇之內或後人因朱子此語諱而删之均未可知然銓孤忠勁節照映千秋乃以偶遇歌筵不能作陳烈踰牆之遁遂坐以自誤平生其操之爲已蹙矣平心而論是固不足以爲銓病也乾隆四十七年十月恭校上

五峰集

臣等謹案五峰集五卷宋胡宏撰宏字仁仲安國之子少師事楊時侯仲良卒傳父學以廕補承務郎秦檜當國不樂仕進優游衡山下二十餘年事蹟具宋史本傳其所作知言皇王大紀諸書俱別著錄是集乃其季子大時所編門人張栻爲之序一卷詩一百六首二卷書七十八首三卷雜文四十四首四卷皇王大紀八十餘條五卷經義三種所上高宗封事剴切詳盡宋史已採入本傳中其易外傳皆以史證經論語指南乃取黃祖舜沈大廉二家之説折衷之釋孟則辨司馬光疑孟之誤議論俱極醇正又有與秦檜一書自乞爲嶽麓書院

山長蓋其時檜與宏父安國交契最深故力汲引之而宏詞婉意深不肯少屈其志尤可見其大節也乾隆四十七年五月恭校上

斐然集

臣等謹案斐然集三十卷宋胡寅撰寅字宋史作明仲此集題曰仲虎樓鑰集又稱曰仲剛蓋有三字也崇安人本胡安國弟之子其母以多男欲不舉安國妻取而育之遂爲安國之子宣和三年登進士甲科南渡後官至徽猷閣直學士忤秦檜謫新州檜死乃復故官紹興二十一年卒事蹟具宋史儒林傳是集端平元年馮邦佐刻于蜀嘉定三年鄭肇之又刻于湘中宋史本傳作三十卷與此本相合蓋猶從宋槧繕錄也寅父子兄弟篤信程氏之學寅尤以氣節著靖康元年金人議立張邦昌寅方爲司門員外郎與張浚趙鼎均不肯署議狀邦昌立遂棄官而逃建炎三年爲起居郎時詔議移蹕之所上萬言書力爭紹興四年爲中書舍人時議遣使往雲中又抗疏力諫並明白剴切又上言近年

書命多出詞臣好惡之私使人主命德討罪之詞未免玩人喪德之失乞命詞臣以飾情相悅含怒相訾爲戒故集中所載內外諸制並秉正不阿史稱所撰諸制詞多誥誡至寅之進用本以張浚後論兵與浚相左遂乞郡以去其父安國與秦檜爲契交檜當國日眷眷欲相援引寅兄弟三人並力拒不入其黨寅更忤之至流竄其立身固具有始末者其文亦何可廢也乾隆四十七年五月

恭校上

大隱居士集

臣等謹案大隱居士集二卷散見永樂大典中裒輯排纂倘得二卷然原本不著其名亦不著時代諸家目錄皆不載其書惟集中有遊羅正仲磬沼分韻詩題曰深得一字又有諸人集貧樂軒賞花分韻詩題曰深得把字即其名當爲鄧深考永樂大典鄧字韻下引古羅志曰宋鄧深字資道試中教官入爲太府丞輪對論京西湖南北戶及士大夫風俗高宗嘉納提舉廣西市舶以親老求

便郡知衡州茶陵安仁溪峒之盜望風帖息擢潼川潼鹽酒虛額久爲民害請于朝蠲川引四十七萬守令貪虐劾奏之虞允文貽書曰不畏强禦思濟斯民挺然之操未見近比後以朝散大夫終于家愛居東湖之勝建閣曰明秀有文集十卷淩迪之萬姓通譜亦載鄧深湘陰人紹興中進士餘與古羅志同是編中鄉人禱雨有應寓烏石及詠醴泉題巖石山石鼓贈别饒司理别長沙驛渡玉虛洞諸作其地皆近衡州探禹穴瀏峽三遊洞峽江灩澦堆諸作其地皆近潼川與深宦遊所歷一一相符則此集爲鄧深所撰審矣惟紳伯之字與古羅志所載不同殆有兩字歟黄虞稷千頃堂書目載有元鄧大隱居士詩集此集中答杜友詩有小軒名大隱句又有自賦大隱一律與之相合然核其詩句標題實宋人而非元人或大隱即深别號大隱居士詩集即此集之本名虞稷等輾轉傳寫誤宋爲元亦未可知也乾隆四十七年四月恭校上

臣等謹案北山集三十卷宋鄭剛中撰剛中字亨仲金華人紹興二年進士官至禮部侍郎出爲川陜宣撫副使謫居桂陽軍復責授濠州團練副使復州安置再徙封州卒事迹具宋史本傳是集一名腹笑編凡初集十二卷中集八卷後集十卷初集起宣和辛丑至紹興乙卯中集起紹興乙卯至甲子皆剛中所自編後集起紹興戊辰至甲戌爲乾道癸巳其子良嗣所編始末具見剛中自序及良嗣跋中此本改題初集二集三集而相連編爲三十卷蓋康熙乙亥其里人曹定遠重刻所改非其舊也史稱剛中由秦檜以進故于和議不敢有違及充陜西分畫地界使又棄和尚原與金後爲宣撫使始以專擅忤秦檜意至竄謫以死今集中所載諫和議四疏及議和不屈一疏大旨雖不以和議爲非而深以屈節求和爲不可又有救曾開一疏救胡銓一疏與史皆不合徐夢莘三朝北盟會編于當時章奏事迹蒐括無遺獨不及此七疏蓋良嗣編是集時恥其父依附秦檜因僞撰七疏以欺後人雖良嗣欲蓋其父之愆而是非邪正

公論究有難誣剛中人品不足取而詩文簡古峭健錄其著述亦不以人廢言云乾隆四十七年十一月恭校上

浮山集

臣等謹案浮山集八卷宋仲并撰并字彌性江都人宋史藝文志載并浮山集十六卷而不爲立傳其事蹟遂無所考惟周必大平園集有所作并集序稱并以紹興壬子擢進士第甲寅以丞相朱勝非等論薦改令秩尋補外去後三年丁巳復以張浚薦召至闕爲秦檜所沮改倅京口自是閒退者二十年孝宗即位擢光祿丞出知蘄州所紀歷官本末頗詳然考集中謝宰相啟有釁序初除語則嘗爲教官又原弊錄序自稱監臨猥局則嘗爲監場官又多與平江淮西南安建康湖州諸守臣代作表啟則嘗歷佐諸郡而必大序俱未之及殆以其無關出處略之也必大又稱并力排王氏之說惟孔孟是師其初任京秩時王居正所草制詞亦有學知是非邪正之褒而陳振孫書錄解題仍稱其官湖倅

時爲籍中妓作生朝青詞坐是謫官與其素行不相類頗不可解考集中陳情啟有旁觀下石仇家謗傷之語意其即指是事歟又集中有回孟郡王姻禮書

郡王隆佑太后之姪孟忠厚也宋史外戚傳稱忠厚與秦檜爲僚壻而檜實陰忌之又稱檜當國親姻攀援以進忠厚獨與忤王明清揮麈錄稱吳棫爲忠厚草表因忤秦檜謫判泉州然則并之見惡於檜殆以孟氏姻黨之故竟以微罪坐廢也其古文頗高簡有法度四六能以散行爲排偶尤歐蘇之遺詩亦清雋拔俗王應麟困學紀聞嘗引所作詠韋執誼不看嶺南圖詩政恐崖州如有北卻應未肯受讒夫二句以爲誅奸諛之蕭斧然其詞淺露殊不盡并之所長應麟蓋偶拈及之以爲并詩止此則非矣據周必大序其集乃并外孫南安太守孟猷所編舊本久佚今採永樂大典所載排次訂正輯成八卷乾隆四十六年

四月恭校上

橫浦集

臣等謹案橫浦集二十卷宋張九成撰九成字子韶自號無垢居士其先開封人徙居錢塘紹興二年進士第一授鎭東軍簽判歷宗正少卿兼侍講權刑部侍郎爲秦檜所惡論其謗訕朝政謫居南安軍十四年檜死起知溫州𥙷祠卒贈太師封崇國公謚文忠事蹟具宋史本傳九成研精經學於諸經皆有訓釋少受業於楊時以未發之中爲主史稱其早與學佛者游故議論多偏然根柢精邃實卓然不愧爲大儒今所作經解惟孟子傳僅存已別著於錄是集乃其門人郎曄所編凡賦詩四卷雜文十六卷中如書傳統論春秋講義孟子拾遺亦多其說經之作其廷試對策極陳恢復大計規切高宗安於和議之非又直指時弊言皆痛切而於閹宦干政尤諄諄致戒楊時謂非有剛大之氣不爲得喪回屈者不能洵可稱忠言讜論陸游老學庵筆記謂九成對策有桂子飄香語李易安作露花倒影柳三變桂子飄香張九成之句以嘲之今讀其策其鋪陳緐縟處乃正爲耽戀湖山忘親忍辱者痛加提喚其用意最爲深切又豈可

以是相識至洪邁容齋隨筆載洪皓沒後道出南安九成往祭其文但稱年月官爵而無詞情旨倍覺哀愴以爲前人未有此格不知此特一時避禍不敢措詞非文字工拙所關邁所言未免好奇之過也九成别有心傳日新二錄原本亦附編集後今以其已有單本别行故並從删削不更複出焉乾隆四十七年十月恭校上

湖山集

臣等謹案湖山集十卷宋吳芾撰芾字明可自號湖山居士台州仙居人紹興二年進士官至禮部侍郎歷知數郡以龍圖閣直學士致仕事蹟具宋史本傳芾爲祕書正字時以不附秦檜劾罷後金師臨江芾建言有進無退請高宗駐蹕建康以繫中原之望其領郡亦多惠政蓋非徒以文藝擅長者然其詩才甚富往往瀾翻泉湧出奇無窮雖間或失之流易要異乎齷齪頹唐如輓元帥宗澤諸篇尤排奡縱橫自成一格據集中自述芾生甲申歲當崇寧三年建炎初

尙未及三十而筆力已挺健如此其後退閒者十有餘年年幾八十乃漸趨平淡和陶諸詩當作於其時亦殊見閒適淸曠之致集中有寄朱元晦一詩曰夫子於此道妙處固已臻尙欲傳後學使聞所不聞顧我景慕久願見亦良勤是其末年亦頗欲附託於講學然其詩吐屬高雅究非有韻語錄之比也周必大集有芾湖山集序稱集二十五卷長短句三卷別集一卷奏議八卷和陶詩三卷附錄三卷當塗小集八卷本傳又稱表奏五卷詩文三十卷所載卷目殊牴牾不合原本亡佚無從核定今據永樂大典散見各韻者採輯編訂釐爲十卷以和陶詩併入而仍取必大原序冠之史稱芾爲文豪健峻整是其雜著亦必可觀惜永樂大典中已經闕佚僅得表一首序一首附之末卷以略存其概云

乾隆四十五年十月恭校上

文定集

臣等謹案文定集一名玉山集宋汪應辰撰應辰字聖錫信州玉山人初名洋

紹興五年登進士第一高宗特爲改名初授鎭東軍僉判後官至敷文閣學士四川制置使知成都府事蹟具宋史本傳應辰少從喻樗張九成呂本中胡安國諸人游後與呂祖謙張栻相善於朱子爲從表叔恒相與商榷往返其授敷文閣待制也舉朱子以自代契分尤深故其學問具有淵源又官祕書省正字時以上書迕秦檜外謫建州通判困頓州郡者凡十七年史稱其直言無隱于吳芾王十朋陳良翰諸人中最爲骨鯁立身亦具有本末宋史藝文志載其集凡五十卷明初亦罕流傳弘治中程敏政於內閣得其本以卷帙繁重不能盡錄乃摘鈔其要編爲廷試策一卷奏議二卷內制一卷雜文八卷嘉靖間其鄉人夏浚刻之又附以遺事志傳等文凡二卷今世所行皆從程本傳錄不見完帙者已二三百年今考永樂大典所載爲程本不載者幾十之四五蓋姚廣孝等所據之本即敏政所見之內閣本而敏政取便鈔錄所採太狹故鉅製鴻篇多所挂漏謹以浙江所購本與永樂大典參互比較除其重複增所未備勒爲

二十四卷雖未能復五十卷之舊而業已得其大半精華亦約略具是矣乾隆四十二年二月恭校上

縉雲文集

臣等謹案縉雲文集四卷宋馮時行撰時行字當可璧山人紹興乙卯丙辰間爲丹稜令罷歸後出守蓬黎州終於提點成都刑獄公事嘗居縣北縉雲山授徒因以爲號宋志載其文集四十三卷歲久散佚明嘉靖中重慶推官李璽始訪得舊鈔殘本編爲四卷授梓此本即從璽刻傳寫者也時行宋史無傳四川通志稱其與曾開朱松等共斥和議忤秦檜坐貶今讀其詩文忠義之氣隱然可見志所載當不誣惟志以爲嘉熙間狀元及第考集中明云宣和初應進士舉又有建炎庚戌中秋與同官相期月下詩及紹興六年十月六日詩斷不得爲嘉熙間人宋狀元錄亦無其名志殆流傳之誤也乾隆四十七年五月恭校上

嵩山集

臣等謹案嵩山集五十四卷宋晁公遡撰公遡字子西鉅野人公武之弟宋史無傳惟李心傳朝野雜記中頗引其所著箕山日記一書而仕履已不可考今案集中上周通判書題左迪功郎知梁山軍梁山縣尉又程氏經史閣記稱嘗爲涪州軍事判官又與費行之小簡稱紹興三十年內任施州通判又眉州到任謝表及謝執政啓則嘗知眉州又答史梁山啓稱猥從支郡遽按祥刑而集首師璿序亦稱其爲部使者則又嘗擢官提刑而不詳其地又眉州州學藏書記題乾道年月而丙戌元夕詩有刺史敢云樂句丙戌爲乾道二年是時正在眉州此集刻於乾道四年蓋皆眉州以前所作師璿序又稱公遡抱經堂稿以甲乙分第汗牛充棟此特管中之豹則其選輯之本也晁氏自迥以來家傳文學幾於人人有集南渡後則公武兄弟知名公武郡齋讀書志世稱該博而所著昭德文集已不可見惟公遡此集僅存王士禎嘗評其詩謂在无咎叔用之

下蓋體格稍卑無復前人筆力固由一時風氣使然而揮灑自如亦尚能不受羈束至其文章勁氣直達頗有崟崎歷落之致以視景迂雞肋諸集猶爲不失典型焉乾隆四十七年二月恭校上

默堂集

臣等謹案默堂集二十二卷宋陳淵撰淵字知默一字幾叟沙縣人楊時之弟子也紹興七年詔舉直言極諫之士以胡安國薦除御史遷右正言官終宗正少卿淵在言路多所建白以忤時不獲大用榜所居之室曰默堂其文章皆明白剴切足以見其氣節宋藝文志載淵集二十六卷詞三卷此本詩十卷文十二卷共二十二卷爲門人沈度所編度及楊萬里有序又別本十二卷題曰存誠齋集蓋淵嘗以存誠齋銘示學者故後人以名其集也有文無詩第一卷末較此本少啟三篇第九卷末較此本少書二篇字亦多所訛缺未若此本之完善今故據以繕錄焉乾隆四十七年九月恭校上

知稼翁集

臣等謹案知稼翁集二卷宋黄公度撰公度字師憲莆田人紹興戊午進士第一歷官考功員外郎文獻通考載公度集十一卷卷端洪邁序稱公度既沒其嗣子知邵州沃收拾手澤彙次爲十有一卷卷末載有沃跋亦稱故筒所存塗乙之餘纔十一卷均與通考合又通考詞曲部别有公度知稼翁詞一卷合之當爲十二卷此本爲天啓乙丑其裔孫崇翰所刊稱嘉靖丙午得於陜西諸選人乃前朝祕府之本尚有御印然併詞集合爲一編僅一百三十四頁分爲上下二卷似不足十二卷之數豈尚有佚遺歟公度早掇巍科而卒時年僅四十八仕宦不達故宋史無傳肇慶府志稱其爲祕書省正字時坐貽書臺官言時政罷爲主管台州崇道觀過分水嶺題詩有誰知不作多時别依舊相逢滄海中之句時趙鼎方謫潮陽説者謂此詩指鼎而言遂觸秦檜之怒令通判肇慶府云云殆以端慤之士不附時局故言者得借趙鼎中之歟其詩文皆平易淺

顯在南宋之初未能凌躒諸家然詞氣恬靜而軒爽無一切澒涊齷齪之態是則所養爲之矣公度別有漢書鐫誤今已佚此本從他本掇拾二段併佚詞一首附之卷末今已併録之焉乾隆四十七年九月恭校上

唯室集

臣等謹案唯室集四卷附録一卷宋陳長方撰長方有步里客談已著録是集詩文散入永樂大典各韻下據胡百能行狀原本凡十四卷又唐璩原序稱其家所刊凡二百篇今掇拾殘缺僅得文五十二首詩三十九首勒爲四卷而以他人所作銘狀記序附録於後以備稽考雖較原書篇數祇及其半而菁華具在亦可以覘其大凡矣長方父佚與游酢楊時鄒浩陳瓘等游故長方之學以程氏爲宗朱子語録於同時學者多舉其字惟於長方則稱曰唯室先生蓋頗引以爲重也馮時可雨航雜録謂宋儒論人喜刻而務深長方亦不免於是然如謂劉先主滅劉璋取蜀爲行不義殺不辜故不能有天下謂張九齡與李林

甫同輔政不能發其奸而去之以致天寶之亂雖核以事勢均未必盡然要其理則不爲不正至於紹興六年應詔劄子諄諒以嚴師律備長江講漕運爲急又因朝廷罷趙鼎任張浚作蚩瞽一篇以爲國家起痼疾必固元氣補當持重攻當相機蓋其意不主於和而亦不主於遽戰富平淮西符離三敗躁妄僨事若預睹之固與迂濶者異矣雖佚簡殘篇僅存什一要勝於虛談高論徒供覆瓿者也乾隆四十六年九月恭校上

漢濱集

臣等謹案漢濱集十六卷宋王之望撰之望字瞻叔襄陽穀城人後寓台州登紹興八年進士第累遷太府少卿孝宗即位除戶部侍郎充川陝宣諭使洊擢至參知政事勞師江淮爲言者論罷乾道元年起爲福建安撫使加資政殿大學士移知溫州卒事蹟具宋史本傳錢溥祕閣書目載有之望漢濱集而佚其冊數焦竑經籍志作六十卷然趙希弁陳振孫兩家具未著錄則宋代已罕傳

本後遂散佚不存今從永樂大典中採掇裒綴所存什之三四而已之望當秦檜柄國時落落不合人咸稱其有守其歷官亦頗著政績惟在隆興時力主和議與湯思退相表裏專以割地啖敵爲得計而極沮張浚恢復之謀考宋南渡之初自當以北取中原爲務然惟岳韓諸將可冀圖功張浚很愎迂疎但急於立功以固位實非可倚以恢復之人一敗於富平而喪師三十萬再衂于淮西而叛逃者七萬三挫于符離而喪師又十三萬僨轅誤國其驗昭然講學家以張栻之故回護其父殊未免顛倒是非之望之沮浚不可不謂之知人至其論和議之策以爲南北之形已成未易相兼惟當移攻戰之力以自守然後隨機制變又以爲北人制勝之謀舉無遺策加以器械之利形勢之便雖漢唐全盛之時猶未能輕此敵而況於今日其斟酌時勢以立言與史浩意頗相近亦不可謂之不知時務特其朋比小人附和權倖與浩之出於老成忠盡者不同又湯思退所主者乃六國賂秦之輿計浩之主於持重俟釁者亦復迥異故當時

重爲人所抨擊而宋史亦極不滿之誅其心也至其詩文則皆疏暢明達猶有北宋遺矩諸劄子亦多足以考見時事與正史相參未可遽廢謹釐爲十六卷著之於錄庶其人其文是非得失各不相掩焉乾隆四十六年十二月恭校上

香溪集

臣等謹案香溪集二十二卷宋范浚撰浚字茂名蘭溪人紹興中舉賢良方正以秦檜柄政辭不赴然浚雖不仕實非無意於當世者其書曹參傳後則隱戒於熙寧之變法其補翟方進傳則深愧夫靖康之事譏其讀周禮一篇則亦爲王安石發而進策五卷於當時之務尤言之鑿鑿非迂儒不達時變者也其詩論戒穿鑿易論鄙象數皆爲當時學者而言春秋論欲廢三傳則猶孫復劉敞之餘習然盧仝所註儒者罕傳浚論尙載其數條亦足資異聞其辨孟母無三遷事黃帝無阪泉事周穆王無西至崑崙事雖頗失之固然皆於理無害其詩凡三卷近體流易猶守元祐舊格不涉江西宗派古體頗遒亦非語錄爲詩之

比是集爲其門人高梅所編其姪端臣刊之前有紹興三十一年陳巖肖序後有元吳師道跋稱朱子取其心箴註孟子而其集金履祥時已不傳從應氏得其前七卷又從其族孫俊家得殘本佚前五卷合之遂爲完書跋又稱端臣蒙齋集未及刊先刊其與浚唱酬諸詩附見焉此本無端臣詩蓋已佚矣乾隆四十七年十月恭校上

鄭忠肅奏議遺集

臣等謹案鄭忠肅奏議遺集二卷宋鄭興裔撰興裔字光錫初名興宗顯肅皇后外家三世孫由成忠郎歷官江東路鈐轄遷均州防禦使保靜軍節度使召領內祠武泰軍節度使贈太尉謚忠肅是集所錄多奏疏表狀其記序辨跋諸雜著則間附數篇其中如請起居重華宮及論淮西荒政諸疏詞意剴摯他如蠲緡錢禁改鈔論折帛錢諸奏所載南宋紹興時諸弊政皆宋史食貨志及文獻通考所未載亦足補史志之闕又紀淳化閣帖之摹搨傳寫與黃伯思互有

異同辨瓊花之復榮較周必大玉蕊辨證更爲詳贍亦考古者所不廢矣其書馬端臨經籍考及宋史藝文志皆不著錄此本爲其裔孫所裒集編次者惜篇幅太狹或就家藏殘本潤色以傳然錄之亦足徵宋代故實一二焉乾隆四十七年九月恭校上

雲莊集

臣等謹案雲莊集五卷宋曾協撰協字同季南豐人宋史無傳志乘亦不載其名據傳伯壽所作集序知爲曾肇之孫曾纁之子而所敘仕履但曰官零陵太守不及其詳且宋無零陵郡亦無太守之名殊非事實今以集中詩文考之知紹興中舉進士不第以世賞得官初爲長興丞遷嵊縣丞繼爲鎮江通判遷臨安通判乾道癸巳權知永州事以卒伯壽所云蓋以古地名與古官名假借用之文人換字之陋習耳伯壽又稱慶元庚申協沒已二十八年其子直敷文閣福建轉運副使炎輯其文爲二十通考劉禹錫作柳宗元集序稱一卷爲一通

則原集蓋二十卷今其傳于世者惟詠芭蕉一詩僅見陳景沂全芳備祖中他不槩見則其亡已久矣今據拾永樂大典所載以類編次尚得五卷又得傅伯壽序一篇亦併錄入序稱其古詩多效選體然合其諸作觀之大抵源出蘇軾陳與義故同沈正卿作仇池石詩用軾韻陳晞顏過零陵贈詩亦用與義韻而絕不及於他家知其唱和講求在二家舊格也雜文頗雅飭有法賓對一賦爲集中巨篇語特偉麗而大旨以安享太平爲渾穆之王風以恢復中原爲戰爭之霸術誇大其詞以文偏安之陋曲學阿世持論殊乖姑以文采錄之從昭明文選不廢劇秦美新之例讀其文者分別觀之可矣乾隆四十五年七月恭校

上

竹軒雜著

臣等謹案竹軒雜著六卷宋林季仲撰季仲字懿成永嘉人登進士第歷官太常少卿知婺州自號廬山老人嘗僑居暨陽集中又自稱濟南林某者蓋其祖

貫也宋史不爲立傳其行事不可槩見惟陳振孫書録解題稱季仲以趙鼎薦
入朝奏疏沮和議得罪仲熊叔豹季貍其弟也皆知名云云今案集中與趙僕
射書有相公過聽引而置諸朝鹿鹿三年蔑有報稱之語與趙鼎薦引之說合
惟沮和議一疏已不見于集中其得罪貶謫之事遂略而弗顯集中又有祭德
和弟察院弟諸文據所云同祖所出兄弟八人者知其弟兄甚多而仲熊叔豹
之名亦已不可復考然宋史趙鼎傳稱鼎之再相嘗奏言今清議所與如劉大
本胡寅呂本中常同林季仲之流陛下能用之乎是季仲在紹興中實負清流
重望故集中箚子雖所存無幾而多力持正論深切時弊之言其趙鼎南遷以
後所與簡牘數篇無不反覆慰藉詞意諄摯交道之篤尤可槩見又庚溪詩話
稱仲季頗喜爲詩語佳而意深今觀所作雖邊幅稍狹已近江湖一派而筆力
挺拔其清雋亦可喜也集本十五卷世久失傳論宋代人物者或不能知其姓
氏今從永樂大典中搜輯編綴釐爲詩一卷文四卷用存其槩且爲略考本末

附著于此俾不至無聞于後焉乾隆四十六年三月恭校上

拙齋文集

臣等謹案拙齋文集二十卷宋林之奇撰之奇字少穎侯官人紹興二十一年進士歷官宗正丞提舉閩舶參帥議以祠祿家居卒拙齋其自號也事蹟具宋史儒林傳集凡二十卷與藝文志合首爲記聞二卷蓋即本傳所謂道山記聞者也詩一卷雜文十七卷末附吕祖謙祭文及李楠所爲哀辭姚同所爲行實之奇之學得于吕本中吕氏頗尚佛學故之奇所論往往雜有儒釋之義其記聞内稱少蓬及吕紫微者皆謂本中也其後吕祖謙又受學于之奇祖謙祭文云昔我伯父西垣公躬受中原文獻之傳載而之南先生與二李伯仲實來定師生之分西垣公者亦謂本中也案祖謙之祖駕部弸中乃本中之弟本中實祖謙之從祖而祭文稱伯父者用左傳昔我皇祖伯父昆吾語也二李伯仲者李樗之子李楠李樗也之奇講經于尚書最精所作全解頗爲後人所取重其

文章亦明白顯達不事鉤棘蓋疏通致遠所得于書教者爲多焉乾隆四十七年九月恭校上

于湖集

臣等謹案于湖集四十卷宋張孝祥撰凡詩十二卷文十八卷詞四卷尺牘六卷舊有門人謝堯仁弟華文閣直學士孝伯序孝祥字安國歷陽人紹興甲戌廷試第一官至顯謨閣直學士每作詩文輒問門人視東坡何如而堯仁謂其水車詩活脫似東坡然較蘇氏畫佛入滅次韻水官韓幹畫馬等數篇尚有一二分劣又謂以先生筆勢讀書不十年吞東坡有餘矣今觀集中諸作邊幅差狹筆力亦未舒卷自如以視蘇氏之萬斛原泉尚不免歷塊而蹶然其縱橫排蕩才氣實俊邁可喜究去蘇氏爲近其自負亦有由也乾隆四十七年五月恭校上

太倉稊米集

臣等謹案太倉稊米集七十卷宋周紫芝撰紫芝字少隱宣城人紹興中登第歷官樞密院編修官出知興國軍自號竹坡居士是集樂府詩四十二卷文二十七卷前載唐文若陳天麟及紫芝自序集中悶題一首下注云壬戌歲始得官時年六十一是紫芝通籍館閣業已暮年可以無所干乞而集中有時宰生日樂府四首又時宰生日樂府三首又時宰生日樂府七首又時宰生日詩三十絶句又時宰生日五言古詩六首皆爲秦檜而作秦少保生日七言古詩二首秦觀文生日七言排律三十韻皆爲秦熺而作大宋中興頌一篇亦歸美于檜稱爲元臣良弼與張嵲紹興復古頌用意相類殊爲老而無恥貽玷汗青集中嘗引蘇軾之言謂古今語未有無對者琴家謂琴聲能娛俗耳者爲設客曲頃時有作送太守詩者曰此供官詩不足觀於是設客曲乃始有對因戲作俳體詩曰設客元無琴裏曲供官尙有選中詩云云是數篇者殆所謂供官詩歟然其詩在南宋之初特爲傑出無豫章生硬之弊亦無江湖末派酸餡之習方

同作是集跋述紫芝之言曰作詩先嚴格律然後及句法得此語於張文潛李端叔觀於是論及證以紫芝詩話所徵引知其學問淵源實出元祐故於張耒柯山龍閣右史譙郡先生諸集汲汲搜羅如恐不及葉夢得石林詩話所謂寇國寶詩自蘇黄門庭中來故自不同者也略其人品取其詞采可矣乾隆四十七年四月恭校上

欽定四庫全書提要卷九十

欽定四庫全書提要卷九十一

集部十三

別集類十二

夾漈遺稿

臣等謹案夾漈遺稿三卷宋鄭樵撰樵字漁仲莆田人居夾漈山中自稱溪西遺民紹興間以薦得召對授右迪功郎兵部架閣尋改監潭州南嶽廟給札歸鈔所著通志書成入為樞密院編修生平眈于著述已成者凡四十一種未成者八種並見于所作獻皇帝書中故當時以博物洽聞著而未嘗以文章名其集自陳振孫書錄解題以下亦皆不著錄此本前後無序跋不知何人所編上卷古近體詩五十六首中卷記一篇論一篇書二篇下卷書三篇其詩不甚修飾而蕭散無俗韻其文滉漾恣肆多類唐李觀孫樵劉蛻在宋人中亦自為別調其獻皇帝書自譽甚至上宰相書上方禮部書放言縱論排斥古人秦漢來

著述之家無一書能當其意至投宇文樞密江給事二書置學問而誇抱負益傲睨萬狀不可一世其器量殊嫌淺狹然南北宋間記誦之富考證之勤實未有過於樵者其高自位置亦非盡無因也觀于是集其學問之始末亦可見其概矣乾隆四十七年九月恭校上

鄮峯眞隱漫録

臣等謹案鄮峯眞隱漫録五十卷宋史浩撰浩有尚書講義已著録其集見於陳振孫書録解題宋史藝文志者皆五十卷此本卷數並合蓋猶宋時舊本也浩事孝宗於潛邸隆興淳熙中兩爲宰揆没後至配享廟庭其推轂善類寬厚不爭亦頗爲世所稱許當孝宗任張浚鋭意用兵浩獨以爲不然遂以論劾罷去元代史臣作浩傳贊亦頗詆其不能贊襄恢復之謀今考集中如論山東未可用兵論歸正人論未可北伐回奏條具弊事諸劄子皆極言李顯忠邵宏淵之輕脱寡謀不宜輕舉而欲練士卒積資糧以蓄力於十年之後既而淮西奔

潰其言竟驗若蓍龜不可謂非老成謀國之見雖厥後再秉國政亦未能收富强之效以自踐其言而量力知難其初說固有未可深議者至本傳稱浩因專對請於普安恩平二王內擇立一人爲皇子高宗亟稱爲有用之才而集中論對有司不能推廣恩意箚子下注云見知高宗只因此箚此事乃當在請定繼嗣之先而本傳顧未之及集爲門弟子編排所言當必有據是亦足與史相參考也集凡詩九卷雜文三十九卷詞曲四卷末二卷爲童丱須知分三十章所言皆治家修身之道而諧以韻語乃録之家塾以訓子孫者自署辛丑爲淳熙八年蓋其罷官以少傅侍經筵時所著云乾隆四十七年五月恭校上

燕堂詩稿

臣等謹案燕堂詩稿一卷宋趙公豫撰公豫字仲謙常熟人紹興間由進士知眞州官至寶謨閣待制是集卷首有傳一篇不著撰人姓名稱公豫本宋宗室子南渡後徙居常熟然考宋宗室世系表諸房輩行無以公字相排者不知其

出何屬也傳又稱公豫所著燕堂類稿原本十六卷詔誥表策多爲時傳誦其詩因屬對不甚工切泉州守蔣雝選錄全部澄汰太甚僅存若干首是公豫止優於文而詩則非所擅長是帙雖鈔本僅存選宋詩者亦未經採錄今讀其詩雖吐屬未工而直寫胸臆不失爲南宋一派傳又稱公豫居官廉正常言吾求爲良吏不求爲健吏去任之日挈壺漿攀轅者甚衆而公豫歿後馬和之作誌表其墓曰清顯是其政績實有足紀者因人以存其詩亦以補史之缺略也乾隆四十七年五月恭校上

海陵集

臣等謹案海陵集二十三卷外集一卷宋周麟之撰麟之字茂振海陵人紹興十五年進士中宏詞科任起居舍人歷擢兵部侍郎直學士院給事中知制誥翰林學士官至同知樞密院事宋史藝文志載麟之海陵集二十三卷與此本合前有淳熙癸卯周必大序亦稱其子準裒遺稿得二十三卷蓋猶舊帙序稱

其久官於朝故其詩文因事而作者少集中內外制詞殆居其半今觀其集非維贈答唱和寥寥無幾即奏議奏箚亦多不關軍國大計蓋其珥筆禁庭坐司綸誥不出國門而躋通顯與王珪約略相似而文章嫻雅亦猶有北宋館閣之餘風非南渡諸家日趨新巧者比未可以專工儷偶輕也別有外集一卷其中使金諸詩稱紹興己卯考徐夢莘三朝北盟會編載紹興二十九年周麟之爲告哀使蓋以韋太后事而行時金國方謀南伐詩中造海船一章亦知其欲由膠州浮海水陸並攻而所載中原民謠十章乃盛陳符讖以燕京小爲康王坐之兆以迎送亭爲迎宋之兆以金瀾酒爲金爛之兆以歸德府爲復舊之兆以沃州爲天水之兆皆附會牽合自生炫惑亦何異呂紳棄通州而遁乃表夜夢赤幟朱甲爲中興之瑞乎二老堂詩話又載麟之使金金主愛之享以牛魚密糟其首以歸獻時有魚頭公之嘲則當時必有以取悅於金主者而其詩誇宋詆金與事實絕不相應又前後凱歌三十首虛張虞允文瓜洲采石僥倖之功

殊爲過實詞句亦多鄙俚不類麟之他詩考諸宋志亦無此外集一卷之目殆其子諱而削稾後人又掇拾附存歟以原本所有姑仍其舊錄之而附訂其謬如右乾隆四十七年二月恭校上

竹洲集

臣等謹案竹洲集二十卷宋吳儆撰附棣華雜著一卷亦儆遺稿也儆字益恭初名偁避秀邸諱改名休寧人紹興二十七年第進士歷朝散郎廣南西路安撫使主管台州崇道觀卒謚文肅生平孝行醇備晚與張栻相切磋朱子亦推重之集首有端平乙未敷文閣學士程珌序稱其文峭直而紆餘嚴潔而平澹質而非俚華而不雕今觀詩文皆近陳師道蓋以元祐諸人爲法者其上蔣樞密書論戰和守之俱非與汪楚材書論伊川之徒皆有卓識其芻言中豪民黠吏一條與邕州以互市劫制化外一條亦具吏才非但以文章重也乾隆四十七年九月恭校上

高峯文集

臣等謹案高峯文集十二卷宋廖剛撰剛字用中順昌人紹興中爲御史中丞以提舉明道宫致仕高峯其號也朱子語類論龜山門人謂剛爲助和議今觀其集若漳州被召上殿乞約束邊將諸劄其説誠然然宋史本傳載金人敗盟剛乃有責鄭億年以百口保金人之語又欲起舊相有德望者以是爲檜所惡致斥奉祠而集中與秦相公書亦以和議爲失前後如出兩人豈至是乃悟其謬歟史以剛與張九成胡銓同傳固爲不倫然視怙過黨惡者則有間矣其他奏議指陳當時利弊頗有可採答陳幾叟書論知制誥之失尤爲切當至其乞設親軍劄子舍大慮小所見殊陋又諫止高宗節序拜欽宗事於君臣兄弟之義亦皆未協宋史乃獨采之去取未免失倫是集久無刻本傳寫多誤脱字或至數行無從校補今亦姑從舊本録之云乾隆四十七年十月恭校上

鄂州小集

臣等謹案鄂州小集六卷宋羅願撰願字端良别號存齋新安人以蔭補承務郎中乾道二年進士通判贛州尋攝州事改知鄂州卒州佐劉清之爲刊其遺稿名羅鄂州小集止六卷史稱十卷與本集不合然此本編次無法又以新安志中小序二篇入之疑後人復掇拾而成之非其舊也願學問淵博有爾雅翼傳于世爲文章有先秦西漢風淳安社壇記朱子至自謂不如亦南渡後之傑出者也後附錄乃願兄頌弟頎姪似臣之文末又有明人月山錄一卷冗雜鄙陋蓋願之疎族因刊是集而竄入之冀附驥以傳也今仍存頌頎似臣之文而所謂月山錄者則從删汰焉乾隆四十七年八月恭校上

艾軒集

臣等謹案艾軒集九卷附錄一卷宋林光朝撰光朝字謙之莆田人登隆興元年進士歷官國子祭酒兼太子左諭德除中書舍人兼侍講以集英殿修撰知婺州卒事迹具宋史儒林傳光朝爲鄭俠之壻又從陸子正游學問氣節俱有

自來長朱子十六歲朱子兄事之其爲舍人日繳還謝廓然詞頭一事尤爲當

世所稱平生不喜著書既沒後其族孫同叔裒其遺文爲十卷陳宓序之後其

外孫方之泰搜求遺逸輯爲二十卷刻于鄱陽劉克莊序之至明代宋刊已佚

僅存鈔本正德辛巳光朝鄉人鄭岳擇其尤者九卷附以遺事一卷題曰艾軒

文逸是爲今本所謂十卷二十卷者今皆不可見王士禎居易錄稱嘗從黄虞

稷借觀其全集恨未鈔錄未審即此本否也然即此本觀之亦可見其一斑矣

舊本間有評語蓋明林俊所附入皆無發明故今悉删汰焉乾隆四十七年十

月恭校上

晦菴集

臣等謹案晦菴集一百卷續集五卷别集七卷宋朱子撰文獻通考載晦菴集

一百卷紫陽年譜三卷不云其集誰所編亦不載續集别集明成化癸卯莆田

黄仲昭跋稱晦菴朱先生文集一百卷閩浙舊皆有刻本浙本洪武初取置南

雍不知輯於何人今閩藩所存本則先生季子在所編也又有續集若干卷别集若干卷亦併刻之此本爲康熙戊辰蔡方炳臧眉錫所刻眉錫序之而方炳書其後題曰朱子大全集不知其名之所始考黄仲昭跋及嘉靖壬辰潘潢跋尚皆稱晦菴先生集而方炳跋乃稱朱子故有大全文集歲月浸久版已磨滅則其名殆起明中葉以後乎惟是潢跋稱文集百卷續集五卷别集七卷與今本合而與潢共事之蘇信所作前序乃稱百有二十卷已自相矛盾方炳手校此書其跋又稱原集百卷續集十卷别集十一卷其數尤不相符莫明其故疑信序本作百有十二卷重刻者偶倒其文而方炳跋則繕寫筆誤失於校正也方炳跋又稱校是書時不敢妄有更定悉依原本即續别二集亦未依類附入頗得古人刊書謹嚴詳慎之意今通編爲一百一十二卷仍分標晦菴集續集别集之目不相淆亂以存其舊焉乾隆四十七年四月恭校上

臣等謹案梁谿遺稿二卷宋尤袤撰袤有遂初堂書目已著錄宋史袤本傳載所著有遂初小稿六十卷内外制三十卷陳振孫書錄解題載梁谿集五十卷今並久佚　國朝康熙中翰林院侍講長洲尤侗自以爲袤之後人因裒輯遺詩編爲此本蓋百分僅存其一矣厲鶚作宋詩紀事即據此本爲主而別摭三朝北盟會編所載淮民一首茅山志所載庚子歲除前一日遊茅山一首荆溪外紀所載遊張公洞一首揚州府志所載重登斗野亭一首郁氏書畫題跋記所載題米元暉瀟湘圖二首後村詩話所載逸句四聯而去年江南荒兩聯即淮民謠中之語前後複出良由瑣碎掇拾故失于檢核知其散亡已甚不可復收拾也方回嘗作袤詩跋稱中興以來言詩必曰尤楊范陸誠齋時出奇峭放翁善爲悲壯公與石湖冠冕佩玉端莊婉雅則袤在當時本與楊萬里陸游范成大並駕齊驅今三家之集皆有完本而袤集獨湮沒不存蓋文章傳不傳亦有幸不幸焉然即今所存諸詩觀之殘章斷簡尙足與三家抗行以少見珍彌

增寶惜又烏可以殘賸棄歟乾隆四十七年九月恭校上

文忠集

臣等謹案文忠集二百卷宋周必大撰必大有玉堂雜記已著錄是集即史所稱平園集者是也開禧中其子綸所手訂以其家嘗刻六一集故編次一遵其凡例爲省齋文稿四十卷平園續稿四十卷省齋別稿十卷詞科舊稿三卷掖垣類稿七卷玉堂類稿二十卷政府應制稿一卷歷官表奏十二卷奏議十二卷奉詔錄七卷承明集十卷辛巳親征錄一卷龍飛錄一卷歸廬陵日記一卷閒居錄一卷泛舟遊山錄三卷乾道庚寅奏事錄一卷壬辰南歸錄一卷思陵錄一卷玉堂雜記三卷二老堂詩話二卷二老堂雜誌五卷唐昌玉蕋辨證一卷近體樂府一卷書稿三卷劄子十一卷小簡一卷其年譜一卷亦綸所編又以祭文行狀諡誥神道碑等別爲附錄五卷終焉陳振孫謂初刻時以奉詔錄親征錄龍飛錄思陵錄十一卷所言多及時事託言未刊鄭子敬守吉時募工

人印得之世始獲見完書今雕本久佚止存鈔帙而玉堂雜記二老堂雜誌等編世亦多有别本單行者已各著於錄兹集所載則依原書編次之例仍爲錄入以存其舊第焉乾隆四十七年九月恭校上

雪山集

臣等謹案雪山集宋王質撰質字景文其先鄆州人後徙興國集中每自稱東平或稱汶陽不忘本也登紹興三十年進士召試館職不就御史中丞汪澈宣諭荆襄樞密使張浚都督江淮先後辟置幕府旋入爲太學正孝宗時以上疏論事爲忌者所中罷去會虞允文宣撫川陝辟與偕行後入爲敕令所删定官遷樞密院編修官出通判荆南府改吉州皆不赴奉祠山居而卒質篤志經學所撰詩總聞已别著錄其文章氣節見重于世亦深爲宋史本傳所推惟周密齊東野語載張說爲承旨時朝士多趨之惟質與沈瀛相戒勿詣已而質潛往說所甫入客位瀛已先在物議喧傳久之皆不安而去與史殊相乖刺考史稱

虞允文以質鯁亮不回薦爲右正言時中貴人用事多畏憚質陰沮之云云則質非附勢求進者殆張說等懼其彈劾反造蜚語史所謂陰沮之者正指此事密不察而誤載也觀其初受張浚之知又以湯思退薦爲太學正而論和戰守疏中排擊二人皆無所假借豈放利偷合者所能爲歟其集久佚不傳僅散見永樂大典中史稱其嘗著論五十篇言歷代君臣治亂謂之樸論今止存漢高帝文帝五代梁末帝周世宗四篇又質自序西征叢紀云自丁亥至庚寅得詩一百三十有九詞五十有一記十序六銘二又于淳熙二年作退文有六悔六變永樂大典所載乃總題曰雪山集無可辨別宋史藝文志稱王景文集四十卷又別出雪山集三卷陳振孫書錄解題亦作三卷焦竑經籍志朱彝尊經義考則俱云四十卷考王阮原序稱其家以遺稿見屬乃爲蒐羅刪次釐爲四十卷名曰雪山本其舊也然則質初有小集三卷自題曰雪山迨阮編次全集篇帙雖增而標目如故故三卷之本與四十卷之本諸書互見也至張端義貴耳

集載其何處難忘酒詩稱所撰有雪齋集則又刊本流傳訛山爲齋耳今據永樂大典所載分類排次共得一十六卷其詩文先後有歲月可稽者各加考證附于題下雖殘缺之餘十存四五其生平出處與文章宗旨亦足以見其梗概矣史稱質博通經史善屬文與九江王阮齊名阮序是集亦稱聽其論古如讀酈道元水經注名川支川貫穿周帀無有間斷自明以來阮義豐集尙傳而質集湮沒不彰談藝家亦罕能稱道今仰蒙 睿鑒取其論和戰守疏及上宋孝宗疏諸篇詞旨剴切頗當事理 特命校正剞劂以發幽光洵爲千載之一遇至集中青詞一體本非文章之正軌今欽遵 諭旨概予芟除又如會慶節功德疏福勝化綠疏眞如修御書閣疏天申節開啟疏滿散疏水陸修齋懺經疏及修造榜文諸篇皆語涉異教亦併爲刊削以示別裁仍恭錄 聖訓冠諸卷首用以見表章散佚防遏奇衺之至意焉乾隆四十七年十一月恭校上

方舟集

臣等謹案方舟集二十四卷宋李石撰石有方舟易學已著錄宋史不爲石立傳其集亦不見於藝文志惟書錄解題載方舟集五十卷後集二十卷自明以來絶無傳本今從永樂大典採掇編次猶可得十之六七考鄧椿畫繼稱其出主石室案此指由太學博士黜爲成都學官時就學者如雲閩越之士萬里而來刻石題諸生名幾千人蜀學之盛古今鮮儷李心傳建炎以來朝野雜記稱石在太學時適右學生芝草學官稱賀石獨以爲兵兆由是坐斥趙雄其鄉人驟貴石不與通書及石罷官値雄秉政遂不復起是石亦學問氣節之士資川志又稱其好學能屬文少從蘇尙書游而集中亦有爲蘇嶠所作蘇文忠集御序跋知其文字淵源出於蘇氏故所作以閎肆見長雖閒失之險僻而大致自爲古雅諸體詩縱橫跌宕亦與眉山門徑爲近也謹以類排比編爲詩五卷詞一卷文十二卷又浙江採進遺書中有石所撰易十例略互體例象統左氏卦例詩如例左氏君子例聖語例詩補遺諸篇皆題門人劉伯龍編而帙首一行乃標曰方舟先生

集勘驗永樂大典所錄經說諸篇與浙江本無異而其前冠以方舟集字亦與浙江本同蓋本附入集中後全集散亡僅存此經說今仍別爲六卷附之於後以還其舊焉乾隆四十六年十月恭校上

網山集

臣等謹案網山集八卷宋林亦之撰亦之字學可號月漁福清人林光朝嘗講學莆之紅泉及卒學者請亦之繼其席趙汝愚帥閩以亦之行業上於朝未及用而卒景定間贈迪功郎學者私謚文介先生亦之光朝之傳以闢異端明正學爲己任其文章亦以峻潔簡峭爲工原集刋於紹定辛卯劉克莊林希逸皆爲序之其推重甚至今觀集中所載祭文多至六十餘篇祝文聘書又二三十篇以及青詞募疏之類不軌於正者亦攙入其間編次殊爲猥雜蓋必其沒後遺文零落門弟子掇拾叢殘不加別擇遂至瑕瑜並見未必盡出其生平得意之作然艾軒流派當時實自成一家其詩法尤爲嚴謹克莊謂亦之律詩高妙

處絶類唐人希逸則謂其格制精嚴趣味幽遠具吾宗正法雖所評不無太過要其研鍊適密亦自有能别開生面者即寥寥數章固未嘗不足以稍覘崖略也乾隆四十七年四月恭校上

東萊集

臣等謹案東萊集三十九卷宋吕祖謙撰祖謙有古周易已著録其生平詩文皆祖謙没後其弟祖儉及從子喬年先後刋補遺稿釐爲文集十五卷又以家範尺牘之類爲别集十六卷程文之類爲外集五卷年譜遺事則爲附録三卷與全集相比而行即今所傳之本也祖謙雖與朱子爲友而朱子嘗病其學太雜其文詞閎肆辨博淩厲無前朱子亦病其不能守約又嘗謂伯恭是寬厚底人不知如何做得文字卻似輕儇底人如省試義大段鬧裝館職策亦説得漫不分曉後面全無緊要又謂伯恭祭南軒文都就小狹處説來其文散見於黄㽦滕璘所記饒録後托克托修宋史遂列祖謙于儒林傳中微示分别然朱子

所云特以防華藻溺心之弊持論不得不嚴耳祖謙于詩書春秋多究古義于十七史皆有詳節故詞多根柢不涉游談所撰文章關鍵於體格源流具有心解故諸體雖豪邁駿發而不失作者典型亦無語錄爲文之習在南宋諸儒之中可謂銜華佩實又何必吹求過甚轉爲空疎者所藉口哉又案朱子語類稱伯恭文集中如答項平甫書是傳夢泉子淵者如罵曹立之書是陸子靜者其他僞作想又多在云云是祖儉等編集之時失于別擇未免收入贋作然無從辨別今亦不得而删汰之矣乾隆四十七年十月恭校上

止齋集

臣等謹案止齋集五十二卷附錄一卷宋陳傅良撰傅良有春秋後傳已著錄此集爲其門人曹叔遠所編前後各有叔遠序一篇所取斷自乾道丁亥訖于嘉泰癸亥凡乾道以前之少作盡削不存其去取特爲精審末爲附錄一卷爲樓鑰所作神道碑蔡幼學所作墓誌葉適所作行狀而又有雜文八篇綴于其

後不知誰所續入據弘治乙丑王瓚序稱澤州張璉欲掇拾遺逸以爲外集其

璉重刊所附入歟當寧宗即位之初朱子以趙汝愚薦内召旣汝愚與韓侂胄

忤内批與朱子在外宮觀傅良爲中書舍人持不肯下其於朱子亦不薄然葉

紹翁四朝聞見錄稱考亭先生晚注毛詩盡去序文以彤管爲淫奔之具以城

闕爲儉期之所止齋陳氏得其說而病之考亭微知其然嘗移書求其詩說止

齋答以公近與陸子靜互辨無極又與陳同甫爭論王霸矣且某未嘗注詩所

以說詩者不過與門人爲舉子講義今皆毁棄之矣蓋不欲滋朱子之辨也云

云則傅良雖與講學者游而不涉植黨之私曲相附和亦不涉爭名之見顯立

異同在宋儒之中可稱篤實故集中多切於實用之文而密栗堅峭自然高雅

亦無南渡末流冗沓腐濫之氣蓋有本之言固迥不同矣乾隆四十七年十月

恭校上

臣等謹案格齋四六一卷宋王子俊撰子俊字材臣吉水人安丙帥蜀嘗辟爲制置使屬官其始末則未詳也所著有史論師友緒言三松類稾諸書俱已不傳此編原本題曰格齋三松集疑即類稾中之一種散佚僅存者朱彝尊曝書亭集有是書跋稱鈔得宋本格齋四六計一百二首今檢勘其數與所跋相同當即彝尊所見之本楊萬里嘗謂其史論有遷固之風古文有韓柳之則詩有蘇黄之味至于四六踵六一東坡之步武超然絶塵自汪彦章孫仲益諸公而下不論其推之甚至今其他文已湮沒不傳無由證所評之確否但就此一卷而論其典雅流麗亦復斐然可觀故朱彝尊亦謂其由中而發漸近自然無組織之迹必謂勝於汪藻孫覿固友朋標榜之詞要之驂駕二人亦足步其後塵矣乾隆四十七年十月恭校上

梅溪集

臣等謹案梅溪集五十四卷宋王十朋撰十朋有會稽三賦已著録是集爲正

統五年溫州教授何瀟所校知府劉謙刻之黄淮爲序凡奏議五卷而冠以廷試策前集二十卷後集二十九卷而附以汪應辰所作墓誌後有紹熙壬子其子宣教郎聞禮跋稱文集合前後並奏議五十四卷與此本合而文獻通考作梅溪集三十二卷續集五卷并載劉珙之序今無此序卷數多寡不符應辰墓誌則稱梅溪前後集五十卷與此本亦不相應疑珙所序者初稿應辰所誌者晚年續增之稿而此本則十朋没後其子聞詩聞禮所編次之定稿也觀應辰稱尚書春秋論語孟子講義皆未成書而此本後集第二十七卷中載春秋論語講義數條則爲蒐輯續入明矣十朋立朝剛直爲當代偉人應辰稱其爲文專尚理致不爲浮虚靡麗之詞其論事章疏意之所至展發傾盡無所回隱尤條鬯明白珙稱其渾厚質直懇惻條暢如其爲人今觀全集淳淳穆穆有元祐之遺風二人所言良非溢美曹安讕言長語僅稱其祭漢昭烈帝諸葛亮杜甫文各數語未足以盡十朋也乾隆四十七年十月恭校上

香山集

臣等謹案香山集十六卷宋喻良能撰良能字叔奇義烏人登紹興二十七年進士補廣德尉遷國子監主簿復以國子監博士召兼工部郎中除太常寺丞兼舊職出知處州尋以朝議大夫致仕宋史不爲立傳惟金華先民傳載其仕履頗詳其兄良倚弟良弼亦俱以古文詞有聲于時集中所稱伯壽兄季直弟者是也良能所著忠義傳二十卷諸經講義五卷家帚編十五卷俱久佚不存其集義烏志作三十四卷焦竑國史經籍志作十七卷世亦無傳獨永樂大典中所錄古今體詩尚多核其格律大都抒寫如志不屑屑爲絺章繪句之詞楊萬里朝天集有送喻叔奇知處州云括蒼山水名天下工部風煙入筆端頗相推許而良能集內亦多與萬里酬唱之作故其詩格約略相近特不及萬里之博大耳又陳亮龍川集題喻季直文編一篇云喻叔奇于人煦煦有恩意能使人别去三日念之輒不釋其爲文精深簡雅讀之愈久而意若愈新是良能之

文亦有可自成一家者惜其詩僅存而文已湮沒不傳矣今從永樂大典採掇裒次而以南宋名賢小集所載參校補入釐爲十六卷庶猶得考見其大略其集稱香山者案律中次韻李大著春日雜詩中有清夢到香山句自注曰余所居山名蓋以地名其集云乾隆四十六年三月恭校上

宮教集

臣等謹案宮教集十二卷宋崔敦禮撰敦禮有芻言已著錄焦竑國史經籍志載崔敦禮集十二卷其本久佚他家書目亦罕著於錄故厲鶚宋詩紀事不及敦禮之名惟永樂大典載有敦禮宮教集其詩文篇帙尚富大抵格律平正詞氣暢達雖不能領新標異而周規折矩尺寸不踰前輩典型茲猶未墜未可等諸自鄶無譏謹採掇編次釐爲十有二卷第五卷内有進重删定呂祖謙所編文鑑箚子一篇稱删去增添別寫進呈云云考李心傳朝野雜記謂呂祖謙文鑑既成近臣密啟其失當乃命直院崔大雅更定增損去留凡數十篇大雅者

其弟敦詩字也朱子語類嘗論祖謙編錄文鑑事亦有崔敦詩删定奏議之語是此箚當出敦詩不出敦禮似乎永樂大典偶爾誤題然或敦詩刊定進呈敦禮代爲草奏亦未可定今既別無顯證姑仍其舊録之而附著其舛互如右乾隆四十五年十月恭校上

蒙隱集

臣等謹案蒙隱集二卷宋陳棣撰棣始末諸書不載惟凌迪知萬姓統譜載陳汝錫字師予紹聖四年進士官至浙東安撫使子棣字鄂父以父任官至通判潭州今考集中知軍劉公挽詞第三首自注稱紹興初先子帥越與汝錫時代官階皆符當即其人惟譜稱通判潭州而集中食枸杞菊詩自序稱僕官桐川又有我今作掾嘗苦飢句稍爲不合或初仕爲桐川掾後終於潭州歟集中有甲子除夕詩甲子爲紹興十四年則猶高宗時人也括蒼彙紀載汝錫嘗有閒愁莫浪遣留爲痛飲資句爲黄庭堅所賞則其家學淵源亦從元祐而來棣詩

乃於南渡之初已先導宋季江湖之派蓋其足迹游歷不過數郡無名山大川以豁蕩心胸所與唱和者不過同官丞簿數人相與怨老嗟卑又鮮耆宿碩儒以開拓學識其詩邊幅稍狹比興稍淺固勢使之然然統各體而觀之雖乏鴻篇寶殊僞體大都平易近情不失風旨較以生硬晦澁爲奇偉以鄙俚蕪雜爲眞切者其品固有間矣宋代遺篇日傳日少錄而存之俾談藝家見所未見亦稽古者所不廢也自明以來選宋詩者皆未及厲鶚作宋詩紀事蒐羅賅博亦不載其姓名則原集之佚已久其卷帙多少不可復考詩惟一篇題甲子其年月先後亦不可知謹從永樂大典所載按體區分釐爲上下二卷以略存梗概焉乾隆四十六年二月恭校上

倪石陵書

臣等僅案倪石陵書一卷宋倪朴撰朴字文卿浦江人居石陵村因以爲號嘗應進士舉紹興末爲書萬言擬上高宗而不果鄭伯熊陳亮皆極賞之後爲里

人所擒徙置筠州以赦得還吴師道宋濂皆爲作傳師道稱其究悉用兵攻守險要尤精地理著輿地會元志四十卷今不傳傳者僅此集前載上高宗書又書箚八篇書唐史諸傳七則辯一篇大抵皆古健有法惟其觀音院鐘刻辯論吴越所以改元者乃因梁滅於唐不肯反而事仇奉正朔於唐爲錢氏立國之大節夫錢鏐固唐遺民也當朱温僭逆之時羅隱之言凛然大義乃不以篡唐之梁爲仇而反以滅梁之唐爲仇是非顛倒莫甚於是朴因汴京喪亂務伸復讐之義遂併此事而附會之可謂斯言之玷此本爲明嘉靖丙戌麻城毛鳳詔所輯其不曰集而曰書者鳳詔嘗自謂以上高宗書爲主舉所重云乾隆四十七年九月恭校上

樂軒集

臣等謹案樂軒集八卷宋陳藻撰藻字元潔福清人林亦之之弟子樂軒其自號也是集爲其門人林希逸所編劉克莊序希逸竹溪詩集稱乾淳間艾軒林

光朝始好深湛之思加煅煉之功有經歲累月繕一章未就者盡生平所作不數卷能以約敵繁密勝疎精掄麤一傳而爲網山林亦之再傳而爲樂軒陳藻又稱艾軒歿門人盡散或更名他師獨網山樂軒篤守舊聞窮死不悔云云今觀集中所載各體詩俱以清刻新穎爲長古文亦主於煅煉字句而不爲奔放閎肆之作與艾軒網山二集體格相近雖其蹊逕太僻不免寒瘦之譏然在南宋諸家中實亦自成一派也乾隆四十七年十月恭校上

定庵類稿

臣等謹案定庵類稿四卷宋衞博撰博宋史無傳其集諸家亦未著錄惟散見永樂大典中考宋中興百官題名記載乾道四年正月衞博爲樞密院編修官四月致仕知其終於是職然平生事蹟已不可考惟集中送楊舒州詩有我昔懷軍書西行盡淮泗語知其嘗參戎幕耳所作凡表劄牋啟序記書疏之類無所不備而什九皆爲他人屬草者特原本多直標題目不署明代字故往往不

可辨別今以宋史參證如辭免職名箚有更化之初叨居政地及長沙賚殿等語則當爲代黄祖舜作辭免御營使江淮都督表有戎輅親征及太上起臣於戎馬飲江之際陛下眷臣於飛龍御極之初等語則當爲代楊存中作又所上諸啓中如魏參政爲魏杞葉參政爲葉顒洪參政爲洪遵周參政爲周葵蔣樞密爲蔣芾皆一時名臣又有奉使汴京眞定府燕賓館錫宴諸表似嘗從人使金者而集中送薛左司序則稱諫大夫王公將出疆求幕下士監丞陶公以某進會疾作不果考之於史使金者乃王之望旋即召還則博實未北行諸表殆預擬而未及用者蓋博本以表奏四六擅長故每爲當時顯貴者所羅致而觀其所作亦大都工穩流麗有汪藻孫覿之餘風非應酬牽率者可比惜其流傳不廣幾致亡佚謹鈔撮薈粹釐爲四卷存其梗概俾不至終就湮没焉乾隆四十六年四月恭校上

臣等謹案澹軒集八卷宋李呂撰呂字濱老一字東老邵武軍光澤人其行事不見于史傳惟周必大平園續稿第三十五卷内有所作呂墓誌一篇稱其端莊自重記誦過人年四十郎棄科舉至七十七而卒又稱其學務躬行深惡口耳之習讀易六十四卦皆爲義説尤留意資治通鑑論著數百篇蓋亦恬退力學之士矣朱子嘗爲其父作墓誌今集中尚有上晦庵干墓誌書又呂立社倉朱子爲作記歎其負經事綜物之才老而不遇呂歿後其子文子以集求序朱子語人曰李丈之文可謂有補于世教未及爲序而疾革見于文子所作跋語中今觀其詩文雖多近樸直少波瀾迴復之趣不能成家然明白坦易往往有關于勸戒不失爲儒者之言朱子所稱實出公論不盡以其子文子游於門下之故也焦竑國史經籍志載澹軒集十五卷與周必大墓誌相符世無傳本惟散見于永樂大典中謹採掇裒綴釐爲詩三卷詩餘一卷雜文四卷周必大墓誌一首亦附之卷末以備考核焉乾隆四十五年九月恭校上

攻媿集

臣等謹案攻媿集宋樓鑰撰鑰字大防鄞縣人隆興元年進士歷官參知政事除資政殿大學士提舉萬壽觀卒謚宣獻事蹟具宋史本傳其集載於諸家書目或作百卷或作八十五卷而世所傳鈔本有僅存四十餘卷者蓋流傳既久多所佚脱此本原作一百二十卷與宋史藝文志及陳振孫書錄解題所載相同猶爲舊帙惟中缺第十七卷據原目爲宣王内修政事光武大度同高祖二賦玉巵爲壽宅道炳星緯二詩用人安民治兵策三道又缺第七十八卷據原目爲御試進士舉人召試館職閤職省試别試解試上舍州學諸試所擬策問十五篇又缺第七十九卷據原目爲宴會慶賀致語十五篇上梁文四篇勸農文二篇其第七十三卷據原目缺跋王伯奮所藏文苑英華跋淸閟居士臨修禊序二篇第七十四卷據原目缺跋劉元城江諫議任諫議鄒道鄉陳了齋五人帖一篇而第五十六卷中揚州平山堂記亦缺其後半諸家所藏刻本鈔本

並同今俱無從校補至第四十八卷第八十卷第八十一卷第八十二卷有青
詞朱表齋文疏文之類凡一百六十七篇均非文章之正軌謹稟承　聖訓槩
從删削重編爲一百一十二卷用聚珍版摹印以廣其傳鑰居官持正有守如
請朝重華宫乞留朱子不附韓侂胄其風裁頗爲表表而學問賅博文章淹雅
尤多爲世所傳述本傳稱其代言坦明得制誥體葉紹翁四朝聞見錄載鑰草
光宗内禪制詞有雖喪紀自行於宫中而禮文難示於天下二語爲海内所稱
此言其工於内外制也本傳又稱鑰試南宫以犯諱請旨冠末等投贄諸公胡
銓稱爲翰林才今集中謝省闈主文啟一首即是時所作此言其工於啟劄也
王應麟困學紀聞取其門前莫約頻來客坐上同觀未見書二句載入評詩類
中此言其工於聲偶也而袁桷延祐四明志稱其於中原師友傳授悉窮淵奧
經訓小學精據可傳信其言尤能盡鑰之實蓋宋自南渡而後士大夫多求勝
於空言而不甚究心於實學鑰獨綜貫今古折衷考較凡所論辨悉能洞徹源

流可謂有本之文不同浮議至於題跋諸篇尤原原本本證據分明毛晉輯津逮祕書摘錄宋人題跋共爲一集而獨不及鑰集其偶未見此本歟乾隆四十七年五月恭校上

尊白堂集

臣等謹案尊白堂集六卷宋虞儔撰儔字壽老寧國人隆興初入太學舉進士累官兵部侍郎奉祠卒其行事不見於宋史而志乘所載頗詳始爲績溪令即以治行被薦遷監察御史搏擊權貴朝廷肅然爲浙東提刑徙知湖州値歲祲推行荒政所全活甚衆蓋亦不徒以文學見長者集中有使北回上殿箚子是又嘗銜命使金考金史交聘表泰和元年三月乙亥宋試刑部尙書虞儔泉州觀察使張仲舒等來報謝即其事也儔慕白居易之爲人以尊白名堂并以名集其讀白樂天詩云大節更思公出處寥寥千載是吾師生平志趣可以想見故所作韻語類皆明白顯暢不事藻飾其眞樸之處頗近居易而粗率流易之

處亦頗近居易蓋心摹手追與之俱化長與短均似之也然如除日獄空春蠶行及勸農禱雨喜雨諸篇愷切慈祥詞意懇到足以驗其心勞撫字固不當僅求之吟詠間矣集中古文僅存制誥箚子二體已不免多所散佚而辭命溫雅議論詳明於當時廢弛積弊言之尤切其意亦頗有可取者據陳貴誼原序集本二十四卷今從永樂大典中採掇裒次釐爲詩四卷文二卷錄而存之亦所謂布帛菽粟之文雖常而不可厭者歟乾隆四十五年九月恭校上

東塘集

臣等謹案東塘集二十卷宋袁說友撰說友字起巖建安人流寓湖州登隆興元年進士第嘉泰中官至同知樞密院參知政事說友學問淹博留心典籍官四川安撫使時嘗命屬官程遇孫等共輯蜀中詩文自西漢迄于淳熙爲成都文類五十卷深有表章文獻之功其集則書錄解題宋史藝文志皆不載故厲鶚宋詩紀事僅從楊愼全蜀藝文志採其巫山十二峯詩一首從郁逢慶書畫

題跋記採其題米敷文瀟湘圖詩一首而不言其有集則非惟詩文散佚併其集名亦湮沒不傳矣今據永樂大典所載蒐羅排纂得詩七卷文十三卷又家傳一篇不知誰作後半文已殘缺而前半所敘仕履頗詳亦並存之以備考證集中題跋諸篇于司馬光韓琦歐陽修蘇舜欽蘇軾黄庭堅蔡襄米芾諸人皆慨想流連服膺甚至而跋默堂帖一篇於王安石新學之失辨之尤詳知其學問淵源實沿元祐之餘派故其論事之文曲折暢達究悉物情具有歐蘇之體其詩與楊萬里倡和頗多五言近體謹嚴而微傷局促七言近體警快而稍嫌率易至于五七言古體則格調清新意境開拓置之石湖劍南集中淄澠未易辨別矣說友敭歷中外凡三十年其政績雖不盡見于後然章奏敷陳多切時病今集中尚見大凡其論守淮宜用武臣一疏謂文臣不諳兵事不宜以邊務委之切中當時坐談僨事之弊非愚儒之所能言又蜀將當慮其變一疏引崔寧劉闢王建孟知祥爲戒說友歿後卒有開禧吳曦之變若先事而預睹之其

識慮亦不可及魏了翁鶴山集有祭袁參政文以耆臣宿弼相推惋悼頗深當非無故宋史不爲立傳殊不可解今收拾于散佚之餘賸簡殘篇尚能成帙俾其人其文併藉以傳則是集之存其足補史氏之闕者又不僅在詞翰間也乾隆四十五年十月恭校上

義豐集

臣等謹案義豐集一卷宋王阮撰阮字南卿德安人王韶之曾孫隆興元年進士仕至撫州守召入奏韓侂冑欲見之卒不往怒使奉祠歸廬山以終阮少謁朱子於考亭朱子知南康時又從遊故集中有阮倡酬之作阮之歸也朱子惜之謂其才氣術略過人而流落不偶集首有淳祐癸卯吳愈序謂其文無一字無來處論邊事則鼂賈其倫爲記銘則韓柳其亞今其文集未見所存僅詩一卷蓋傳錄者以全集之序弁詩之首也劉克莊嘗跋其詩謂高處逼陵陽茶山陵陽者韓駒茶山者曾幾也岳珂桯史稱阮學於張紫微載其萬杉寺唱和絕

句及重過萬杉寺絕句紫微者張孝祥也曾詩祖述黃庭堅張詩則摹擬蘇軾韓詩則出入於蘇黃今觀阮詩驛騎于兩派之閒各一體克莊及珂所述固皆爲近實矣珂又記阮所作詩號義豐集刻於江畔校官馮椅爲之序是阮詩本有單行之本不知何以佚去椅序易以愈序也乾隆四十七年十月恭校上

涉齋集

臣等謹案涉齋集永樂大典題許綸撰集中王晦叔惠聽雨圖詩序自稱永嘉人字深父而諸書不載其人考宋史許及之傳云及之字深甫溫州永嘉人隆興元年進士累官至知樞密院事與自序永嘉人合藝文志載許及之文集三十卷涉齋課稿九卷與今本涉齋之名合焦竑經籍志載許右府涉齋集三十卷宋人稱樞密爲右府與及之本傳官知樞密院者又合則此集當爲及之所撰又宋寧宗本紀紹熙四年六月遣許及之賀金主生辰金史交聘表亦同今集中使金之詩一一具在本傳稱及之嘗爲宗正簿今集中亦有題玉牒所壁

問詩則此集出于及之尤證佐鑿然永樂大典所題不知何據或及之初名綸

史偶未載更名事歟此集世無傳本今捃摭殘賸編爲十八卷觀其讀王文公

詩絶句曰文章與世爲師範經術于時起世讐少讀公詩頭已白只因無柰句

風流知其瓣香在王安石安石之文乎挹歐蘇而詩在北宋諸家之中其名稍

亞然早年鍛鍊鎔鑄工力至深瀛奎律髓引司馬光之言稱其晚年諸作華妙

精深殆非虚譽是集雖下筆稍易未能青出于藍而氣體高亮要自琅琅盈耳

較宋末江湖詩派刻畫瑣屑者過之遠矣乾隆四十五年九月恭校上

蠹齋鉛刀編

臣等謹案蠹齋鉛刀編三十二卷宋周孚撰孚字信道濟南人寓家丹徒乾道

二年進士官眞州教授集首有其友京口陳珙序稱遺文共三十卷儀眞縣志

並同而鄱延解百綸則稱三十二卷正與今集本相合蓋珙序專指詩文而言

末二卷爲非詩辨妄原有别本單行百綸取以附入故通爲三十二卷耳又宋

詩紀事稱孚卒後辛棄疾刊其集今考集中多與棄疾贈答之作其契好固有素但並無刊集之文世所傳本實淳熙己亥歲百㑹爲鏤板以傳未知宋詩紀事何所據也孚七歲通春秋爲詩初學陳師道進而學黃庭堅俱能得其遺矩詩中分注自甲戌歲始距其卒淳熙初凡二十餘年蓋皆其中年之作學問日進故大抵詞旨清拔無纖仄卑俗之病文章不事雕繢而波瀾意度亦往往近于自然其駁正鄭樵詩辨妄之誤立論尤極詳允在南渡時雖未卓然成家亦可謂尚有典型者矣乾隆四十七年四月恭校上

欽定四庫全書提要卷九十二

集部十四

別集類十三

乾道稿淳熙稿章泉稿

臣等謹案乾道稿淳熙稿章泉稿三集並宋趙蕃撰蕃字昌父號章泉先世鄭州人建炎初其曾祖暘官于信州因家焉蕃以暘致仕恩補官後終于直祕閣蕃始受學劉淸之年至五十始問學于朱子朱子文集與蕃尺牘凡六首蕃與朱子往還詩及他作之稱述朱子者亦二十餘首其相契頗深朱子答徐斯遠書有云昌父志操文詞皆非流輩所及且欲其刊落枝葉就日用間深察義理之本然庶幾有所據依以造實地不但爲騷人墨客而已所以期許之者亦甚至然蕃本詞人晚乃講學實未能有所論著其究也仍以詩傳與澗泉韓淲有二泉先生之稱淲集久佚今從永樂大典裒輯已別著錄蕃集亦無傳本而永

樂大典所收頗富併爲採掇編次依舊本標題釐爲乾道稿二卷淳熙稿二十卷章泉稿五卷共計二十七卷而以蕃本傳及劉宰所作墓表附錄于後仞蕃爲太和簿時受知于楊萬里萬里贈詩有云西昌主簿如禪僧日餐秋菊嚼春冰又云勸渠未要思舊隱且與西昌作好春又爲作寫眞贊云貌恭氣和無月下推敲之勢神清骨聳非山頭瘦苦之容一笑詩成萬象春風云云則其詩派實出江西劉克莊跋亦云近歲詩人惟趙章泉五言有陶阮意所作後村詩話錄其詩頗夥詩人玉屑載蕃論詩一則以陳后山寄外舅詩爲全篇之似杜者後戴式之思家用陳韻又全篇之似陳者觀所品題其淵源亦可概見矣乾隆四十二年六月恭校上

雙溪類稾

臣等謹案雙溪類稾二十七卷宋王炎撰炎字晦叔婺源人乾道五年進士官至軍器少監與淳熙中觀文殿大學士王炎名姓偶同非一人也所著有讀易

筆記尚書小傳禮記論語孝經老子解春秋衍義象數稽疑禹貢辨考工記鄉飲酒儀諸經考疑編年通紀紀年提要天對解韓柳辨證傷寒論總題曰雙溪類藁今已無傳惟詩文集僅存仍以雙溪類藁爲名世所行者凡二本一本爲康熙中其族孫琪所刊凡十二卷一即此本乃明萬歷丙申尚寶司丞王麟得沈一貫家舊本爲校正開雕者也凡賦樂府一卷詩詞九卷文十七卷炎初與朱子相契朱子集中和炎寄弟詩有祇今心事同千里靜對簞瓢獨喟然之句炎亦多與朱子往還之作其交誼頗篤及朱子爲待制侍經筵寧宗方諒闇擇日開講炎貽書朱子論其非禮而朱子集中無答書蓋是時韓侂冑趙汝愚釁隙方開汝愚援道學諸人以自助（語詳齊東野語）侂冑之黨眈眈側目朱子急欲寧宗親近士大夫故不拘喪禮汲汲以講學爲先實一時權宜之計迨一經攻駁無可置詞遂付之於不論豈非所持者正雖朱子亦不能與之爭歟其詩文博雅精深亦具有根柢程敏政輯新安文獻志所採最多而此外議論純粹引據典

確者尙不可悉數蓋學有本原則詞無鄙誕較以語錄爲詩文者固有蹈空徵實之別矣乾隆四十七年五月恭校上

止堂集

臣等謹案止堂集宋彭龜年撰龜年字子壽清江人乾道五年進士歷官煥章閣待制知江陵府遷湖北安撫使坐事落職尋復官以寶謨閣待制致仕卒謚忠肅事蹟具宋史本傳龜年官右史時面折廷諍靡切人主有古直臣之風集中所存奏疏箚子尙五十餘篇敷陳明確多關於國家大計其論光宗不朝重華宮疏凡三四上至於伏地叩額血漬甃甓光宗亦爲之感動又嘗事寧宗於藩邸有舊學之恩即位後數進讜言拳拳懇到因風雷示變極陳小人之竊權及朱子以論韓侂冑被絀龜年又上疏請與同斥今諸疏並在集中其嚴氣正性凜然猶可想見史稱其學識正大議論簡直善惡是非辨析甚嚴故生平雖不以文章名而懇惻之忱與剛勁之氣浩然直達語不求工而自工固非鞶帨

爲文者所得絜其長短也宋史藝文志載其集四十七卷世久失傳今從永樂大典所載益以歷代名臣奏議所錄共得文二百二十三首詩二百二十二首依類編次釐爲十八卷雖較原目所存祇十之四而其一生建白之大者已略具於是矣至若祝語諸篇本非文章正軌今刊本概從刪削焉乾隆四十九年十月恭校上

緣督集

臣等謹案緣督集二十卷宋曾丰撰丰字幼度樂安人乾道五年進士官至德慶太守眞德秀幼嘗受學於丰及執政奏取其集入崇文四部當時嘗板行于世歲久不傳元元統間丰五世孫德安購其遺集得四十卷翰林學士虞集爲之敘謂其氣剛而義嚴辭直而理勝有得於易之奇詩之葩其文今見道園學古錄中然當時欲授梓不果至明嘉靖間詹事講始選錄十有二卷刻於宣城卷末有萬錡後序稱摘其尤者存之今觀所分諸體如五言排律類中惟有排

律一二首餘皆五言詩七言排律類中皆七言古詩無一首爲律是古今體且不能辨則其去取乖謬大概可知蓋事講從羅洪先游日以討論心學爲事文章一道非所深研遂使丰之菁華反因此選而散佚殊堪惋惜惟永樂大典編自明初尚見丰之原集其所收録較刊本多至數倍今據以增補乃裒然幾還舊觀佚而復存亦云幸矣丰仕蹟不顯頗以著述自負集中如六經論之類根柢深邃得馬鄭諸儒所未發其他詩文雖間有好奇之癖要皆有物之言非膚淺者所可企及亦南宋一作者也丰晚年築室自號曰搘齋故是編一名搘齋集見於宋史藝文志今從虞集所序仍以緣督爲名集序稱凡四十卷而宋志乃作十四卷蓋刊刻傳寫誤倒其文今原目不可復睹謹據所存各體以類區分共釐爲二十卷乾隆四十六年十二月恭校上

象山集

臣等謹案象山集二十八卷外集四卷附語録四卷宋陸九淵撰九淵字子静

金谿人乾道八年進士紹興初官至奉議郎知荆門軍卒于官事蹟具宋史本傳據九淵年譜集爲其子持之所編其門人袁燮刊于江西提舉倉司者凡三十二卷宋史藝文志文獻通考並作象山集二十八卷外集四卷總而計之與燮所刊本卷數相符獨年譜稱持之所編外集爲六卷殆傳寫訛四爲六歟此本前有燮序又有楊簡序燮序作于嘉定五年簡序作于開禧元年在燮序前七年而列于燮後蓋刊板之時以新序弁首故翻刻者仍之又有嘉定庚辰吳杰跋稱是集爲建安陳氏所刊而年譜未載此本蓋持之偶未見歟前十七卷皆書十八卷爲表奏十九卷爲記二十卷爲序贈二十一卷至二十四卷爲雜著二十五卷爲詩二十六卷爲祭文二十七二十八卷爲墓誌墓碣墓表外集四卷皆程試之文末爲謚議行狀則吳杰所續入也其語錄四卷本於集外別行正德辛巳撫州守李茂元重刻是集乃并附集末以成陸氏全書其說與集中論學諸書互相發明合而觀之益足勘證今亦仍附於末不別著錄焉乾隆

五十四年四月恭校上

慈湖遺書

臣等謹案慈湖遺書十九卷附錄一卷宋楊簡撰簡字敬仲慈谿人官至龍圖閣學士事蹟具宋史本傳簡爲陸九齡高弟朱子亦嘗薦之於朝所爲文章以講學爲主不事紛飾其論治務最急者五事次急者八事大旨欲罷科舉以復鄉舉里選限民田以復井田說頗難行而歷官治迹行誼多有可紀者蓋其生平得力有在固非同於空談性命者也本傳載簡所著有甲稿乙稿冠記昏記喪禮家記家祭記釋菜禮記石魚家記及己易啟蔽等書其目甚多陳振孫書錄解題則稱簡遺書止有三卷此本多十六卷又合附錄爲二十卷多寡俱不相合而集中家記內各條又有別標稱見遺書者疑遺書本其著作之一種各自單行後人因裒輯其甲乙稿等部類成此集而仍以遺書名之非陳氏當日所見之本矣明嘉靖間巡按江西御史秦鉞爲刊行之於世不爲無補焉乾隆

四十七年四月恭校上

絜齋集

臣等謹案絜齋集宋袁燮撰燮字和叔鄞縣人登進士第歷官禮部侍郎寶文閣直學士追謚正獻學者稱絜齋先生事蹟詳宋史本傳燮初與同里沈煥楊簡舒璘以道義相切磋後師事陸九淵得其指授具有原本又少以名節自期立朝屢進讜言所至政績皆可紀在南宋諸儒中可謂學有體用者生平著述有絜齋集二十六卷後集十二卷其目見於馬氏經籍考久佚不傳厲鶚撰宋詩紀事搜討未獲遂幷其人而沒之今獨散見於永樂大典中者裒集編次得文二百三十九首詩一百七十七首雖未必盡合原目之數而所存亦云富矣變詩文淳樸質直不事紛繪而眞氣流溢頗近自然其剖析義理敷陳政事亦極剴切詳明足稱詞達理舉蓋儒者之言語無枝葉固未可槩以平近忽之也惟永樂大典內於前後二集標識未明無可辨别謹以類排纂釐爲二十四卷

而以燮子甫所作後序一篇附之用存其舊甫舉嘉定七年進士第一官至兵部尚書以才略顯亦有傳在宋史中蓋能承其家學者云乾隆四十七年二月恭校上

舒文靖集

臣等謹案舒文靖集二卷宋舒璘撰璘字元質一字元賓奉化人補入太學張栻官中都璘往從之又從陸九淵朱子呂祖謙諸人游故於性命之旨深有所窺舉乾道八年進士初授徽州教授擢知平陽縣終宜州通判淳祐中特謚文靖事迹具宋史儒林傳璘平生未嘗官于朝故集中不著章疏然即尋常酬答之文亦無不原本于學術本傳謂璘教授新安作詩禮講解家傳人習自是其學寖盛今觀集中與陳倉箚子論常平義倉茶鹽保長之法深切時弊皆其教授新安時所作則璘之成績不特著于學校如宋史所云也又考本傳稱璘釋褐之後兩除郡教授不就未著其所除者何郡今觀所作先君承議壙銘末有

曰子璘迪功郎信州州學教授則是所稱兩郡之一而史失之者又本傳稱璘爲徽州學官司業汪逵首欲薦璘或謂舉員已足逵曰吾職當舉教官舍斯人將誰先卒剡薦之今集中有申謝傳漕及張守陳倉三人薦舉劄子又有謝李提舉書乃獨不及汪逵其與劉大坊書云前張守所惠薦章蒙示回簡方知所自與王大卿書亦云荷禮書尤丈漕使傳丈倉使陳丈惠然相舉皆出提奬之賜亦均不及逵名豈此集猶有佚篇抑或所傳異詞故史與集多有不符歟乾隆四十七年五月恭校上

雲莊集

臣等謹案雲莊集二十卷宋劉爚撰爚有四書問目已著錄爚與弟炳均游朱子之門故嘗上疏乞開僞學之禁爲宋史本傳所採然其上史彌遠書論用人聽言之道及宋史載其奏便民五事論貢舉五弊諸疏尤爲有用之言今書載集中而五事五弊疏集無其文則所缺佚不少矣是集爲祁承㸁澹生堂鈔本

前有嘉定閒李埴序又附眞德秀碑文乃明天順間其世孫梗所編又别一本

爲其十世孫櫄所重刻較梗所編少文數首亦不載德秀碑文櫄序稱朱子晚

年以書屬蔡沈以禮屬𤍠又稱𤍠精力在王朝禮編而雜著之文略見于此案

朱子以儀禮喪祭二門屬黄榦未嘗屬𤍠宋史𤍠本傳旣不載此語而王朝禮

編亦未見其書不知何所據而云然殆與世傳四書問目同一在疑似之間歟

乾隆四十七年十月恭校上

定齋集

臣等謹案定齋集二十卷宋蔡𢧐撰𢧐字定夫其先興化軍仙遊人端明殿學

士襄之四世孫也祖紳紹興中官左中大夫始寓常州武進縣𢧐幼承門蔭補

溧陽尉後中乾道丙戌進士甲科官至寶謨閣直學士宋史不爲立傳故其行

事不概見凌迪知萬姓統譜載𢧐持節五羊代輸賦銀民甚便之爲湖南憲有

定亂功爲京兆尹歲澇羅艱亟請發廩民賴以濟其敘述頗詳然案集中諸表

啟則又嘗任京西運判廣東運判湖北總領廣西經略淮西總領等官其乞致仕劄子及效白樂天自詠詩中亦頗見其概而廸知均未之及蓋其集久佚不傳故廸知莫能考也集本四十卷乃紹定三年其季子戶部郎官總領四川財賦廣所刊眉山李埴爲序見於陳振孫書錄解題今據永樂大典所載者蒐採彙集並從歷代名臣奏議得所未載者二十篇互相訂正釐爲二十卷較諸原目十殆得其五矣埴序稱戡鯁挺不阿屢更繁劇宣力四方無不殫盡汔以全節始終今觀集中所上奏劄條列明確類皆侃直忠亮爲經世有用之言其論邊事專以嚴備自守爲主而不汲汲於和戰紛爭遠慮深謀亦非好事偷安者所可幾及方之同時名臣實龔茂良之流亞惜史家不備其生平幾至湮沒今幸遺集復彰尚得以考見大略謹旁採紀傳於人名事實有可稽核者悉爲參互證明庶以補宋史之闕漏焉乾隆四十六年九月恭校上

九華集

臣等謹案九華集二十五卷附錄一卷宋員興宗撰興宗有采石戰勝錄已著錄其集見于焦竑國史經籍志者本五十卷乃寶慶三年其孫榮祖所編興宗弟夢協井研李心傳俱爲之序明以來久佚不存今檢勘永樂大典所錄摭拾詮次釐爲詩六卷雜文十五卷又論語解老子解略西陲筆略併紹興采石大戰始末各一卷而原集所載同時祭文可以互證興宗始末者則別爲一卷附之於後集中多與張栻陸九淵往復書簡蓋亦講學之家然所上奏議大抵毅然抗論指陳時弊多引繩批根之言李心傳序謂歸附既留而垂遺諧御因逐而旋召均輸久廢而驟復此三事皆朝廷所必行而興宗矢筆盡言斥逐不悔則其經濟氣節均有實事非徒侈空談者矣又洪适撰隸釋時嘗咨以漢碑數事興宗爲之考核源委具見精博今答書一通具在集中學問淹雅亦未易及雖其文力追韓柳不無錘鍊過甚之弊然骨力峭勁要無南渡以後冗長蕪蔓之習挺然一作者也乾隆四十六年四月恭校上

野處類稾

臣等謹案野處類稾二卷宋洪邁撰邁以才學贍博雄視一時所著容齋隨筆夷堅志唐人萬首絶句俱别著録其文集見于宋藝文志者有野處猥稾一百四卷瓊野録三卷而陳振孫書録解題祇載有此集二卷且云全集未見則當時傳播已稀惟明張萱内閣書目有野處内外集九册無卷數當即全集中不完之本流傳僅存者今亦已散佚無可考世所行邁集獨有此本而已集前有邁自序稱甲戌之春家居臥病作詩若干首以自當緩憂之一物遂取曩時所存而未棄者録爲二卷甲戌爲高宗紹興二十四年蓋邁退居鄱陽時所作而集中謁曾照塔詩又有庚戌紀年當在建炎三年相去已二十四五歲僅得詩八十餘首又容齋三筆紀紹興十九年在福建貢院與葉晦叔所作詩正在甲戌之前而集中並未載入疑本就篋笥所貯偶然裒輯故所録闕略如此然其生平韻語惟藉此以考見大概則零珪斷璧未嘗不足存備一家也又案馬端

臨經籍考載此書入別集類然集中有詩無文依端臨之例宜入詩集類而舛

錯誤收殆亦未見此本歟乾隆四十七年五月恭校上

盤洲文集

臣等謹案盤洲文集八十卷宋洪适撰适有隸釋已著録許及之撰适行狀稱

有文集一百卷藏於家周必大撰适神道碑則稱其論著爲四方傳誦有盤洲

集八十卷與行狀互異考陳振孫書録解題張萱重編内閣書目俱作八十卷

則及之所稱其家藏之全稿必大所稱乃其行世之刋本也其書流傳頗尠王

士禎居易録謂朱彝尊所藏盤洲集僅有其詩則藏書家已罕覩全帙此本爲

毛氏汲古閣所藏猶從宋刻影寫惟末卷劄子第三篇蠹損特甚其餘雖字句

間有脱落而卷帙完好亦古本之僅存者矣适以詞科起家工於儷偶其弟邁

嘗舉所草張浚免相制王大寶致仕制浙東謝表生日詩詞謝啟諸聯載於容

齋三筆然考适自撰小傳自其少時擬復得河南賀表即有齊入歸鄆讙之田

宣王復文武之土句爲作者所稱其內外諸制亦皆長於潤色藻思綺句層見疊出不但如邁之所舉也至於記序誌傳之文亦尚存元祐法度尤南渡後錚錚者矣乾隆四十七年十月恭校上

應齋雜著

臣等謹案應齋雜著六卷宋趙善括撰善括宋史無傳惟宗室世系表載有此名爲太宗第四子商王元份六代孫考集中有趙連幹墓誌銘稱同姓兄可大藝祖七世孫與宗室表世次相合蓋即其人然表亦不詳其爵里今案集中迓黃樞密知隆興府啟有一麾爲岷應修桑梓之敬語則籍隸隆興祭漢陽趙守文有仙源同盟雁塔俱第語則嘗登進士得常熟宰謝政府啟有奮身科第千載之遇語則釋褐爲常熟令賀趙樞密啟有贅員別駕叨祿京畿語又有長沙倅署磬沼詩則由縣令倅郡與湖北張安撫啟有叨把一麾深慚共理語又有鄂州上殿三劄子則由郡倅知鄂州謝宰執啟有方懷溝壑之虞遽增幕府之

數語謝湖南帥啟有四十年低徊州縣三萬里奔走塵埃語則任滿閒居復充幕職又有次計幕諸友韻詩謝岳漕啓則終于岳州漕佐也是集宋志不載其原本卷帙不可考今以永樂大典所載裒爲六卷宋人奏議多浮文妨要動至萬言往往晦蝕其本意善括所上諸劄率簡潔切當得論事之要如陳紛更之弊糾賞罰之失皆深中時弊而永樂中修歷代名臣奏議乃不載其一字未明何故詩詞多與洪邁章甫唱和而與辛棄疾酬贈尤多其詞氣駿邁亦復相似觀其金陵有感詩有謝安王導亦可罪至今遂使南北分句其不滿於湖山歌舞文恬武嬉意趣蓋與棄疾等固宜其相契也乾隆四十六年二月恭校上

芸庵類稿

臣等謹案芸庵類稿六卷宋李洪撰洪姓名不著于史諸家書目亦未載有是集惟永樂大典頗散見其文又別出陳貴謙原序一篇稱洪爲李正民之子又稱爲藤州使君知洪官止知藤州集中又有扈從朝德壽宮景靈宮詩則曾爲

京朝官有在溫州題其父手澤詩稱嗣子守官於此則曾知溫州其他不可復考矣正民本揚州人南渡後僑寓海鹽故洪集中如烏龍井廟迎送神詞之類皆在海鹽所作而卜居飛英坊一首乃云東書辭都門整棹還苕川則洪後又移居湖洲乃兩郡紀流寓者俱不及其父子則由遺集散佚徵文獻者罕及也洪所作詩雖骨榦未堅而神思清超時露警秀七言律詩尤爲工穩足以嗣響正民陳貴謙序稱原本二十卷而今所掇拾僅得詩詞三百九十餘文首三十首視原集祇十之三四亦云僅矣據所存者釐爲五卷而以雜文一卷附之略具梗概俾不致終就泯沒焉乾隆四十六年四月恭校上

浪語集

臣等謹案浪語集三十五卷宋薛季宣撰季宣書古文訓已著錄季宣少師事袁溉傳河南程氏之學晚復與朱子呂祖謙等相往來多所商搉然朱子喜談心性而季宣則兼重事功所見微異其後陳傅良葉適等遞相祖述永嘉之學

遂别爲一派蓋周行已開其源而季宣導其流也其歷官所至調輯兵民興除
利弊皆有成績在講學之家可稱有體有用者矣平生所著自書古文訓外有
古文周易古詩説春秋經解春秋指要論語直解小學諸書今多亡佚其中庸
大學解及考正握奇經則今尚載于集中蓋季宣學問最爲淹雅自六經諸史
天官地理兵農樂律鄉遂司馬之法以至于隱書小説名物象數之細靡不搜
採研貫故其持論明晰考古詳核不必依傍儒先餘緒而立説精確卓然自成
一家于詩則頗工七言極踔厲縱横之致惜其年止四十得壽不永又覃思考
證不甚專心于詞翰故遺稿止此然即所存者觀之其精深閎肆已足淩跨餘
子矣是集乃寶慶二年其姪孫知撫州事旦所編次刊行旦作後序尚存而自
明以來刻本遂絶藏書家輾轉傳鈔譌脱頗甚謹重爲校正而卷帙則悉仍其
舊焉乾隆四十七年十月恭校上

臣等謹案石湖詩集三十四卷宋范成大撰成大有吳郡志已別著錄案陳振孫書錄解題成大有集一百三十六卷宋史藝文志亦載石湖大全集一百三十六卷與陳氏著錄同又石湖別集二十九卷又石湖居士文集亡其卷數明代刻本僅一百三卷未詳其故此本長洲顧嗣立等所訂乃於全集之中獨摘其詩別行而附以賦一卷前有楊萬里陸游二序然萬里所序者乃其全集不專序詩游所序者乃其西征小集亦非序全詩以名人之筆嗣立等姑取以弁首耳據萬里序集乃成大所自編考十一卷末有自注云以下十五首三十年前所作續得殘稿附此卷末其餘諸詩亦皆注以下某處作今所傳者猶自編之舊本矣詩不分體亦不分立名目惟編年爲次然送洪邁使金詩凡四首其兩首在第八卷列於邁使還入境以詩迓之之前其兩首乃列於第十卷何溥挽詞之後邁未嘗再使金則送別之詩不應前後兩見又南徐道中詩下注曰以下赴金陵漕試作則是當在第二卷之首不應贅第一卷之末疑後人亦有

所竄亂割併故與宋本卷數不符歟成大在南宋時與尤袤楊萬里陸游齊名袤集久佚世所傳者僅尤侗所輯之一卷篇什寥寥未足定其優劣今以楊陸二集相較其才調之健不及萬里而亦無萬里之麤豪氣象之闊不及游而亦無游之窠臼初年吟詠實沿溯中唐以下觀第三卷夜宴曲下注曰以下二首效李賀樂神曲下注曰以下四首效王建已明明言之其他如西江有單鵠行河豚歎則雜長慶之體嘲里人新婚詩春晚三首隆師四圖諸作則全爲晚唐五代之音其門徑皆可覆案自官新安掾以後骨力乃以漸而遒蓋追溯蘇黃遺法而約以婉峭自爲一家伯仲於楊陸之間固亦宜也乾隆四十七年三月恭校上

誠齋集

臣等謹案誠齋集一百三十三卷宋楊萬里撰萬里字廷秀吉州吉水人官終寶謨閣學士嘗韓侂胄北伐時憂恚不食卒贈光祿大夫謚文節事蹟具宋史

儒林傳此集則嘉定元年其子長儒所編次也萬里立朝多大節若乞留張栻力爭呂頤浩等配饗及裁變應詔諸奏今具載集中丰采猶可想見生平以詩擅名有江湖集七卷荆溪集九卷西歸集二卷南海集四卷朝天集六卷江西道院集二卷朝天續集四卷江東集五卷退休集七卷今併在集中方回稱其一官一集每集必變一格雖沿江西詩派之末流不免有頹唐麤俚之處而才思健拔包孕宏富自爲南宋一作手非後來四靈江湖諸派可得而並稱也萬里別有易傳二十卷元陳櫟詆其因學文以求道於經學終非本色胡一桂作易本義附錄纂註博收諸家之說獨不采萬里一字然萬里易傳實本程子之說而引伸之以通於人事未嘗無可取者諸儒以其門戶之見排之亦未爲篤論矣乾隆四十七年五月恭校上

劍南詩稾

臣等謹案劍南詩稾八十五卷宋陸游撰游有南唐書已著錄是集末有嘉定

十三年游子朝請大夫知江州軍事子虡跋稱游西泝僰道樂其風土有終焉之志宿留殆十載戊戌春正月孝宗念其久外趣召東下然心固未嘗一日忘蜀也是以題其平生所爲詩卷曰劍南詩稾蓋不獨謂蜀道所賦詩也又稱戊申己酉後詩游自大蓬謝事歸山陰故廬命子虡編次爲四十卷復題其簽曰劍南續稾自此至捐館舍通前稾爲詩八十五卷子虡假守九江刊之郡齋遂名曰劍南詩稾（案遂字文義未順疑當作通名曰劍南詩稾）云云則此本猶子虡之所編至跋稱游在新定時所編前稾于舊詩多所去取所遺詩尚七卷不敢復雜之卷首別其名曰遺稾者（案後村詩話作別集七卷蓋偶筆誤）今則不可見矣明羅鶴應菴任意錄載郭應端家藏游墨蹟有蓬萊館二絕句又夜還驛舍二首皆具錄其全篇核其辭氣確爲游作其即在七卷之中者歟游詩法傳自曾幾而所作呂居仁集序又稱源出居仁二人皆江西派也然游詩清新刻露而出以圓潤實自闢一宗不襲黃陳之舊格今錄其全集庶幾知劍南一派自有其眞非淺學者所可藉口焉乾

隆四十七年九月恭校上

渭南文集

臣等謹案渭南文集五十卷逸稿二卷宋陸游撰游晚封渭南伯故以名集陳振孫書錄解題作三十卷此本爲毛氏汲古閣以無錫華氏活字板本重刊凡表牋二卷劄子二卷奏狀一卷啟七卷序二卷碑一卷記五卷雜文十卷墓誌墓表壙記塔銘九卷祭文哀詞二卷天彭牡丹譜致語共一卷入蜀記六卷詞二卷共五十卷與陳氏所載不同疑三字五字筆畫相近而訛刻也末有嘉定三年游子承事郎知建康府溧陽縣主管勸農事子遹跋稱先太史未病時故已編輯案故字文義未明疑有訛誤姑從原本錄之凡命名及次第之旨皆出遺意今不敢紊又述游之言曰劒南乃詩家事不可施於文故別名渭南如入蜀記牡丹譜樂府詞本當別本而異時或至散失宜用廬陵所刊歐陽公集例附於集後云云則此集雖子遹所刊實游所自定也游以詩名一代而文不甚著集中諸作邊幅頗

狹然元祐黨家世承文獻遺詞命意尙有北宋典型故根柢不必其深厚而修潔有餘波瀾不必其壯闊而尺寸不失士龍淸省庶乎近之較南渡末流以鄙俚爲眞切以庸沓爲詳盡者有雲泥之别矣乾隆四十七年十一月恭校上

放翁詩選

臣等謹案放翁詩選前集十卷後集八卷别集一集宋羅椅劉辰翁所選陸游詩也前集椅所選元大德辛丑其孫憿始刋之前有憿自序後集辰翁所選前後無序跋椅閒有圈點而無評論辰翁則句下及篇末頗有附批大致與所評杜甫王維李賀諸集相似明人刻辰翁評書九種是編不在其中蓋偶未見詳其詞意確爲須溪門徑非僞託也末有明人重刻舊跋蠹蝕斷爛幾不可讀併作者姓名亦莫辨其可辨者惟稱弘治某年得於餘杭學究家屬其同年餘杭知縣冉孝隆校刻之耳又稱放翁集鈔本尙存然聞而未嘗見獨羅澗谷劉須溪所選在勝國時書肆嘗合而梓行以故轉相鈔錄迄今漸出而印本則見亦

罕矣據其所言則兩人本各自爲選其前集後集之目蓋元時坊賈所追題矣跋又有選復者去之之語故兩集所錄無一首重見末爲别集一卷不題編纂名氏其詩皆見瀛奎律髓中以跋中取方虚谷句推之知即作跋者所輯以補二集之遺其中睡起至園中一首已見前集五卷中蓋偶誤也劒南詩集汲古閣刻本今已盛行於世然此選去取頗不苟又屬宋人舊本故依陳亮歐陽文粹之例與本集並存之椅字子遠號澗谷廬陵人寶祐四年進士以秉義郎爲江陵教官改潭州後知贛州信豐縣遷提轄榷貨德祐初遭論罷明偶桓乾坤清氣集皆錄元人之詩而有其幼輿折齒歌一首蓋元初尚存辰翁所著有評點班馬異同諸書已别著錄云乾隆四十七年九月恭校上

金陵百詠

臣等謹案金陵百詠一卷宋曾極撰極字景建臨川布衣晚以江湖集事得罪謫道州卒所著有春陵小雅今已不傳此乃其詠建康古蹟之作皆七言絶句

凡一百首詞旨悲壯有磊落不羈之氣如天門山云高屋建瓴無計取二梁剷把當殽函新亭云江右于今成樂土新亭垂淚亦無人大抵皆以南渡君臣畫江自守無志中原而作其寓意頗爲深切豫章人物志載極遊金陵題行宮龍屏忤時相史彌遠以是獲譴是編有畫龍屏風一首云乘雲遊霧過江東繪事當年笑葉公可恨橫空千丈勢翦裁今入小屏風與人物志所紀相合蓋其憤激之詞雖不無過於徑直而淋漓感慨與劉過龍洲集氣格往往相同固不徒以模山範水爲工者也乾隆四十七年十月恭校上

頤菴居士集

臣等謹案頤菴居士集二卷宋劉應時撰應時字良佐四明人集凡二卷前有陸游楊萬里序游序稱其詩爲范致能所賞又摘其句如頗識造物意長容我輩閒日晏猶便睡犬鳴知有人卌事不復問舊書時一看一夜催花雨數家臨水村青山空解供望眼濁酒不能澆別愁覓句忍飢貧亦樂鈔書得味老何傷

以爲卓然自得雖前輩以詩得名者無以加萬里序以王安石擬之安石詩鎔鍊有餘不及蘇黄諸人吐言天拔而根柢深厚氣象自殊究非應時之所及許之未免太過所摘之句如睡魔正與詩魔戰窗外一聲婆餅焦之類頗涉鄙獷獨與梅花共過冬清月故移疎影去之類又頗近詩餘亦不逮游序所舉之工蓋二人各舉其派之近己者稱之也然應時詩雖格力稍薄不能與游等並駕而往來於諸人之間耳濡目染終有典型較宋末江湖諸人固居然雅音矣乾隆四十七年十月恭校上

水心集

臣等謹案水心集二十九卷宋葉適撰適有習學記言已著錄其文集之目見於陳振孫書錄解題趙希弁讀書附志者皆二十八卷又有拾遺一卷別集十六卷則獨載於書錄解題且稱淮東本無拾遺編次亦不同讀書附志則但紀其集爲門人趙汝鐺序刻而不詳其體例此本爲明正統中處州推官黎諒所

編已非宋本之舊惟趙汝鐺實用編年之法諒不加深考以意排纂遂至盡失原次適文章雄贍才氣奔逸在南渡後卓然爲一大宗其碑版之作簡質厚重尤可追配作者適嘗自言譬如人家觴客雖或金銀器照座然不免出於假借惟自家羅列者即僅缶瓦杯盤都是自家物色其命意如此故能脫化町畦獨運杼軸韓愈所謂文必己出者殆於無忝吳子良荆溪林下偶談稱水心作汪勃墓誌有云佐佑執政共持國論執政乃秦檜同時者汪之孫綱不樂請改水心答書不從會水心卒趙蹈中方刊文集未就門下有受汪囑者竟爲除去佐佑執政四字今考集中汪勃誌文已改爲居紀綱地共持國論則子良所紀爲足信而適作文之不苟亦可以鑑見矣乾隆四十七年四月恭校上

南湖集

臣等謹案南湖集十卷宋張鎡撰鎡字功甫號約齋循王俊諸孫家本成紀徙居臨安官至奉議郎直祕閣宋史不爲立傳而其事蹟之散著他書者猶可考

見梗概葉紹翁四朝聞見錄稱寧宗誅韓侂胄鎡預其謀史彌遠以韓大臣近戚未有以處鎡曰殺之足矣史曰眞將種也因心忌之及侂胄既誅鎡齎伐白言史謂不當居功諷言者貶鎡於雷後以旨放還周密齊東野語癸辛雜識又稱鎡本善侂胄被誅前一日爲其愛妾生日鎡猶攜庖夜宴故侂胄不疑及賞不滿意復欲以故智去史事泄謫象臺而卒據諸書所云是鎡本以機數立功名有忍鷙之才而心術未爲純正密作武林故事又稱鎡卜築南湖名其軒曰桂隱園池聲伎服玩之麗甲於天下園中亭榭堂宇名目數十且排纂一歲中游適之目爲賞心樂事是其席祖父富貴之餘湖山歌舞極意奢華亦未免過於豪縱然其詩學則頗爲精深如尤袤陸游辛棄疾周必大范成大諸人皆相傾挹而楊萬里尤推之誠齋詩話謂其寫物之工絕似晚唐又有寄張功甫姜堯章詩尤蕭范陸四詩翁此後誰當第一功新拜南湖爲上將更差白石作先鋒其意直躋諸姜夔之右矣其集久佚不傳楊士奇文淵閣書目雖載有張約

齋南湖集一部五册藏弆家亦皆未見今檢永樂大典各韻中收入鎡詩尚多詳其格律大都清新獨造於蕭散之中時見雋永之趣以視嘈雜者流可謂條然自遠詩固有不似其人者鎡之謂歟鎡又工於長短句有玉照堂詞選本多見採錄而原本亦久散佚謹裒集編次以類相從釐爲詩九卷詞一卷用存其略永樂大典所載多題曰湖南集以諸書參考知爲傳寫之誤今亦從改正焉

乾隆四十六年十月恭校上

南澗甲乙稿

臣等謹案南澗甲乙稿宋韓元吉撰元吉字无咎開封雍邱人南渡後流寓信州之上饒集中自署曰潁川不忘本也元吉宋史無傳陳振孫書錄解題稱爲門下侍郎韓維元孫江西通志則以爲韓維之子考宋史維本傳卒于元符元年而集中繫辭解序云淳熙戊戌年既六十有一則元吉生時自在徽宗重和元年上距元符元年戊寅凡二十年安得爲維之子集中又有高祖宫師文編

序稱紹聖中公謫均州又稱建中靖國以來追復原官與維事迹一一相符知江西通志爲誤當以陳氏爲是矣陳氏又稱其初與從兄元龍皆試詞科不利後官至吏部尚書而不詳其事迹今據其赴信幕詩知初爲幕僚據其送運必達序知嘗爲南劒州主簿據其淩風亭題名知嘗爲建安縣據其謝表狀劄知其在外嘗爲江東轉運判官兩知婺州又知建寧府在內嘗權中書舍人守大理寺少卿爲龍圖閣學士爲待制爲吏部侍郎中間一使金國兩提舉太平興國宮及爲吏部尚書又晉封潁川郡公而歸老于南澗因自號南澗翁併以名集南澗者一在建安城南爲鄭氏別業見本集詩序一在廣信溪南見書錄解題考元吉宦於閩中家於江右似乎非建安之南澗當以廣信爲是也元吉本文獻世家據其跋尹焞手迹自稱門人則距程子僅再傳又與朱子最善嘗舉以自代其狀今載集中故其學問淵源頗爲醇正其他詩文酬酢者如葉夢得張浚曾幾曾丰陳巖肖龔頤正章甫陳亮陸游趙蕃諸人皆當代勝流故文章

矩矱亦具有師承其壻呂祖謙爲世通儒其子名滮字仲止者亦清介自持以詩名于宋季蓋有由矣朱子語類云尢袤詩做著者儘和平有中原之舊無南方啁哳之音誠定評也集本十七卷又自編其詞爲焦尾集一卷文獻通考並著錄歲久散佚今從永樂大典所載緫裒爲詩賦六卷詞一卷文十五卷統觀全集詩體文格均有歐蘇之遺不在南宋諸人下而湮沒不傳殆不可解然沈晦數百年忽出于世炳然發翰墨之光豈非精神光采終有不可磨滅者故靈物撝訶得以復顯於今歟乾隆四十九年十一月恭校上

自鳴集

臣等謹案自鳴集六卷宋章甫撰考宋有二章甫一字端叔浦城人熙寧三年進士官至都官郎中著有孟子解義十四卷楊時爲作墓誌其文今載龜山集中一字冠之鄱陽人徙居眞州自號易足居士即撰此集者也甫行事不槪見惟張端義貴耳集有云張冠之名甫有文集十卷多從于湖交游案于湖乃張孝祥之別號

豪放飄蕩不受拘羈淳熙間淮有三士舒之張用晦和之張進卿眞之張冠之也據其所述可略見其爲人其以章爲張蓋刋本字訛耳又陸游入蜀記稱乾道六年八月二十八日同章冠之秀才登石鏡亭訪黃鶴樓故址則甫蓋嘗應舉矣其集不見于宋史藝文志文淵閣書目雖有其名而傳本久絕其得見于世者惟名賢小集拾遺所載湖上吟一首詩家鼎臠所載寄荆南故人一首而已今檢永樂大典所收自鳴集詩句頗多其格律雖稍近江湖一派而骨力蒼秀亦具有研鍛之功觀其別陸游詩有人生相知貴知心道同何必問升沈之句謝韓元吉寄茶詩有別公宛陵今五春渴心何嘗生埃塵之句次韻呂祖謙見寄詩有山林舊約都茫茫憶君著書看屋梁之句是其所與酬贈者皆一時俊傑之士故耳濡目染尚能脫化町畦自成杼軸頗爲不墜雅音謹裒次釐訂析爲六卷至雜說三篇以禪家機鋒論道德仁義之旨援儒入墨是殆不得志于時者之肆志放言然其害理已甚今故附其說于集末而特加糾正以著其

失焉乾隆四十五年九月恭校上

客亭類稿

臣等謹案客亭類稿十五卷宋楊冠卿撰冠卿字夢錫江陵人宋史不爲立傳陳振孫書錄解題載有此集而亦不詳冠卿之始末故事蹟無可考見今以集中詩文參互考之劉季岑手帖云紹興初假守南徐楊君季洪爲理掾後三十年見其子夢錫則冠卿爲季洪之子其紀夢詩序云戊戌年四十戊戌爲淳熙五年上推四十年則冠卿當生于紹興八年己未其與傅漕詩有鄉書憶昔獻賢能姓字曾叨天府登句則嘗舉進士其上執政啟云奉命領州奪符而歸又有祭廣東主管衙土地文則嘗出知廣州以事罷職姜夔贈冠卿詩有長安城中擇幽棲靜退不願時人知句則解官以後又嘗僑寓臨安者也其集世頗罕傳惟浙江採進書中有舊刊客亭類稿爲巾箱小字本檢勘尚係元刻分四六編雜著編古律編皆所作詩文惠答客亭書啟編則同時名人酬贈之作不標

卷數前後亦無序跋而永樂大典各韻內所收冠卿之文尚有表牋詩餘各數十首皆刊本所未收疑當時本各自爲編流傳既久遂有闕脱今據永樂大典所載以刊本參校搜輯補綴諸體始全謹仿原編名曰蠹齋十四卷而仍以書啓一卷附之冠卿才華清雋四六尤流麗渾雅張端義貴耳集載其館九江戎司時趙溫叔罷相帥荊南道由九江守帥合宴冠卿作致語云相公倦台鼎喜看繡衮之東歸潯陽無管絃且聽琵琶之舊曲溫叔再三稱道知其以是體擅長矣又京鏜何異李結諸帖極稱其集杜之工而稿中乃無一篇殆當時别本單行而今佚之歟乾隆四十五年九月恭校上

欽定四庫全書提要卷九十二

集部十五

別集類十四

石屏詩集

臣等謹案石屏詩集六卷宋戴復古撰復古字式之天台人嘗登陸游之門以詩鳴江湖間所居有石屏山因以爲號遂以名其集卷端載其父敏詩十首蓋復古幼孤勉承家學因搜訪其先人遺稿以冠已集亦不忘本之意也復古詩筆俊爽極爲當代所推許姚鏞稱其天然不費斧鑿處大似高三十五輩晚唐諸子當讓一籌方回亦稱其清健輕快自成一家雖皆不免稍過其實而其研刻處要自能獨闢町畦瞿佑歸田詩話稱復古嘗見夕照映山得句云夕陽山外山自以爲奇欲以塵世夢中夢對之而不愜意後行村中春雨方霽行潦縱橫得春雨渡傍渡句以對上下始稱是其苦心烹鍊即此可見其槪至集中嚴

子陵釣臺詩所云平生誤識劉文叔惹起虛名滿世間者趙與虤娛書堂詩話極賞其新意可喜而羅大經鶴林玉露又深以其議論爲不然蓋是詩意取翻新轉致失之輕矯在集中原非上乘與虤所云固未足爲定評矣乾隆四十七年三月恭校上

蓮峯集

臣等謹案蓮峯集十卷宋史堯弼撰堯弼字唐英眉州人其仕履不見于史傳焦竑國史經籍志載堯弼蓮峯集三十卷而世間亦無傳本故錄宋詩者多不能舉其姓名惟永樂大典載有是集原序二篇其一作于乾道丙戌自署曰省齋不知何人其一爲任清全序作于嘉定癸酉稱堯弼童丱即迥出不凡少以古樂府洪範等論往見張浚浚謂其大類東坡留館於潭與張栻遊每開以正大之學歲丁丑偕其弟堯文登第云云而亦不言其所終考周密浩然齋雅談云李燾十八歲爲眉州解魁時第二人史堯弼方十四歲人疑其文未工赴鹿

鳴宴猶著粉紅袴太守命分韻賦詩堯弼得建字援筆立成云四歲尚少房玄齡七步未饒曹子建後爲張魏公客不幸早世云云其所記與任清全序相合又江湖續集載張煒題蓮峯集詩一首亦有句云一梗江湖客三朝忠義家以諸書參互考證蓋堯弼登第後未授官而卒也堯弼天姿卓絶其詩縱横排宕擺脫恒蹊其論策諸篇明白曉暢瀾翻不窮亦有不可覊勒之氣大抵有其鄉蘇氏之遺風惟其夏緑霜凋故不能如李燾之著書傳後然就其文章而論要亦不失爲才士任清全序乃因集中有論學之作遂以張栻少年自得爲堯弼磨礲浸灌之功欲援而入于道學之列則門戶標榜之習轉不足以見堯弼矣其文在宋已多散落是集乃其從孫師道所重刻今亦不可復覩謹從永樂大典中掇拾裒輯釐爲十卷著之於録俾懷才齎志之士無聲湮翳如之慨焉乾隆四十五年十月恭校上

江湖長翁集

臣等謹案江湖長翁集四十卷宋陳造撰造字唐卿高郵人淳熙二年進士官至淮南西路安撫司參議遭宋不競事多齟齬自以爲無補於世置之江湖乃宜遂號江湖長翁造旣不竟其用故事功不著於當時史亦不爲立傳元申屠駉爲造作墓誌稱其於誨誘則良師於撫字則循吏身篤操修道兼體用雖金石之文稱述類多溢量而當時未聞異論則亦非純搆虛詞也集中如罪言一篇專論應敵備用之略蓋仿杜牧而作所言雖未必悉當而比於牧則不足比於陳亮劉過則恢奇排奡可以肩隨其他箚子諸篇亦多剴切詳明不徒託之空言記序各體錘字鍊詞稍覺有傷眞氣而皆謹嚴有法綜其大要猶爲不失典型在南宋諸作者中亦鐵中錚錚者矣至易說一卷始於无妄終於比凡十五篇疑其未竟之書中多以史證經乃楊萬里誠齋易說李光讀易詳說之流殆爲時事而發託之詁經歟其集久無刻本明李之藻以淮南自秦觀而後惟造有名於時始與觀集同刻之於高郵其中祝詞疏語諸篇均非文章正軌今

以集祇鈔録亦姑仍其舊附存於卷内云乾隆四十七年三月恭校上

燭湖集

臣等謹案燭湖集二十卷附編二卷宋孫應時撰應時字季和自號燭湖居士餘姚人登淳熙乙未進士初尉黄巖遷海陵丞再遷遂安令改知常熟縣以倉粟流欠貶秩移判邵武軍未上而卒考楊簡作應時壙志及張淏會稽續志均稱其紹熙初嘗應蜀帥邱𡧖辟預料吴曦逆謀白𡧖以别將領其軍後曦以叛誅其言果驗時應時已殁三省奏官其子祖開蓋亦智略之士又史彌遠受業於應時集中與彌遠諸書皆深相規戒迨彌遠柄國超然自遠無所假借甘淪一倅而終其人品尤不可及矣宋史藝文志載燭湖集十卷據應時詩中自序蓋嘗應劉克莊之求手編其稾爲五十卷集末有其姪祖佑跋稱涑水司馬述先以十卷付梓後附以問思録五十條通鑑摘義三十條總名之曰經史說又附雪齋父子倡和詩及雪齋行狀墓銘楊簡所撰壙記會稽續志小傳子祖開

補官省箚等篇是十卷爲祖祐所編非其舊本也年遠散佚久無傳本故厲鶚作宋詩紀事僅於吳禮部詩話王應麟困學紀聞黃宗羲姚江逸詩內採掇數篇寥寥不備茲從永樂大典所載排纂成編惟經史說殘缺特甚僅存一篇其餘則約略篇數殆已十得八九以卷帙繁重分二十卷仍附編其父介其兄應求應符詩並錄應時父子誌傳行狀子祖開補官省箚諸篇爲上下二卷應求字伯越嘗登鄉薦應符字仲潛所著有歷代帝王纂要二卷初學須知五卷載於陳振孫書錄解題今並未見云乾隆四十六年九月恭校上

昌谷集

臣等謹案昌谷集二十二卷宋曹彥約撰彥約有經幄管見已著錄是編稱昌谷集者考集中有與劉後溪書謂世爲都昌村落人後遷於城下昌谷巷則其所居地名也彥約初游朱子之門其後歷仕州郡卻敵平寇獨卓有實用故宋史本傳稱其可以建立事功及入侍講筵亦能殫心啟沃其經幄管見一書數

陳祖訓規箴時政尙歷歷可稽惟其文集湮沒不顯宋史藝文志書錄解題諸書皆不著錄惟焦竑國史經籍志有昌谷小集二十卷錢溥祕閣書目亦有曹文簡公集十五册然亦久無傳本厲鶚宋詩紀事蒐羅繁富絕不及其姓名則無徵久矣今惟永樂大典尙頗載彥約詩文今核其篇目如本傳所稱爲利路轉運判官時所作病夫議爲兵部侍郎時所上薦李心傳箚子俱不載其中知已未免於佚缺然其餘諸作世所不傳者爲數尙夥謹類次排纂釐爲二十二卷其間奏議大都通達政體可見施行所論兵事利害尤確鑿有識不同於摭拾游談其應詔陳言二封事乃慶元寶慶間先後所上於當日苟且玩愒之弊反覆致意切中窾要亦可徵其鯁直之槩惟儷詞韻語稍傷質樸然不事修飾而自能詞達理明要非學有原本者不能也乾隆四十六年十一月恭校上

省齋集

臣等謹案省齋集十卷宋廖行之撰行之字天民其先延平人五季時徙于衡

州登淳熙甲辰進士嘗官岳州巴陵尉以親老匃養而歸注授寧鄉主簿未赴

據田奇所作行狀稱其生平內行修飭留心經濟入仕亦多著循績然名位不

昌故姓字不著于史傳其所著作諸家亦罕著錄是集乃其子謙所刊原本十

卷今從永樂大典中採掇裒輯篇帙頗夥似當日全部收入謹排次釐訂仍析

爲十卷以還其舊其原跋十七通行狀墓銘等三首仍附于後以備考核其文

章大抵屏除藻繪務以質樸爲宗或不免近于樸僿故戴溪作序不甚稱之然

其詞意篤實切近事理亦足以想見其爲人至其四六之作則較他文爲流麗

瀟敷敬跋稱其表啟多互見周必大集中蓋以必大亦有省齋之名故相淆混

今檢勘必大全集實無一篇與此相複當由後人知其誤載從而刋除矣乾隆

四十五年九月恭校上

南軒集

臣等謹案南軒集四十四卷宋張栻撰栻字敬夫廣漢人丞相浚之子以廕補

官孝宗時歷左司員外郎除祕閣修撰終于荆湖北路安撫使栻歿之後其弟杓裒其故稿四巨編屬朱子論定朱子又訪得四方學者所傳數十篇益以平日往還書疏編次繕寫未及藏事而已有刻其別本流傳者朱子以所刻之本多早年未定之論而末年談經論事發明道要之語反多所佚遺乃取前所蒐輯參互相校以栻晚歲之意定爲四十四卷併詳述所以改編之故弁于書首即今所傳淳熙甲辰本也栻學問文章皆朱子之亞生平與朱子交最善集中與朱子書凡七十有三首又有答問四篇其間論辨斷斷不少假借朱子亦並錄之集中不以爲嫌足以見醇儒心術光明洞達無一毫黨同伐異之私後人執門戶之見一字一句無不回護殊失朱子之本意至朱子作張浚墓誌本據栻所作行狀故多溢美語錄載之甚明而編定是集乃削去浚行狀不載亦足見不以朋友之私害是非之公矣論張浚者往往遺議于朱子蓋未核是集之過也乾隆四十七年五月恭校上

勉齋集

臣等謹案勉齋集四十卷宋黄榦撰榦字直卿號勉齋閩縣人少受業於朱子朱子以其子妻之寧宗朝補將仕郎歷知漢陽軍安慶府以主管亳州明道宫致仕卒謚文肅事蹟具宋史道學傳是集講義經説三卷雜文三十六卷詩一卷雜文内凡守郡公移案牘之辭皆在焉據其卷目與宋史藝文志相合蓋猶當時原本也榦爲朱門高弟朱子作竹林精舍成遺榦書有他時便可請直卿代即講席之語蓋隱然欲付以吾道之任而榦亦能闡發師説以引掖後進其爲人倜儻有幹濟如在安慶築城部署有方民不勞而事集及金兵大至淮東西震恐獨安慶按堵如故又在制置李珏幕中力以軍政不修邊備廢弛爲言珏不能用厥後光黄繼失盡如其言洵可稱有體有用之學尤非迂闊者可比其文章大致質直不事雕飾雖筆力未爲挺勁而氣體醇厚於朱子亦能髣髴其萬一焉乾隆四十七年三月恭校上

北溪大全集

臣等謹案北溪大全集五十卷外集一卷宋陳淳撰淳字安卿龍溪人少習舉業林宗臣見而奇之授以近思錄淳退而讀之遂盡棄其業及朱子來守是鄉淳請受教爲學益力晚以特奏恩授迪功郎泉州安溪主簿未上而歿事蹟具宋史道學傳所作字義已別著錄淳爲紫陽高弟所得皆篤實近裏不出乎日用行習之間有以洞見夫大理流行之妙故其發之於言亦多質樸眞摯而自然深切著明無絺繪粉飾之病生平大意尤以陸學全用禪家宗旨往往牽聖言以就老釋而不求諸道問學工夫因反覆辨論排之甚力如道學體統等四篇似道似學二辯乃在嚴陵所作今皆在集中尤爲闡發深至洵可稱墨守師傳毅然不爲異說所動者矣集爲其子榘所編次淳祐戊辰郡倅薛季良鋟之龍溪書院歲久佚壞元至元乙亥明弘治庚戌兩刊之末有外集一卷載奠祭文誌銘敘述共五篇蓋亦榘所輯附也乾隆四十七年五月恭校上

山房集

臣等謹案山房集九卷宋周南撰南字南仲吳郡人淳熙庚戌登甲科官至祕書省正字再以薦入詞館皆不久罷去遂以殿廷所授文林郎終焉宋史藝文志有周南山房集五卷陳振孫書錄解題則稱周氏山房集二十卷卷目多寡迥異今檢永樂大典所載有題山房集者亦有題山房後稾者與陳氏著錄之本合知宋志五卷之目乃傳寫脫誤不足據也惟永樂大典所錄篇帙無幾當由刪薙太甚故佚去者多今但就其存於今者各依原目釐爲前集八卷後稾一卷以略存其舊南長于四六以俊逸流麗見稱制誥諸篇尤得訓詞之體其初入館也葉適實薦之考吳子良荆溪林下偶談有云開禧用兵韓侂胄欲以葉適直學士院草詔適謝不能既而衛涇被命草云百年爲墟誰任諸人之責一日縱敵遂貽數世之憂涇見適舉似誤爲墟爲成墟他日周南至適告以涇文字近頗長進然成墟字可疑南愕然曰本爲墟字何改也適方知南實代作

因薦其宜爲文字官遂召試館職蓋即其事案此四語今在南所作秦檜降爵
易諡勅中則當時已載入己集足徵其不能割愛而勅內別有兵于五材誰能
去之臣無二心天之制也數語亦極爲王應麟所激賞是其織組之工膾炙人
口尤可以概見矣集中又有諸書題跋二十餘則與館閣續書目體例相近疑
亦在館校勘時所作又雜記數十條多述宋代故事間或直錄古書之文無所
論斷疑本別有說部附于集內而爲永樂大典所割裂今無可參證姑仍其原
文錄之云乾隆四十五年五月恭校上

橘山四六

臣等謹案橘山四六二十卷宋李廷忠撰廷忠字居厚橘山其號也於潛人淳
熙八年進士歷無爲教官旌德知縣終於夔州通判宋史無傳厲鶚宋詩紀事
載所著有洞霄詩集今亦不傳惟是編尙存明萬曆中丹陽孫雲翼爲之箋註
雲翼自序稱所藏原係鈔本甲申應貢之京師偶攜是帙遂取繙閱隨手箋釋

後隨牒炎徼左僻多暇爰取訂正稍加詮次云云蓋向無刊板自雲翼箋釋後始授梓行世也廷忠名位不顯故集中啟劄爲多大抵通候酬謝之作而第十四卷内乃皆賀正賀至箋表中有乘軺護漕等語與廷忠官履不合必非其所自用案洪邁容齋隨筆稱宋時所在州郡相承以表奏書啟委教授因而餉以錢酒則此必廷忠爲教官時代州守及憲臣所作特原本未嘗註明遂不可辨耳北宋四六大都以典重淵雅爲宗南渡末漸流纖弱廷忠生當孝光寧之際正風會將變之時故所作體格稍卑往往好博矜新轉傷繁冗然織組尚爲工穩其佳處要不可掩固當存之以備一家至雲翼箋註尤多蕪雜未足以資考核以其裒綴頗勤故姑仍舊本錄之不復再加刊削焉乾隆四十七年五月恭校上

後樂集

臣等謹案後樂集二十卷宋衛涇撰涇字清叔華亭人徙居崑山登淳熙十一

年進士第一人王楙野客叢書所謂潮至夷亭出狀元甲辰衞涇果魁天下者也累官參知政事封秦國公卒謚文節其事蹟不具於宋史惟南宋翰苑題名記載涇以開禧二年七月官中書舍人兼修玉牒官直學士院十月除吏部侍郎兼侍讀三年七月除禮部尚書十一月除御史中丞宋史宰輔表載開禧三年十一月丙戌涇自中奉大夫試御史中丞除端明殿學士簽書樞密院事丁亥兼權參知政事十二月壬戌涇與雷孝友同除參知政事嘉定元年六月乙亥罷爲資政殿學士知潭州而集中謝表自潭州以後又嘗一知福州再知隆興府其歷官歲月尚可考見涇初號拙齋居士改號西園居士後築堂成取范仲淹岳陽樓記中語題之曰後樂堂遂以自號幷名其集原本凡七十卷乃其子樵所編嘗刻之於永州歲久亡佚明楊樞淞故述僅存其名而其本已不可見今從永樂大典中裒輯編次釐爲二十卷衞氏在宋世以文學知名涇諸父膚敏紹興間爲禮部侍郎立朝頗著風采涇弟湜亦湛深經術所著禮記集說

已别著録涇所作大都和平溫雅具有體裁歸有光震川集稱其文章議論有
裨當世當韓侂冑用事時隱居十年於所居石浦闢西園堅卧不出其進退之
際蓋能以禮自守者今即集中諸奏疏考之其應詔論北伐劄子謂兩國相敵
持重者安輕動者危應兵常勝首事常沮力詆侂冑開釁之非詞意極爲切直
其劾易祓朱質林行諸狀亦能抵觸奸佞侃侃不阿他所論列並中窾要在當
時可稱正人特其執政未久宋史又軼而不傳其大節幾就湮没幸而遺文復
顯猶可據以見其仕履之大略故著之於録補史文所未及焉乾隆四十六年
十月恭校上

竹齋詩集

臣等謹案竹齋詩集四卷宋裘萬頃撰萬頃字元量新建人淳熙十四年進士
歷官大理寺司直請外任添差江西撫幹楊簡誌其墓以默識稱之陳宏緒寒
夜録稱萬頃在當時與胡桐原萬淡菴徐作堂往來倡和號爲四傑今三人俱

己湮沒惟萬頃集存劉克莊後村集有裘元量司直詩跋稱其標致高勝有顏
氏之耀襲生之潔又稱其猶子南昌理掾應材攜竹齋遺墨古律詩三首其季
元齡又手錄四十二首其言若近而遠若淡而深近而淡者可能遠而深者不
可能爲人自貴重恥表襮惟詩亦然世知竹齋者多而見其詩者絶少理掾盡
鋟諸梓與同志共云云則元量之詩克莊時尚無專集此本爲康熙己丑其裔
孫錦縣知縣奏所刋凡詩三卷末一卷附錄誥勅誌銘不知何人所編近時工
部尚書裘曰修又重刋之曰修亦萬頃裔也乾隆四十七年九月恭校上

華亭百詠

臣等謹案華亭百詠一卷宋許尚撰尚自號和光老人華亭人其始末無考是
編作於淳熙間取華亭古蹟每一事爲一絶句題下各爲之注然百篇之中無
注者凡二十九而其中多有非注不明者以例推之當日不容不注殆傳寫佚
脱歟弔古之詩大抵不出今昔之感自唐許渾諸人已不能拔出窠臼至於一

地之景衍成百首則數首以後語意略同固亦其所厲鶚作宋詩紀事僅錄其陸機茸三女岡征北將軍墓顧亭林白龍洞俞塘晉照寺陸瑁養魚池唳鶴灘湖光亭十首亦以其罕逢新警故也然格思雖多複衍而措詞修潔尚不失爲雅音所注雖簡略而其時在今五六百年之前舊蹟猶未湮方隅之所在名目之所由亦尚足備志乘之參考在詩家則無異於衆人在輿記之中則視後來支離附會者勝之多矣乾隆四十七年五月恭校上

梅山續稾

臣等謹案梅山續稾十八卷宋姜特立撰特立字邦傑麗水人靖康中以父綬殉難蔭補承信郎孝宗召爲太子春坊累官浙東馬步軍副總管慶遠軍節度使事迹具宋史佞幸傳陳振孫書錄解題載梅山稾六卷續稾十五卷列之詩集類中則兩集皆有詩無文此本出休寧汪森家附以雜文及詩餘共爲十八卷不知何人所增輯森序稱其流傳絕少故繕寫以傳則亦罕覯之本其正稾

五卷藏書家皆不著錄意其散佚亦久矣特立在當時恃光宗藩邸之舊頗攬權勢屢爲廷臣所糾其人殊不足道陳振孫稱其本亦士人塗轍一異儼然暬御之態蓋惜之也然論其詩格則意境特爲超曠往往自然流露不事雕琢同時韓元吉陸游皆愛之亦有由矣其上梁文引自述其生平最悉有云百首之淸詩夜上九重之丹詔晨頒今考此集所載皆官春坊以後之作而所云百首者集中不載或尚有佚篇非其全帙歟乾隆四十七年五月恭校上

欽定四庫全書提要卷九十三

欽定四庫全書提要卷九十四

集部十六

別集類十五

菊磵集

臣等謹案菊磵集一卷宋高翥撰翥字九萬號菊磵餘姚人孝宗朝遊士也有菊磵集二十卷久佚不存至國朝康熙二十六年其裔孫士奇于徐乾學宋槧書中採得遺詩一百九首合以家藏三十二首又于他集中得十三首續得朱彝尊宋刻江湖集所載四十七首删除重複共詩一百八十九首刻之題曰信天巢遺稿信天巢者翥所居室之名然卷首元貞元年姚燧序本稱曰菊磵集不知何以改名也後附林湖遺稿爲翥姪鵬飛字南仲者所撰江邨遺稿則翥父選及其叔邁之詩選邁皆紹興間登第選官武當軍節推邁官縣尉此卷之中又附質齋遁翁二人之詩則高氏譜中所載僅存其號即士奇亦莫能舉

其名矣最後附高似孫疎寮小集似孫即撰緯略者文獻通考載疎寮集三卷此所刻甚少尚有他選所有而此刻無之者其集在宋末頗著稱陳振孫謂其作文怪澀詩猶可觀劉克莊謂其詩能參誠齋活句不知此刻何以採輯轉不完備然士奇後序中初未言及附刻疎寮集疑又爲士奇後人所加更不暇博採歟乾隆四十七年十月恭校上

性善堂稿

臣等謹案性善堂稿十五卷宋度正撰正有周子年譜已著録宋史本傳載正有性善堂集而不著卷數趙希弁讀書附志始列其目凡十五卷曹彦約爲之序自明以來世久失傳今從永樂大典中採撮裒次以類排纂仍析爲十五卷以還其舊正游于朱子之門文章質實大都原本經濟不爲流連光景之語其條奏便民諸疏不下萬餘言指陳利弊明晰剴切亦可謂留心世務不徒爲性命空談詩品雖不甚高而詞意暢達頗與朱子格律相近觀其書易學啟蒙後

書晦菴所釋西銘後跋中請釋奠禮諸篇悉於師說篤信不疑宜其亦步亦趨矣魏了翁朱子語類序稱輔漢卿授以所集朱子語言文字度周卿從予乞本刋諸青衣因屬其以學者之病著于篇端云云是正又嘗梓行語類且爲之序而集中無此文又史稱正官太常時適太廟災爲二說以獻其一用朱子之議其一則因宋朝廟制而參以朱子之說本傳中具載其略集中亦無此文蓋删汰編纂之餘固不免有所缺佚也乾隆四十五年十月恭校上

漫塘集

臣等謹案漫塘集三十六卷宋劉宰撰宰字平國金壇人紹熙元年進士官至浙東倉司幹官屬韓侂冑用兵挑釁宰不樂仕進尋自引去屏居漫塘三十年屢召不出以直顯謨閣主管玉局觀卒於家朝廷嘉其節賜謚文清事蹟具宋史本傳宰著作甚多淳祐初王遂裒其遺稿十僅得四五爲之編訂作序名曰前集理宗收入祕閣世遂無傳明正德間大學士靳貴從閣中鈔出因授王臯

鋟梓釐爲三十六卷宰秉性恬澹平生無他嗜好於書靡所不讀雖博考訓注而自得之處爲多所爲文章淳古質直不事藻飾而自然明達漫塘一賦尤爲世所傳誦其講學一以程朱爲歸當爲眞州司法時方禁仕者讀周程氏書宰堅不肯署狀所與遊者多朱子門人而不及登朱子之門故集中三致意焉亦可見其趨向之堅篤矣宰所著别有語錄十卷今已久佚惟此集僅存云乾隆四十七年四月恭校上

克齋集

臣等謹案克齋集十七卷宋陳文蔚撰文蔚字才卿上饒人嘗舉進士端平二年都省言其所作尙書類編有益治道詔補迪功郎今尙書類編已佚其文集亦無傳本故書錄解題宋史藝文志俱未著錄明初其郡人張時雨及其裔孫良鑑始掇拾成編即此本也文蔚始因同里余大雅以師事朱子見于所撰余正叔墓碣集中與朱子往復書甚多皆以工夫精進相規切而祭朱先生文有

云丁巳之冬戊午之春招之使來授業諸孫因獲終歲侍教諄諄則又嘗館于朱子家當理宗之時朱子之學大行故所著之書得聞於朝廷朝廷亦遂命以官也然文蔚亦篤信謹守傳其師說所記朱子之語皆戊申以後所聞見于池錄第四已編入朱子語類中此復具載于本集蓋一從其所言之人一從其所記之人義可互存不爲假借其詩雖頗拙俚不及朱子遠甚其文則皆明白淳實有朱子之遺講義九條剖析義利之辨亦爲諄切均不愧儒者之言與後來依門傍戶者迥殊矣乾隆四十七年十月恭校上

芳蘭軒集　二薇亭詩集

臣等謹案芳蘭軒集一卷宋徐照撰照字道暉一字靈暉永嘉人與徐璣翁卷趙師秀並有詩名時稱永嘉四靈照自號曰山民故其集又曰山民集趙師秀清苑齋集有哀山民詩可以爲證而陳振孫書錄解題獨稱照自號天民未知何據當屬傳刻之訛也四靈以晚唐之體一變西江餘派皆常遊葉適之門故

適作照墓誌稱其有詩數百琢思尤奇皆橫絶欻起冰懸雪跨使讀者變踔憀慄肯首吟歎不能自已然無異語皆人所知也人不能道耳所以推奬之者甚至而吳子良荆溪林下偶談則謂適雖不沒其所長而亦終不滿之故其跋劉潛夫詩卷又有近乎古人而不已何必四靈之語後人不知以爲水心崇尚晚唐者誤也蓋四靈之詩雖鏤心鉥腎刻意雕琢而取逕太狹終不免破碎尖酸之病照在諸家中尤爲清瘦如其寄翁靈舒詩中樓高望見船句方回以爲眼前事道著便新又冬日書事詩中梅遲思閏月楓遠誤春花句回亦以爲思字誤字當是推敲不一乃得之是皆集中所稱佳句要其清雋者在此其卑靡者亦即在此風會升降之際固有不能自掩者矣照集原本三卷此本祇一卷不知何人所併又從瀛奎律髓得詩六首東甌詩集得詩二首東甌續集得詩一首併列爲補遺附之於後焉

臣等謹案二薇亭詩集一卷宋徐璣撰璣字文淵一字致中號靈淵趙師秀集

作靈國古淵字也永嘉人爲四靈之一宋元詩會載璣官建安主簿龍溪丞武當長泰令嘉定七年卒年五十九而陳振孫書錄解題曰四人者惟師秀嘗登科改官意謂三人皆未嘗出仕曹學佺亦謂二徐皆隱居不仕今觀此卷中璣有監造御茶五言古詩蓋爲主簿時作其贈趙師秀詩有遊宦歸來幾度春之句七言絕句又有移官南浦一首則陳振孫所言偶然失考學佺又誤因之也振孫所載璣集一卷與此本相符其名二薇亭集則通考未載或亦偶遺之也集後有補遺三首從瀛奎律髓東甌詩集東甌續集中鈔出厲鶚宋詩紀事載璣又有泉山集今未之見或東甌詩集所載爲泉山集中詩歟乾隆四十七年九月恭校上

西巖集　清苑齋詩集

臣等謹案西巖集一卷宋翁卷撰卷字續古一字靈舒永嘉人登淳祐癸卯鄉薦與趙師秀徐照徐璣同擅詩名當時有四靈之目其流派多學晚唐又從九

僧而降之喜爲槎牙蕭颯之語不免寒瘦然其苦意淬鍊要亦能自成一家葉適序稱其自吐性情靡所依傍而劉克莊集有贈卷詩云非止擅唐風尤於選體工有時千載事祇在一聯中其傾許之者甚至蓋在宋江湖派中猶矯矯自立者矣卷別有葦碧軒集今未見傳本厲鶚宋詩紀事載卷詩四首皆題作葦碧軒集鶚去今未久則其書似乎尚存然鶚所錄四首惟寄遠一首此本不載餘三首則皆在集中知二集特互有出入非截然兩本也

臣等謹案清苑齋詩集一卷宋趙師秀撰師秀字紫芝號靈秀永嘉人太祖八世孫紹熙元年進士淳沈州縣終於南安推官永嘉以詩名者有徐照徐璣翁卷與師秀同號四靈四靈皆學晚唐然大抵多得於武功一派專以鍊句爲工而句法又以鍊字爲要如詩人玉屑載師秀冷泉夜坐詩樓鐘晴更響池水夜知深一聯後更字改聽字知字改觀字病起詩朝客偶知承送藥野僧相保爲持經一聯後承字改親字爲字改密字可以知其門徑矣又梅磵詩話杜小山

問句法於師秀答曰但能飽喫梅花數斗胷次玲瓏自能作詩云云故其詩主於野逸清瘦以矯江西之失而開寶遺風則不復沿溯也陳振孫書錄解題載師秀集二卷別本天樂堂集一卷今皆未見此本僅一卷而題曰清苑齋詩集未審爲即天樂堂集之別名與否趙與虤娛書堂詩話載送謝耘游淮詩二句又東甌續集載師秀詩五首瀛奎律髓載師秀詩四首今並附錄集末題曰拾遺似乎別有天樂堂集而玉屑所論冷泉夜坐及病起二首稱曰天樂集者今見此集中或即天樂堂集亦未可知也厲鶚宋詩紀事又稱師秀有清苑齋集有天樂堂集分爲二種而所錄皆此集之詩則鶚亦未見天樂堂集矣古書散佚闕所不知可也乾隆四十七年五月恭校上

瓜廬詩

臣等謹案瓜廬詩一卷宋薛師石撰師石字景石永嘉人隱居不仕築室會昌湖西題曰瓜廬趙師秀野水多於地春山半是雲之句即爲瓜廬作也是集卷

末有王綽所作墓誌述其始末甚詳卷首有趙汝回序稱其每與四靈聚吟獨主古淡融狹爲廣夷鏤爲素神悟意到自然清空今觀其詩語多本色不似四靈以尖新字句爲工所謂夷鏤爲素者殆于近之至于邊幅太窄興象太近則與四靈同一門徑所謂融狹爲廣者殊未見其然蓋才地視四靈稍弱而耕釣優游以詩自適意思蕭散不似四靈之一字一句刻意苦吟故所就大同而小異也荆山劉植嘗稱其多肥遯之詞斯言諒矣乾隆四十七年五月恭校上

洺水集

臣等謹案洺水集三十卷宋程珌撰珌字懷古休寧人以先世居洺州因自號洺水遺民紹熙四年進士理宗朝累官禮部尚書翰林學士知制誥歷端明殿學士致仕事迹具宋史本傳珌立朝以經濟自任詩詞皆不甚擅長俞文豹吹劍錄稱其省試紅藥當階翻詩黄麻方草罷紅藥正花翻一聯亦未爲佳句至於論備邊蠲税諸疏則拳拳於國計民瘼詳明剴切利病井然蓋所長在此不

在彼也其跋洪邁萬首絶首以爲不當進之于朝與張栻詆呂祖謙撰文鑑大意相類未免操之已蹙至于跋張載西銘論其欲復井田爲不可則深明今古之宜破除門戶之見其識迥在講學諸儒上矣集本六十卷載于書録解題此本乃崇禎乙巳其裔孫至遠所刻僅三十卷原序稱歲久散佚舊缺其半云乾隆四十七年十一月恭校上

龍川集

臣等謹案龍川集三十卷宋陳亮撰亮有三國紀年已著録亮與朱子友善故搆陷唐仲友於朱子朱子不疑然才氣雄毅有志事功持論乃與朱子相左羅大經鶴林玉露記朱子告亮之言曰凡眞正大英雄須是戰戰兢兢從薄冰上履過去蓋戒其氣之鋭也岳珂程史又記呂祖謙殁亮爲文祭之有孝弟忠信常不足以趨天下之變而材術辨智常不足以定天下之經語朱子見之大不契遺書婺人詆爲怪論亮聞之亦不樂他日上孝宗書曰今世之儒士自謂得

正心誠意之學者皆風痺不知痛癢之人也蓋以微風晦翁晦翁亦不訝也云

云足見其才氣縱横雖以朱子之盛名天下莫不攀附亦未嘗委曲附和矣今

觀集中所載大抵議論之文爲多其才辨縱横不可控勒似天下無足當其意

者使其得志未必不如趙括馬謖狂躁僨轅但就其文而論則所謂開拓萬古

之心胸推倒一時之豪傑者殆非盡妄與朱子各行其志而始終愛重其人知

當時必有取也宋名臣言行錄謂其在孝宗朝六達帝廷上書論大計今集中

獨有上孝宗四書及中興論考宋史所載亦同又言行錄謂垂拱殿成進賦以

頌德又進郊祀慶成賦今集中均不載葉適序謂亮集凡四十卷今是集僅存

三十卷蓋流傳既久已多佚缺非復當時之舊帙以世所行者祇有此本故仍

其卷目著之于錄焉乾隆四十七年五月恭校上

龍洲集

臣等謹案龍洲集十五卷宋劉過撰過字改之廬陵人當宋光宗寧宗時以詩

遊謁江湖韓侂胄嘗欲官之使金國而漏言卒以窮死蓋終身爲遊客也其詩文多麤豪感激之氣與陳亮略相近集凡十四卷後附宋以來諸人所題詩文一卷合十五卷過嘗叩閽上書請光宗過宮又屢陳恢復大計謂中原可不戰而取故楊維楨弔其墓詩云讀君舊日伏闕疏喚取開禧無限愁今集中是疏已遺失矣乾隆四十七年十月恭校上

鶴山集

臣等謹案鶴山集一百九卷宋魏了翁撰了翁字華父邛州蒲江人慶元五年進士歷官資政殿學士福建安撫使卒贈太師謚文靖事蹟具宋史儒林傳了翁文章極富本各自爲集此本乃其後人取生平著作合編而成史稱了翁年十五時爲韓愈論抑揚頓挫已有作者之風自中年後篤志經術造詣精粹所作醇正有法所上奏議亦多秉義切劘誠意懇到蓋載道之言與窮經之旨醞釀而成卓然不愧大家之目正不獨其人爲足傳矣集原本一百卷見于焦竑

經籍志其自一百一卷至一百十卷皆註云新增則刊行者所續入元明間集板湮廢嘉靖辛亥四川兵備副使高翀等始重刻于邛州而校訂草率與目多不相應今重加校定仍其所闕析其所併定爲一百九卷而原目之參錯不合者則削而不録焉乾隆四十七年十月恭校上

西山文集

臣等謹案西山文集五十五卷宋眞德秀撰考宋史本傳德秀所著有西山甲乙稿對越甲乙集經筵講義端平廟議翰林詞草四六獻忠集江東救荒録清源雜志星沙雜志諸書此本爲明萬歷中福建巡撫金學曾所刊　國朝浦城縣知縣王允元又補葺之所載詩賦而外惟對越甲乙稿經筵講義翰林詞草三種自分卷帙其餘序記等作但以類次不别分名目或即本傳所謂西山甲乙稿者未可知也他如端平廟議諸書俱不編入疑其缺佚尚多編目作五十五卷與馬端臨通考所載五十六卷者不合而卷第五十一有目無書是又闕

一卷也蓋是集久無完書今故據以著録集中青詞疏語類聚累卷殊非儒者之言第舊本相仍姑依原編次第存之焉乾隆四十七年三月恭校上

方泉詩集

臣等謹案方泉詩集四卷宋周文璞撰文璞字晉仙號方泉又號山楹陽穀人與姜夔葛天民韓淲諸人同時集凡賦一卷詩三卷張端義貴耳集極稱其灌口二郎歌聽歐陽琴行金塗佛塔歌以爲不減賀白然文璞古體長篇微病頹唐不出當時門徑端義擬以青蓮昌谷未免不倫至於古體短章近體小詩固可肩隨於白石無懷澗泉諸集之間宜其迭相唱和也端義所稱灌口二郎歌集無此題惟四卷之首有瞿塘神君歌觀其詞意殆即所謂灌口二郎歌以名不雅馴改題歟乾隆四十七年九月恭校上

東山詩選

臣等謹案東山詩選二卷案東山詩選散見永樂大典中皆題葛元承撰而不

著時代爵里今考集中早發詩云天台今日去步步紫雲鄉又新昌道中詩云明朝行幾里應近赤城西則當爲天台人矣謝鐸赤城續志載有葛紹體字元承家於黄巖嘗師事永嘉葉適得其指授趙希弁讀書附志亦載有葛紹體東山詩文選十卷則此集即紹體所撰舊本偶題其字耳惟讀書附志稱詩文選而永樂大典所載乃有詩無文或文不足錄爲編纂者所删歟希弁又稱家大酉應繇爲之序葉夢鼎跋其後及行狀墓誌原附集中今並佚不存其事蹟則無可考見矣葉適水心集有贈紹體詩云數年之留能浩浩一日之别還草草念子身名兩未遂今我衰病無一好又云不愁好龍龍不下只愁愛玉酬石價大抵亦潦倒場屋之士集中有與趙師秀翁卷酬贈之作故其詩頗近四靈蓋永嘉一派以四靈爲宗主當時風氣如是也厲鶚撰宋詩紀事獨不載紹體之名知集佚已久今據永樂大典所錄分體釐訂編爲二卷以存其槩又紹體所著四書述見于朱彝尊經義考註曰已佚然有此一集已足以傳紹體矣乾隆

四十六年三月恭校上

白石道人詩集

臣等謹案白石道人詩集一卷附詩說一卷宋姜夔撰夔有絳帖平已著錄羅大經鶴林玉露稱夔學詩於蕭[illegible]而卷首有夔自序二篇其一篇稱三薰三沐師黃太史氏居數年一語噤不敢吐始大悟學即病不若無所學者之爲得其一篇稱作詩求與古人合不求與古人異而不能不異其學蓋以精思獨造爲宗故序中又述千巖誠齋石湖咸以爲與己合而己不欲與合其自命亦不凡矣今觀其詩運思精密而風格高秀誠有拔出於宋人之外者傲視諸家有以也宋史藝文志載夔白石叢稿十卷陳振孫書錄解題載白石道人集三卷今止一卷殆非完本考武林舊事載夔詩四首咸淳臨安志載夔詩三首研北雜志亦載夔詩一首皆此本所無知在所佚諸卷之內矣夔又有詩說一卷僅二十七則不能自成卷帙舊附刻詞集之首然既有詩集則附之詞集爲不倫今

移附此集之末俾從其類觀其所論亦可以見夔於斯事所得深也乾隆四十七年十月恭校上

野谷詩稿

臣等謹案野谷詩稿六卷宋宗室趙汝鐩撰汝鐩字明翁居於袁州登宋寧宗嘉定二年進士授館職嘉定中分司鎮江莞榷王士禎池北偶談載黃虞稷嘗鈔得宋人小集二十八家士禎手鈔姜夔周弼鄧林三家餘摘錄佳句者十九家以汝鐩爲首所錄凡五言二十聯七言一聯稱其五言律時有佳句七言俚俗歌行漫無音節頓挫而謂劉克莊序推其跌宕頓挫眞剸蛟搏虎手又許以建安黃初皆失之（案此本不載劉克莊序蓋傳寫佚之）又評斯植采芝集曰此君及趙汝鐩五言皆多佳句而無遠神其論良允然自唐以來兼擅諸體者不過數家餘皆互有短長孟浩然韋應物以五言籠罩千古而七言皆不工無論姚合以下至於晚唐五季以迨九僧四靈刻意苦吟不過求工於五字蓋江湖一派門徑如斯不

能兼責以他體一花一石時饒佳致如汝鐩之流固亦談藝者所不廢也乾隆四十七年五月恭校上

平齋集

臣等謹案平齋集三十二卷宋洪咨夔撰咨夔字舜俞於潛人嘉泰二年進士理宗朝累官刑部尚書翰林學士知制誥加端明殿學士謚忠文事蹟具宋史本傳是集經筵進講及制誥之文居多詩歌雜著僅十之三咨夔官御史時忠言讜論力挽時弊其略見本傳中而集中奏疏不錄是其佚篇尚多矣考宋史稱咨夔爲嘉定二年進士而厲鶚宋詩紀事據咸淳臨安志謂嘉定無二年榜因斷爲元年今考集中題陶崇詩卷云某與宗山同壬戌進士案嘉定以戊辰改元其二年爲己巳若壬戌則係嘉泰二年史特誤泰爲定鶚未詳考而以咨夔爲嘉定元年進士非也乾隆四十七年四月恭校上

蒙齋集

臣等謹案蒙齋集宋袁甫撰甫字廣微鄞縣人禮部侍郎燮之子舉嘉定七年進士歷官吏部侍郎兼國子祭酒權兵部尚書贈少傅諡正肅事蹟具宋史本傳焦竑國史經籍志載甫所著蒙齋集本四十卷自明以來傳本甚稀近時李鄴嗣等輯甬上耆舊詩蒐羅頗廣而亦未見甫集僅從他書摭拾編次則其佚固已久矣甫胚胎家學經術湛深闡發理道之言皆能得其精蘊歷官所至汲汲以興利除害爲事凡有奏請鑿然可見諸施行其在徽州所上便民諸條迄今利賴不同空談無補之流至於遇朝廷大事侃侃直陳尤爲切中窾要如史嵩之議約蒙古伐金甫力持不可且言嵩之輕脫難信幾罹危禍又力斥史彌遠之專政而勸理宗以獨攬乾綱更爲人所難言今諸疏雖不盡傳而所存篇子尚夥要皆剴切權貴抗論不阿可稱忠鯁之士其他詩文類多明白曉暢切理饜心不屑屑爲粉飾藻繢之詞而有體有用務衷諸道洵能不負所學者維袁氏祖孫父子以儒術傳家經明行修世濟其美其名姓固已昭著史冊獨其

遺編湮沒幾數百年今幸逢網羅放佚之時甫之祖文所著甕牖閒評既已裒輯刊布甫之父夔所著絜齋集及毛詩講義並仰邀宸章褒詠光賁藝林茲甫所著全集又得排次成帙勒爲完書實賴聖朝表章遺籍闡發幽光復於蠹蝕之餘乘時並顯而其褆躬砥行之大略益藉以參考而知其文傳而其人亦彌足重矣乾隆四十年十一月恭校上

康範詩集

臣等謹案康範詩集一卷宋汪晫撰晫所編曾子已著錄是集題曰康範者眞德秀參知政事時屬績溪令李遇求晫言行之實將薦於朝會德秀卒未果後晫亦卒遇私謚之曰康範因以名集也末有晫三世孫夢斗跋語稱其詩詞共七十首其餘雜著亦嘗編輯得二十篇幷靜觀常語三十餘卷亡於兵火惟詩詞草本僅存云云蓋掇拾於殘燬之餘已非其完帙故所存僅此集後又有康範續錄載夢斗進晫所編曾子子思子全書表及褒贈通直郎指揮二篇又有

康範實錄載行狀銘誄之類蓋仿李翺文集所作皇考實錄之例案自六朝以後實錄已爲國史之尊名臣庶不應僭擬已駁正於李翺集條下茲不具論又有附錄外集載諸名賢與其先世酬唱題贈之作皆後人所續輯也是集及夢斗北遊集舊本題曰西園遺稿西園蓋其先世監簿琛別業蘇轍有題汪文通豁然亭詩即在其地今以二人相距三世本各爲一集故仍分著于錄而附存其改題之總名于此焉乾隆四十七年十月恭校上

清獻集

臣等謹案清獻集二十卷宋杜範撰範字成己黃巖人嘉定元年進士淳祐中拜右丞相清獻其謚也事蹟具宋史本傳史載範所著古律詩五卷今此本四卷又雜文六卷今此本亦四卷又奏稿十卷今此本多一卷又外制三卷進故事五卷經筵講義三卷今俱不存而有行狀本傳祠記等一卷附于卷末爲二十卷蓋後人重輯之本今以本傳已具載宋史而祠記等作無當於知人論世

者則删之史稱範有公輔才其奏議極明暢剴切多可考見當時國是焉乾隆四十七年四月恭校上

鶴林集

臣等謹案鶴林集四十卷宋吳泳撰泳字叔永潼川人嘉定二年進士理宗朝歷官起居舍人兼直學士院權刑部尚書終寶章閣學士知泉州事蹟具宋史本傳史稱所著有鶴林集而不詳卷數藝文志亦不著錄惟永樂大典各韻中頗散見其詩文謹裒輯編次釐爲四十卷放佚之餘篇什尚夥亦可見其著作之富矣泳當南宋末造正權姦在位國勢日蹙之時獨能正色昌言力折史彌遠之鋒無所回屈可謂古之遺直至當時邊防廢弛泳於山川阸塞籌畫瞭如慷慨敷陳悉中窾要本傳所載諸疏簡略未詳今以本集考之如紹定二年上西陲八議五年疏四失三憂及保蜀三策端平二年言元兵先通川路後會江南不可不固上流三年乞預儲蜀帥又陳壞蜀四證及救蜀五策大抵於四川

形勢言之最晰良由南宋以蜀爲後戶於形勢最爲衝要泳又蜀人深知地利故所言切中窾會非揣摩臆斷者比實可以補史所未備其他章疏表奏明辨駿發亦頗有眉山蘇氏之風在西蜀文士中繼魏了翁鶴山集後固無多讓也

乾隆四十六年十月恭校上

東澗集

臣等謹案東澗集十四卷宋許應龍撰應龍字恭甫閩縣人嘉定元年進士第調汀州教授累遷國子司業祭酒權直舍人學士二院官至端明殿學士簽書樞密院事提舉洞霄宮事蹟具宋史本傳其集則不見于藝文志原書卷目已不可考明錢溥編次祕閣書目已不載其名則明初已散佚矣惟永樂大典頗散見其詩文鈔撮排綴各體尚爲粗備而制誥一類尤爲繁富蓋應龍在理宗時歷掌內外制嘗以日昃拜命夜半宣鎖不二鼓而草三麻人服其敏史稱鄭清之喬行簡罷相制皆應龍所草帝極稱其善今二制並在集中典雅嚴重實

能得代言之體其他亦多深厚簡切而于當時宰執將帥侍從諸臣姓名官爵遷轉拜罷紀傳所未詳者尤可藉以徵信於考史尤爲有裨又應龍於經濟幹略深所究心其知潮州屬劇盜逼境隨機扞禦使諸寇悉平治潮政績與李宗勉治台齊名及爲兵部尚書値喬行簡行秤提楮幣之法民間不便應龍奏罷之今其箚子亦具存集內大抵疏通暢達切中事情務爲有用之言非篆刻爲文者可比雖其格力稍弱然春容和雅能尚不失先正典型在南宋館閣之中亦可稱一作手矣謹以類裒次釐爲十有四卷著之于錄俾不致泯沒於後焉

乾隆四十六年十二月恭校上

方是閒居士小稾

臣等謹案方是閒居士小稾二卷宋劉學箕撰學箕字習之崇安人劉韐之曾孫劉子翬之孫劉玶之子也隱居不仕自號種春子家饒池館有堂曰方是閒故又號方是閒居士是編上卷古今體詩一百七十一首下卷賦及雜文二十

七首長短調三十八首前有嘉定間建陽劉淮東里趙蕃開封趙必愿三序末有學箕自記及其門人游彬等跋初所鋟板因兵亂散失元至正辛丑其裔孫名張者復重刻之此編蓋從刻本影鈔者也劉淮序稱其筆力豪放詩摩香山之壘詞拍稼軒之肩今觀集中諸詞魄力雖少遜辛棄疾然如其和棄疾金縷詞韻述懷一首悲壯激烈忠孝之氣奕奕紙上不愧爲謚之子孫雖置之稼軒集中殆不能辨淮所論者不誣至其詩雖大體出白居易而氣味頗薄歌行則往往放筆縱横時露奇崛或傷于稍快稍麤與白居易又别一格淮以爲抗衡居易則似尚未能矣乾隆四十七年十月恭校上

翠微南征録

臣等謹案翠微南征録十一卷宋華岳撰岳字子西貴池人爲武學生開禧元年上書請誅韓侂胄蘇師旦下大理寺鞫治編管建寧侂胄誅放還登嘉定武科第一爲殿前司官又謀去丞相史彌遠事覺下臨安獄杖死其集名南征者

皆其竄建寧時所作翠微則其別號也此本卷首有新城王士禎題語曰宋鄂岳集十一卷名翠微南征錄第一卷開禧元年上皇帝書請誅韓侂胄蘇師旦語最伉直餘詩十卷率麤豪使氣上侂胄詩云十廟英靈儼如在漫於宗社作穿窬及誅侂胄函首請和又有詩云反漢須知爲晁錯成秦恐不在於期皆不肯附和浮議蓋陳東一流人如岳詩不以工拙論可也其持議頗允士禎又引吳興掌故云翠微集華廉字仲清著不知何據案岳名著史册此集亦著錄藝文志昭灼無疑華廉所著翠微集當別自一人一書與岳集不得相混士禎乃錄以存疑則失於裁斷矣乾隆四十七年九月恭校上

浣川集

臣等謹案浣川集十卷宋戴栩撰栩字文子朱彝尊經義考引王瓚說作字立子未知孰是也永嘉人登嘉定元年進士爲太學博士遷祕書郎出知臨江軍不赴後復起爲湖南安撫司參議官焦竑國史經籍志載所著浣川集十八卷

案栩有絕句云近來萬境心如洗笑改斜川作浣川蓋其罷官後所自號因以名集也外間久無傳本今從永樂大典採綴編次釐爲十卷栩與徐照徐璣翁卷趙紫芝等同里故其詩派去四靈爲近然其命詞琢句多以鏤刻爲工與四靈之專主清瘦者氣格稍殊蓋同源異流各得其性之所近至其文章法度則本爲葉適之弟子一一守其師傳故研鍊生新與水心集尤爲酷似中如論聖學論邊備諸劄子亦復敷陳剴切在永嘉末派可云尚有典型惟是史彌遠柄國之時栩獻詩諛頌不一而足胡知柔以爭濟王事忤彌遠謫赴象臺栩又賦詩贈行深致惋惜前後若出兩轍昔韓愈上京兆尹李實書深相推挹及作順宗實錄乃具列其罪文人前後異論雖往往而然然不應一時之內半面笑啼覆雨翻雲至於如是豈非內託於權倖外又附於清流歟其人殊不足道以詞采取之可矣經義考載栩所著有五經說註曰已佚今考其說惟謂周禮特周公大約之書當時未必盡行其立論頗爲有識至於謂詩壞於衞宏之序春秋

誤於公羊之傳易由於三聖繫爻彖象之互入書失於孔壁序傳簡編之相亂大抵南宋諸人輕詆漢儒之餘唾雖不存可也乾隆四十五年九月恭校上

漁墅類稿

臣等謹案漁墅類稿八卷宋陳元晉撰元晉宋史無傳惟江西通志載其字明父崇仁人登嘉定四年進士初授雩都尉遷知福州融州累官邕管安撫使嘗建漁墅書院因以名集然考趙汸東山存稿有虞集行狀稱集之祖解組過臨川寓公陳元晉之夫人爲其女弟因迎以歸則元晉亦蜀人僑居崇仁通志尙考之未詳也焦竑經籍志載有元晉漁墅類稿十卷諸家悉不著録今檢永樂大典中尙存雜文八十餘首各體詩一百一十餘首謹以類編輯釐爲八卷江西志稱元晉嗜學好義爲德於鄉人者甚多歷官所至俱著政績今觀集中如乞差甲首催科箚子則極論當時賦役之弊上曾知院書則力陳上流防江之策且謂天下非事功難立之爲憂而人心不睦之可畏又謂邊遽戒警則號召

郡國不教之卒坐糜粟於長江以南謂之防江警報遠則散遣解弛又復置之度外自開國以來同一痼病其於南宋廢弛聚訟之象指陳痛切可謂深中膏肓又上魏了翁啟有云善類之勢不振付之乍佞乍賢正論之脈僅存聽其自鳴自息以奔趨爲捷徑以軟熟爲圓機習成脂韋病入骨髓皆憤世嫉俗之言則知其生平必以伉直不諧於時者讀其遺文猶可以見其人也乾隆四十五年十月恭校上

滄洲塵缶編

臣等謹案滄洲塵缶編十四卷宋程公許撰公許字季與一字希穎敘州宣化人舉嘉定四年進士歷官權刑部尚書寶章閣學士知隆興府事蹟具宋史本傳公許沖澹自守而在朝讜直敢言不避權倖屢爲羣小齮齕不安其位而去當代推其風節初不以文采見長然所作才氣磅礴風發泉湧往往下筆不能自休本傳稱所著有塵缶文集內外制奏議奉常擬謚掖垣繳奏金華講義進

故事行世今皆散佚不傳惟永樂大典載有公許詩文題曰滄洲塵缶編又有公許自序一篇末署淳祐改元辛丑蓋公許爲祕書少監時所自編也案公許當日所論列如應詔言事乞留杜範乞還言官言蜀事四條請蠲和糴乞罷龔基先論徐元杰事諸疏宋史皆撮其大綱著于本傳其全文必更剴切詳明而詳檢永樂大典均未之載殆以内外制奏議諸編當時皆别本單行今惟文集僅存故其他遂不復見歟至古今體詩據自序本以一官爲一集而其目爲永樂大典所割裂原第已無可考雜文亦僅有序記策問等寥寥數篇尤非完帙今姑就所存者裒輯掇拾分類編次釐爲十四卷大抵直抒胸臆暢所欲言雖不以鍛鍊爲工而詞旨昌明議論切實終爲有道之言其格在彫章繪句上也

乾隆四十六年四月恭校上

安晚堂詩集

臣等謹案安晚堂詩集七卷宋鄭淸之撰淸之初名爕字文叔後改今名字德

源安晚其別號也鄞縣人嘉定四年進士寶慶初以定策功累官太傅左丞相卒謚忠定事迹具宋史本傳所撰安晚集本六十卷宋時刋于臨安此本所存僅第六卷至第十二卷但有詩而無文較原目僅十之一考王士禎蠶尾集有安晚集跋亦稱僅古今體詩第六卷至第十二卷則康熙中已無完本矣士禎但謂其詩多禪語而不言其工拙今觀所作大都直抒性情于白居易爲近其詠雪七言歌行二十首亦頗有可觀且清之爲相擢用正人時有小元祐之號在南宋中葉猶屬良臣不但其詩爲足重固不容以殘缺廢也厲鶚宋詩紀事從臨安四明兩志採得淨明院及題雪竇妙高峰詩二首爲此本所未載零篇斷簡幸留百一今亦併附入焉乾隆四十七年九月恭校上

欽定四庫全書提要卷九十五

集部十七

別集類十六

四六標準

臣等謹案四六標準四十卷宋李劉撰明丹陽孫雲翼箋釋劉字公甫崇仁人嘉定七年進士歷官寶章閣待制博極羣書尤工儷語所著有類稾續類稾梅亭四六等書此本乃其門人羅逢吉以劉初年館何巽家及在湖南蜀中所作彙梓行世題曰標準蓋門弟子尊其師之詞也凡分七十一目一千九十六首宋時制誥表啓之文皆用四六迄於南渡其風彌盛孫覿汪藻等多以此擅名而劉獨爲晚出所作專以流麗穩貼爲宗頗傷冗蔓於前人典重閎博之體未免去之稍遠然其隸事親切措詞曉暢頗便於學者剽撥模擬之用故當時盛行其書錄而存之可以見駢青儷白之詞其風會亦自有升降耳至雲翼之註

蕪雜特甚以其裒綴頗勤今亦姑存之焉乾隆四十七年三月恭校上

寒松閣集

臣等謹案寒松閣集三卷宋詹初撰初字以元休寧人始爲縣尉以薦入太學爲學錄嘗上乞辨邪正疏忤韓侂胄罷歸所居曰流塘里故其詩文名流塘集宋史藝文志不載諸家書目亦不著錄據其子陽跋稱舊有二十一卷後燬于火陽于族人處乞得殘本歸而藏之又有其十六世孫景鳳十七世孫璧二跋稱嘉靖戊午景鳳等始鋟于木因其讀書之處改名曰寒松閣集分爲三卷首卷翼學十篇述學文大旨又序經二篇序論語上下篇義如易序卦之例次卷爲日錄五十五條分上下二篇三卷爲古今體詩四十九首又附錄以往來書簡末有宋饒魯李士英及明嘉靖間田怡等跋據璧跋是集之刻共四十一板此本板數相符蓋從刻本影鈔也厲鶚宋詩紀事所錄初詩即據此本惟其字曰以元鶚書乃作子元與原跋不合名字世系其子孫所述必不誤鶚書蓋傳

剗之訛也乾隆四十七年十月恭校上

滄浪集

臣等謹案滄浪集三卷宋嚴羽撰羽字儀卿一字丹邱邵武人自號滄浪逋客與嚴仁嚴參齊名世有三嚴之目其詩以妙悟爲宗所著詩話假禪宗以定差等以不涉理路不落言詮爲極則其所自爲者亦本此旨以爲抒寫故清音獨遠而切響遂稀志在天寶以前格則大歷以後也滄浪詩話一卷舊本別行明正德中淮陽胡仲器編集時始列詩前意在標明宗旨殊乖體例今仍各爲分編以還其舊焉乾隆四十七年三月恭校上

泠然齋集

臣等謹案泠然齋集八卷宋蘇泂撰泂字召叟山陰人右僕射頌之四世孫宋史頌傳不詳列其後裔故泂始末無可考陳振孫書錄解題有泂泠然齋集二十卷亦久亡佚惟宋無名氏詩家鼎臠中尚存其二詩而已今從永樂大典所

載採輯排比共得詩八百五十餘篇釐爲八卷即詩中所自紀參互考之知泂少時即從其祖遊宦入蜀長而落拓走四方曾再入建康幕府其書懷詩有云昨蒙宗公置牙齒事下丞相嘗審覈駑才不堪駕十乘爝火或可繼殘夕則嘗以薦得官而終偃蹇不遇以老生平所與往來唱和者如辛棄疾劉過王柟潘檉趙師秀周文璞姜夔葛天民等皆一時知名士集中又有送陸游赴修史之命詩云弟子重先生丱角以至斯文章起嬰慕德行隨蕭規是泂本從學於游詩法流傳淵源有自故其所作皆能鑱刻淬鍊自出清新在江湖詩派之中可謂卓然特出其金陵雜詠多至二百首尤爲出奇無窮周文璞爲作跋以劉禹錫杜牧之王安石比之雖稱許不免過情要其才力富瞻實一時之秀也惜原集久湮錄宋詩者至不能舉其姓名其輓姜夔一詩元陸友仁硯北雜志引之以爲蘇石所作近時厲鶚作宋詩紀事遂分蘇泂蘇石爲兩人今考是詩猶在泂集中殆必原書題作蘇召叟傳寫者脱去叟字又誤召爲石遂至輾轉沿訛

莫能是正倘非集本復出竟無由訂定其紕繆則晦而復著亦可云洞之至幸矣乾隆四十五年九月恭校上

可齋雜稿

臣等謹案可齋雜稿三十四卷續稿前八卷續稿後十二卷宋李曾伯撰曾伯字長孺丞相邦彥之孫南渡後流寓嘉興邦彥庸材具位時有浪子之稱而曾伯則能以事功顯由著作郎兩分漕節七開大閫通知兵事所至皆有實績官至觀文殿學士集中多奏疏表狀之文大抵深明時勢究悉物情多可以見諸施用惟詩詞才氣縱橫頗不入格而要亦戛戛異人不屑拾慧於牙後其雜稿編於淳祐壬子續稿前編於寶祐甲寅皆有曾伯自序續稿後爲甲寅以後至辛酉之作不知誰編考曾伯卒於寶祐戊辰則亦所自定也其子杓嘗彙三稿刻之荆州湖北倉使劉㦤又刻之武陵咸淳庚午書肆又爲小本刊行其序即杓所作蓋其人其文並爲當時所重故流傳之廣如是也然三稿皆各自爲編

至元嘉禾志始稱爲可齋類稿蓋後人合而名之殊非宋刻之舊今仍存三集之本名從其朔焉乾隆四十七年三月恭校上

後村集

臣等謹案後村集五十卷宋劉克莊撰克莊字潛夫莆田人以蔭入仕官終龍圖閣直學士謚文定克莊受業於眞德秀而晚節不終頗爲當時所譏詩派近楊萬里大抵詞病質俚而意傷淺露故方回作瀛奎律髓極不滿之然其清新獨到之處要亦有未可盡廢者律髓載其十老詩最爲俗格今南岳第一稿惟存三首而删其七則此集亦嘗經訂定矣文章古潔較勝其詩坊本所刋詩十六卷詩話詩餘各二卷毛晉津逮祕書又刻其題跋二卷而文集三十卷並闕焉此爲鈔傳足本第四十三四十四兩卷載玉牒初草紀寧宗嘉定十一十二年事蓋用韓愈集編順宗實錄例也乾隆四十七年四月恭校上

澗泉集

臣等謹案澗泉集二十卷宋韓淲撰淲有澗泉日記已著錄此其詩集也淲詩稍不逮其父而淵源家學故非徒作同時趙蕃號章泉有詩名與淲並稱曰二泉李龏端平詩雋序所謂章澗二泉先生方回詩所謂上饒有二泉者即指蕃與淲也然其集世罕傳本文獻通考宋史藝文志皆不著錄方回瀛奎律髓絕推重之有世言韓澗泉名下固無虛士之語尤稱其人家寒食常晴日野老游春近午天諸句而所錄淲作亦屬寥寥又戴復古輓淲詩有三篇遺稿在當並史書傳句復古自注稱淲臨終作三詩近厲鶚輯宋詩紀事采摭極博乃僅載所以商山人所以桃源人二首而所以鹿門人一首佚焉則淲之詩文湮沒已久今檢永樂大典所載凡得詩二千四百餘首詞七十九首編爲二十卷又得制詞一首銘二首亦併附焉而所以鹿門人一篇終不可見知所佚者尚多然較諸書所載僅得殘章斷句者已可謂富有矣觀淲所撰澗泉日記於文章所得頗深又制行清高恬於榮利一意以吟詠爲事平生精力具在於斯故雖殘

缺之餘所存仍如是之夥也乾隆四十五年十月恭校上

簣窗集

臣等謹案簣窗集十卷宋陳耆卿撰耆卿有赤城志已著錄考吳子良荊溪林下偶談云葉適汲引後進以文字之傳未有所屬晚得耆卿即傾倒付囑之時士論猶未厭適舉東坡太息一篇爲證謂他日終當論定其後纔十數年世上文字日益衰落而耆卿卓然爲學者所宗又云耆卿四六理趣深而光燄長以文人之筆藻立儒者之典型合歐蘇王爲一家適深歎賞之核以適所作耆卿集序稱許甚至知子良所言爲不誣謝鐸赤城新志亦稱其文疆場甚寬而步武甚的惟車若水爲耆卿弟子所著腳氣集則曰予登簣窗先生門方逾弱冠荊溪吳名輔案名輔即是子良之字先從簣窗已登科相與作爲新樣古文每一篇出交相訣佞以爲文章有格歸呈先祖乃不悅私意謂先祖八十有餘必是老拙曉不得文字顧首顧尾有間有架且造語俊爽皆與老拙不合也既而先祖與簣

牕皆即世吾始思六經不如此韓文不如此歐蘇不如此始知其非云云其持論獨異今觀其集雖當南渡後文體衰敗之餘未能盡除積習然其縱橫馳驟而一歸之於法度實有灝氣行乎其間非嘽緩之音所可比宜其與適代興矣讀書附志載所著貫牕初集三十卷續集三十八卷宋史藝文志馬端臨經籍考已不著錄世亦久無傳本今從永樂大典中採掇薈稡共得文一百三十一篇詩三十八篇詞四篇中如林下偶談所稱代謝希孟上錢相啟游中鴻諡議之類均已亡缺蓋所存僅十之一二矣謹釐正訛舛錄爲十卷俾不終就湮沒其葉適吳子良序跋及耆卿自序仍錄置前後庶有以考見其大略焉乾隆四十五年五月恭校上

友林乙稿

臣等謹案友林乙稿一卷宋史彌寧撰彌寧字安卿鄞縣人浩之姪嘉定中以國子舍生莅春坊事帶閤門宣贊舍人知邵陽宋史無傳其集亦不見于藝文

志此本猶宋時舊刻楷法頗工緻凡錄詩一百七十首前有原序一篇自稱其名曰域大略謂浩師閫時以庠序諸生最沐稱賞後四十年得見彌寧於湘南因掇拾友林詩稿命工鋟之而序末舊闕一翻失去題署年月不知其姓爲誰以詞意推之蓋作于彌寧知邵陽時也集中詩近體居多中有一絶句云詩家活法類禪機悟處工夫誰得知尋著這些關棙子國風雅頌不難追蓋其論詩亦以妙悟爲宗故命意遣詞專取鮮新不免失之尖巧然其筆力尚爲清警沙中金屑亦復時足解頤史氏羣從多工吟詠尚有彌鞏者有詩見景定建康志中而全稿已佚所存獨彌寧此集耳乾隆四十七年九月恭校上

雲泉集

臣等謹案雲泉詩一卷宋薛嵎撰嵎字仲止一字賓日永嘉人寶祐四年進士官長溪簿宋承五代之後其詩數變一變而西崑再變而元祐三變而江西江西一派由北宋以逮南宋其行最久久而弊生于是永嘉一派以晚唐體矯之

而永嘉四靈出焉然四靈名爲晚唐其所宗實止姚合一家所謂武功體者是也其法以新切爲宗而寫景細瑣邊幅太狹遂爲宋末江湖之濫觴葉適以鄉曲之故初力推之久而亦覺其偏始稍異論焉嵎之所作皆出入四靈之間不免局于門戶然尚永嘉之初派非永嘉之末派錄而存之亦足備一格也乾隆四十七年四月恭校上

方壺存稿

臣等謹案方壺存稿四卷宋汪莘撰莘字叔耕休寧人嘉定間以布衣上封事不用退而築室柳溪之上圍以方渠自號方壺居士是編第一卷爲書辨序說歌行第二卷第三卷爲古今體詩第四卷爲詩餘前有程珌孫嶸叟王應麟三序莘與朱子眞德秀皆相善然集首辭晦菴朱侍講書反覆以調和兩宮責備朱子至稱建明稍緩非特不能爲天下學道者之地亦不能爲後世學道者之地其言剴切耿直相規以善非苟邀獎借者比朱子答書今未見而集中別有

與莘兩書一書頗以好論說喜文章爲戒今觀其集諸文皆排宕有奇氣詩源出李白而天姿高秀不及之故往往落盧仝蹊徑雖非中聲然亦不俗其於詩餘亦稱作手平生所愛者蘇軾朱希眞辛棄疾三人嘗謂爲詞家三變所賦每多摹仿其體欲以麤豪見長頗不免於習氣而大致疎落可觀亦南宋一奇士也卷末載徐誼書稱移牒州縣使書吏錄其著述則當時原有全集行世其後遺文散佚裔孫循等復就其存者輯而傳之故以存稿爲名而世所行本往往彼此異同未詳其故殆其子孫各有所輯錄故不免於增損移易耳莘以封事得名孫嶸叟序作於咸淳辛未已稱三疏不可見則當時已毀其草故集中亦不載云乾隆四十七年十月恭校上

鐵菴集

臣等謹案鐵菴集三十五卷宋方大琮撰大琮字德潤號壺山莆田人開禧元年省試第三人除右正言疏論天下大勢復言理亂安危之要遷起居舍人兼

實錄院檢討官奉祠去職尋改集英殿修撰知廣州調知隆興卒謚忠惠宋史無傳其事蹟略見福建通志中今按周密齊東野語稱閩漕方大琮與王躍軒友善而集中亦有將鄉漕之命語則常官福建轉運使又集首原題宋寶章閣直學士則不終于集英修撰蓋通志所紀歷官猶未備也宋季三朝政要載理宗端平三年大琮爲右正言上疏極論濟王之寃侍御史蔣峴劾其鼓扇異端與王逸劉克莊同日去國蓋亦謇諤敢言之士故其疏多能疏通暢達切中時弊經義亦頗有可觀雖文格稍涉平衍而要非游談無根也原集久佚此本乃其族孫良永良節等蒐輯編成蓋散亡之餘已非全帙矣乾隆四十七年五月恭校上

壺山四六

臣等謹案壺山四六一卷不著撰人名氏考南宋文士號壺山者有四其一爲宋自遜字謙父方回瀛奎律髓所謂謁賈似道獲楮幣二十萬以造華居者也

其一爲徐師仁字存聖所著有壺山集七十卷見于續文獻通考其一爲黃士毅字子洪自莆徙吳不忘故鄉因號壺山從學朱子嘗編類其語錄以行世者其一則方大琮也四人之中師仁事蹟已無考自遜爲江湖遊客未嘗仕宦士毅則藉承師蔭列名道學亦非顯官惟大琮曾任閩漕而此集第一首即除福建漕謝喬平章啟其中所云竟坐非宜言之誅當伏不可赦之罪者亦與大琮疏論濟王被斥事蹟相符似當爲大琮所作第今所傳大琮鐵菴集爲其族孫良永等所編收入四六啟箚六十四首多不與此相同而此本所收八十餘首其敗轉浮于本集良永等既加搜輯不應疎脫如是其偶未見此本耶以其屬對親切工于翦裁當南宋駢體之中尙爲佳手疑以傳疑姑附錄于鐵菴集後以備參考云爾乾隆四十七年十月恭校上

默齋遺稾

臣等謹案默齋遺稾二卷宋游九言撰九言字誠之建陽人由古田尉知光化

縣丞荆鄂宣武參謀官卒端平中特贈直龍圖閣謚文靖是編宋史藝文志不著録凡詩一卷文一卷宋詩紀事録詩四首其二則集中之詩金陵野外廢寺云池塘淡日兼葭冷離落西風橘柚黄集中淡日作淡月橘柚黄作橘柚香聽鄭三彈雙韻子歌云眼前猶聽舊歌辭集本作眼中猶有漢威儀彼此互異其二則從詩家鼎臠所録入者此本鮑氏知不足齋所鈔從劉大彬茅山志補録詞三首從曹學佺宋詩選沈季友檇李詩繫諸書補録共詩六首其羲靈廟迎享送神曲序記台州司戸滕膺拒方臘之亂甚詳亦足以補史之所不及焉乾隆四十七年九月恭校上

履齋遺集

臣等謹案履齋遺集四卷宋吴潛撰潛字毅夫宣州寧國人嘉定十年進士第一官至參知政事右丞相兼樞密使進左丞相封許國公後謫化州團練使安置循州卒事蹟具宋史本傳是集爲明末宣城梅鼎祚所編凡詩一卷詩餘一

卷雜文二卷蓋裒輯而成非其原本如詩餘中有和呂居仁侍郎一首居仁即呂本中字呂好問之子也爲江西派中舊人在南北宋之間寶祐四年潛論鄂渚被兵事稱年將七十則其生當在孝宗之末何由見本中而和之則摭拾殘賸不免濫入他人之作本傳載潛紹定四年有論京城大火疏又有豫畜人材疏端平元年有陳九事疏爲江西轉運副使時有奏造斗斛等十五事疏知太平州時有論急救襄陽疏請分路取士疏知鎮江府時有言邊儲防禦十五事疏爲浙西制置使時有申論防禦江海疏爲吏部尚書時有乞遴選近習疏爲左丞相時有令朝臣各陳所見疏論鄂州被兵疏劾丁大全等疏今皆不見集中則其散佚者尚多又如題金陵烏衣園滿江紅詞天一笑滿園羅綺滿城簫笛句乃用杜甫每逢天一笑復似物皆春語甫則用神異經玉女投壺天爲之笑事本非僻書而鼎祚乃注天疑作添則其校讐亦多妄改然潛原集既佚則收拾放失以存梗概鼎祚亦不爲無功矣潛詩頗平衍兼多拙句求如送何錫

汝五言律詩之通體渾成者殆不多見其詩餘則激昂悽勁兼而有之在南宋最爲高手雜文雖所存不多其中如與史彌遠諸書論辨明晳猶想見嶽嶽不撓之概是固不但其人品足重矣乾隆四十七年九月恭校上

臞軒集

臣等謹案臞軒集十六卷宋王邁撰邁字實之興化軍仙遊人嘉定十年進士調南外睦宗院教授召試學士院改通判漳州應詔直言爲臺官所劾削二秩淳祐中知邵武軍予祠卒贈司農少卿事蹟具宋史本傳然考周密癸辛雜識有載邁爲正字時事而本傳不言其爲此官則史文亦有所缺略也邁所著文集宋史藝文志不著錄惟明錢溥祕閣書目載有臞軒集七冊王圻續文獻通考亦有臞軒集二十卷是明代尚有傳本今世所存祇臞軒四六一卷皆翦啟駢偶之作蓋即從集中鈔出別行偶然獨存者也今以永樂大典所載兼採他書所引附益之共得文一百七十一首詩四百四十三首詩餘五首釐爲一十

六卷計其篇目約略得十之七八矣邁少負才名而史尤稱其練達世務蓋非
徒欲以詞藻見長者考其初以殿試第四人出佐長沙幕劉克莊作詩送之有
策好人爭誦名高士責全之句見於後村集中是當對策時已有伉直之目厥
後歷官所上封事類多區別邪正剖晰時弊之言如諫喬行簡再相及禋祀雷
雨應詔諸篇數陳皆極剴切其於濟王竑事反覆規勸更見拳拳忠愛之心癸
辛雜識稱邁因輪對追論史彌遠擅權詞氣過戇帝以狂生目之邁後歸里遂
自稱勅賜狂生其事爲本傳所未載亦足以見其氣節今集中諸疏並存尚可
考見一二集中詩文亦多昌明俊偉類其爲人讀者因其言而論其行固不徒
取文辭之工矣乾隆四十六年九月恭校上

東野農歌集

臣等謹案東野農歌集五卷宋戴昺撰昺字景明東野其自號也天台人石屏
居士復古之從孫嘉定十二年登進士第授贛州法曹參軍其自序有効官秋

浦之語則寶祐中又嘗爲池州幕僚不知其終于何職也其詩世有二本一爲兩淮所進題曰戴東野詩祇一卷卷首又題曰石屏詩集附錄蓋本綴復古詩後以行世一爲浙江所進分爲五卷其編次稍有條理而詩視兩淮本較少數篇今以浙本爲主據兩淮本增入詩十一首又據宋詩鈔增入詩二首凡百有餘篇考卷內有寶祐改元癸丑修禊日昺自跋曰抖擻破囊凡百篇錄之則昺所自編不過此數可以稱足本矣昺少工吟詠爲復古所稱有不學晚唐體曾聞大雅音之句今觀所作五言如眼明千樹底春入數花中秋牀梧葉雨曉袂竹林風清池涵竹色老樹蝕藤陰草潤蛩聲滑松涼鶴夢清七言如野水倒涵天影動海雲平壓雁行低颭柳輕風寒忽暖催花小雨濕還晴格雖不高而皆清婉可諷亦頗具石屏家法也乾隆四十七年十月恭校上

敝帚稾略

臣等謹案敝帚稾略八卷宋包恢撰恢字宏父建昌人嘉定十三年進士歷官

刑部尙書簽書樞密院事封南城縣侯以資政殿學士致仕卒贈少保諡文肅宋史本傳稱恢諸父皆從朱子學少時即聞心性之旨歷官所至破豪猾去姦民治蠱獄課盆鹽然於賈似道傳又稱似道行公田法時恢知平江督買民田至以肉刑從事兩傳皆出托克托手乃賢姦迥異蓋宋史於道學諸人例多褒美而似道傳中偶忘刊削此事也恢平生不以文名史傳亦絕不及其著作惟元劉壎隱居通議有云恢以學問爲時師表平生爲人作豐碑巨刻每下筆汪洋恣肆根據義理娓娓不窮蓋其學力深厚不可涯涘云云獨推重之甚至今觀所作大都疏通暢達沛然有餘奏箚諸篇亦剴切詳明得敷奏之體其立身雖在君子小人之間置其人而論其文固亦不失爲儒者之言矣隱居通議又稱恢生平最疑周禮以爲非聖哲之書遂著書剖其非號曰周禮六官辨景定壬戌恢與劉克莊同侍緝熙殿克莊奏之有詔宣取歐聖弼爲作進表雖所辨未當而表則極嘉云云此事本傳失載而六官辨亦不在集中意其有別本單

行故未經收入歟集爲恢所自編宋史藝文志馬氏經籍考皆未著錄世亦別無傳本原目已不可考今從永樂大典採掇編緝共得文七十餘首詩八十餘首釐爲八卷而以恢自識及門人鄭无妄書後附於末簡尚略見是集之始末也乾隆四十五年九月恭校上

清正存稿

臣等謹案清正存稿六卷附錄一卷宋徐鹿卿撰鹿卿字德夫號泉谷豐城人嘉定十六年進士官至禮部侍郎以華文閣待制致仕卒謚清正事蹟具宋史本傳其所著有泉谷文集奏議講義鹽楮議政稿歷官對越集手編漢唐文類文苑英華諸書今俱散佚無存是集乃明萬歷中其十二世孫鑾巡按福建於家乘中搜輯刊行之者鹿卿博通經史居官廉約清峻惠澤在人所至本著聲績凡所建白皆忠悃激發不少隱諱如都城火則上封事言惑嬖寵溺燕私用小人三事遷國子監主簿入對則陳洗凡陋昭勸懲等六事爲太府少卿入對

則言定國本正紀綱立規模諸事今其疏皆在集中大抵眞摯懇切深中當時

積弊眞德秀稱其氣平論正有憂愛之誠心劉克莊至以董子之醇賈生之通

許之雖稱譽不無稍過要其純修直節無愧古人固非矯激以取名者所得而

比擬矣乾隆四十七年九月恭校上

矩山存稿

臣等謹案矩山存稿五卷宋徐經孫撰經孫字仲立初名子柔豐城人寶慶二

年進士授瀏陽主簿歷官刑部侍郎太子詹事拜翰林學士知制誥以忤賈似

道罷歸閒居十年卒贈金紫光祿大夫謚文惠事蹟具宋史本傳經孫家在洪

撫之間有山方正因號曰矩山并以名其集生平以伉直自許立朝大節多有

可稱熊朋來銘其墓有云是在烏臺而不畏權貴者是在鸞臺而不畏近侍者

其丰釆之嚴正可以槩見文章非所注意故往往信筆揮寫直抒胸臆不復以

經營研鍊爲長然其辭達氣昌亦殊有汪洋浩瀚之致至於奏疏諸篇極言時

政及彈劾權倖皆敷陳剴切辭旨凛然想見正笏垂紳氣象其體裁清峻尤非撫拾陳腐者所能幾其萬一惟詩筆俚淺實非所長讀者以其人重之可矣乾隆四十七年九月恭校上

雪窗集

臣等謹案雪窗集二卷宋孫夢觀撰夢觀字守叔慈谿人寶慶二年進士歷官集英殿修撰夢觀自登第筮仕以至其卒皆在理宗之世其時宋祚既衰政事多闕夢觀自嘉熙庚子以訖寶祐丙辰前後幾二十年輪對奏劄皆亹亹以理財用人數大端爲急又摘古今故實之有補於時事者自綴論於其後而進上之集中所分二卷是也大抵剴功詳明不阿不激雖間近迂闊而侃直有足稱者其末一卷則附錄誌贊諸文中如王應麟之記陳塏之敍所載遺文軼事頗詳錄而傳之亦足資讀史者之考證云乾隆四十七年九月恭校上

欽定四庫全書提要卷九十五

欽定四庫全書提要卷九十六

集部十八

別集類十七

庸齋集

臣等謹案庸齋集六卷宋趙汝騰撰汝騰字茂實庸齋其自號也太宗七世孫居於福州登寶慶二年進士歷官端明殿學士提舉佑神觀兼翰林學士承旨事蹟具宋史本傳其集宋史藝文志及諸家書目皆不著錄厲鶚宋詩紀事載宋宗室共七十五人亦無汝騰之名惟永樂大典各韻中間收入汝騰之文有題趙庸齋集者有題趙庸齋蓬萊閣紫霞洲集者又有題庸齋瑣闥集者而舊序已佚其卷目次第不可復考謹蒐羅殘缺釐次成編析爲六卷篇帙無多可無煩名目統題作庸齋集以歸於一汝騰生朱子之鄉故沿溯餘波頗能講學然史稱其守正不撓其爲禮部尚書兼給事中時上疏極論姦諛興利之臣狀

損國脈而規切理宗之私惠羣小今集中壬子六月內引第一第二箚即其全文反覆詳明深中時弊又集中內外制序自稱嘗以草制忤史嵩之去國又稱時有無罪被謫如王三俊李伯玉之類皆留黄不書上疏申救施行遂爲之格是其氣節嶽嶽眞不愧朱子之徒非假借門牆者可比惟考周密癸辛雜識汝騰爲從官力薦三衢徐霖爲著作郎至比之范文正公而霖舉止顛怪妄自尊大霖之無忌憚皆汝騰縱其狂至目汝騰爲大宗師己爲小宗師遞相汲引霖既被逐汝騰亦不自安遂求補外云云案集中與徐徑坂唱和最多徑坂即霖之字其瞻詹生謁徑坂詩云瞻彼徑坂今之泗水又贊徑坂使君柯山講席之盛詩云立天地心鳴道鐸開生靈眼識師儒其推奬之詞殊爲誕謾無狀知周密所紀爲不誣是則宋季士大夫崇尚道學矯激沽名之流弊亦不容爲汝騰諱矣觀於是集良足爲千古炯鑒也乾隆四十六年四月恭校上

臣等謹案文溪存稿二十卷宋李昴英撰昴英字俊明番禺人寶慶丙戌廷對第三淳祐初官吏部郎累擢龍圖閣待制吏部侍郎歸隱文溪卒謚忠簡昴英生平以氣節顯其劾史嵩之趙與𥲅直聲動天下人以方唐介文天祥尤推重之是集爲元至元間其門人李春叟所輯凡奏稿雜文百二十二篇詩詞一百二十五首編次付梓明成化時重刻陳獻章爲之序其文質實簡勁蓋如其爲人詩間有犆疎之語不離宋格而骨力遒健亦非靡靡之音也乾隆四十七年十月恭校上

彝齋文編

臣等謹案彝齋文編四卷宋趙孟堅撰孟堅字子固自號彝齋太祖十一世孫其先以安定郡王從高宗南渡家於嘉禾之廣陳鎮而孟堅自作告墓文中又作廣成蓋俗語相沿初無定字至元嘉禾志載廣陳鎮在海鹽縣東北九十里則孟堅當爲海鹽人其或作嘉興者誤也孟堅以宗室子登寶慶三年進士好

學工書喜藏名蹟時人比之米芾至今遺墨流傳人人能知其姓字惟其生平始末則諸書所紀往往不同如周密齊東野語謂其終提轄左帑身後有嚴陵之命是孟堅歿於宋世而姚桐壽樂郊私語謂孟堅入元不樂仕進隱居避客從弟孟頫來訪坐定問弁山笠澤佳否孟頫云佳孟堅曰弟奈山澤佳何既退使人濯其坐具云云則又似元初尚存者二說錯互殊甚今案孟堅甲辰歲朝把筆詩有四十五番見除夕之句以干支逆數之當生於慶元己未距宋亡時凡七十八年孟頫仕元尚在其後孟堅必不能及見又考朱存理鐵網珊瑚載孟堅梅竹譜卷有咸淳丁卯葉隆禮跋稱子固晚年工梅竹步驟逃禪予自江右歸將與之是正而子固死矣跋出隆禮手蹟其言可信是孟堅之卒於丁卯以前更爲確鑿亦足證桐壽之說爲誕妄矣至其歷官次第他書不載而見於詩文自述者如爲湖州掾入轉運司幕知諸暨縣以御史言罷歸皆歷歷可考獨不言其嘗爲朝官宋詩紀事乃謂其景定初選翰林學士又不知何所據也

其集宋史藝文志不著錄惟見於明祕閣書目者四冊世久失傳今從永樂大典摭拾補綴釐爲四卷大都清遠絕俗類其爲人賸璧零珪風流未泯亦足與書畫並傳不朽云乾隆四十六年九月恭校上

張氏拙軒集

臣等謹案張氏拙軒集六卷宋張侃撰侃字直夫其事蹟不見於史乘據集中自稱淮海則當爲揚州人而自寶祐維揚志以下記廣陵人物者從不能舉其姓氏獨錢溥祕閣書目載有張拙軒初稿四冊焦竑國史經籍志則有張侃拙軒稿四卷而宋藝文志書錄解題俱無之宋人江湖前後諸集及近時選錄宋詩者亦多未之及則其湮晦於世蓋已久矣今永樂大典各韻內尚頗載其詩文或題拙軒集或題拙軒初稿勘驗標目與錢溥焦竑所記並合當即其書惟其人無可考見今即集中謝樓監丞爲其父作行述一書反覆參核蓋侃即開禧中知樞密張巖之子案宋史巖以參知政事進筦樞密督視江淮軍馬書中

稱其父訐譔兩社出董戎師歷官既已相符又巖附和韓侂胄用兵敗衄御史
劾其朋姦誤國奪官而書中謂其父惟主於和以靖國家或者不之察極力詆
毀云云其言皆爲父辨白益足與巖事相證史又稱巖家本大梁徙揚州紹興
末渡江居湖州考集中歸來詩有結亭苕水旁句江淮錄跋中亦有吾家近西
塞語知其卜宅吳興尤爲確據至其生平宦蹟雖不盡詳以其詩文考之則嘗
監常州犇牛鎮酒稅遷爲上虞丞尚略見大槩也巖以諂媚權姦致位通顯爲
世詬病而侂獨志趣蕭散浮沈末僚所與游者如趙師秀周文璞輩皆吟詠自
適恬靜不爭之士故所作多清雋圓穩時有閒澹之致雖未能開闢門徑自成
一家而其集久佚僅存實爲世所未睹謹排訂編次爲六卷俾言宋詩者猶得
以知其名氏焉乾隆四十六年三月恭校上

靈巖集

臣等謹案靈巖集八卷宋唐士恥撰士恥爵里始末諸書不載案金華志有靈

巖山山有靈巖寺爲梁劉孝標故宅其集以靈巖爲名與山相合集中有兩溪詩據志卽金華之瀔溪也則士恥當爲金華人集中又有府判何公行狀一首府判名松字伯固卽金華何基之大父士恥之母爲松女弟士恥又爲松壻亦世籍金華之徵矣考金華諸唐自堯封首登紹興二年進士累官直龍圖閣朝散大夫子饒州教授仲溫樂平主簿仲義及知台州仲友並紹興中進士仲友復中宏詞科仲友三子名士俊士特士濟亦與何爲姻婭見朱子案仲友第三狀集中通吉守史彌忠啟云大父朝請之曩年嘗在王國履簪之列先世符麾之昔日又聯金昆羈靮之遊上聯似指堯封爲朝散時言下聯似指仲友知台州時言核其世系殆堯封之諸孫仲友之猶子特其或爲仲溫之子或爲仲義之子則不可得而詳耳其官階可考者集中有謝許南丞薦舉啟云僅以門調玷于士流又啓云曩緣苾蔭常領簿書通羅守啟云牽絲邑屬讞獄掾曹又有交代張司理一啟其他簡牘率云冒綰理曹典司五聽知士恥以門敍入仕薦

充改秩嘗任丞倅問刑之官其宦迹可考者曰吉州曰臨江曰建昌曰萬安知歷官皆在江右諸郡其文字紀年可考者上自嘉定下至淳祐知爲寧宗理宗時人其他則集無明文莫得而稽矣集中制誥等作絶無除授姓名即表檄箴銘贊頌諸篇亦皆擬作其題自羲軒以至漢唐間取北宋八朝與南渡初年時事考高宗立詞科凡十二題制詔誥表露布檄箴銘記贊頌序內雜出六題分爲三場每場體制一古一今士恥所作蓋即備詞科之用也仲友曾著詞科雜錄其亦家學濡染世擅其長歟集久失傳非惟史不著錄即志乘亦不登其姓名故談藝諸家率不之及今從永樂大典內采輯釐爲八卷并其代人之作以類附焉循誦其文洽聞殫見古澤斑然非南宋末流操臆見騁空談者所能望其涯涘未可以其名不著而忽之也乾隆四十五年四月恭校上

玉楮集

臣等謹案玉楮集八卷宋岳珂撰珂字肅之號亦齋又號倦翁鄂忠武王飛之

孫官敷文閣待制歷戶部侍郎淮東總領所著桯史寶眞齋法書贊諸書俱別著錄此集起自戊戌迄於庚子凡三歲所作共三百八十五篇取列子刻玉爲楮三年不成之意自爲序而錄之考珂於紹定癸巳元夕京口觀燈因作詩及佑陵事韓正倫疑其借端諷己遂搆怨陷以他罪會事白得釋至戊戌復召用故首篇有五年坐奇謗之語他詩亦屢及此詩止錄此三年者其意實原於此敘云木以不材壽雁以不鳴棄犧尊以青黃喪大瓠以浮游取蓋有慨乎其言之也雖時傷淺露少詩人一唱三歎之致而軒爽磊落氣格亦有可觀者王士禎居易錄稱是集流傳絕少安邱張貞得高唐王家舊鈔本乃始錄而傳之焉乾隆四十七年九月恭校上

棣埜集

臣等謹案棣埜集十二卷宋徐元杰撰元杰字仁伯信州上饒人紹定五年進士第一累官國子祭酒權中書舍人拜工部侍郎謚忠愍事蹟具宋史本傳元

杰侃直敢言不避權勢當史嵩之起復元杰攻之甚力卒寢成命後元杰以暴疾卒人皆以爲嵩之毒之臺諫及太學生徒俱爲上疏訟冤詔置獄追勘迄不能白本傳頗載其事而周密癸辛雜識所記尤詳是集舊有趙汝騰序亦極言元杰死狀不明爲可悲且云憸壬任折獄之責蓋指侍御史鄭寀而言然據癸辛雜識寀實首爲元杰訟冤特未能結正是獄而汝騰遽以姦回詆之蓋當日朝端水火入主出奴沸羹蜩螗迄無定論即此一事而宋之綱維不立亦槩可見矣其集不載於宋史藝文志觀其子直諒跋語乃景定二年直諒知興化軍時所刊本二十五卷世久失傳今從永樂大典中採輯編次釐爲雜文十一卷詩詞一卷雖僅存十之五六而本傳所列奏議條目具存尚可得其大槩其中如戊戌輪對劄子則爲校書郎時所上甲辰上殿劄子則爲左司郎官時所上其論濟王之宜置後驕奢之宜戒抑敵國外患之宜以宗社爲心皆惓惓納忠辭旨懇到其白左揆論時事數書乃爲杜範所延而作亦多關繫國家大計言

無不盡雖夙從陳文蔚眞德秀游或不免過泥古義稍涉拘迂然不可謂之不軌於正也周密浩然齋雅談記元杰母張氏能詩有不知簾外溶溶月上到梅花第幾枝之句而元杰詩乃頗樸僿蓋眞氏文章正宗持論如是元杰篤守其師說云乾隆四十六年九月恭校上

恥堂存稿

臣等謹案恥堂存稿八卷宋高斯得撰斯得字不妄邛州蒲江人紹定二年進士李心傳辟爲史館檢閱遷祕閣校勘歷官端明殿學士簽書樞密院事兼參知政事爲留夢炎所搆罷官予祠宋亡隱居苕霅間而卒事蹟具宋史本傳斯得父稼端平間知沔州與元兵戰歿斯得能以忠孝世其家其立朝謇諤盡言惟以培養國脈搏擊奸邪爲志本傳載所論奏凡十餘事多當時切要今集中僅存奏疏十篇與本傳相較已不能無所遺脱然于宋末廢弛欺蔽之象痛切敷陳皆凜然足以爲戒至其生平遭遇始沮于史嵩之中厄于賈似道晚擠于

留夢炎雖登政府不得大行其志憫時憂國之念一概託之于詩雖其抒寫胸臆間傷率易押韻亦時有出入而感懷書事要自有白氏諷諭之遺如西湖渡三麗人行諸首俱爲姦臣傳之所遺雷異雞禍諸篇亦可增五行志之所未備徵宋末故事者是亦足稱詩史矣案本傳載斯得所著有恥堂文集明葉盛菉竹堂書目亦有恥堂集七冊而皆不言卷數其後遂亡佚不傳厲鶚撰宋詩紀事亦無斯得之名今從永樂大典各韻中掇拾排次釐爲文五卷詩三卷用存其槩而仍以元龔璛原序冠于首云乾隆四十七年十月恭校上

秋崖集

臣等謹案秋崖集四十卷宋方岳撰岳字巨山號秋崖歙縣人紹定五年進士淳祐中爲趙葵參議官移知南康軍以杖舟卒忤荆帥賈似道後知袁州又忤丁大全被劾罷歸其集世有二本一爲秋崖新稿凡三十一卷乃從宋寶祐五年刻本影鈔一爲秋崖小稿凡文四十五卷詩三十八卷乃明嘉靖中其裔孫

方謙所刊今以兩本參校嘉靖本所載較備然寶祐本所有而嘉靖本所無者詩文亦尚各數十首又有别行之本題曰秋崖小簡較之本集多書札六首謹删除重複以類合編併成一集勒爲四十卷岳才鋒陵厲洪焱祖作秋崖先生傳謂其詩文四六不用古律以意爲之語或天出可謂兼盡其得失要其名言雋句絡繹奔赴以駢體爲尤工可與劉克莊相爲伯仲集中有在淮南與趙葵書責葵馭軍之失指陳切直不失爲忠告至葵兄范爲帥失律致襄陽不守所繫不輕其罪亦復不小岳以居葵幕府之故乃作書曲爲寬解載之集中則未免有愧詞矣乾隆四十七年十月恭校上

芸隱横舟稿　勸遊稿

臣等謹案芸隱横舟稿一卷芸隱勸遊稿一卷宋施樞撰樞字知言芸隱其號也丹徒人嘉熙時嘗爲浙東轉運司幕屬又嘗爲越州府僚横舟稿首有嘉熙庚子自序一首勸游稿前有丙申自序一首考其紀年勸游稿當成于横舟稿

之前而原本以横舟稿冠其集厲鶚宋詩紀事亦祇載有横舟稿而不及勸游
蓋以横舟篇什較多故以爲主而勸游稿特從附載之例也宋人編江湖小集
已收入其詩此乃其别行之本集中有漕闈揭曉後述懷一首蓋當時曾舉進
士而未第者其自序稱萍汎不羈每多感賦至市橋見月之句若有悟解今考
其見月一詩所云樓臺疊翠遶清溪淺澹雲邊月一眉行到市聲相接處傍橋
燈火未多時者亦屬尋常賦詠並未見有超詣之處不知何以矜詡若是至其
他登臨酬贈之作雖乏氣格而神韻尚爲清婉在江湖詩派中固猶錚錚佼佼
者矣乾隆四十七年九月恭校上

蒙川遺稿

臣等謹案蒙川遺稿四卷宋劉黻撰黻字聲伯號質翁樂清人淳祐初以試入
太學伏闕上書攻丁大全送南安軍安置大全敗後召還廷試又以對策忤賈
似道復爲所抑後由昭慶軍節度掌書記除學官擢御史累官至吏部尚書遭

母喪解官遂不復起會宋亡二王航海歘追從入廣至羅浮而卒謚忠肅所著有諫坡奏牘薇垣制稿經帷納獻諸書航海時挾以自隨遂散落不存此詩文殘稿四卷乃其弟應奎所裒集也歘危言勁氣屢觸權姦當國家板蕩之時瑣尾相從流離海上卒之抱節以死忠義之氣已足不朽其詩亦淳古淡泊多規撫陳子昂體雖限于風會格律未純而人品既高神思自別下視方回諸人如鳳皇之翔千仞矣惟傳鈔既久文多訛脱更無別本可校爲足惜耳卷首有應奎序作於元大德中又有鄭滁孫朝陽閣記一篇朝陽閣者歘山中讀書之地歘没以後舊宅盡燬惟是閣尚存故應奎請滁孫爲之記云乾隆四十七年九月恭校上

雪磯叢稿

臣等謹案雪磯叢稿五卷宋樂雷發撰雷發字聲遠寧遠人累舉不第寶祐元年其門人姚勉登科上疏請以讓雷發理宗詔親試對選舉八事賜特科第一

人然竟不仕以終居於雪磯自號雪磯先生因以名其詩稿雷發人品頗高而集中有謁易祓山齋詩乃結契於蘇師旦之黨殊不可解然考祓與師旦牽連同敗在韓侂胄敗之前而詩稱淳熙人物到嘉熙聞說山齋亦白髭則在祓竄謫之後二十餘年非有勢焰之可附殆以祓究心經學且前輩舊人故略其瑕垢而交之固不足以累雷發也其詩舊列江湖集中而風骨頗遒調亦瀏亮實無猥雜麤俚之弊視江湖一派迥殊如寄姚雪篷寄許介之送丁少卿讀繫年錄諸篇尚有杜牧許渾遺意即秋日村路絕句一路稻花誰是主紅蜻蜓伴綠螳螂之類雖涉纖仄亦無俗韻正未可以名不甚著忽之矣乾隆四十七年四月恭校上

北磵集

臣等謹案北磵集十卷宋釋居簡撰居簡字敬叟潼川王氏子嘉熙中勅住淨慈光孝寺因寓北磵日久故以名其集其詩別編爲北磵詩集此則皆其所作

雜文也宋代自九僧以能詩名一時其後緇流多嫻吟詠而工于古文者絕少即間有著述亦大都闌入彼教中語以驚奇逞辨而於文章流別了不相關獨居簡是編能不摭拾宗門餘唾與尋常蹈襲窠臼者不同而文筆清拔亦頗有足資考證者張誠子嘗謂讀其文與宗密未知伯仲誦其詩介參寥覺範爲一人雖揄揚不無過情而爲當時所推重固槪可見矣乾隆四十七年五月恭校

上

西塍集

臣等謹案西塍集一卷宋宋伯仁撰伯仁字器之湖州人嘉熙中爲鹽運司經歷多與高九萬孫季蕃唱和亦江湖派中人也是編卷首題雪巖吟草下注西塍集又寓西馬塍詩題下注云嘉熙丁酉五月二十一日寓京遭爇僑居西馬塍其日西塍蓋由于是是雪巖吟草乃全集之總名西塍特集中之一種厲鶚宋詩紀事稱伯仁有雪巖集馬塍稾分爲二編已誤又以西塍爲馬塍益舛其

實矣其詩有流麗之處亦有淺率之處大致不出四靈餘派自序稱隨口應聲高下精粗狂無節制低昂疾徐因勢而出雖欲强之而不可足知稱意揮灑本乏研練之功然點綴映媚時亦小小有致蓋思清而才弱者也陳起江湖集中已列其目此其單行之本今亦別著于錄焉乾隆四十七年十月恭校上

梅屋集

臣等謹案梅屋集五卷宋許棐撰棐字忱夫海鹽人嘉熙中居于秦溪自號曰梅屋因以名集首爲梅屋詩稿一卷次融春小綴一卷次爲第三稿一卷次爲第四稿一卷次爲雜著一卷蓋梅屋詩稿其初集融春小綴其二集故以下稱第三第四稿厲鶚宋詩紀事但稱其有梅屋詩稿融春小綴殊考之未審觀其趁得山間筍蕨春一首本在梅屋稿中題曰山間而鶚錄此詩改其題曰筍蕨羹注曰出山家淸供知未細檢其集矣棐生當詩敎極弊之時沾染于江湖末派大抵以趙紫芝等爲矩矱雜著中跋四靈詩選曰斯五百篇出自天成歸于

神識多而不濫玉之純香之妙者歟後世學者愛之重之是也以高翥等爲羽翼招高菊磵詩所謂自改舊詩時未穩獨斟新酒不成歡者是也以書賈陳起爲聲氣之聯絡贈陳宗之詩所謂六月長安熱似焚鄽中清趣總輸君又謝陳宗之疊寄書籍詩所謂君有新刊須寄我我逢佳處必思君者是也以劉克莊爲領袖讀南岳新稿詩所謂維把劉郎詩讀後鶯花雖好不須看者是也厥後以江湖小集中秋雨梧桐一聯卒搆詩禍起坐黥配克莊亦坐彈免官而流波推蕩唱和相仍終南宋之世不出此派然其詠歌閒適摹寫山林時亦有新語可觀錄而存之以覘詩道之變也乾隆四十七年十月恭校上

孝詩

臣等謹案孝詩一卷宋林仝撰仝字子眞號空齋福淸人與弟合俱有隱操後元兵至福州抗節死林希逸鬳齋續集中與其兄弟贈答詩文甚多今皆散佚惟此集猶傳皆摭古今孝事每一事爲五言絕句一首亦間有兩事合詠一首

者凡聖人之孝十首賢者之孝二百四十首仙佛之孝十首異域之孝十首物類之孝十首其間如唐李迴秀之類本爲佞幸寒山子煮爺煮娘之類亦愛無差等之談不免于駁雜然大旨主于敦飭人倫感發天性未可以其詞旨陳腐棄之況其人始以孝著終以忠聞雖零篇斷什猶當珍惜是固不僅以文章論矣乾隆四十七年十月恭校上

字溪集

臣等謹案字溪集十一卷附錄一卷宋陽枋撰枋字宗驥初名昌朝巴川人居字溪小龍潭之上因以自號端平元年冠鄉選淳祐四年以蜀難免入對賜同進士出身闢帥交辟於昌州監酒稅於大寧爲理掾於紹慶爲學官晚以子炎卯貴加朝奉大夫致仕年八十一卒其行履不見於史傳惟文淵閣書目載有陽字溪集之名而不著卷數黄虞稷千頃堂書目則稱其集爲十二卷久無傳本今檢勘永樂大典所載裒而集之附以其子所作年譜行狀仍析爲十二卷

適符原目之數雖已經斷裂未必無所殘闕然所佚似亦無多矣枋嘗從朱子門人度正晏淵游故集中與人往復書簡大都講學之語所言皆明白篤實不涉玄虚其易象圖説一篇多參以卦氣納甲之法乃不盡與朱子本義合案李性傳朱子語録序稱諸書答問之際多所異同而易爲甚晏淵所録一編與本義異者十之三四枋殆述晏淵之所授故持論不同歟又有與稅與權論啟蒙小傳一篇乃暮年所作尤見其孳孳力學至老不衰於紫陽學派之中猶不離其宗旨云乾隆四十六年九月恭校上

勿齋集

臣等謹案勿齋集二卷宋楊至質撰至質字體文號勿齋閣皁山道士淳祐中勑賜高士右街鑑儀主管教門公事是集皆其四六書啟多與一時當事酬答之作其兼領旌德觀都監謝京尹趙節齋啟云觀以道名境隨人重知章有學始專鑑曲之煙霞清老能詩故奉金陵之香火倘酒甕飲囊之輩徒齋鐘粥鼓

之羞云云蓋亦以文章自負不屑等於黃冠者流第二卷中大抵代人之作當
由嫻於詞翰故士大夫假手者多也宋末啟劄之文多喜配合經史成語湊泊
生硬又喜參文句往往冗長萎弱唐以前舊格蕩然至質所作雖篇幅少窘而
對屬工緻吐屬雅潔猶有樊南甲乙集之遺正未可以方外輕之矣乾隆四十
七年九月恭校上

巽齋文集

臣等謹案巽齋文集二十七卷宋歐陽守道撰守道字公權初名巽字迂父吉
州人淳祐元年進士授雩都主簿調贛州司戶入爲祕書省正字累遷祕書郎
罷歸咸淳三年以少傅呂文德薦添差通判建昌軍遷著作佐郎兼崇政殿說
書兼權都官郎中終于著作郎事迹具宋史本傳是編分甲乙丙丁戊五集中
如復劉學士書辨李習之以守其中爲愼獨非中庸本旨答丁教授書辨劉景
雲中心爲忠如心爲恕之說本之王安石字說非六書本義凡此之類持論咸

有根柢非苟立同異史稱守道少孤貧無師自力於學年未三十翕然以德行爲鄉郡儒宗蓋崛起特立不由依託門戶而來故所見皆出自得也史又稱江萬里作白鷺洲書院首致守道爲諸生講說湖南轉運副使吳子良又聘爲岳麓書院山長後萬里爲國子祭酒復薦守道充史館檢閱萬里殉節忠臣子良得葉適之傳其林下偶談妙解文章肯綮觀於所主可以知其氣類吉州人文紀略又稱文天祥劉辰翁皆守道門人即守道益可知矣然則讀是集者固未可與諸家語錄等類而齊觀也乾隆四十七年九月恭校上

雪坡集

臣等謹案雪坡集五十卷宋姚勉撰勉字述之一字成一高安人寶祐元年以詞賦擢第廷對萬言策第一除校書郎兼太子舍人案勉宋史無傳是集藝文志亦失載前有文及翁序稱其落落有奇節官僅校黃本書備青宮宗又有方逢辰序亦稱爲瑞之奇士觀其所上封事奏劄以及廷對諸篇論時政之謬辨

宰相之奸皆侃侃不阿惟二十二卷載賀丞相賈秋壑一啟題下註庚申五月十六日考宋史理宗開慶元年十二月賈似道奏鄂州圍解景定元年正月詔獎似道功四月詔赴闕庚申即景定元年啟蓋作於是時與其攻丁大全封事若出兩人雖啟末多進規之語然頌之太甚究不免爲瑕玷也是集爲其從子龍起所編凡奏對牋策七卷講義二卷賦一卷詩十一卷啟劄以下各體文二十九卷其詩微失之麤然磊落有氣文亦頗嫻雅外間傳本尤稀訛缺特甚今詳加校正而闕其所不可通者以著存疑之意焉乾隆四十七年四月恭校上

文山集

臣等謹案文山集二十三卷宋文天祥撰天祥字履善又字宋瑞廬陵人寶祐四年登進士第一官至少保右丞相兼樞密使封信國公督兵潮州被執死柴市事迹具宋史本傳天祥平生大節照耀今古而著作亦極雄贍如長江大河浩瀚無際其廷試對策及上理宗諸書持論剴直尤不愧肝膽如鐵石之目故

長谷眞逸農田餘話曰宋南渡後文體破碎詩體卑弱惟范石湖陸放翁爲平正至晦菴諸子始欲一變時習模仿古作故有神頭鬼面之論時人漸染既久莫之或改及文天祥留意杜詩所作頓去當時之凡陋觀指南前後錄可見不獨忠義冠于一時亦斯文間氣之發見也生平有文山隨筆數十大冊常以自隨遭難後盡失之元貞大德間其鄉人搜訪編爲前集三十二卷後集七卷世稱道體堂刻本考天祥有文山道體堂觀大水記稱自文山門入過障東橋爲道體堂云云則是堂本其里中名勝而鄉人以爲刊板之地者也書中有原附跋語九條並詳載本事頗可以資考證明初其本散佚尹鳳岐從內閣得之重加編次爲詩文十七卷起寶祐乙卯迄咸淳甲戌皆通籍後及贛州以前之作江西副使陳价廬陵處士張祥先後刻之附以指南前錄一卷後錄二卷則自德祐丙子天祥奉使入元營間道浮海誓師閩粤羈留燕邸患難中手自編定者吟嘯集則當時書肆所刊行與指南錄頗相複出紀年錄一卷亦天祥在獄

時所自述後人復集衆説以益之惟集杜詩以世久單行未經收入今亦各著于錄至原本所載序記碑銘之類乃其家子孫所綴錄冗雜頗甚今並從删削云乾隆四十七年十月恭校上

文信公集杜詩

臣等謹案文信公集杜詩四卷一名文山詩史宋文天祥撰蓋被執赴燕後于獄中所作前有自序題歲上章執徐月祝犂單閼日上章協洽案上章執徐爲庚辰歲當元世祖至元十七年乃其赴燕之次年祝犂單閼當爲己卯之月上章協洽爲庚未之日干支紀次不合考是年正月癸卯朔二月内當有三庚日二未日必傳寫者有所錯互至以歲陽歲名紀日則獨見于此序又序後有跋稱壬午元日則天祥授命之歲也詩凡二百篇皆五言二韻專集杜句而成每篇之首悉有標目次第而題下敍次時事于國家淪喪之由生平閱歷之境及忠臣義士之周旋患難者一一詳誌其實顛末粲然不愧詩史之目吳之振宋

詩選徒以裁割巧合評之其所見抑亦末矣劉定之序稱原書序跋中有缺文指元之君臣宋之叛逆缺而不書今皆補之爲白字又題姓某履善甫者即指南集中所謂越鑫改陶朱之意案今本序跋並無缺字蓋即定之所補而履善甫上已署天祥之名則不知何人增入又定之稱分爲四卷而今本止一卷殊失原第今仍析爲四卷以存其舊焉乾隆四十七年十一月恭校上

疊山集

臣等謹案疊山集五卷宋謝枋得撰枋得字君直號疊山信州弋陽人寶祐四年進士歷官江東制置使宋亡後元人徵聘累辭不就後福建行省魏天祐迫脅至燕寓居憫忠寺不食而死門人私謚曰文節先生事蹟具宋史本傳所著易書詩三傳及四書解雜著詩文原本六十四卷歲久散佚明嘉靖中揭陽林光祖爲廣信知府始以黃溥所輯疊山集校刊行世僅分上下二卷萬歷中御史吳某又刻之上饒編次錯迕未爲精審此本乃　本朝康熙中弋陽知縣譚

瑄所重訂視舊本較爲詳備枋得忠孝大節炳著史册卻聘一書久已膾炙人口而其他文章亦博大昌明具有法度不愧有本之言觀所輯文章軌範多所闡發可以知其心得之深矣惟原本有蔡氏宗譜一首末署至元二十五年其詞氣不類枋得必係僞作又有賀上帝生辰表許旌陽飛昇日賀表此類凡十餘篇皆似道流青詞非枋得所宜出此疑亦不無贋託今並加刊削不使其亂眞焉乾隆四十七年十月恭校上

本堂集

臣等謹案本堂集九十四卷宋陳著撰著字子微號本堂鄞縣人寶祐四年進士官著作郎出知嘉興府忤賈似道改臨安通判是集凡詩三十四卷詞五卷雜文五十五卷據其原目尚有講義二卷此本有錄無書蓋傳寫佚之矣宋代著作獲存於今者自周必大樓鑰朱子陸游楊萬里外卷帙浩博無如斯集惟其詩多沿擊壤集派文亦頗雜語錄之體不及周樓陸楊之淹雅又獎借二氏

往往過當尤不及朱子之純粹然宋自元祐以後講學家已以說理之文自闢門徑南渡後輾轉相沿遂别爲一格不能竟廢且眞德秀作文章正宗甄别最嚴胡寅作崇正辨攻駁尤力而德秀西山集寅斐然集爲二氏操觚者不一而足亦未可獨爲著咎披沙檢金時有可采宋人舊帙固不妨存備一家也乾隆四十七年三月恭校上

竹溪鬳齋十一稾續集

臣等謹案竹溪鬳齋十一稾續集三十卷宋林希逸撰希逸有考工記解别著録宋史藝文志載希逸有鬳齋前集六十卷久佚不存惟續集謂之竹溪十一稾者尚有傳本即此三十卷也凡詩五卷雜著一卷少作三卷記二卷序一卷跋一卷四六三卷省題詩二卷輓詩一卷祭文一卷墓誌二卷行狀二卷學記六卷其門人福清林式之所編共十三類而謂之十一稾不詳其故或十中存一之意歟劉克莊嘗謂乾淳間林光朝始好深沈之思爲文極鍛鍊一傳爲林

亦之再傳爲陳藻三傳爲希逸比其師槁乾中見華滋蕭散中見嚴密窘狹中見紆徐所以推許之者甚至今觀其集多應酬頌美之作且以道學名一世而上賈似道啟乃極口稱譽至以趙普文彦博比之殆與楊時之從蔡京同一白璧之瑕集末載學記其中解太玄經者居其半詩亦多宗門語爲王士禎居易錄所譏然南宋遺集流傳日少其詩文雖不盡如劉克莊所稱而尚不失前人軌度其學記中所論學問文藝之事亦時有可取錄而存之用備一家之言固無不可耳乾隆四十七年四月恭校上

魯齋集

臣等謹案魯齋集二十卷宋王柏撰柏好妄逞私臆竄亂古經詩三百篇重爲删定書之周誥殷盤皆昌言排擊無所忌憚殊不可以爲訓其詩文雖亦豪邁雄肆然大旨乃軌於理宋史儒林傳稱其少慕諸葛亮之爲人自號長嘯年踰三十始知家學之原（案柏之祖師愈受業於楊時其父瀚亦及朱子呂祖謙之門故史文云然）與其友汪開之著論

語通旨至居處恭執事敬惕然曰長嘯非聖門持敬之道亟更以魯齋蓋其天資卓犖本一桀驁不馴之才後雖折節學問以鎔鍊其氣質而好高務異之意仍時時不能自遏故當其挺而横決至於敢攻孔子手定之經其詩文雖刻意收斂務使比附於理而强就繩尺時露有心牽綴之迹終不似濂溪諸儒深醇和粹自然合道也特其勇於淬礪檢束客氣使縱横者一出於正爲足取耳集中第一卷有壽賈秋壑詩極稱其援鄂之功諛頌備至是亦白璧之瑕然核檢諸書均不載其有依附權門之事不知何以有此作其集乃明正統間柏六世孫四川按察司僉事廸所重編又不知何以載之集中略無所諱均不可解疑以傳疑存而不論可矣乾隆四十七年五月恭校上

潛山集

臣等謹案潛山集十二卷宋釋文珦撰文珦於潛人其生平遊歷略見於所作舊遊一百十韻詩中大抵出家於杭州遊於湖州因而遊浙東至閩由金華巖

陵反越北又至毘陵陽羨金陵淮甸而止後仍歸杭州遘讒下獄久之得免遂遁迹不出以終集中有又看景定新頒朔百歲還驚五十過句知其生於宋寧宗嘉定三年辛未宋亡時年六十六又杭川薦福寺記題至元乙酉二月遺興詩稱七十七歲潛山翁則至元丁亥尚存其行事則不少槩見惟咸淳臨安志載咸淳三年九月二十四日賈似道至小麥嶺旌德顯慶寺游山題名中列衲子四人文珦與焉疑亦託迹朱門者然集中過似道葛嶺舊居詩極詞詆斥若有餘憤而紀事一詩作於似道初貶時其序言似道位亢志驕陰謀篡逆言洩於夏金吾金吾欲誅之懼而胥遁云云雖與宋史所載夏貴請死守淮南似道奔還揚州之事不甚相符而抉摘隱惡至加以曹瞞代漢之罪非似道之黨可知日集中獨吟之作十之九倡和之作不及十之一所與倡和者又不過褚師秀周密周璞仇遠數人皆一時高人文士亦足徵非干謁之流或似道重其名衲游山邂逅偶挈同遊遂題名賓從之末亦未可定也其詩多山林閒適之作

比興未深而即事諷諭義存勸戒持論率能中理觀其裒集詩稿一篇有云吾學本經論由之契無爲書生習未忘有時或吟詩興到即有言長短信所施盡忘工與拙往往不修詞惟覺意頗眞亦復無邪思其宗旨品格可以見矣厲鶚宋詩紀事所錄釋子凡二百四十八人顧嗣立元百家詩選所錄釋子集凡十五家皆無其名禪藻一集蒐羅頗富亦不登其一字則是集之佚其來已久今從永樂大典裒輯得詩尚近九百首宋元以前僧詩之工且富者莫或過矣乾隆四十六年四月恭校上

欽定四庫全書提要卷九十六

欽定四庫全書提要卷九十七

集部十九

別集類十八

須溪集

臣等謹案須溪集十卷宋劉辰翁撰辰翁字會孟廬陵人須溪其所居地名也少補太學生景定壬戌廷試入丙第以親老請濂溪書院山長江萬里陳宜中薦居史館除太學博士皆固辭宋亡遂不復出辰翁當賈似道當國對策極言濟邸無後可慟忠良殘害可傷風節不競可憾幾爲似道所中以此得鯁直名文章亦見重於世其門生王夢應作祭文至稱韓歐後惟先生卓然秦漢巨筆然辰翁論詩評文往往意取尖新太傷佻巧其批點如杜甫集世說新語及班馬異同諸書今尚有傳本大率破碎纖仄無裨來學即其所作詩文亦專以奇怪磊落爲宗務在艱澁其詞甚或至於不可句讀尤不免軼於繩墨之外特其

蹊徑本似蒙莊故惝怳迷離亦間有意趣不盡墮牛鬼蛇神且其於宋室淪覆之後睠懷麥秀寄託遙深忠愛之忱往往形諸筆墨其志亦多有可取者固不必概以體格繩之矣須溪集明人見者甚罕即諸書亦多不載其卷數韓敬選訂晚宋諸家之文嘗以不得辰翁全集爲恨聞蘭溪胡應麟遺書中有其名往求之卒弗能獲蓋其散失已久世所傳者惟須溪記鈔及須溪四景詩二種所載僅寥寥數篇今檢永樂大典所錄記序雜著詩餘尚多謹採輯裒次釐爲十卷其天下同文集及記鈔所載而不見於永樂大典者亦並爲鈔補以存其概至四景詩則原屬單行之本今仍各著於錄故不復採入云乾隆四十六年四月恭校上

須溪四景詩集

臣等謹案須溪四景詩集四卷宋劉辰翁撰考晉宋以前無以古人詩句爲題者沈約始有江蘺生幽渚詩以陸機塘上行句爲題是齊梁以後例也沿及唐

宋科舉始專以古句命題其程試之作唐莫詳於文苑英華宋莫詳於萬寶詩山大抵以刻畫爲工轉相傚仿辰翁生於宋末故是集各以四時寫景之句命題春景凡六十三題詩七十二首夏景凡三十二題詩三十五首秋景凡四十題詩四十四首冬景凡十六題詩如題數所作皆氣韻生動無堆排塗飾之習在程試中最爲高格末附東桂堂賦一篇爲劉端伯教子而作此集殆亦授劉之子備科舉之用者歟乾隆四十七年九月恭校上

葦航漫遊稿

臣等謹案葦航漫遊稿四卷宋胡仲弓撰仲弓字希聖清源人其生平不少概見惟集中一第詩有衣冠新進士湖海舊詩人之句知嘗登第夜夢蒙仲作二象笏詩有嗟余初筮令之句知嘗宰縣將之官越上留別諸友詩有一官如許冷況復是清貧愧市風何古蘭亭本卻眞之句知官在會稽老母適至時已見黜詩有千里迎阿嬭相見翻不樂微祿期奉親親至祿已奪之句知不久罷歸

雪中雜興詩有不被功名縛江湖得散行之句知被斥以後浪迹以終故以葦航漫遊名稿其行事則不可考矣仲弓詩名不甚著惟陳起江湖後集錄所作頗夥然校以永樂大典分列於各韻下者起所選之外遺佚尚多今蒐採裒輯編爲四卷雖未必盡覩其全視起所編則已增益者多矣南宋末年詩格日下四靈一派攄晚唐清巧之思江湖一派多五季衰颯之氣故仲弓是編及其兄仲參所作竹莊小集均不出山林枯槁之調如七言律中旱湖一首當凶祲流離之時絶無惻隱乃云但得孤山梅不死其餘風物弗關情尤宋季游士矯語高蹈之陋習然吟詠既繁性情各見洪纖俱響正變兼陳苟非淫慝之音即不在放斥之列詩家有此一格固不妨使之並存亦錄唐詩者不遺周曇詠史之例也永樂大典所載別有漫遊集一書核其體例蓋採宋元兩代之作彙爲總集當時校讐未密朱書標目往往與此集混淆今並考校姓名刪除訛異不使與此集相亂庶幾猶存仲弓一家之體不失其眞焉乾隆四十六年三月恭校

上

蘭皋集

臣等謹案皋蘭集二卷宋吴錫疇撰錫疇字元倫休寧人廣南西路安撫使儆之從孫處士垕之子也錫疇四歲而孤刻志于學慕徐穉茅容之爲人咸淳間南康守葉閶聘主白鹿洞書院辭不肯赴蓋篤實潛修之士不欲以聚徒講學囂競浮名也性喜藝蘭自號曰蘭皋因以名集殆亦寓無人自芳之意其人品心術可謂超然流俗之外矣集所存詩不多然皆晚年所自删定簡汰頗嚴其題林逋墓詩清風千載梅花共説著梅花定説君句爲吕午所賞春日詩燕未成家寒食雨人如中酒落花風句又爲方岳所賞並見于方岳跋中然集中佳句似此者尚頗不乏岳偶舉其一二耳蓋其刻意清新雖不免偶涉纖巧而視宋季潦倒率易之作則尚能生面别開以繼竹洲集後亦云不愧其家學矣乾隆四十七年十月恭校上

嘉禾百詠

臣等謹案嘉禾百詠一卷宋張堯同撰堯同秀州人仕履未詳詩中所詠會景亭爲潘師旦所築趙老園爲趙㚟歸隱之處核其時代蓋寧宗以後人也宋世文人學士歌詠其土風之勝者往往以誇多鬭靡爲工如阮閲郴江百詠許尚華亭百詠曾極金陵百詠之類所作皆以百首爲率互相仿傚勉强取盈不免沿爲習套故堯同所詠嘉興一郡山川古蹟亦以百篇概之徐碩至元嘉禾志已與陸蒙老所賦嘉禾八詠同采入題詠門内後來作郡志者亦頗散見其間而摭拾均未全備此乃其初出單行之本每首之後皆有附考作者雖不詳爲何許人而自吳越以後嘉興典故頗可得其梗概近時朱彝尊作鴛鴦湖櫂歌一百首蓋即踵前例而稍變其面目者在彝尊詩筆之工麗固已後來居上而堯同採掇名目臚敘大凡其於地志考據要不爲無助矣乾隆四十七年四月恭校上

柳塘外集

臣等謹案柳塘外集四卷宋釋道璨撰道璨字無文姓陶氏南昌人咸淳間嘗爲饒州薦福寺住持所著別有語錄行世故此以外集爲名柳塘則其故居之地也其詩邊幅窘窄未能盡脫蔬筍氣而短篇賸語亦時覺清穎出塵如五言之但教秋思足不必月明多竹疎知翠減松老愛春深諸句七絶內之題水墨草蟲陳了翁詞和恕齋濂溪書院諸篇皆風致嫣然不減鑑湖一曲至雜文內送一侍者序一首乃爲日本僧作考宋史外國傳所載自太宗時奝然入朝後屢有倭僧奉貢迄南渡不復見僅紀其國舟飄至內境數事至嘉泰三年以後遂闕今據此序作於淳祐戊申稱其去國六年一日東歸計其來日當在淳祐之三年是理宗時猶有日本僧來往之事而傳中竟未之及此亦可以補史闕矣集凡詩一卷銘記一卷序文疏書一卷塔銘墓誌祭文一卷藝文志經籍考皆未著錄國朝康熙甲寅釋大雷始訪得原本釋元宏燈岱因爲校正鋟

版云乾隆　十七年二月恭校上

碧梧玩芳集

臣等謹案碧梧玩芳集二十四卷宋馬廷鸞撰廷鸞字翔仲樂平人淳祐七年進士歷官右丞相兼樞密使事迹具宋史本傳史稱其罷相歸後又十七年而卒考廷鸞之罷在度宗咸淳八年壬申其殁當在元世祖至元二十六年己丑今集中老學道院記稱著雍困敦之歲余年六十有七則作是文時去其病殁已不遠似集爲其子端臨所編矣其曰碧梧玩芳者廷鸞家有碧梧精舍晚年又自號玩芳病叟因以爲名也自明以來外間絶無傳本惟永樂大典所收頗存梗概大抵駢體最工理宗末年又嘗居兩制朝廷大著作多出其手其他詩文亦皆典贍秀潤盎然有卷軸之味端臨承藉世業撰爲文獻通考至今爲藝林寶重即廷鸞所學可知也其集宋史不著錄原編卷數已不可考謹以今所存者裒輯排比分爲二十三卷廷鸞又嘗倣吕祖謙大事記之例作讀史旬編

以十年爲一旬起帝堯元載甲辰迄周顯德七年庚申爲三十八帙今全書雖佚而緒論尚散見永樂大典併裒爲一卷附於文後共爲二十四卷宋史稱廷鸞所著又有六經集傳語孟會編楚辭補記洙泗裔編讀莊筆記諸書今並不傳又稱其召試館職時即以彊君德重相權收直臣防近習爲對爲將作少監時論貢舉三事又言宜蠲除被災州縣租賦爲起居舍人時言太史當謹書災異又言翕受敷施以壯人才之精神虛心容納以植人言之骨幹念邦本而以公滅私嚴邊備而思患預防同知樞密院時言培命脈植根本崇寬大行忠厚又言恢大度以優容虛聖心而延佇推內恕以假借忍難行而聽納則情無不達理無不盡云云其文今皆不見於集中或奏疏別爲一編故此集皆不見收歟乾隆四十六年四月恭校上

四明文獻集

臣等謹案四明文獻集五卷宋禮部尚書鄞縣王應麟撰明同郡鄭眞采輯陳

朝輔又增益之通一百七十餘篇制誥居十之七應麟著述宏富所撰玉海等
書已別著錄其詩文有深寧集一百卷世久失傳茲編蒐輯遺亡僅存什一而
文閣制作多可與史事相參考宋史本傳謂度宗即位應麟草百官表循舊制
請聽政四表已上一夕宰臣諭旨增撰三表則此七表者先進前四表次進後
三表也考之是集則第一表至第二表乃景定五年十月上第三表至第七表
乃十一月上與宋史本傳互異又宋史度宗本紀載賈似道罷都督予祠在德
祐元年二月徙居婺州又徙建寧俱在七月而由揚州責歸紹興實在是年五
月四日見於是集責賈似道歸里制亦足以補本紀之闕又不徒以文章論矣
乾隆四十七年九月恭校上

覆瓿集

臣等謹案覆瓿集六卷宋趙必𤩪撰必𤩪字玉淵自號秋曉太宗十世孫居於
莞咸淳元年與父崇鉘同登進士初任高要尉攝四會令再任南康丞文天祥

開府惠州辟必瑑攝惠州軍事判官入元後隱居溫塘村是集詩二卷長短句一卷雜文二卷附錄一卷必瑑治邑有惠政屬宗邦淪喪慷慨從軍爲文大祥所禮重滄桑以後肥遯終身蓋亦趙文炎士午之流其節概殊不可及詩文篇帙無多在宋末諸家中未爲穎脫然體格清勁不屑爲靡靡之音如一雨鳴蛙亂深夜數聲啼鳥怨斜陽等句固未嘗不翛然拔俗也乾隆四十七年四月恭校上

閬風集

臣等謹案閬風集十二卷宋舒岳祥撰岳祥字舜侯寧海人寶祐四年進士官奉化尉終承直郎宋亡不仕教授鄉里以終兩浙名賢錄載所著有史述漢砭補史家錄蓀墅稿避地稿篆畦稿蝶軒稿梧竹里稿二史纂言談叢叢續叢殘叢傳叢肆昔遊錄深衣圖說凡二百二十卷今諸書多佚不見焦竑國史經籍志載岳祥閬風集二十卷世亦無傳檢永樂大典中所載岳祥詩文間題篆畦

蝶軒孫墅諸集名而題爲閬風集者居十之八九似當時諸稿本分帙編次而閬風集乃其總名今原書卷第已爲永樂大典所亂無可辨別謹依類裒輯釐爲詩九卷雜文三卷仍其總名以閬風集名之又集中有白一老詩序蓋即所賦老漁老獵之類似原本亦别有一集然所闕已多不成卷帙故亦不復分析焉岳祥少時以文見吳子良即稱其異秉靈識如漢終賈晚逢鼎革遯迹終身乃益覃思於著作其詩文類皆稱臆而談不事彫績集中有詩訣一首云欲自柳州參靖節將邀東野適盧仝又云平原駿馬開黄霧下水輕舟遇快風其宗旨所在可以想見矣乾隆四十五年九月恭校上

北遊集

臣等謹案北遊集二卷宋汪夢斗撰夢斗號杏山績溪人晫之三世孫景定間以明經發解江東漕試授承節郎江東司制幹官咸淳初遷史館編校與葉李等議上書劾丞相賈似道李等坐罪夢斗亦遁歸宋亡後尚書謝昌言薦夢斗

於元世祖特召赴京卒不受官放還是集乃其北遊紀行之作中有見謝尚書詩云正須自愛不貲身蓋不特律己甚嚴即其以道義規㫤言亦可謂婉而嚴矣惟是上故相留公詩註謂公入朝不屈稱前正奉大夫考夢炎以德祐二年降元特爲世祖所鄙又曾勸殺文天祥安得有入朝不屈之事夢斗集中又有南園歌爲吳潛竄循州而作詩末附數語云履翁再相力言姦邪誤國數事理皇竟不能平會似道以江上肅清之報徑達禁中上遂罷潛相明日乃以似道奏付外考宋史似道江上肅清之奏在理宗景定元年三月乙酉之前吳潛之罷在是年四月己酉若如夢斗言是於己酉之明日始以似道奏付外則上距四月乙酉前將及一月是時朝野方以荆鄂爲奇功乃捷書到禁中一月始布於外與情勢尤有未合或其後人掇拾遺稿不免以贋本竄入未及致詳耶又杏山摭稿數條乃後人所集夢斗講學之語原附集末今亦仍之焉乾隆四十七年九月恭校上

秋堂集

臣等謹案秋堂集二卷宋柴望撰望字仲山號秋堂衢州江山人嘉熙間以太學上舍除中書省奏名淳祐六年元日日食上丙丁龜鑑忤時相下府獄後得免放歸廣王時以薦授迪功郎國史編校辭歸山中自稱宋逋臣元至元十七年卒其從弟隨亨元亨元彪俱宋舊臣亦遯迹不仕世號柴氏四隱望所著有道州台衣集詠史詩西涼鼓吹俱佚不存此本乃後人雜裒而成其夢傳說以下十一絶疑即詠史詩中之作也望詩格頗近晚唐不爲高邁而値宗邦淪覆行吟草澤節哀音苦時寓其憂愁騷屑之思其志節良有足取者明萬歷中其裔孫復貞嘗以望詩合隨亨元亨元彪所作編爲四隱集別行於世此乃望之專集其間篇什雖已全載入四隱集中然別集總集體制不同古人原有兩收之例今故並著於録以各還其門類焉乾隆四十七年十月恭校上

蛟峯文集

臣等謹案蛟峰文集八卷宋方逢辰撰逢辰初名夢魁字君錫淳安人登淳祐十年進士第一理宗改賜今名官至吏部侍郎以母憂歸德祐初徵拜禮部尚書會父疾未赴宋亡元世祖詔御史中丞崔彧起之於家以疾堅辭不出至正間修宋史有司不得其事狀故不爲立傳惟黄溍集中有所作逢辰墓表尙略見其始末明邵經邦作宏簡錄始爲補傳然亦據溍所述不能有所增益也是集乃其五世從孫蒙城知縣淵等所輯正集八卷前七卷爲逢辰詩文末一卷附以其弟逢振所作逢振字君玉景定中登進士官至太府寺簿亦國亡之後抗節不仕者也外集四卷則其七世從孫玉山知縣中所續輯凡逢辰歷官誥勅及酬贈詩文皆在焉逢辰當丁大全賈似道柄國之時皆能力抗其鋒持正不屈其提點川東刑獄及爲江東轉運副使政績亦俱有可觀惜其遺編散佚所錄奏劄惟寶祐三年請除内豎一疏尙存餘若論雷變論邊備論吳潛去位賈似道匿敗諸劄子皆平生建白之最著者墓表略見大概而悉不載於集中

其所掇拾大抵案牘簡札之文爲多而策問一首至并考官評語載之蓋散佚之餘淵搜輯而成故不免識小而遺其大矣乾隆四十七年九月恭校上

秋聲集

臣等謹案秋聲集六卷宋衞宗武撰宗武字淇父自號九山華亭人淳祐間歷官尚書郎出知常州罷歸閒居三十餘載以詩文自娱據至元甲午張之翰所作集序稱九山纂宿草已六白則宗武實卒於至元二十六年己丑在宋亡後十年故焦竑國史經籍志載秋聲集八卷列入元人然宗武實未仕元仍當從陶潛書晉例也集久失傳今從永樂大典中採輯編次得詩詞四卷序記誌銘一卷雜著一卷以略存其概華亭衞氏自禮部侍郎膚敏後賫政殿學士涇直寶謨閣湜兄弟相繼以學術著宗武世系雖無考而張之翰序稱爲喬木世臣後則當爲涇湜之裔文采風流不失故家遺範有自來矣其詩文根柢差薄骨格亦未堅緻蓋末造風會之所趨其事與國運相隨非作者所能自主至於詠

苟或一詩稱其徒抱忠貞遺恨千古其學識亦有所未逮然核其全集大都氣韻沖澹有蕭然自得之趣蓄胸襟既別神致自殊品究在江湖諸集上且眷懷故國匿迹窮居其志節深有足取而宋遺民錄諸書乃竟脱漏其姓名錄存是集以發潛德之光亦足見聖朝表章幽隱砥礪風教之義也乾隆四十六年三月恭校上

牟氏陵陽集

臣等謹案陵陽集二十四卷宋牟巘撰巘字獻之湖州人父子才理宗朝官端明殿學士禮部尚書以剛直著名巘亦登進士第官至大理少卿入元不仕閉戶三十六年故其集中九日五言詩序論陶潛于王宏中路具酒食事及題淵明圖諸文意皆自寓又嘗謂世喜稱淵明入宋書甲子無年號黄豫章亦曰甲子不數義熙前然今陶集詩本無書年號者淵明恥事劉裕大節較然此未須深論云云故巘文中多書至元年號意本此也是集凡詩六卷雜文十八卷前

有至順二年程端學序王士禎居易錄稱其詩有坡谷門風雜文皆典實詳雅今觀所作知士禎之論不誣牟氏本蜀之井研人世居陵山之陽至子才始著籍湖州其以陵陽名集蓋不忘本以韓駒詩先有是名故此集冠以牟氏用相別焉乾隆四十七年五月恭校上

湖山類稿

臣等謹案湖山類稿五卷水雲集一卷宋汪元量撰元量字大有號水雲錢塘人度宗時以善琴供奉掖庭宋亡隨三宮入燕久之爲黃冠南歸往來匡廬彭蠡間詩多慷慨悲歌有故宮離黍之感於宋亡諸事皆可據以徵信故馬廷鸞章鑑謝枋得咸目爲詩史焉黃虞稷千頃堂書目載湖山類稿十三卷水雲詞三卷久失流傳此本爲劉辰翁所選祇五卷前脫四翻間存評語近時鮑廷博因復採宋遺民錄補入辰翁元序合水雲集刻之以二本參互校訂詩多重複其詠賈魏公府七律二首於六魚七虞九佳十灰五歌六麻韻皆通用亦不可

解然藉以考證軼聞於讀史者亦頗有裨助焉乾隆四十七年十月恭校上

晞髪集

臣等謹案晞髪集十卷晞髪遺集二卷遺集補一卷附天地間集一卷西臺慟哭記注一卷冬青引注一卷宋謝翱撰翱字皐羽一字皐父長溪人後徙浦城咸淳中試進士不第文天祥開府延平署爲諮議參軍天祥兵敗避地浙東後以元貞元年卒于杭州事迹具宋史本傳南宋之末文體卑弱獨翱詩文桀鶩有奇氣而節槩亦卓然可傳據方鳳作翱行狀稱翱遺稿凡手鈔詩六卷雜文五卷唐補傳一卷南史贊一卷楚辭等芳草圖譜一卷宋鐃歌鼓吹曲騎吹曲各一卷睦州山水人物古蹟記一卷浦陽先民傳一卷東坡夜雨句圖一卷其唐補傳以下如編入集中當共二十八卷如別本各行則詩文當止十一卷然世無傳本莫知其審明弘治間儲巏所刻已與鳳所記不合萬歴中有歙縣張氏重刊本益以降乩之作尤爲穢雜此本爲平湖陸大業以家藏鈔本刊行云

向從舊刻録出卷第已亂大業以意釐定之校他本差爲完善然亦非其舊也末附天地間集一卷皆翺所録宋末故臣遺老之詩凡文天祥家鉉翁文及翁謝枋得鄭協柴望徐直方何新之王仲素謝鑰陸壑何天定王曼之范協吳子文韓竹坡林熙十七人而詩僅二十首考宋濂作翺傳稱天地間集五卷則此非完書意原本已佚後人摭他書所云見天地間集者得此二十首姑存其槩耳又元張丁註西臺慟哭記併諸家跋語爲一卷又注冬青引及諸家考證唐珏林景熙事爲一卷大業皆附刻集末今亦並録存之庶與集中諸作可以互相考證焉乾隆四十七年十月恭校上

潛齋集

臣等謹案潛齋集十一卷附鐵牛翁遺稿一卷宋何夢桂撰夢桂字巖叟别號潛齋淳安人咸淳乙丑進士官至大理寺卿引疾去築室小酉原宋亡後屢徵不起所著有易衍中庸大學説等書此集凡遺詩三卷詞及試策一卷雜文七

卷詩頗學白居易體殊不擅長王士禎池北偶談以酸腐庸下詆之似乎已甚文則頗援百家言相證佐有博辨自喜之意明成化中其八世孫淳訪得舊印本於同邑汪廷貴家校正付梓淳及金谿徐瓊爲之序後又爲其遠孫之綸等重刊考元盛如梓老學齋叢談載夢桂送留夢炎一詩曰昆明灰刼化塵緇夢覺功名黍一炊鍾子未甘南操改庾公空作北朝悲歸來眼裏吳山在別後心期浙水知白髮門生羞未死青衫留得裹遺屍蓋夢桂爲夢炎所取士故是詩有王炎午生祭文天祥意而是集不載則其散佚亦多矣末附鐵牛翁稿一卷鐵牛翁名景福字介之夢桂族孫元時不仕存詩四十餘首賦一首詩頗奇偉何鍾錫識其後云乾隆四十七年十月恭校上

梅巖文集

臣等謹案梅巖文集十卷宋胡次焱撰次焱字濟鼎號梅巖晚號餘學其始祖本唐宗室五代時育于胡氏因冒姓胡婺源人咸淳四年進士官貴池縣尉德

祐元年元兵至貴池元帥張林以城降次焱奉母遁歸教授鄉里以終集中有媒嫠問答詩所謂井底水不波山頭石不遷什襲藏破鏡他年會黃泉者所以自寓其志也其詩文本末編集故藏書家多不著錄此本乃明嘉靖中其族孫璉蒐輯而成璉甥潘滋校刊之並爲之序凡賦詩雜文八卷冠以雪梅賦蓋著其素心九卷以下皆附錄同時贈答往來之作目錄所載與集中詩文不相應則校刊之疎也次焱在宋元作者之中尙不能自闢門戶而其人有陶潛栗里之風故是集至今猶傳集中有贅箋唐詩絕句序稱疊翁註章澗二泉先生選唐絕句次焱復爲贅箋疊翁者謝枋得章泉者趙蕃澗泉者韓淲也今其書不傳無由知其工拙然亦足見次焱研心詩學非苟作者矣乾隆四十七年八月

恭校上

四如集

臣等謹案四如集五卷宋黃仲元撰仲元有四如講稿已著錄是集前有咸淳

甲戌余謙一序所作夢筆記附焉又有至治三年傅定保序似猶原本然考宋濂潛溪集中有仲元集序稱其門人詹清子類次六經四書講義爲六卷其子梓又分記序墓銘字訓爲五卷其曾孫至又裒其遺文爲十卷而請濂序之是仲元原集實合講義雜文共爲二十一卷今講義已别本單行不入集内此本止文四卷附錄一卷與其子所輯之五卷既不相合而其曾孫所續輯之十卷亦不在内是散佚之餘重爲掇拾成帙非其舊矣集内諸文皆有注釋不著名氏疑或即其子之所作歟仲元在宋末講學諸家特爲篤實其出處亦均合道義故其文皐不事馳騁而自有端厚樸直氣知近裏之言與囂爭門戸者固有殊也乾隆四十七年十月恭校上

霽山集

臣等謹案霽山集五卷宋林景熙撰景熙字德陽號霽山温州平陽人咸淳辛未太學釋褐授泉州校官歷禮部架閣轉從政郎宋亡不仕與王修竹鄭璞翁

胡汲古輩尋歲晏之盟，往來吳越間，所著有白石稾雜文十卷，白石樵唱詩六卷。明天順中呂洪求得白石樵唱本，又於元音中得讀文山集一詩，而白石稾已有佚缺，僅得其記、序、賦、銘而下若干篇，釐爲詩三卷，今白石樵唱世有別本單行，而文不槩見，此爲康熙間沈士尊、沈士鉉所刊行，蓋即呂洪所定之本也。景熙晚年英氣詘折，刻意矯尚風節，其詩文皆發抒性情，而一本之忠孝，要不徒吟嘯風月而已。乾隆四十七年二月恭校上。

勿軒集

臣等謹案：勿軒集八卷，宋熊禾撰。禾初名鉌，字去非，號勿軒，又號退齋，建陽人。咸淳十年改名禾，登進士第，授汀州司戶參軍。宋亡隱居不仕，築洪原書院教授生徒，著有四書標題、易經講義等書，以闡明正學。平生詩文甚富，歿後十亡八九。其族孫孟秉類次成帙，釐爲八卷。明天順中禾六世孫斌爲博羅主簿，始刊行之。其後板復散佚，近時張伯行重刻其集，有文無詩，頗爲缺略。此猶孟秉所編之舊本也禾文章平正質實不以藻采見長而根柢六經自見本色冈非浮談無根者所可幾及原本前有元許衡序稱禾晚修三禮通解將脫稿竟以疾卒嗣孫澍家藏遺稿傳諸二世孫斌授梓以行求予序之云考至元爲世祖年號而禾卒於仁宗皇慶元年自至元訖皇慶相距三十餘年何以先稱其疾卒且斌爲明天順時人尤非衡所及見其爲依託顯然蓋其後人僞撰此文借名炫俗不知禾亦通儒固不假衡以爲重今特加删削庶不使其亂眞焉乾隆四十七年四月恭校上

古梅遺稿

臣等謹案古梅遺稿六卷宋吳龍翰撰龍翰字式賢歙縣人咸淳中貢于鄉以薦授編校國史院實錄院文字至元丙子鄉校請充教授尋棄去家有老梅因以古梅爲號嘗爲之賦而并以名其集其見劉後村詩有云詩瓢行脚半天下多謝先生棒喝功又卷末附方秋崖和百韻詩龍翰書其後自稱門人且言以

詩正法眼授記於僕是其淵源授受猶及見前輩典型故其詩清新有致足耐咀吟在宋末諸家尚爲近雅程元鳳嘗稱其句老意新亦不誣也集中有內丹詩又拜李謫仙墓云經營紫沙車破費十載功金鼎馴烏兔炎炎丹光紅又樓居狂吟云假月爐深紫氣浮紅鉛黑汞六丹頭是龍翰蓋講求神仙爐火之術者殆亦俞琰之流亞歟然詩則工於琰多矣乾隆四十七年十月恭校上

佩韋齋集

臣等謹案佩韋齋集二十卷宋俞德鄰撰德鄰有佩韋齋輯聞已著錄是集原本二十卷凡詩七卷雜文九卷末即輯聞四卷然考原本有皇慶壬子熊禾序稱其平生詩文多不留稾其子庸裒集僅得詩文五百二十二首釐爲一十六卷則集與輯聞本各爲卷帙此本爲後人所附綴今仍分著于錄從其初也禾序又稱紫陽方侯亦以文名嘗序公集載其遺事如作傳然且以能保晚節而心服之云云紫陽方侯即歙人方回宋末爲睦州守以州降元元擢爲總管者

也此本佚去此序殆後人以德鄰高節不減陶潛不欲以回序汚之故黜而刊削歟德鄰詩恬澹夷猶自然深遠在宋末諸人之中特爲高雅文亦簡潔有清氣體格皆在方回桐溪集上蓋文章一道關乎學術性情詩品文品之高下往往多隨其人品此集亦其一徵矣乾隆四十七年十月恭校上

廬山集英溪集

臣等謹案廬山集五卷英溪集一卷宋董嗣杲撰嗣杲履貫不見於他書集中元宵懷鄉詩有清河坊裏燈宵月負卻東風已兩年句又抵北新橋詩有歸逢鄉井心纔穩句案咸淳臨安志清河坊在臨安府左一北廂北新橋在餘杭門外則嗣杲實杭州人以詩中自誌歲月出處考之廬山集乃其於宋理宗景定二三年間權茶九江富池時所作英溪集則爲武康令時所作中有甲戌大水詩案宋史五行志有咸淳十年八月安吉武康大水事正與相合時瀛國公已即位距宋亡僅二年而嗣杲亦遂於是年任滿代去其卒歲雖不可考而兩集

之中無一仕元之顯證則仍當繫之宋人西湖志載有道士董嗣杲蓋即其人於國亡後隱于黄冠矣其集爲諸家書目所未載獨明焦竑國史經籍志有嗣杲廬山集而闕著其卷數今據永樂大典所録有題廬山集者又有題英溪集者嗣杲本有二集但其名不顯集亦久絶流傳今觀集中多與葛秋巖唱和詩秋巖即葛慶龍爲宋末高尚之士見于韜績霏雪録則嗣杲亦必勝流又有題周伯弜手澤詩推挹甚至則其詩亦江湖集派然吐屬新穎無鄙俚瑣碎之態固非江湖游士所及也謹甄次裒輯依仿原目分爲廬山集五卷英溪集一卷著之于録庶論宋元間詩人者猶得有所稽考至若富池客中諸作應編入廬山集者永樂大典或標英溪集當由繕寫之誤今並詳悉考正俾各從其類焉

乾隆四十五年九月恭校上

西湖百詠

臣等謹案西湖百詠二卷宋董嗣杲撰明陳贄和韻嗣杲有廬山集已別著録

嗣杲宋亡後入道孤山四聖觀改名思學字無益故西湖志稱爲道士然據盧山英溪二集則嗣杲於咸淳間嘗爲武康令也贄字維成餘姚人徙於錢塘洪武間以薦授杭州學訓導後官至太常寺卿西湖志稱嗣杲原唱及贄所和皆九十六首天順癸未始以二家所作合刻錢塘人南康知府陳敏政爲之序又載嘉靖丁酉周藩南陵王雲樓子重刻其序亦稱董唱居前陳和居後仍各九十六首共一百九十二首謂之百詠者蓋亦極言之耳云云此本上卷四十九題下卷五十一題實各足百詠之數與西湖志所記不符鮑廷博跋疑周藩翻雕之時其底本偶有脱頁未及深考遂以爲原缺四首田汝成修西湖志時又僅見周藩之序遂據以筆之於書以志中僅載周藩序不載陳敏政序爲證理或然歟其詩皆七言律體每題之下各注其始末甚悉頗有宋末軼聞爲諸書所未載者嗣杲詩格頗工整贄所和才力稍弱亦足肩隨其詩皆迥在許尙華亭百詠之上也乾隆四十七年四月恭校上

臣等謹案則堂集六卷宋家鉉翁撰鉉翁喜談春秋尤喜談易其河間假館詩曰擬從諸君豫乞石一方他年埋之冢前三四尺上書宋使姓某其名某下書人是西州之西老縫掖平生著書苦不多可傳者兒之春秋與周易然春秋詳說至今尚有刊本已別著錄其說易之書與其文集二十卷則已全佚惟永樂大典收其詩文尚夥謹裒合排比以類相從釐爲文一卷詩詞一卷核其所作大半皆在河間而明神宗時樊深撰河間府志已不能採錄則其佚在萬歷前矣鉉翁隸籍眉山與蘇軾爲里人故集中如文品堂記養志堂記志堂說篤信齋說跋太白賞月圖和歸去來辭諸篇及豌豆菜詩自註間或稱述軾事迹廣漢張栻亦其鄉人故敬室記首亦慨然於南軒之學漸昧其傳然其學問淵源則實出金谿觀集中心齋說主靜箴諸篇可以槩見故其持論浸淫於佛氏其說易亦惟以先天太極研思於虛杳之中而尊敎堂記一篇至援陸九淵之言

以三教歸一立説尤爲乖舛顧其立言大旨皆歸於敦厚風俗崇奬名教隨事推闡無非以禮義爲訓原未嘗滉瀁恣肆如明代姚江之末流其詞意直樸文不掩質亦異乎南宋末年纖詭繁碎之格尚爲多有可取耳且迹厥生平上雖不及文天祥而下比留夢炎輩則皭然其不侔零篇斷簡以其人重之亦可也

乾隆四十六年九月恭校上

富山遺稿

臣等謹案富山遺稿十卷宋方夔撰夔一名一夔字時佐淳安人生于宋季嘗從何夢桂游屢舉不第退居富山之麓扁其堂曰綠猗自號知非子嘗著漢論十卷富山懶稿三十卷後刋板散佚其裔孫世德等復裒其詩輯爲是編夔學有原本國亡後遁迹以終人品亦極高潔商輅嘗稱其詩紓徐渾厚弗事雕琢可見其沖雅之操周瑄亦稱其發之聲律不爲體裁音節之所拘蓋夔遇與揮毫頗之研鍊故輅等云然要其情致纒綿機趣活潑自有不衫不履之致五言

一體氣勢蒼莽尤勝于七言較其師何夢桂潛齋集詩實青出于藍淳安方氏自北宋以來如殿中丞仲謀通判元修古文殿修撰闔太僕少卿閎等皆留心于詩今其集雖已亡佚而流風餘韻沾溉後人其濡染固有自矣乾隆四十七年十月恭校上

眞山民詩集

臣等謹案眞山民詩集一卷宋眞山民撰山民始末不可考宋末竄蹟隱淪所至好題詠因傳於世或曰常自呼山民因以稱之或云李生喬嘗歎其不愧乃祖文忠西山考眞德秀號曰西山謚曰文忠以是疑其姓眞或云本名桂芳括蒼人宋末嘗登進士要之亡國遺民鴻冥物外自成採薇之志本不求見知於世世亦無從而知之姓名里籍疑皆好事者以意爲之未必遽確今從舊本題曰眞山民集姑仍世之所稱而已其集宋藝文志不著錄明焦竑經籍志蒐宋人詩集頗備亦未載其名江湖小集始收之而亦多未備此本出浙江鮑氏知

不足齋較他本爲完善然皆近體無古詩元詩體要中錄其陳雲岫愛騎驢七言古詩一首此本無之或詩本兩卷而佚其古體一卷或宋末江湖諸人皆不留意古體山民亦染其風氣均未可知然就其存者論之黍離麥秀抱痛至深而無一語懟及新朝則非惟其節至高其安命知天識量亦不可及詩格出於晚唐長短皆復相似五言如風竹有聲畫石泉無操琴飛花游蕩子古木老成人七言如商嶺定無屠狗客雲臺寧有釣魚人雕花鏤柳春無迹沐浴山川雨有思之類皆不出晚唐纖佻麤獷之習至於五言之鳥聲山路靜花影寺門深風蟬聲不定水鳥影同飛曳杖雲同出開簾山自來七言之泉石定非騎馬路功名不上釣魚船隔浦人家漁火外滿江秋思笛聲中則頗得晚唐佳處矣一邱一壑足資延賞要亦宋之翹楚也乾隆四十七年十月恭校上

百正集

臣等謹案百正集三卷宋連文鳳撰文鳳字百正號應山三山人仕履未詳集

中暮秋雜興詩有仕籍姓名除句則宋德祐以前亦嘗從宦又庚子立春詩有
又逢庚子歲老景對詔華句庚子爲大德四年則成宗之時猶在入元已二十
四年矣至元丙戌浦江吳渭邀謝翱方鳳等舉月泉吟社以春日田園雜興爲
題徵詩四方得二千七百三十五卷入選者二百八十卷刊版者六十卷以羅
公福爲第一名據題下所註公福即文鳳之寓名也王士禎池北偶談則謂月
泉吟社詩清新尖刻別自一家而謝翱等品題未允因重爲移置改文鳳爲第
二十一名然元初東南詩社作者如林推文鳳爲第一物無異詞當必有說似
未可以一字一句遽易前人之甲乙今觀所作大抵清切流麗自抒性靈無宋
末江湖諸人纖瑣麤獷之習雖上不及尤楊范陸下不及范揭虞楊而位置于
諸人之間亦未遽爲白茅之藉則當時首屈一指亦有由矣文淵閣書目載連
百正丙子稿一部一册久無傳本永樂大典所載但題曰連百正集當即其本
今裒輯排比編爲三卷又賦三首序二首記二首說一首傳一首亦散見永樂

大典中文格雅潔亦不失前民矩矱其冰壺先生傳一首雖以文爲戲然毛穎羅文諸傳載之韓蘇集中古有是例今併附綴卷末以存其梗槩焉乾隆四十五年八月恭校上

月洞吟

臣等謹案月洞吟一卷宋王鎡撰鎡字介翁括蒼人嘗官縣尉宋亡之後棄印綬歸隱湖山扁所居爲月洞因以名其所著之詩此本爲嘉靖壬子其族孫端茂所刊詩僅七十餘首有律體而無古體又嘉靖辛丑湯顯祖摘舉集中佳句而最稱其七言絕句爲有閒逸之趣今觀其詩七言律詩格力稍弱不及七言絕句其七言絕句如春風無力晴絲軟絆住楊花不肯飛繡簾不隔荼蘼月香影無人自入樓涼風敲落梧桐葉片片飛來盡是秋又多近於小詞不爲高調惟五言律詩如蟬聲秋岸樹雁影夕陽樓馬嘶經戰地鵰認打圍山櫓聲荷葉浦螢火豆花田斜陽曬魚網疎竹露人家晴雪添崖瀑春雲雜曉煙皆綽有九

僧之意蓋宋末詩人有江湖一派有晚唐一派鎡蓋沿晚唐派者故往往有佳句而乏高韻亦絶無一篇作古體然較之江湖末流寒酸纖瑣者則固勝之矣

乾隆四十七年五月恭校上

伯牙琴

臣等謹案伯牙琴一卷宋鄧牧撰牧字牧心錢塘人與謝翺周密等友善嘗爲翺作傳爲密作蠟屐集序而翺傳敘交情尤篤翺之臨卒適牧出遊翺作詩有謝豹花開桑葉齊戴勝芊生藥草肥九鎖山人歸不歸之句九鎖山人牧別號也其志趣可想見矣密放浪山水著癸辛雜識諸書每述宋亡之由多追咎韓賈有黍離詩人彼何人哉之感翺西臺慟哭記諸作多慷慨悲憤發變徵之音牧則惟寓屋壁記逆旅壁記二篇稍露繁華消歇之感餘無一詞言及興亡而實侘傺幽憂不能自釋故發而爲世外放曠之談古初荒遠之論宗旨多涉於二氏其君道一篇竟類許行並耕之說吏道一篇亦類老子剖斗折衡之旨蓋

以宋君臣湖山遊宴紀綱叢脞以致於亡故有激而言之不覺其詞之過也是集爲牧所自編皆滔滔清辨而不失修潔非晚宋諸人所及前有自序後有自跋以知音難遇故以伯牙琴爲名跋稱詩文六十餘篇此本惟文二十四篇併序跋爲二十六蓋佚其詩一卷也末又附沖天觀記超然館記清眞道院碑記三篇題曰補遺而清眞道院碑記末有大德四年庚子錢塘鄧牧記集賢直學士趙孟頫書字知後人從石刻鈔入非集所本有自跋稱平生爲文不止此是亦一證矣乾隆四十七年四月恭校上

存雅堂遺稾

臣等謹案存雅堂遺稾五卷宋方鳳撰鳳字韶卿一字景山浦江人試太學舉禮部不第後以特恩授容州文學宋亡遁歸隱于仙華山同里義烏令吳渭闢家塾敬事之疾革命子樗題其族曰容州示不忘宋也其門人柳貫輯其遺詩三百八十篇釐爲九卷屬永嘉尹趙敬叔刻置縣齋黃溍爲之序及宋濂作鳳

傳又稱存雅藏稾三千餘篇蓋據其未刻者而言故與潛序篇數多寡不合其後寖以散逸遂并板本亦亡 國朝順治甲午其里人張燧乃博蒐諸書掇拾殘賸彙爲此編凡詩七十三首文十二首金華洞天行紀一篇附以鳳子樗梓詩十六首文五首鳳志節可稱所作文章亦骯髒磊落不屑爲庸腐之語龔開嘗評其詩以爲由本論之在人倫不在人事等而上之在天地不在古今蓋鳳澤畔行吟往往睠念宗邦不忘忠愛開亦以遺民終老故揚詡未免過情然幽憂悲思纏緜悱惻雖亡國之音固猶不失風人之義也原本尚有物異考一卷月泉吟社詩二卷外篇詩文二卷今案物異考出自唐宋遺書寥寥數則無資考證月泉吟社詩已有別本自行至外篇所輯他人贈答之作并謝翱傳吳萊碑而錄之尤爲氾濫今並從刪削焉乾隆四十七年十月恭校上

吾汶稿

臣等謹案吾汶稿十卷宋王炎午撰炎午初名應梅字鼎翁後改今名安成人

宋末爲太學生以孝友節義聞于時咸淳間文天祥募兵勤王炎午杖策謁之留置幕府旋以母老辭歸入元後終身不出因所居汶源里名其稿曰吾汶揭徯斯歐陽玄皆爲之序其生祭文丞相文尤稱傑作世爭傳誦是稿爲文九卷附錄一卷明宣德中始出正德中其裔孫偉刻之南京後板散佚萬歷中裔孫伯洪別摘鈔爲二卷而重刊之僅錄文二十八首詞二首又自以雜文數首綴于末去取簡略殊不足觀此帙乃鈔本猶其全集文章大致近于質直而要不失爲眞樸其間稍近卑俗者其集晚出或後人有所竄入亦未可定王士禎居易錄至以爲里社餅肆中慶弔卷軸之語又摭其干姚參政貫學士書併其人而詆之則未免責備太甚矣乾隆四十七年八月恭校上

在軒集

臣等謹案在軒集一卷宋黄公紹撰公紹字直翁昭武人宋咸淳元年進士集中樵川新驛記稱至元二十有三年是歲丙戌上距德祐乙亥已十年矣記中

自稱曰民蓋入元未仕也公紹嘗取胡安國心要在腔子裏語名所居曰在軒因以名集然所載僅文三十九篇詩餘二十八首其文三十九篇之中爲儒言者六篇而爲佛氏疏榜之語者乃三十三篇殆原本散逸後人掇拾遺稿以僧徒重其筆墨藏弆爲榮故所收特多歟考厲鶚宋詩紀事蒐採最博而求公紹一詩不可得僅以西湖棹歌十首介於詩詞之間者當之知鶚所見亦此本别無全集矣公紹嘗作古今韻會有名於世然原本久已散佚今傳者乃熊忠舉要已非復公紹之原本眞出公紹手者惟此一卷耳宋人遺集不傳者多公紹在當時爲耆宿雖殘編猶可寶也書在軒銘後一篇記詞曰以下乃其友吳昇之文意當時手迹必併載於末故其文義相屬亦仍併錄之存其舊焉乾隆四十七年九月恭校上

紫巖詩選

臣等謹案紫巖詩選三卷宋于石撰石字介翁蘭谿人貌古氣剛幼工詞賦自

貧甚高年三十而宋亡隱居不仕一意于詩因所居自號紫巖晚徙城中更號兩溪浙江通志載入文苑隱逸二傳中集有丁丑己卯紀年乃臨安初破時又有丁亥戊子歲作乃至元二十四五年蓋皆其中年以後之詩也每卷題門人吳師道選凡古今體詩僅二百首採擇頗爲嚴謹其詩豪宕激發多伉厲之音往往慷慨直陳不免失之太盡然骨力遒邁終非絺章繪句者比其鄰叟言毋子別路傍女諸篇沈著痛快猶有石壕羌村遺韻其生平孤峭自許亦可以見其彷彿焉乾隆四十七年九月恭校上

九華詩集

臣等謹案九華詩集一卷宋陳巖撰巖字清隱青陽人宋末屢舉進士不第入元遂隱居不仕築室於所居高陽河日嘯歌其內出則徧遊九華之勝至一處則作一詩紀之名九華詩集前有至大戊申同里方時發序稱以山之東西繪爲圖本繡入於梓與遠方朋友共之詩人陳清隱吟詠有舊板兵燬不全此二

百十篇乃掇拾於散佚之餘者捐帑重梓俾詩與山相照耀於無窮是時發本刻九華山圖而以巖詩附刊於後今圖佚而詩集獨存篇數與時發序合蓋猶原本巖以大德三年己亥卒而時發序作於戊申則巖没後之九年也其詩皆七言絕句凡詠名勝者二百七首詠物產者三首九華山自以李白得名諸家多有題詠而取泉石洞壑之勝徧加品目實莫備於是編其詩亦俱瀟灑出塵絕去畦逕有高人逸士風格不僅足供山志採擇而已巖又嘗集杜詩爲鳳髓集亦時發及楊少愚序而傳之今其稿已不存此本後附釋希坦詩十一首乃後人從池州府志鈔入中有可與巖詩互證之處今並仍其舊而存之焉乾隆四十七年九月恭校上

端平詩雋

臣等謹案端平詩雋四卷宋周弼撰弼字伯弜汶陽人所選三體唐詩黄虞稷千頃堂書目載之乃稱爲新建人洪武間以明經官訓導考是編前有寶祐丁

巳菏澤李龏序稱與弼同庚生同寓里相與論詩三十餘年嘗手刋端平集十二卷行於世又稱弼十七八時即博聞强記侍乃翁晉仙已好吟詠長而四十年間宦遊吴楚江漢又稱弼名振江湖人皆爭先求市但卷帙中有晚學未能曉者多恐有不行之弊兹摘其坦然者兼集外所得者二百餘首目曰端平詩雋俾續芸陳君書塾入梓流行而末有伯弜平生心不下人今隔九原閲予此選必不以予爲謬云云然則寶祐丁巳以前弼卒久矣安得明初爲學官且與龏同里亦不得爲新建人虞稷所云誤也此本有臨安府棚北街陳解元書籍鋪印行字蓋猶自宋本録出其詩風格未高不外宋末江湖一派而時時出入晚唐尚無當時蠱獷之習一邱一壑亦頗有小小佳致也乾隆四十七年十月恭校上

寧極齋稿

臣等謹案寧極齋稿一卷宋陳深撰深字子微號淸全平江人宋亡後棄舉子

業閉戸著書天歴中以能書薦逃匿不就所著有讀易編讀詩編今皆未見惟讀春秋編刻于通志堂經解中其詩則僅有鈔本流傳而已此本前有顧嗣立名字二印蓋即元百家詩選之所據卷末有題識曰陳清全先生詩稿藏于荻溪王寧遠氏泰昌改元八月十日張丑敬觀丑以賞鑒書畫稱而不以收藏圖籍著詳其語意殆從眞迹錄出歟深父子詩並春容閒雅不失古風然核其體裁如出一手且深詩中多酬應仕宦之作與鄭元祐所作植墓志稱其以文行學術結知于士林時方承平巨室大家將私淑其子弟者必厚幣延致云云大概相符而與深之閉戸著書者頗不相合疑或皆爲植詩而傳寫訛異誤以爲深然如輓褚伯秀詩又似乎是時植年尚幼別無顯證姑存疑焉可也乾隆四十七年五月恭校上

仁山文集

臣第謹案仁山文集四卷宋金履祥撰履祥字吉父婺之蘭谿人仁山其別號

也宋德祐初以迪功郎史館編校徵不就入元不仕至正中賜謚文安事蹟具元史儒學傳履祥受學於王柏柏受學於何基基受學於黄幹號爲得朱子之傳其詩乃彷彿擊壤集不及朱子遠甚王士禎居易錄極稱其廣箕子操一篇謂爲陳宜中而作然亦不工其文若百里千乘說深衣小傳中國山水總說次農說諸篇則尚具有根柢他作亦醇潔有法度不失爲儒者之言焉乾隆四十七年九月恭校上

自堂存稾

臣等謹案自堂存稾四卷宋陳杰撰厲鶚宋詩紀事載杰字壽夫分寧人淳祐十年進士制置司屬官有自堂存稾然鶚僅錄其題梅壇毛慶甫雲悅樓詩一首云出梅仙事實則實未見其集故所載爵里亦不能具其始末今從永樂大典裒輯遺篇尚得四卷以其詩語考之四言古詩中春日江永諸篇自註曰端平以來是當理宗之初已能吟詠其年當在二十左右下距帝㬎德祐乙亥凡

四十二年則宋亡時已近六旬閒孅記之末署延祐二年七月是歲乙卯上距宋亡又四十年則杰年已在百歲外不應如是之壽考時代似不相及又閒孅記末稱使其子樵書而刻之元鹿皮子陳樵實婺州東陽人里籍亦不相符是記殆陳樵之父所作永樂大典誤題杰名歟然觀集中重過西湖感事諸篇則爲宋之遺老入元尚在固可無疑也集中有和大闔芍藥讌詩作於淮南又有宣檄隨府詩稱泝楚三千里離淮第一程則先官淮幕後官楚幕與厲鶚所稱制置司屬官語合又有與節東歸和同幕送行詩稱宜黜而陞愧在中又有請代詩稱郡小凋殘最又有乙丑元旦壽昌拜表詩則後亦守郡非竟終于幕僚厲鶚所載尚爲未盡矣其詩雖源出江西而風姿峭蒨頗參以石湖劍南格調視宋末江湖一派氣含蔬筍者戛然有殊在黃茅白葦之中不可不謂之翹楚據其戊辰重過弋陽石橋詩註蓋與謝枋得相善又讀邸報諸作排斥姦諛語皆忠憤而和郭應酉詩自稱扶憊效死客自杭來談江上師潰及京師非才誤

國極爲不平云云併附錄郭詩而註曰郭後赴厓山其志節亦可想見則不徒詩之足傳也乾隆四十五年十月恭校上

心泉學詩稿

臣等謹案心泉學詩稿六卷宋蒲壽宬撰壽宬之名不見於史其集亦不載於藝文志惟明文淵閣書目載有蒲心泉詩一部一冊檢永樂大典各韻內所錄頗多其間題名皆作壽宬而淩迪知萬姓統譜則作壽晟黃仲昭八閩通志又作壽晟互有同異今按永樂大典卷卷皆作宬字當非偶誤其作晟晟字者殆傳寫訛也壽宬家本泉州其官履不槪見惟萬姓統譜稱其於咸淳七年知蒲州案蒲州非南宋地而集中有梅陽壬申勸農偶成書呈同官詩壬申爲咸淳八年梅陽即梅州今爲廣東嘉應州地是壽宬實知梅州萬姓統譜又載其在官儉約於民一毫無所取建曾井汲水二缾置座右人頌曰曾氏井泉千古冽蒲侯心事一般清是壽宬在當日爲循吏八閩通志則稱宋季益廣二王航海

至泉州守臣蒲壽庚距城不納皆出其兄壽宬陰謀壽宬佯著黄冠野服入法石山下自稱處士而密令壽庚納款於元既而壽庚以歸附功授官平章富貴冠一時壽宬亦居甲第一日二書生踵門獻詩有水聲禽語皆時事莫道山翁總不知之句壽宬惶汗失措追之不復見云云則壽宬又一狡黠之叛人稗官小説記載多歧宋元二史皆無明文其孰僞孰眞無從考證今觀其詩頗有沖澹閒遠之致在宋元之際猶屬雅音裒錄存之釐爲六卷亦足以備一家若其人則疑以傳疑姑附諸南宋之末焉乾隆四十六年四月恭校上

欽定四庫全書提要卷九十八

集部二十

別集類十九

拙軒集

臣等謹案拙軒集金王寂撰寂字元老薊州玉田人登天德二年進士歷官中都路轉運使謚文肅金史不爲立傳元好問中州集載其詩入乙集中而仕履亦僅見梗概今以寂詩文所著年月事蹟參互考證知寂自登第後于世宗大定二年爲太原祁縣令十五年嘗奉使往白霫治獄十七年以父艱歸明年起復眞定少尹兼河北西路兵馬副都總管遷通州刺史兼知軍事又還中都副留守二十六年冬由戶部郎出守蔡州二十九年被命提點遼東路刑獄章宗明昌初召還終于轉運使之職而集中謝帶笏表有世宗饗國臣叨預諫員語則又嘗爲諫官又有羣言交搆擠臣不測之淵語而丁未肆眚詩有萬里湘纍

得自新句丁未爲大定二十七年世宗本紀載是年三月辛亥以皇太孫受册肆赦並與集合是寂之刺蔡州當以人言去國而集中情事不具其顛末莫能詳也中州集稱寂著有拙軒集北遷録諸書今北遷録已失傳而好問所選寂詩僅七首及附見姚孝錫傳後一首其他亦久佚不見惟永樂大典内所載寂詩文尚多雖好問所摘留别郭熙民詩諸聯及蔣一葵長安客話所紀盧直墓詩逸句皆未見全篇亦不能盡免于脱闕而各體具存可以得其什七矣寂詩文清刻鑱露有戛戛獨造之風在大定明昌間卓然不愧爲作者金代知名之士見于中州集者不下百數十家今惟趙秉文王若虚二集尚有傳本餘多湮没無存獨寂是編幸于沈埋晦蝕之餘復顯于世而文章體格亦足與滹南滏水相爲抗行謹甄第裒綴釐爲六卷俾讀者攬其崖略猶得以考見金源文獻之遺是亦可爲寶貴矣乾隆四十七年三月恭校上

臣等謹案滏水集二十卷金趙秉文撰秉文字周臣自號閒閒道人滏陽人大定二十五年進士歷官翰林侍讀學士拜禮部尚書事迹具金史本傳元好問中州集稱其自幼至老未嘗一日廢書著易叢說十卷中庸說一卷揚子發微一卷太玄贊六卷文中子類說一卷南華略釋一卷列子補注一卷删集論語孟子說各十卷資暇錄十五卷今皆未見殆多佚散惟此集存史稱所著詩文三十卷此本乃二十卷與史互異然篇目完具不似有所佚脫考中州集稱秉文所著文章號滏水集者前後三十卷則二十卷爲前集十卷爲後集此本乃其前集故僅二十卷而其後集則佚耳金蕭貢卿嘗曰國初文士如宇文太學蔡丞相吳深州等不可不謂豪傑之士然皆宋儒難以國朝文派論之故斷自蔡正甫爲正傳之宗党竹谿次之禮部閒閒公又次之當時以所論爲允正甫蔡珪字竹谿党懷英號也今珪與懷英集皆不傳則金源一代之集茲其巨擘矣乾隆四十七年五月恭校上

滹南集

臣等謹案滹南集十五卷金王若虚撰若虚字從之自號慵夫藁城人金承安二年經義進士歷官左司諫轉延州刺史入爲翰林直學士金亡後微服歸里自稱滹南遺老越十年與劉祁東遊卒於泰山事迹具金史文藝傳史稱若虚有慵夫集滹南遺老集均曰若干卷不詳其數千頃堂書目載滹南遺老集四十五卷與王鶚序合慵夫集雖著于錄而卷數亦缺考大德三年王復翁序稱以中州集所載詩二十首附卷則慵夫集元時已佚惟此集存耳此本凡五經辨惑二卷論語辨惑五卷孟子辨惑一卷史記辨惑十一卷諸史辨惑二卷新唐書辨三卷君事實辨二卷臣事實辨三卷議論辨惑一卷著述辨惑一卷雜辨一卷謬誤雜辨一卷文辨四卷詩話三卷雜文及詩五卷與四十五卷之數合然第三卷惟論語辨惑序一篇總論一篇僅三頁有奇與他卷多寡懸殊疑傳寫佚此一卷後人割第四卷首三頁改其標題以足原數而續編一卷則又

後人所附益也金元之間學有根柢者實無人出若虚右吳澄稱其博學卓識見之所到不苟同於衆亦可謂不虚美矣乾隆四十七年十一月恭校上

莊靖集

臣等謹案莊靖集十卷金李俊民撰俊民字用章澤州人少通程氏之學承安五年以經義舉進士第一應奉翰林文字未幾棄官敎授南遷後隱於嵩山自號鶴鳴道人元世祖以安車召見仍乞還山卒賜謚莊靖先生集凡詩七卷文三卷嘗爲澤州守段正卿所刊行長平李仲紳等爲之序明正德間郡人李瀚重付諸梓今板已久佚所存祇鈔本而已俊民抗志遯荒不縻好爵出處之際能潔其身集中於入元後祇書甲子隱然自居陶潛故所作詩類多幽憂激烈之音繫念宗邦寄懷深遠不徒以清新奇傑爲工文格沖澹和平且有高致亦復似其爲人雖博大不及元好問而生平志節約略相等實可謂無愧所學者矣詩末間有注語序不言何人所加殆即俊民所自注歟乾隆四十七年五月

恭校上

遺山文集

臣等謹案遺山文集四十卷附錄一卷金元好問撰好問字裕之秀容人登興定五年進士歷内鄉令天興中除左司都事轉行尚書省左司員外郎金亡不仕事蹟具金史文藝傳是集凡詩十四卷文二十六卷爲明儲巏家藏本弘治戊午沁州李翰爲刋板以行前有李治徐世隆二序末有王鶚杜仁傑二跋集末附錄一卷則儲巏所裒輯也好問才雄學贍金元之際屹然爲文章大宗所撰中州集意在以詩存史去取尙不盡精至所自作則興象深邃風格遒上無宋南渡末江湖諸人之習亦無江西流派生拗麤獷之失至古文繩尺嚴密衆體悉備而碑版誌銘諸作尤爲具有法度晚年嘗以史筆自任構野史亭採金源君臣遺言往行裒輯紀錄至百餘萬言今壬辰雜編諸書雖已無傳而元人纂修金史多本所著故於三史中獨稱完善亦可知其著述之有裨實用矣乾

隆四十七年十一月恭校上

湛然居士集

臣等謹案湛然居士集十四卷元耶律楚材撰楚材字晉卿遼東丹王八世孫金尚書右丞履之子從太祖平定四方太宗時官至中書令至順元年追封廣寧王諡文正事迹具元史本傳耶律或作移剌蓋譯語之訛焦竑經籍志以爲兩人非也是集所載詩爲多惟第八卷第十三卷十四卷稍以書序碑記錯雜其中編次殊無體例疑傳寫者亂之史稱其旁通天文地理術數及二氏醫卜之說宜其多有發揮而文止於斯不敵詩之三四意者尚有佚遺歟然十四卷之數與諸家著錄皆符或經國之暇惟以吟詠寄意未嘗留意于文筆也王士禎池北偶談摘錄其贈李郡王筆寄平陽閑老和陳秀玉韻贈富察元帥河中游西園壬午元日諸詩以爲頗有風味而稱其集多禪悅之語考僧行秀所作集序稱楚材年二十七受顯訣于萬松盡棄宿學其耽玩佛經蓋亦出于素習

平水王鄰則曰按元裕之中州集載右相文獻公詩又稱趙閒閒爲吾道主盟李屏山爲中州豪傑知晉卿學問淵源有自來矣故旁通諳極而要以儒者爲歸云云今觀其詩語皆本色惟意所如不以研鍊爲工雖時時出入內典而大旨必歸于風教鄰之所云殆爲能得其眞矣乾隆四十七年九月恭校上

藏春集

臣等謹案藏春集六卷元劉秉忠撰秉忠有玉尺經已著錄秉忠博覽好學尤邃於易凡天文地理律曆三式六壬遁甲之屬無不精通故術數家言多託之以行世往往不可盡信至其所著文集見於本傳者十卷今此本祇六卷乃明處州知府馬偉所刋前五卷爲各體詩末一卷附錄誥勅誌文行狀而不及所著雜文故秉忠所上萬言書及其他奏疏見於本傳者概闕焉蓋文已佚而僅存其詩故卷目多寡與本傳不合也秉忠起自緇流身參佐命與明道衍蹤迹頗同然道衍首搆逆謀獲罪名教而秉忠則乘時應運參贊經綸以典章禮樂

爲先務卒開一代治平其人品相去懸絶故所作大都平正通達無噍殺之音史稱其詩蕭散閒澹類其爲人雖推之稍過然如小詩中鳴鳩喚住西山雨桑葉如雲麥始花之類亦未嘗不時露風致也乾隆四十七年五月恭校上

淮陽集

臣等謹案淮陽集一卷後附詩餘一卷元張宏範撰宏範字仲疇易州定興人汝南忠武王柔之第九子也官至鎮國上將軍蒙古漢軍都元帥將兵入閩廣滅宋于厓山師還而卒累贈太師淮陽王謚憲武事蹟具元史本傳其遺詩一百二十篇詞三十餘篇燕山王氏嘗刻之敬義堂故宋禮部侍郎廬陵鄧光薦爲之序光薦即宏範南征時被獲不屈因命其子珪事以爲師者也後其曾孫監察御史旭重刻明正德中公安知縣周鉞又重刊之此本即從鉞刻傳錄蓋猶舊帙宏範嘗從學于郝經頗留心儒術其詩皆五七言近體雖染南宋末派然大抵爽明可誦如中酒未醒過似病搜詩不得勝如愁置之江湖集中不辨

也亦無愧曹景宗之賦競病矣乾隆四十七年十月恭校上

陵川集

臣等謹案陵川集三十九卷元郝經撰經有續後漢書已著錄其生平大節炳耀古今而學問文章亦具有根柢如太極先天諸圖說辨微論數十篇及論學諸書皆深切著明洞見閫奥周易春秋諸傳於經術尤深故其文雅健雄深無宋末膚廓之習其詩亦神思深秀天骨挺拔與其師元好問可以鴈行不但以忠義著也延祐五年經門人集賢大學士郭貫請以是集與所作續後漢書官爲刊板付待制趙穆編修官蒲道源等詳定得旨允行卷首所載江西中書省劄付咨文蓋即其事後官板散佚明正德乙卯沁水李叔淵重刻於鄂州陳鳳梧序之康熙乙酉武陵陶自悅守澤州得李本於州民武氏家欲鋟木未果僅爲製序并其首乾隆戊午鳳臺王鏐始校刊之而摭諸書之有涉於經者别爲附録一卷綴之於末其誌傳行狀官誥咨文元明人原序皆仍舊刻冠於首今

所行者皆謬此本云乾隆四十七年十月恭校上

歸田類稾

臣等謹案歸田類稾二十二卷元張養浩撰養浩有三事忠告已著錄是編乃其詩文也養浩嘗自序其集稱退休田野錄所得詩文樂府九百餘首岐爲四十卷名曰歸田類稾富珠哩翀序（案富珠哩翀原作孛朮魯翀今改正）作三十八卷卷數已異文淵閣書目載養浩雲莊傳家集一册雲莊集三册焦竑國史經籍志則作張養浩文忠集十八卷書名卷數更均與養浩自序不符黃虞稷千頃堂書目雖載歸田類稾之名而亦無卷數考吳師道序云公雲莊集四十卷已刻于龍興學宮云云則龍興所刻者即養浩手編之類稾而改其名曰雲莊集亦即文淵閣書目之三册也然蘇天爵輯元文類僅錄養浩文二篇故明葉盛水東日記頗以天爵失載諫燈山疏爲譏疑元末已尠流播近時王士禎偶得養浩王友開墓誌歎其奇詭載之皇華紀聞則亦未見其全集惟明季有刻本二十七卷尚

存于世既多漏略編次亦失倫類今據以爲本而別採永樂大典所載删其重複補其遺闕釐爲二十二卷較之九百原數已及其大半亦足見其崖略矣乾隆四十七年十一月恭校上

白雲集

臣等謹案白雲集四卷元許謙撰謙字益之號白雲金華人受業於金履祥盡得所傳之奥先後舉茂才異等復以遺逸薦皆固辭居東陽八華山弟子就學者千餘人至元三年卒事蹟具元史本傳所著四書叢說書傳叢說詩名物鈔俱別著錄謙講學承何基黃榦之緒説者以爲得朱子嫡傳其生平專以躬行實踐爲務而本扶經翼教之義發之文章亦往往醇古樸茂言皆有物其詩理趣之中具含興象五言古體尤宛轉諧暢妙合雅音非濂洛門庭惟涉理路者可比惟與王申伯一詩宗旨入於老莊乃以冠之卷端論黃石公素書不能知其爲僞託求補儒吏一書代人干乞而亦載入集中爲有道之累則皆編集者

之失也乾隆四十七年五月恭校上

稼村類稾

臣等謹案稼村類稾三十卷元王義山撰義山字元高豐城人宋景定中進士知新喻縣歷永州戶曹入元官提舉江西學事退老東湖之上環所居種蓮名其堂曰君子又扁其讀書之室曰稼村義山嘗食元祿故江西通志列其名入元人中是書原刻乃題爲宋人者誤也集爲其子惟肖所編凡各體詩三卷古文雜著二十七卷詩文皆沿宋季平弱之習絕少警策王士禎以爲蕪淺無足取而至詆爲最下最傳然觀義山在湖南時湘潭縣豪嘗因爭田不遂獻之學義山引春秋齊人來歸汶陽之田斷其非心悅而歸者頗合經義故集中說經之作亦往往能自出新意如解周禮師氏職中大夫保氏職下大夫而謂鄭注稱周公召公兼攝之非又解古者天子冕服備十二章而謂鄭注九章五章之非皆頗有根據不同勦襲至表啓諸作淸華流麗織組自然實與劉克莊後村

集蹊逕相近㚈未可以其他文之骨榦未堅而槩加排斥矣乾隆四十七年八

月恭校上

桐江續集

臣等謹案桐江續集三十六卷元方回撰回字萬里號虛谷歙縣人宋景定壬

戌别省登第提領池陽茶鹽累遷知嚴州宋亡降元即以爲建德路總管尋亦

廢棄回所撰有虛谷集今未見此桐江續集皆其元時罷官後作集中有自序

稱二十卷而千頃堂書目作五十卷此本猶元時舊刻有玉蘭堂印又有季滄

葦藏書印蓋文徵明所藏復歸泰興季振宜者詩集闕佚僅存二十九卷文集

惟第一卷目次可辨餘皆初刋稿本以數計之尚存八卷蓋佚其十三卷矣中

間尚頗有闕頁無别本可校今亦仍之觀吳之振重刻瀛奎律髓疑書首一序

非回所作今集中載此文在送王俊甫序後知其未見此集則亦希覯之本不

以殘缺廢矣乾隆四十七年十一月恭校上

野趣有聲畫

臣等謹案野趣有聲畫二卷元楊公遠撰公遠字叔明歙縣人是集前有咸淳中吴龍翰序稱一卷而此本二卷然至元乙酉方回跋在上卷末所載回溪道中一詩乃在下卷中使原爲二卷則此跋不應介在其間使集中原載此詩則回又必不更錄其文知原集止一卷而下卷爲後人所續輯故又有丙戌初度詩在作跋後一年也其詩不出宋末江湖之格蓋一時風尚使然一邱一壑亦有佳致以久無刊本故選宋元詩者多遺之明嘉靖丙申汪元錫始得本于族子瀚乃復傳鈔集中有至元乙酉生朝詩稱六十平頭慳兩歲則是年五十八以長歷推之當生於理宗紹定元年宋亡時年四十九入元未仕當從周密之例稱南渡遺民然集中春雪詩題下注己卯正月初三作是時正張世傑陸秀夫等蹈海捐生之歲而其詩有向曉披衣更擁衾略無一事惱胸襟則是以宋之存亡付諸度外與前朝故老惓惓舊國者頗殊且入元以後干謁當路頌揚

德政之詩不一而足其未出仕當由梯進無媒固不能與密之終身隱遁者同日語矣繫之元人從其志也乾隆四十七年十月恭校上

月屋漫稾

臣等謹案月屋漫稾一卷元黄庚撰庚字星甫天台人生于宋末入元不仕厲鶚以其爲宋遺民載入宋詩紀事中然觀其集首自序乃泰定丁卯所作時元統一海内已五十七年不得仍係之宋今仍題作元人從浙江通志文苑傳例也庚嘗客山陰王英孫家試越中詩社枕易題庚爲第一考官乃李侍郎今評語與原詩並在集中盛相矜許蓋甚爲當時所推重其詩沿江湖末派體格不免稍卑而觸處延賞亦時逢警語如五言之斜陽明晚浦落葉瘦秋山柳色獨青眼梅花同素心鳴榔丹葉聚撒網浪花圓諸句七言之鐘帶夕陽來遠寺碑和春雨臥平蕪細柳雨中垂綠重殘花風裏亂紅輕清夜夢分千里月故鄉人各一方天風月滿懷詩可寫雪霜侵鬢鏡先知諸句類皆風致婉約猶具晚唐

之一體王士禎居易録謂月屋漫稾一卷皆庸下無足取未免詆之太甚矣乾隆四十七年十月恭校上

剡源文集

臣等謹案剡源文集三十卷元戴表元撰表元字帥初一字曾伯奉化人宋咸淳中登進士乙科教授建康遷臨安元大德中以薦除信州教授調婺州以疾辭後屢被薦終不起所著剡源集明初上之史館宋濂曾序而刻之凡二十八卷其板久佚此本乃嘉靖間四明周儀得其舊目廣爲蒐輯釐爲三十卷表元之後裔洵復梓行之王士禎居易録稱海寧刻剡源集四卷乃餘姚黄宗羲所選定非完書也表元少受業於王應麟舒岳祥之門其學博而肆爲文精深雅潔與柳貫齊名趙孟頫極推重之詩亦深穩無宋季麤浮之習在大德延祐之間固亦卓然一作手矣乾隆四十七年五月恭校上

滕語

臣等謹案賸語二卷是集散見永樂大典中或題曰艾性夫賸語或題曰艾性夫孤山晚稿而不著性夫爲名爲字亦不載時代今考江西通志稱撫州三艾叔可字無可憲可字元德性字天謂皆工于詩性闔門教授執經者盈門著有孤山詩集與永樂大典所題孤山晚稿相合吴澄支言集有高夔妻艾氏墓誌稱爲咸淳貢士性夫之女習見其家儒教屢以勗其夫云云與永樂大典所題艾性夫合疑江西通志本作性夫字天謂傳刻脱一夫字也考集中有謝枋得輓詩一首則性夫元初尚存又曹安讕言長語稱于成化五年之元江署學一家多藏書内一詩集乃江浙道提舉艾性夫作貫酸齋作序云云宋無江浙道提舉蓋其晚年已仕元矣性夫亦講學之家而其詩氣韻清拔以妍雅爲宗絶不似宋末有韻之語録五七言古體筆力排奡尤爲擅長曹安稱其七言律太辣五七言絶歌行語多關世教併稱其銅雀研撲滿吟臨邛道士招魂歌三首所論頗爲得實案撲滿吟今已佚謹釐爲二卷用存其槩至原書本分集編次其卷目

已不可見而永樂大典内題作賸語者較多今故用以標名不復更爲分析焉

乾隆四十五年十月恭校上

養蒙集

臣等謹案養蒙集十卷元張伯淳撰伯淳字師道嘉興崇德人宋末舉童子科入元仕至翰林侍講學士謚文穆趙孟頫之内兄也伯淳素宗韓愈其爲文大都謹嚴峭健深得立言之體惟冊詔駢語諸體詩歌尚未能盡出宋格耳王士禎居易錄槩以膚淺詆之非公論也集爲其孫武康縣尹炯所編次刋板久佚輾轉傳鈔殘缺頗甚此本凡文六卷詩三卷詞一卷乃錢塘厲鶚鈔自繡谷吴氏者鶚頗爲校正然脫簡終弗能補今亦姑仍之焉乾隆四十七年五月恭校

上

牆東類稿

臣等謹案牆東類稿二十卷元陸文圭撰文圭字子方江陰人幼而穎悟博通

經史及天文地理律象醫藥算數之學宋咸淳初以春秋中鄉選延祐設科再中鄉舉以老疾不應徵召卒於家事蹟具元史儒林傳文圭當南宋之末年已二十餘入元後五十餘年至泰定天歷間尚應聘設教於容山至順末猶爲陳敬叔作安定祠記又數年至順帝至正初始卒最爲老壽惟史不載其登仕版而集中吴縣學田記有至元辛卯余領吴縣學事語似亦曾爲教官然辛卯爲世祖至元二十八年文圭年衹三十餘而記中乃有余愚且老句與文圭情事不合或此記本代人作而失於標註歟史稱文圭之文融會經傳縱横變化莫測其涯涘東南學者皆師之今核所作史言不謬史又稱其邃於地理考核甚詳今檢集中惟存辨毛穎傳中山一條餘悉不載殆散佚不可考矣是集本二十卷世久無傳今從永樂大典中蒐採遺佚共得文三百餘篇詩詞六百餘篇仍依原目釐爲二十卷雖割裂之餘重爲緝綴亡失已多而據所存者觀之固元初裒然一作者也乾隆四十六年四月恭校上

青山集

臣等謹案青山集八卷元趙文撰文字儀可一字惟恭號青山廬陵人宋景定咸淳間嘗冒宋姓三貢於鄉後始復本姓入太學爲上舍宋亡入閩依文天祥元兵下汀州與天祥相失遁歸故里後爲東湖書院山長選授南雄文學其卒也程鉅夫爲作誌銘見於雪樓集劉將孫作墓表亦見於養吾集載其行履頗詳近時顧嗣立元詩選小傳稱其入元授青江教授而程誌實作南雄鉅夫與文交契甚厚不容有誤疑嗣立所記乃偶然失考又永樂大典書其名多作彣字案集韻彣文音義本通猶斆亦非別有兩名也文與謝翺王炎午同入文天祥幕府滄桑以後獨不能深自晦匿以遲暮餘年重餐元祿出處之際實不能無愧於諸人然其文章則有哀江南賦之餘音擬以古人其庾信之流亞乎文嘗自言行事使人皆可知可見者爲君子之行爲文使人讀之可曉考之有證者爲君子之言今觀其詩文皆自抒胸臆絕無粉飾亦可謂能踐其言矣焦竑

國史經籍志載青山稾三十一卷世尠流傳今從永樂大典中裒輯編訂勒爲

八卷乾隆四十六年四月恭校上

桂隱文集

臣等謹案桂隱文集四卷詩集四卷元劉詵撰詵字桂翁廬陵人性穎悟年十二作爲科場律賦論策之文蔚然有老成氣象宋之遺老鉅公一見即以斯文之任期之既冠重厚醇雅聲譽日隆江南行御史臺屢以教官館職遺逸薦皆不報至正十年卒王榮祿爲之請謚曰文敏此集乃其門人羅如篪所編刻詵作文以歐陽修爲宗多學其俯仰揖讓之致而其與揭傒斯書則又稱文章期于古而不期于襲期于善而不期于同期于理之達神之超變化起伏之妙而不盡期于爲收斂平緩之勢若以委怯爲和平迂撓爲春容如學西施者僅得其矉學孫叔敖者僅得其衣冠談笑非善學者是其意又以蹈襲爲非與明以來用篇模句仿爲古文者其識見相去遠甚故所作頗深于用意而不僅以貌

似爲工本傳稱其文根柢六經躪躒諸子百家融液今古而不露其踔厲風發之狀斯言庶幾近之至其詩骨力挺拔尤長于五言古體排宕沈鬱頗有漢魏之遺音焉當羅如篪刊集時諸體詩已十四卷而文在其外今此本合詩文祇存四卷疑尚有佚遺或其子孫重刊時所合併歟乾隆四十七年五月恭校上

水雲村稿

臣等謹案水雲村稿十五卷元劉壎撰壎字起潛南豐人水雲村其所居地名因以自號生於宋嘉熙庚子咸淳庚午本郡試第一入元以薦爲延平教授延祐六年卒年八十所著隱居通議頗淹博可取已別著於錄其文集舊有二本一曰水雲村泯稿乃明洪武間其孫瑛所手鈔大抵雜採隱居通議中語綴輯成編其文亦皆與此本相複一即此本乃其裔孫凝收拾遺佚別加排次者所收各體較爲詳備惟原目二十卷而今本祇存十五卷其十六卷以下已闕當由傳鈔者失之特按原目此五卷所載本青祠祝文無關體要之作則其存佚

亦無足重輕也壎才力雄放尤長於四六綺麗之製集中所載諸啟劄大都皆在宋世所作考隱居通議自述其得意之筆如代吳浚謝建閫表弔吳浚文代趙必岊謝廟堂啟通丁應奎啟今皆不見於集則其散佚者亦自不少然即所存者觀之下筆鑄詞亦復頗見精采壎嘗自言趙必岊稱其能以散文爲四六正是片段議論非若世俗抽黄對白而血脈不貫者雖不無誇詡之詞而生平得力所在其甘苦固有能自道者矣至其他古文則入元後所作爲多灝瀚流轉亦殊有淸雋之氣而間以俳句綺語攙雜其間頗乖典則不免稍遜一籌特宋末元初遺聞軼事時見一二亦足以資考據云乾隆四十七年四月恭校上

巴西集

臣等謹案巴西集二卷元鄧文原撰文原字善之綿州人徙錢塘至元間辟爲杭州路儒學正累官集賢直學士兼國子監祭酒贈浙江行省參知政事謚文肅事蹟具元史本傳文原以鴻才碩學典司文章巍然負一時重望其名幾與

歐陽原功虞集相埒其生平著作甚夥是編錄其記序碑志等文七十餘首無序目似非全本亦不知何人所編而近時藏書家所有皆同則全集之佚久矣吉光片羽亦可寶也其文精深典雅尤爲義烏黄溍所稱云乾隆四十七年四月恭校上

屏巖小稾

臣等謹案屏巖小稾一卷元張觀光撰觀光字直夫東陽人其始末未詳集中有和仇山村九日吟卷詩而晚春即事詩中有杜鵑亡國恨歸鶴故鄉情蓋宋末元初人又有甲子歲日詩考景定五年爲甲子元泰定元年亦爲甲子詩中有歲換上元新甲子句以歷家三元之次推之上元甲子當屬泰定觀其除夕即事詩中稱明朝年八十則得壽頗長其時猶相及也詩多窮途之感蓋不遇之士惟贈談命姚月壺詩有試把五行推測看廣文官冷幾時春句其殆曾爲學官者歟全集皆格意清淺頗窘于邊幅然吐屬婉秀無鉤章棘句之態越中

詩社以枕易爲題李應祈次其甲乙以觀光爲第一其詩今見集中併載應祈批稱其若紛紛盆盎中得古罍洗又有梅魂七言律詩一首註曰武林試中選秋色五言律詩一首註曰山陰詩社中選蓋在當日亦以吟詠擅名矣乾隆四十七年九月恭校上

玉斗山人集

臣等謹案玉斗山人集三卷舊本題南宋王奕撰考集中奠大成至聖文宣王文稱至元二十六年歲在己丑江南儒生王奕等其玉窗如菴記則稱歲癸巳前奉旨特補玉山儒學教諭癸巳爲至元三十年然則奕食元祿矣迹其出處與仇遠白珽相類題南宋者誤也奕字敬伯玉山人所著有斗山文集十二卷梅嵓雜詠七卷今並不傳惟此集尚存本名東行斐稿明嘉靖壬寅其鄉人陳中州爲刊板佚其詩四首而別附以遺文二篇始改題今名奕詩稍失之麤然磊落有氣猶勝宋季江湖一派素與謝枋得相善枋得北行以後尚有唱和詩

十首又有利元好問曲阜紀行詩十首稱爲金遺其寄周月湖絶句亦有起觀疆宇皆周土只有西山尙屬商句皆尙以宋之遺民自居計其出爲學官當在己丑之後然其祭文宣王文稱天混圖書氣通南北九域甫一可輿可舟祖庭觀丁歌稱幸際天地還淸寧與新朝無所怨尤祭曾子文稱某等律以忠孝實爲罪人顧保髮膚以遂終慕亦未敢高自位置視首鼠兩端業已偸生隳節而猶思倔强自異者固尙有間矣集中詩文雜編頗乖體例然無關于宏旨今亦姑仍原本錄之焉乾隆四十七年九月恭校上

谷響集

臣等謹案谷響集三卷元釋善住撰善住字無住別號雲屋嘗居吳郡城之報恩寺往來吳淞江上與仇遠白珽虞集宋无諸人相酬唱遠贈詩有云閶門北去山如畫有日同師步翠微无答其見寄詩亦有句妙唐風在之語其契好之深可以想見集中癸亥歲寓居錢塘千頃寺述懷詩有高閣工書三十年句從

英宗至治三年癸亥上推三十年爲世祖至元三十一年甲午距宋亡僅十四年其贈隱者詩有對食慙周粟紉衣尙楚蘭句蓋猶及見宋之遺老故所作頗能不失矩矱觀其論詩有云典雅始成唐句法飌豪終有宋人風命意極爲不凡及核其篇什則但工近體大抵以淸雋琱琢爲事頗近四靈江湖之派終不脫宋人窠臼所言未免涉於過高然其秀骨天成絶無蔬筍之氣佳處亦未易及在當時詩僧中固宜爲屈一指也乾隆四十七年八月恭校上

竹素山房詩集

臣等謹案竹素山房詩集三卷元吾邱衍撰衍字子行其先本太末人居于錢塘其名或稱吾衍或稱郚衍或稱吾世衍其號或曰竹素或曰竹房或曰貞白工隸書精小篆兼通聲音律呂之學所著有尙書要略聽玄集九歌譜重正卦氣道書援神契說文續解今皆未見惟楚史檮杌晉文春秋學古編周秦刻石音釋四書亦別著録子史二部中此其所著詩集而文二篇亦附焉衍自比郭

忠恕性剛希偶貴人求見者輒拒不納王褘傳稱東平徐子方持部使節命駕訪子行子行亦爲一一評定所蓄器物款識人皆稱其下士而衍集中又有送商繼顯詩云君能下士傾里閭時嘗過我談詩書丈夫貴義乃如此高懷可似東平徐是當時折節與交者固不獨子方一人矣其詩不屑屑謹守繩墨而逸氣流蕩清新獨闢塵容俗骨刬掃殆盡可稱一時作手晚年爲人所累被攝得釋持一詩別其友仇遠徑去不知所之既而知其自沈死其詩云劉伶一鍤事徒然蝴蝶西飛別有天欲語太玄何處問西泠西畔斷橋邊別見于釋宗泐集而此三卷中無之意者遺稿爲衍所自編故未經載入歟朱存理樓居雜著有書吾氏類集一篇稱虞山雜鈔內有竹房集三卷予家有子行招雨師文等篇遺迹一冊錄附集後其卷帙與此本合蓋猶舊帙云乾隆四十七年二月恭校上

紫山大全集

臣等謹案紫山大全集二十六卷元胡祗遹撰祗遹磁州武安人元史本傳載其字曰紹開然今民將在祗遹乃文考紹聞衣德言實周書康誥之文核其名義疑紹開當作紹聞元史乃傳刻之訛也中統初張文謙宣撫大名祗遹爲員外郎後官至河南浙西道提刑按察使延祐五年追贈禮部尚書諡文靖是集爲其子太常博士持所編前有其門人翰林學士承旨劉賡序稱原本六十七卷歲久散佚今據永樂大典所載裒合成編釐爲賦詩餘七卷文十二卷雜著四卷語錄二卷其間雜著一類祗遹一生所學具見於斯然體例最爲冗瑣有似隨筆劄記者有似短章小品者有似涖官條約者有似公移案牘者層見錯出殆不可名以一格考賈誼新書皆以所作治安策及言事諸疏割裂顛倒各自爲章別標篇目說者以爲平時記錄之稿其後聯綴成篇而上之祗遹是集或亦是例歟史稱其官右司員外郎時以論事忤姦相阿哈瑪案阿哈瑪原作阿合馬今改正外遷太原路治中提舉鐵冶欲以歲賦不辦責之及其涖職乃以最聞官荊湖

北道宣慰副使時辨誣告不軌之獄官濟寧路總管時擘畫軍政八事並修明學校之法又稱其所至皆抑豪右扶寡弱敦敎化厲士風蓋以吏材名一時而無一語及其文章今觀其集大抵學問出於宋儒以篤實爲宗而務求明體達用不屑爲空虛之談詩文自抒胸臆無所依仿亦無所雕飾惟以理明詞達爲主元代詞人往往以風華相尚得茲布帛菽粟之文亦未始非中流一柱矣惟編錄之時意取繁富遂多收應俗之作頗爲冗雜甚至如黃氏詩卷序優伶趙文益詩序贈宋氏序諸篇以闡明道學之人作媟狎倡優之語其爲白璧之瑕有不止蕭統之譏陶潛者以原本所有姑仍其舊錄之而附糾其謬於此亦足爲操觚之炯戒也乾隆四十六年十月恭校上

松鄉集

臣等謹案松鄉集十卷元任士林撰士林字叔實號松鄉奉化人以郝天挺薦授安定書院山長是集所錄碑誌居多大抵刻意摹韓愈而其力不足以及愈

故句格往往拗澀乃流爲劉蛻孫樵之體又間雜偶句爲例不純其自然道士傳正一先生傳壽光先生傳諸篇襲毛穎傳而爲之亦頗嫌窠臼然南宋季年文章凋敝道學一派以冗沓爲詳明江湖一派以纖佻爲雅雋先民舊法幾於蕩析無遺士林承極壞之後毅然欲追步於唐人雖明而未融要亦有振衰起廢之功所宜過而存之者也趙孟頫嘗見其蘭苛山寺碑文深相傾挹後士林卒孟頫爲誌其墓杜本亦稱其謝翱傳胡烈婦傳能使秉彝好德之心千載著明固非曲相假借矣乾隆四十七年九月恭校上

松雪齋集

臣等謹案松雪齋集十卷外集一卷元趙孟頫撰孟頫字子昂宋太祖之後以秀王伯圭賜第湖州故爲湖州人孟頫年十四以父蔭入仕宋亡家居會程鉅夫訪遺逸江南以孟頫入見世祖大喜即授兵部郎中累官翰林學士承旨得請歸卒追封魏國公謚文敏事蹟具元史本傳所著有松雪齋詩集其傳本不

一明萬曆間江元禧所編寥寥數篇並非足本惟焦竑經籍志載孟頫集十卷與此本目次相合而史所稱琴原樂原得律呂不傳之妙者檢勘均在其中外集雜文十九首亦他本所未載蓋全帙也孟頫以宋室宗臣膺元膴仕深爲物論所譏觀其和姚子敬韻詩有同學故人今已稀重嗟出處寸心違之句是晚年亦不免於自悔然風流文采冠絕當時陶九成輟耕錄稱其岳鄂王墓詩爲世所膾炙蘇天爵元文類亦錄其詩至二十餘首蓋其清邃俊逸妙近自然實能包孕古人動得天趣不但翰墨爲元代第一即其文章亦足廁蹟虞楊范揭之間不容以書畫相掩矣乾隆四十七年五月恭校上

吳文正集

臣等謹案吳文正集一百卷元吳澄撰澄有易纂言已著錄是集爲其孫當所編永樂丙戌其五世孫爟所重刊後有爟跋曰支言集一百卷私錄二卷皆大父縣尹公手所編類刊行於世不幸刻板俱燬於兵火舊本散落雖獲存者間

亦殘缺迨永樂甲申始克取家藏舊刻本重壽諸梓篇類卷次悉仍其舊不敢
更改惟卷首增入年譜神道碑行狀國史傳以冠之但舊所缺簡偏求不得完
本今故止將殘缺篇題列於各卷之末以俟補續云云則此本乃殘缺之餘非
初刻之舊矣然檢其卷尾缺目惟十七卷徐君順詩序一篇五十四卷題趙天
放桃源卷後一篇五十七卷題約説後一篇又三十七卷滹南王先生祠堂記
末註此下有缺文而已所佚尚不多也初許衡之卒詔歐陽玄作神道碑及澄
之卒又詔揭傒斯撰神道碑首稱皇元受命天降眞儒北有許衡南有吳澄所
以恢宏至道潤色鴻業有以知斯文未喪景運方興云云當時蓋以二人爲南
北學者之宗然衡之學主於篤實以化人澄之學主於著作以立教故世傳魯
齋遺書僅寥寥數卷而澄於注解諸經以外訂正張子邵子書旁及老子莊子
太玄樂律八陣圖葬經之類皆有撰論而文集尚裒然盈百卷衡之文明白質
朴達意而止澄則詞華典雅往往斐然可觀據其文章論之澄其尤彬彬乎吳

當所編過於求備片言隻字無不收拾有不必存而存者未免病於稍濫然此自南宋以來編次遺集之通弊亦不能獨爲當責矣乾隆五十四年四月恭校

上

金淵集

臣等謹案金淵集六卷元仇遠撰遠字仁近一曰仁父錢塘人因居餘杭溪上之仇山自號曰山村民世傳高克恭畫山村圖卷即爲遠作也遠在宋咸淳間即以詩名至元中嘗爲溧陽教授旋罷歸優游湖山以終遠初錄所作一編方鳳牟巘戴表元皆爲之序分教京口時裒所作曰金淵集吾邱衍爲之題詩所謂仇仁父解秩建康有新文曰金淵集者也二集皆已佚故明嘉靖中顧應祥跋其贈士瞻上人卷已有不見全集之憾世所傳興觀集山村遺稾皆從手書墨蹟蒐聚成編非其完書近時歙縣項夢昶始採摭諸書所載補輯爲山村遺集一卷刻之杭州而所謂金淵集者則不可復睹今惟永樂大典所載尚數百

首考遠贈士瞻上人卷後有洪武二十一年僧道衍跋其推挹甚至蓋深傾倒

于遠者故其監修是書載之獨夥疑其全部收入所遺無幾也謹以各體排纂

編爲六卷遠在宋末已與白珽齊名號曰仇白厥後張翥張羽以詩名于元代

者皆出其門他所與唱和者周密趙孟頫吾邱衍鮮于樞方回黄溍馬臻皆一

時名士故其詩格高雅往往頡頏古人無宋末粗獷之習方鳳序述遠之言曰

近體吾主唐古體吾主選瞿佑又記遠自跋其詩曰近時習唐詩者以不用事

爲第一格少陵無一字無來處衆人罔不識也若不用事之云正以文不讀書

之過耳其言頗中江湖四靈二派之病今觀所作不愧所言而此集出自塵埋

蠹蝕之餘皆項夢昶本所不載若有神物呵護俾待　聖祖而後顯者爲尤可

寶貴矣乾隆四十七年五月恭校上

山村遺集

臣等謹案山村遺集一卷元仇遠撰遠所撰金淵集皆官溧陽日作故取投金

瀨事以爲名所載皆溧陽之詩而他作不預焉其他作爲方鳳牟巘戴表元等所序者僅序見諸家集中而詩則久佚世所傳輿觀集山村遺稿皆後人以墨蹟裒刻非其完本此本爲歙縣項夢昶所編夢昶原跋中稱留意搜訪從珊瑚木難淸河書畫舫成化杭州府志嘉興志補上天竺寺志絕妙好詞花草粹編諸書中復得詩詞題跋如干首編排成帙雖其時永樂大典猶庋藏淸秘外間不得而窺金淵集所載夢昶皆不及錄不足以盡遠之著作然此集之詩皆不作於溧陽不可併入金淵集內故仍存其書各著於錄以不沒遠之佚篇焉乾隆四十七年五月恭校上

湛淵集

臣等謹案湛淵集一卷元白珽撰珽字廷玉錢塘人以李衎薦授太平路儒學正官至蘭溪州判官致仕結廬西湖之金沙灘榜之曰湛淵因以自號晚復自號棲霞山人成化杭州府志載珽湛淵集八卷文淵閣書目尙著錄今已久佚

此本爲近時杭州沈嵰町所輯凡賦二首詩六十三首文六首冠以戴表元序而附以宋濂所作墓誌表元序稱其詩甚似渡江陳去非濂誌載劉辰翁之言稱其不爲雕刻苛碎有雲山韶頀之音又月泉吟社第十八名唐楚友者卽珽之寓名謝翺方鳳等亦評其格調甚高陶九成撰輟耕錄載其演雅十首蓋珽在宋咸淳中已與仇遠同以詩名入元後二人皆應薦爲儒官坎坷不達退老湖山出處亦略相近其集皆散佚之後經後人重輯略存什一而遠所撰金淵集以永樂大典全部收入恭逢聖代右文獲邀睿鑒重得刊行而珽集以永樂大典未收無從裒錄故所傳祇有此本其中又間雜僞作如成化杭州府志所載三月八日過西馬塍一首中四句全與月泉吟社詩同而第二句以塍字與晴聲名字同押是于至正之初已用洪武正韻其爲依託淆混不問可知是則與遠所遭有幸有不幸矣然吉光片羽終足寶貴固不妨與遠並傳也乾隆四十七年十月恭校上

牧潛集

臣等謹案牧潛集七卷元釋圓至撰至字牧潛號天隱高安人至元以來徧歷荆襄吳越禪理外頗能讀書又刻意爲古文高自位置筆力嶄然多可觀者前有崇禎己卯僧明河書姚廣孝序後一篇稱初得鈔本于武林前有方回序後有洪喬祖跋又有姚廣孝序序爲逃虚子集所不載後又得見刻本多詩數首因校付毛晉刻之此本即毛晉所刻僅有喬祖跋及明河此文無方姚二序殆偶失之明河又稱嘗讀虎邱舊志見圓至修隆禪師塔記歎其文字之妙今此記不見集中則不知何以不補入也自六代以來僧能詩者多而能古文者少圓至獨以文見亦緇流中之卓然者都穆南濠詩話嘗稱其寒食西湖送人再往湖南涂居士見訪五詩今觀送人及再往湖南詩尚不免凡語餘三篇誠楚楚有清致蓋其詩亦有可觀而所注周弼三體唐詩乃弇陋不可言尤可知文章之道與考證之學其分路揚鑣也久矣乾隆四十七年二月恭校上

小亨集

臣等謹案小亨集六卷元楊宏道撰宏道字叔能淄川人生金之季其事蹟不見於史傳以集中詩文考之金宣宗興定末始與元好問會於京師是時金已南遷至哀宗正大元年嘗監麟遊酒稅後又仕宋以理宗端平元年爲襄陽府學教諭其投趙制置劄有歸朝未滿三載語則當以紹定末南歸者而集中又有贈仲經詩序稱端平二年清明後出襄陽攝唐州司戶十二月上旬北遷寓家濟源云云則在宋未久旋入於元考之宋史是歲七月元兵至唐州全子才棄師宵遁唐州遂爲元所取宏道蓋因此北還耳其後遂鮮所表見當未經復仕惟集中門帖子有己酉再逢鬢未皤之句計入元又十四五年而宏道年已六十矣綜其生平流離南北竊祿苟全其出處之際蓋無足道然其詩則在當日最爲有名元好問序其集謂金南渡後學詩者惟辛敬之楊叔能以唐人爲指歸又序楊飛卿陶然集謂禎祐後詩學爲盛洛西辛敬之淄川楊叔能太原

李長源龍坊雷伯威北平王子正皆號稱專門又有贈宏道詩云海內楊司戶聲名三十年又云星斗龍門姓氏新豈知書劍老風塵其傾倒於宏道甚至劉祁歸潛志亦以宏道與好問及李汾杜仁傑並稱同時若趙秉文楊雲翼見其詩並稱歎不已秉文至比之金膏水碧物外難得之寶今觀所作五言古詩得比興之體時時近漢魏遺音律詩風格高華亦頗有唐調雖不及好問之雄渾蒼堅然就一時詩家而論固不可謂非北方之巨擘也焦竑經籍志載小亨集十五卷世久失傳今從永樂大典中搜輯編綴釐爲詩五卷文一卷乾隆四十六年三月恭校上

還山遺稿

臣等謹案還山遺稿二卷附錄一卷元楊奐撰奐字煥然又名知章乾州奉天人生于金世宗大定二十六年凡秋試四中選而春試輒不第入元以耶律楚材薦授河南路徵收歲課所長官兼廉訪使越十年致仕歸事蹟具元史本傳

考集中臂僅記稱所著有還山前集八十一卷後集二十卷近鑑三十卷韓子十卷檃言二十五篇硯纂八卷北見記三卷正統書六十卷元史本傳則僅稱有還山集六十卷元好問作奐神道碑則稱還山集一百二十卷至明初皆不傳此本乃明嘉靖初南陽宋廷佐所輯以掇拾殘賸更其名曰遺稿凡文一卷詩一卷冠以考歲略又附錄傳誌題詠之類爲一卷併各以採自某書得自某人及石刻今在某所註于下蓋明之中葉士大夫偶著一書猶篤實不苟如此也奐詩文皆光明俊偉有中原作者之遺風非南宋江湖諸人氣含蔬筍者可及其汴故宮記述北宋大內遺迹與姚公茂書論朱子家禮神主之式由生長南渡之後未睹唐宋舊制舉所見唐杜衍家廟及汴京宋太廟爲證東遊記述孔林古蹟尤悉皆可以備文獻之徵也乾隆四十七年十月恭校上

魯齋遺書

臣等謹案魯齋遺書十一卷元許衡撰衡有讀易私言已著錄初衡七世孫堉

郝亞卿輯其遺文未竟河内教諭章廷俊繼成之何瑭爲之序嘉靖乙酉山陰蕭鳴鳳校刊於汴自爲之序序後復有題識云鳴鳳方校是書適應内翰元忠奉使過汴謂舊本次第似有未當乃重編如左續得内法及大學中庸直解俱以次增入舊本名魯齋全書竊謂先生之書尚多散佚未敢謂之全也故更名遺書蓋此本爲應良所重編而鳴鳳更名者也首二卷爲語錄第三卷爲小學大義直說大學要略大學直解第四卷分上下上爲中庸直解下爲讀易私言讀文獻公揲著說及陰陽消長一篇第五卷爲奏疏第六卷亦分上下上爲雜著下爲書狀第七第八卷爲詩樂府其書爲後人所裒輯無所别擇如大學中庸直解皆課蒙之書詞求通俗無所發明其編年歌括尤不宜列之集内一槩刊行非衡本意然衡平生議論宗旨亦頗賴此編以存棄其蕪雜取其精英在讀者别擇之耳其文章無意修詞而自然明白醇正諸體詩亦甚有風格尤講學家所難得也乾隆四十七年十一月恭校上

臣等謹案靜修集二十八卷元劉因撰因有四書集義精要已著錄其早歲詩文才情馳騁既乃自訂丁亥詩集五卷盡取他文焚之卒後門人故友裒其軼稿得樵菴詞集一卷遺文六卷拾遺七卷最後楊俊民又得續集二卷捃拾殘賸一字不遺其中當必有因所自焚者一例編輯未必因本意也後房山賈彝復增入附錄二卷合成三十卷至正中官爲刊行即今所傳之本其文遒健排奡迴在許衡之上而醇正乃不減於衡張綸林泉隨筆曰劉夢吉之詩古選不減陶柳其歌行律詩直溯盛唐無一字作今人語其爲文章循循法度春容有餘味如田孝子碑桐川圖記等作皆正大光明較文士之筆氣象不侔今考其論詩有曰魏晉間詩學日盛曹劉陶謝其至也隋唐而降詩學日變變而得正李杜韓其至者也周宋而降詩學日弱弱而復强歐蘇黃其至者也云云所見深悉源流故其詩風格高邁而比興深微闖然升作者之堂構諸儒未有能及

之者王士禎作古詩選於詩家流別品錄頗嚴而七言詩中獨錄其歌行爲一家可云豪傑之士非門戶所能限制者矣乾隆四十七年十月恭校上

青崖集

臣等謹案青崖集五卷元魏初撰初字太初號青崖宏州順聖人從祖璠金末官翰林修撰以伉直稱元世祖徵至和林甚見禮重璠無子以初爲後少辟中書省掾吏告歸有薦於朝者帝問知璠子即授國史院編修尋拜監察御史官至南臺御史中丞事蹟具元史本傳焦竑經籍志載魏初青崖集十卷文淵閣書目亦載魏太初青崖文集一部七册是明初原集尚存其後乃漸就亡佚今從永樂大典所載詩文搜輯裒綴釐爲五卷猶可見其崖略史稱初好讀書尤長於春秋爲文簡而有法而集中所記自稱與姜彧同辱遺山先生敎誨又稱先生入燕初朝夕奉杖履是其學本出元好問具有淵源故所作皆格律堅蒼不失先民軌範又其在世祖時始以經史進讀旋歷諫職遇事敢言開國規模

多所裨益集中奏議一門皆詳識歲月分條臚列中如請定法令請肅朝儀元史皆採入本傳中其他若請緩椿配鹽貨請禁刁蹬客米請優護儒戶請旌鄭江死節請修孟子廟請和僱工匠請罷河南簽軍諸議史所未載者類皆當時要務切中事情今幸遺集僅存尤足以補史闕固不徒以文章貴矣乾隆四十六年十月恭校上

養吾齋集

臣等謹案養吾齋集三十二卷元劉將孫撰將孫字尚友廬陵人辰翁之子嘗爲延平教官臨汀書院山長辰翁已以文名於宋末當文體冗濫之餘欲矯以清新幽雋故所註書多標舉纖巧而所作亦多以詰屈爲奇然蹊徑獨開亦遂別自成家不可磨滅將孫濡染家學頗習父風故當日有小須之目吳澄爲作集序謂其浩瀚演迤自成爲尚友之文如蘇洵之有蘇軾曾聞禮序則謂淵源所自淹貫千古今觀其感遇諸作效陳子昂張九齡雖音節不同而寄託深遠

時有名理近體亦多佳句序記碑誌諸文雖傷於繁富字句亦間涉鉤棘然序事婉曲善言情款具有其父之所短亦未嘗不具有其父之所長又宋元之際故老遺民如胡求魚聶濟之問學趙文劉岳申之文章郭汝介涂世俊之孝行多不見於他書獨是集能具其顛末亦頗賴以傳至所云歐蘇起而常變極於化伊洛興而講貫達於粹然尙文者不能暢於理說理者不能推之文其言深中宋人之弊又云時文之精即古文之理韓柳歐蘇皆以時文擅名其所爲文如取之固有皇甫湜樊紹述尹洙穆修諸家寧無雋字妙句幽情苦思所謂不與韓歐並時文有不及焉故也其言尤足以砭高語奇古而不能文從字順之病雖所作不盡踐其言要不能不謂之通論也據曾聞禮序原集本四十卷而自明以來罕見藏弆惟周南瑞天下同文集首有將孫序一篇中錄其文一篇顧嗣立元詩選僅載其詩一首蓋亡佚久矣今採永樂大典所載輯爲三十二卷以備文章之一格亦歐陽修偶思螺蛤之意耳乾隆四十六年十月恭校上

存悔齋稿

臣等謹案存悔齋稿一卷補遺一卷元龔𤦺撰𤦺字子敬自高郵遷居平江父潗宋末官司農卿國亡不食卒𤦺少爲憲使徐琰辟置幕下舉和靖學道兩書院山長當路者交薦其宜居館閣調寧國路儒學教授遷上饒主簿改宜春丞以浙江儒學副提舉致任所著有存悔齋詩稿一卷明朱存理復輯其佚篇爲補遺一卷附之蓋存理作鐵網珊瑚行世所見前人書畫題跋爲多故所錄往往得之手蹟也盛儀嘉靖維揚志稱𤦺善屬文刻意學書有晉人風度蓋亦一時知名之士而篇什所存無幾當已不免散佚然其詩格伉爽頗能自出清新在元人諸集中猶爲獨開生面者焉乾隆四十七年九月恭校上

雙溪醉隱集

臣等謹案雙溪醉隱集六卷元耶律鑄撰鑄字成仲遼東丹王九世孫中書令楚材之子也累官中書左丞相卒追贈懿寧王謚文忠事蹟具元史本傳楚材

佐元太祖太宗平定天下立綱陳紀皆出其所規畫鑄少而聰敏尤工騎射從
憲宗征蜀屢建功績後三入中書定法令製雅樂多所裨贊經濟不愧其父而
文章亦具有父風故元好問李冶諸人皆與相款契然楚材湛然居士集尚有
鈔本而鑄集久佚不傳藏書家至不能舉其名氏惟明錢溥內閣書目有耶律
丞相雙溪集十九冊亦不詳其卷目檢勘永樂大典所收鑄雙溪醉隱集篇什
較夥有前集新集續集別集外集諸名又別載趙著麻革王萬慶諸序跋乃爲
鑄年少之詩名雙溪小稾者而作是所作諸集本各爲卷帙頗有瑣碎之嫌謹
裒集編次都爲一集而仍以雙溪小稾原序原跋分繫首末用存其槩鑄早從
征伐足迹涉歷多西北極遠之區故所述塞外地理典故往往詳核如據和林
城唐明皇御書闕特勤碑證新舊唐書作特勒之誤處月丁零二注辨論頗詳
此類皆有裨於考證又其家在金元之間累世貴顯諳習朝廷舊聞集中如瓊
林園龍和宮諸賦敘述海陵章宗軼事及宮室制度多金史所未及其他題詠

亦多關係燕都故實而帝京景物略諸書均未紀錄亦足以資博識也至於金史耶律履傳元史耶律楚材傳均不著其里貫於史律頗爲不合今考鑄寓歷亭詩註云予家遼上後家醫無閭又五湖別業詩註云余先居和林後寓隗臺今卜築縉雲五湖別業敍其遷徙之迹頗詳是尤足以補史之闕矣乾隆四十六年十月恭校上

東菴集

臣等謹案東菴集四卷元滕安上撰安上字仲禮定州人以薦除中山府教授歷禹城主簿徵爲國子博士轉太常丞拜監察御史以地震上疏不得達遂引疾去尋起爲國子司業卒於官元史不爲立傳其事實具見於姚燧所作墓碣銘且稱其敏修篤行學積其躬道行其家化及其鄉而吳澄文正集亦謂安上爲人乃有學有行而有文者蓋亦東修自好之士也燧又稱所著有東菴類稾十五卷江西廉訪使趙秉政板之行世又有易解洗心管見藏於家而焦竑國

史經籍志乃稱安上東菴稿十六卷與燧所紀卷數不合當由未見原集而誤近時顧嗣立作元詩選搜採至數百家而安上之集闕焉則其佚久矣今從永樂大典中裒集編次得詩二百餘篇分爲四卷其詩格以樸勁爲主不免稍失之麤獷而筆力健舉七言古詩尤有開闔排宕之致視元末穠豔纖媚之格全類詩餘者又不以彼易此矣考蘇天爵文類載有安上上祭酒司業先生文一篇而姚燧亦謂其文一本理義辭旨暢達不爲險譎非有裨世敎者不言是原集當兼載詩文惜永樂大典僅存其詩其文已無可考也乾隆四十五年十月

恭校上

白雲集

臣等謹案白雲集三卷元釋英撰釋英字存實錢塘人唐詩人厲元之後也早喜爲詩歷游閩海江淮燕汴間一日登徑山聞鐘聲忽有所悟遂去爲浮屠蓋亦倚松老人饒節之流也顧嗣立選元百家詩收入此集其目錄題曰存實蓋

舉其字卷端標名則曰白雲上人英蓋以英爲一字名也考梁有僧祐僧肇皆連僧字爲名故肇論題僧僧肇撰弘明集稱僧僧祐撰安知其非連釋字爲名取義于釋家之英乎雖牟巘趙孟頫胡長孺林昉趙孟若諸序皆稱曰英上人此猶道林稱林公慧遠稱遠公耳不足證其非二名集中夜坐讀珦禪師潛山集詩有遠想人如玉何時扣竹房句文珦與賈似道同時則釋英當亦宋末人但其爲僧在宋時元時則無文可考觀趙孟頫序蓋亦厭棄世事遁入空門與遺民之有託而逃者其事不同詩多閒適之作而罕睹麥秀黍離之感是一證矣其才地稍弱未脱宋末江湖之派而世情既淡神思自清固非高九萬輩口山水而心勢利者所可同日語也贈趙孟若七言律詩亦見張羽靜居集中然附載孟若和詩而卷端又有孟若序則二人倡和于事理爲近張集蓋偶爾誤收集末跋語亦牟巘作而題曰跋厲白雲詩核跋意猶其未爲僧時所作已稱白雲然則併顧嗣立白雲上人之稱亦以意爲之者歟乾隆四十七年四月恭

校上

畏齋集

臣等謹案畏齋集六卷元程端禮撰端禮有讀書分年日程已著錄其詩文名畏齋集見於黄溍所作墓誌而不著卷數諸家書目亦多不載故世久無傳惟散見永樂大典中者尚得詩文百餘篇謹依類編次釐爲六卷其學以朱子爲宗故作孫叔會詩集序云詩至七言而衰律而壞詞而絶自朱子出而古詩遺意復見蓋朱子之學不在乎詩故其作有自然之妙諷詠勸懲之實又送牟景陽序云蜀文再變於魏了翁了翁學程朱學故未嘗有意爲文人之文而文特妙其全集宗旨不出於是夫朱子爲講學之宗誠無異議至於文章一道則源流正變其説甚長必以晦菴一集律天下萬世而詩如李杜文如韓歐均斥之以衰且壞此一家之私言非千古之通論也然端禮所作尚皆明白淳實不䂍於正而其持論亦足以矯淫哇艷冶之弊於文章尚不爲無功故糾其膠固之

失而仍裒輯其佚篇備一格焉乾隆四十六年九月恭校上

默菴集

臣等謹案默菴集五卷元安熙撰熙字敬仲藁城人少慕劉因之名欲從之游因亦頗傳所學於熙會因卒不果然所學一以因爲宗其門人蘇天爵作熙行狀稱朱子四書集註初至北方滹南王若虚起而辨之陳天祥益闡其說熙力與爭天祥遂焚其書今天祥之書故在遂焚之說雖涉於夸飾然熙之力崇朱學固於是可見也熙没之後天爵輯其詩文而虞集爲之序詩頗有格調雖時作理語而不涉語錄惟冬日齋居五首及壽季翁八十詩不入體裁雜文皆篤實力學之言而傷於平沓蓋本無意於求工耳天爵行狀稱集十卷目錄後熙子堅附記亦云内集五卷外集五卷此本僅存詩文五卷附錄一卷或舊文散佚後人重爲編綴與乾隆四十七年九月恭校上

雲峰集

臣等謹案雲峰集八卷元胡炳文撰炳文原集本二十卷文已亡佚此雜著八卷乃明弘治己酉其七世孫用光八世孫濬所裒輯而汪舜民爲之編次者也炳文字仲虎自號雲峰婺源人嘗爲信州道一書院山長再調蘭谿州學正不赴卒平生篤信朱子之學以易名家尤潛心於四書所著周易本義通釋四書通皆恪守成說不踰尺寸其文醇雅近古亦粹然儒者之言云乾隆四十七年三月恭校上

秋澗集

臣等謹案秋澗集一百卷元王惲撰惲有玉堂嘉話已著錄惲文章源出元好問故其波瀾意度皆不失前人矩矱詩篇筆力堅渾亦能嗣響其師論事諸作有關時政者尤疏暢詳明瞭如指掌史稱惲有材幹殆非虛語不止詞藻之工也集凡詩文七十七卷又承華事略二卷乃裕宗在東宮時所撰進裕宗深重其書令諸皇孫傳觀焉中堂事紀三卷載中統元年九月在燕京隨中書省官

赴開平會議至明年九月復回燕京之事于時政綴錄極詳可補史闕烏臺筆補十卷乃爲監察御史時所輯御史臺故事玉堂嘉話八卷則至元戊子所作乃追記在翰林日所聞見者凡文章得失典制沿革皆彙而錄之頗爲精核其論遼金不當爲載記尤爲平允即當時所取以作遼金史者也與承華事略均有別本單行以舊本編入集中今仍並存焉乾隆四十七年八月恭校上

牧庵集

臣等謹案牧庵集三十六卷元姚燧撰燧字端甫號牧庵河南人姚樞從子也案元史稱樞爲柳城人元無柳城當是據誌狀之文著其祖貫耳初以薦爲秦王府文學後歷官至翰林學士承旨集賢大學士謚曰文事蹟具元史本傳燧雖受學於許衡而文章則過衡遠甚張養浩作是集序稱其才驅氣駕縱横開闔紀律惟意如古勁將率市人戰鼓行六合無敵不北柳貫作燧謚議稱其典冊之雅與詔令之深醇抉其浮靡一返古轍而銘誌箴頌雄偉光潔家傳人誦莫得而掩雖不免同時推奬之

詞然宋濂撰元史稱其文閎肆該洽豪而不宕剛而不厲春容盛大有西漢風宋末弊習爲之一變　國初黃宗羲選明文案其序亦云唐之韓柳宋之歐曾金之元好問元之虞集姚燧其文皆非有明一代作者所能及則皆異代論定其語如出一轍燧之文品亦可概見矣其集久佚不傳明文淵閣書目有牧庵集二十冊而諸家著録皆未之及劉昌輯中州文表所選燧詩較元文類僅多數首文則無出文類之外者昌跋稱牧庵集五十卷聞松江士人家有刻本南北奔走竟莫能致今所得乃録本多殘缺視刻本僅十之二黃宗羲序天一閣書目云嘗聞胡震亨家有牧庵集後求之不得蓋已久佚惟永樂大典所收頗夥校以劉致年譜中所載文目雖少十之二三而較之文類所選則多十之五六矣詩詞更多出諸家選本之外謹排比編次釐爲三十六卷以存其概劉致年譜一卷亦附于後集中諸體皆工而碑誌諸篇敘述詳贍尤多足補元史之闕又不僅以詞采重焉乾隆四十九年十月恭校上

雪樓集

臣等謹案雪樓集三十卷元程鉅夫撰鉅夫初名文海以字行建昌人雪樓者郢州有白雪樓鉅夫嘗以名所寓故世即以是稱之少與吳澄同學宋末從季父飛卿入元遂留宿衞世祖奇其才改授應奉翰林文字累官翰林學士承旨追封楚國公諡文憲事蹟具元史本傳鉅夫宏才博學被遇四朝忠亮鯁直爲時名臣虞集嘗稱宋季士習卑陋以時文相尙病其陳腐則以奇險相高江西尤甚鉅夫始以平易正大之學振文風作士氣元代古文之盛實自鉅夫創之蘇天爵元文類亦錄鉅夫古文十餘篇大抵皆制誥碑版紀功銘德之作而不及其詩蓋生平所注力者在此其順宗諡冊諸篇元史亦有取焉誠以廟堂制作溫厚典雅有合於訓誥遺風足爲歐陽修王安石等嗣音固非南宋以來雕鏤藻繢者所可及也鉅夫所撰玉堂集類稿奏議存稿及詩文集雜著本各自爲部其子大本合輯爲四十五卷門人揭傒斯校正之此本併作三十卷乃至

正癸卯其曾孫滔所重編刊校未竟至明洪武甲戌詔取其書入祕閣越明年始刊成之云乾隆四十七年三月恭校上

曹文貞公詩集

臣等謹案曹文貞公詩集十卷後錄一卷元曹伯啟撰伯啟字士開碭山人至元中薦除冀州教授天歷初官至陝西諸道行臺御史中丞卒謚文貞是集一名漢泉漫稾後有至元戊寅吳全節跋稱爲其子江南諸道行臺管句復亨所類次國子生胡益編爲十卷又稱有張夢臣歐陽原功蘇伯修呂仲實四序此本皆不載總目于四序之前又列有御史臺咨文太常博士謚議亦皆有錄無書蓋傳寫佚之後錄一卷爲曹鑑奉勅所撰碑及像贊祭文哀詞挽章而目中提調校刊謄寫姓名一條亦未載入則後人刪之也伯啟生于宋末元初而家世江北不染江湖末派亦不沿豫章餘波所作乃多近元祐格惟五言古詩頗嫌冗沓其餘皆舂容嫻雅渢渢乎和平之音雖不能與虞楊范揭角立爭雄而

直抒胸臆自諸宫徵要亦不失爲中原雅調矣乾隆四十七年十月恭校上

芳谷集

臣等謹案芳谷集二卷元徐明善撰明善字志友德興人芳谷其別號也至元中官隆興教授又爲江西儒學提舉嘗奉使安南又歷主江浙湖廣三省考試拔黃溍於棄卷中識鑒爲當世所稱元史不爲立傳豫章人物志頗載其事蹟而不言其有集又稱爲鄱陽人案程文憲中州野錄亦稱明善鄱陽人頗參差不合知遺文湮晦故傳聞異詞矣中州野錄載其奉使交趾時陳日烜知其能詩即席請賦遂口占五言律詩一首日烜遂納款奉貢明善詩名因大振然此集中有文無詩前後亦無序跋凡文一百二十篇其文頗談性理而平生篤實大致猶爲雅潔固非以方言俚語闌入筆墨者也其汪標墓銘一首已有缺文河南廉訪使吳公墓銘一首有錄無書當由佚脫又平章董士選三代贈官制三首考其生平未居館職不應代擬王言案蘇天爵元文類載此三制題元明善所作蓋編芳谷

集者因明善之名相同遂不加考核而誤收今姑仍原本錄之而訂其舛謬於此焉乾隆四十七年九月恭校上

陳剛中集

臣等謹案陳剛中集四卷元陳孚撰孚字剛中天台臨海人歷官奉直大夫台州路總管府治中事蹟具元史本傳其觀光稿至元中孚以布衣上大一統賦江浙行省聞于朝署上蔡書院山長考滿謁選京師時所作交州稿至元二十九年世祖命梁曾以吏部尚書再使安南孚以翰林國史院編修官攝禮部郎中爲副使往來道中所作玉堂稿皆孚官翰林日作案孚使安南回擢翰林待制仍兼國史院編修而稿中有翰苑薦爲應奉文字二十韻謝大司徒併呈諸學士一首又有至元壬辰呈翰林請補外二首壬辰即使還之次年是前後官翰林所作均在此集也觀光交州二稿皆紀道路所經山川古蹟蓋仿范成大使北諸詩而大致亦復相埒玉堂稿多舂容諧雅渢渢乎治世之音其上都紀

行之作與前二稿工力相敵蓋摹繪土風最所留意矣附錄一卷皆載諭安南詔安南謝罪表及孛與安南諸書考孛元史無傳其出使始末乃載梁曾傳中其時陳日燇不出郊迎又不延使自陽明中門入孛作三書責之辭直氣壯迄不辱命然傳不載其書詞此卷亦足補史闕也乾隆四十七年十一月恭校上

陳秋巖詩集

臣等謹案陳秋巖集散見永樂大典中然不著其名亦不著時代考焦竑國史經籍志有陳宜甫秋巖集當即其人而爵里則終無可考集中接劉介臣書詩云幾回夢裏尋君去三尺書來約我歸閩海浪肥春雨過和林沙遠曉雲飛則當爲閩人又有庚辰再隨駕北行二詩庚辰爲至元十七年則元世祖時嘗爲侍從又有讀元貞改元詔詩丙申十月扈從晉王領降兵入京朝覲詩考之元史丙申爲元貞二年晉王名噶瑪喇（案噶瑪喇原作甘麻剌今改正）裕宗長子天性仁厚御下有恩王府官屬自內史以下俱請命天子不敢稍專當出鎮北邊叛王永和爾

案永和爾原作岳木忽兒今改正等聞其至望風請降至正二十七年封梁王二十九年改封晉王所云領降兵者應即此事則成宗時又爲晉王僚屬其詩多與盧摯姚燧趙孟頫程鉅夫留夢炎等相倡和而諸人詩乃罕及之其始末遂不可復詳矣原集焦志作一卷然篇什稍多疑其字畫偶誤今據永樂大典所存者編爲上下二卷其詩大抵原出元白雖運意遣詞乏深刻奇警之致而平正通達語無格礙要自不失爲雅音也乾隆四十五年九月恭校上

蘭軒集

臣等謹案蘭軒集十六卷元王旭撰旭字景初東平人其事蹟不見于元史談藝家亦罕見稱述顧嗣立撰元詩選彙輯至三百家而不載旭集則遺篇久佚可知惟山東通志稱旭與同郡王構及永年王磐俱以文章名世天下號爲三王而于其出處本末亦未詳載則併其人亦幾湮沒矣今以集中詩文考之蓋旭家貧力學教授四方嘗爲碭山令所賓禮送王侯二生序所云至元庚寅碭

宰崔公以禮招余至其邑俾專講席者是也又嘗至長蘆　高百川家中和書院記所云辱承君幣來自泰山者是也其餘如安陽如郇城如鯨川皆所曾僑寓之地又嘗至杭州之長沙游迹幾半天下而卒未登仕版其有寄詩云處困不堪家累重謀生聊藉主人賢生平境遇即此可以見其大槩矣其詩隨意抒寫不屑屑于雕章琢句而氣體超邁亦復時見性靈古文多講學家言其井田說一篇務欲復三代制迂闊尤甚殆全不解事之腐儒然如記序諸作和平通達與之坐而談理其持論未嘗不醇正未可廢也其集見于文淵閣書目中者一部一册而焦竑經籍志則作二十卷今從永樂大典採掇排比尚可得十六卷決非一册所能盡或一册之一字爲十字之訛歟乾隆四十六年九月恭校上

欽定四庫全書提要卷九十九

集部二十一

別集類二十

玉井樵唱

臣等謹案玉井樵唱三卷元尹廷高撰廷高字仲明别號六峯遂昌人原本有廷高自記載其父竹坡詩一聯葢即戴復古石屏集以其父遺詩冠首之意竹坡名棟宋寶祐間嘗爲紹興府幕官見此君亭詩話而廷高行履不槪見惟遂昌縣志稱其大德間任處州路儒學教授而顧嗣立元詩選小傳又謂其嘗掌教永嘉秩滿至京謝病歸與志不合永嘉官師志亦無其名今案集中有永嘉書所見一首云此邦幸小稔竊祿似有緣又有永嘉任滿代者未至詩又有告病致仕謝李尙書詩則廷高仕甌及謝病實非無據疑郡縣志失考也其詩氣格不甚超拔而神思清雋尙能不染俗氣晚年與虞集友善爲題其邵陶二菴

亦可見其氣類之相合矣乾隆四十七年四月恭校上

清容居士集

臣等謹案清容居士集五十卷元袁桷撰桷有延祐四明志已別著錄此乃詩文全集蘇天爵行狀元史本傳俱作五十卷與此相合蓋猶當時自定本也桷少從戴表元王應麟遊講典故制度之學又從天台舒岳祥習詞章學問淵源具有根柢其在朝踐歷清華再入集賢八登翰苑凡朝廷制冊勛臣碑版多以相屬所爲文章博碩閎麗足稱館閣鉅手尤長于考據集中如南郊十議明堂郊天異制議祭天無間歲議郊不當立從祀議郊非辛日議諸篇皆成宗初所上其援引經訓原原本本信可折議禮家聚訟之口當時以其精博並採用之其詩格俊邁高華語多工鍊卓然能自成一家蓋桷本舊家文獻之遺又當天德延祐間爲元治極盛之際故其貫穿考覈不爲空言尚有南宋故老典型而儒雅風流復爲虞楊范揭等先路之導其承前啟後能力持風會之盛衰學者

奉爲一代宗工洵無愧色矣乾隆四十七年五月恭校上

此山詩集

臣等謹案此山詩集五卷元周權撰權字衡之號此山處州人嘗遊京師以詩贄翰林學士袁桷桷深重之薦爲館職竟報罷然詩名日起唱和日多集中有贈趙孟頫詩云遠遊非涉聲利途願謁國史開榛蕪贈揭傒斯詩云嗟予觀光老賓客瓣香仰止懷生平贈陳旅詩云下榻清風延孺子高樓豪氣臥元龍贈歐陽玄詩云牀頭萍綠多矜色長價還從薛卞門贈馬祖常詩云絕憐白髮南州士山斗彌高獨仰韓而趙孟頫贈權詩亦有靑靑雲外山炯炯松下石顧此山中人風神照松色之句且親寫此山二字爲額以贈是時文章耆宿不過此數人而數人無不酬答似權亦聲氣干謁之流然孟頫等並以儒雅風流照映一世其宏獎後進迥異於南宋末葉分朋標榜之私故終元之世士大夫無鉤黨之禍權與諸人款契蓋文字之相知固未可以依門傍戶論也是集爲陳旅

所選定旅及袁桷歐陽玄等各爲之序揭傒斯又爲之跋旅本作者故别擇甚精旅序稱其簡淡和平無鬱憤放傲之色桷序稱其法蘇黄之準繩達騷選之旨趣玄序稱其無險勁之詞而有深長之味無輕靡之習而有舂容之風今觀其詩玄所稱尤爲知言矣乾隆四十七年十月恭校上

申齋集

臣等謹案申齋集十五卷元劉岳申撰岳申字高仲吉水人以吴澄薦詔爲遼陽儒學副提舉不就後授泰和州判致仕是集乃其門人蕭洵所編李祁爲之序元季嘗付剞劂久經兵燬顧嗣立元詩選蒐羅至備獨不及此編江西通志亦謂岳申文集今已不傳今此鈔帙僅存亦可云希覯之本矣岳申文宗法韓蘇故其氣骨迺上無南宋卑冗之習豫章人物志稱所作簡約峻潔殆非虚語至集中碑誌之作居什之四五尤可據以考證史事如文天祥傳比宋史所載爲詳夏貴墓誌稱其出奇計立戰功甚悉而貴之失節偷生絶不爲諱且深致

婉惜之詞亦非曲筆諛墓者可比觀其不妄許與其文品之矜貴可知也乾隆四十七年十月恭校上

霞外詩集

臣等謹案霞外詩集十卷元道士馬臻撰臻字志道號虛中錢塘人仇遠序是集稱其隱約西湖之濱士大夫慕與之交不過習清虛談淡泊無一言及勢力聲利龔開序則稱大德辛丑嗣天師張眞人如燕主行內醮元教名流並翼然景從王子繇馬志道在焉其人蓋在通介之間者也集中鋪張富貴者數篇如嗣師吳眞人詩之類頗乖山林之格然所作皆神骨秀騫風力遒上琅琅有金石之音雖不能具金翅擘海香象渡河之力而亦不類酸寒細碎蟲吟草間觀其述懷一詩殆宋末遺老寄託黃冠而其豪逸俊邁之氣無所不可正不以枯寂恬淡爲高耳此本爲毛晉所刻末有晉跋稱伯雨之後復有虛中今考諸家之序皆作於仁宗大德初年則臻尙在張雨前晉蓋偶失檢也乾隆四十七年

二月恭校上

西巖集

臣等謹案西巖集二十卷元張之翰撰之翰字周卿邯鄲人元史無傳惟松江府志載之翰至元末自翰林侍講學士知松江府事有古循吏風時民苦荒租額以十萬計之翰力除其弊得以蠲除至今猶祀于名宦祠生平著述甚富晚號西巖老人故以西巖名集其詩情宕逸有蘇軾黄庭堅之遺文亦頗具唐宋舊格其集據松江府志所載本三十卷今于永樂大典中蒐採綴輯分體編次釐爲二十卷雖當時舊本篇頁多寡不可知而約略大數計已得十之六七矣永樂大典所載有標題張西巖集而核其詩文實爲張起巖作者起巖字夢臣濟南人有華峯漫稾類稾金陵集尚行于世與之翰截然兩人殆當年繕錄之人以張西巖與張起巖集聲音略近故隨讀而訛致相淆亂今並釐正各存其眞焉乾隆四十六年四月恭校上

蒲室集

臣等謹案蒲室集十五卷元釋大訢撰大訢字笑隱南昌陳氏子居杭州之鳳山遷中天竺又主建康集慶寺是集詩六卷文九卷前有虞集序謂其如洞庭之野衆樂並作鏗宏軒昂蛟龍起躍物怪屛走沈冥發興至於名教節義則感厲奮激老於文學者不能過雖稱之少溢其量然其五言古詩實足揖讓於士大夫間餘體亦不含蔬筍之氣在僧詩中獨屬雅音又文宗入繼大統改建康潛邸爲集慶寺特起大訢居之授太中大夫故雖隸緇流頗諳朝廷掌故若所著王可毅尙書歷任記證以元史文宗本紀皆相符合惟本紀謂至治元年五月中政使約爾珠告托歡徹爾等交通親王於是出文宗居海南而是記則謂至治二年讒慝搆禍文宗遷海南與本紀相差一年或傳寫誤元爲二故與史異耶集中多與趙孟頫柯九思薩都拉原作薩都剌今改正高彥敬虞集馬臻張翥李孝光往來之作而第九卷中杭州路金剛顯教院記第十二卷金陵天禧講寺佛

光大師德公塔銘並註曰代趙魏公作則孟頫亦嘗假手於大訢知非俗僧矣

乾隆四十七年五月恭校上

弁山小隱吟錄

臣等謹案弁山小隱吟錄二卷元黃玠撰玠姓名不見于史傳惟弘治湖州府志載玠字伯成慈谿人宋黄震之曾孫清苦力學無所不通周遊西湖樂吳興山水因卜居弁山與趙文敏游文敏稱許之有卞山集知非稿唐詩選纂韻錄等書獨不載此集之目或後人併爲一編改題此名歟其詩不爲近體視宋末江湖諸人惟從事五七言律者志趣殊高中多勸戒之詞其上者有元結遺意次者亦近乎白居易雖宏澗深厚不能及二人要于俗音嘈囋之中讀之如聽古鐘磬矣前有自序稱蔑有令德不敢謂隱獨以所得于天者薄故將退藏以終其身又引文中子之說稱願上之人正身修德使時和歲豐已受其賜尤粹然有德之言勝矯語高蹈者萬萬也乾隆四十七年十月恭校上

續軒渠集

臣等謹案續軒渠集十卷元洪希文撰卷首數篇則其父巖虎詩也巖虎詩名軒渠集故希文集以續名然軒渠集歐爛不存原本攈其遺詩載於末今移冠於卷前嘉靖癸巳希文七世族孫紹與知府洪珠請山陰蔡宗兗刊定宗兗序稱其以山澤之臞出山澤之語譬諸夏鼎商鬲華采雖若不足而渾厚樸素之質使望之者知爲古器今觀其詩純沿宋格於元季華縟之風明代堂皇之體迥焉不同而清遒激壯亦足落落獨行也巖虎字德章號吾圃莆田人宋末嘗爲教諭希文字汝質號去華亦嘗官司訓云乾隆四十七年三月恭校上

定宇集

臣等謹案定宇集十六卷別集一卷元陳櫟撰櫟有書傳纂疏已著錄是集爲其族孫嘉基所刊凡文十五卷詩及詩餘一卷別集一卷則附錄序記誌狀之類櫟生朱子之鄉故力崇朱子之學集中如澄潭贊曰惟千載心秋月寒水儒

釋同處我聞朱子附會齋居感興詩句以强合於禪未免自生疵累異乎朱子之所傳然集中諸文大抵皆醇正質實不涉詭誕如深衣考之類雖未必盡合古制而援據考證究與空談說經者有間惟詩作擊壤集派多不入格顧嗣立元詩選中所稱笑渠拄笏看山色容我扶筇聽水聲柳枝水灑一溪月豆子雨開千嶂煙諸句皆沙中金屑不能數數遇之也乾隆四十七年四月恭校上

艮齋詩集

臣等謹案艮齋詩集十四卷元侯克中撰克中字正卿眞定人幼喪明聆群兒誦書不終日能悉記其所授稍長習詞章自謂不學可造詣既而悔之以爲刋華食實莫首於理原易以求乃爲得之於是精意讀易著書名大易通義年至九十餘而卒今通義已不傳而袁桷所作序尚見清容居士集中可以見其行履大槩此乃所作詩集猶元時舊刻卷首有毛晉私印蓋汲古閣所藏中間律體最多而七言律爲尤夥卷一卷二皆吟經史之作卷八爲諧音格乃每首全

以音同字異者相叶如一東叶同峒桐銅童二冬叶鏞庸容墉蓉之類凡七言三十一首五言二十一首亦克中自創之格爲古所未有其詩頗近擊壤一派多涉理路之言而抒情賦景之作清新超脫不染塵俗亦時有足資諷詠者焉

乾隆四十七年四月恭校上

知非堂稿

臣等謹案知非堂稿六卷元何中撰中有通鑑綱目測海三卷通書問一卷皆別著錄據中自序所著尚有易類象三卷書傳補遺十卷吳才老叶韻補遺一卷六書綱領一卷補六書故三十二卷蘇邱述遊錄一卷搘頤錄十卷今皆未見惟此集僅存然自序稱有知非堂稿十七卷外稿十六卷顧嗣立元詩選載知非堂稿十七卷與自序合王士禎居易錄作十六卷亦與自序外稿合此集止六卷似非完書然嗣立之所錄與士禎之所稱者已均在此六卷之中又似無所亡佚者豈後人傳寫或合併其卷數抑或重爲選錄汰其繁冗故篇帙雖

滅而名章雋句一一具存也詩集之富唐無若白居易宋無若陸游楊萬里而珠礫並存往往使後人以多爲恨是編佳製具存而蕪詞較少可謂刊糟粕而存菁華即非足本亦不必以不完爲歉矣乾隆四十七年十月恭校上

雲林集

臣等謹案雲林集六卷元貢奎撰奎字仲章宣城人官集賢直學士追封廣陵郡侯謚文靖李黼爲之狀馬祖常奉勅撰碑皆天下重望也所著有雲林小稿聽雪齋記青山漫吟倦游集豫章稿上元新錄南州紀行凡百二十卷明永樂間徵入祕府家無副本遂絶不傳惟雲林小稿宋濂所序者尚存其曾孫蘭家洪熙中福州陳嵦復序而傳之弘治間其裔孫元禮復采諸書所載奎詩及遺文二篇附益成編是爲今本奎詩格在虞楊范揭之間爲元人巨擘王士禎居易錄論其境地未能深造殆專以神韻求之歟吳澄跋其文稿稱其溫然粹然得典雅之體覩求工好奇而卒不工不奇者相去萬萬惜今不可得見矣卷末

增載見婦人偶興二首鄙俚穢褻必委巷附會之説元禮不知而誤收之其爲謬陋不止謝康樂集載東陽溪中贈答也乾隆四十七年十月恭校上

梅花字字香

臣等謹案梅花字字香前集一卷後集一卷元郭豫亨撰豫亨自號梅巖野人里籍未詳其自序則至大辛亥作也離騷徧擷香草獨不及梅六代及唐漸有賦詠而偶然寄意視之亦與諸花等自北宋林逋諸人遞相矜重暗香疎影半樹横枝之句作者始别立品題南宋以來遂以詠梅爲詩家一大公案江湖詩人無論愛梅與否無不借梅以自重凡别號及齋館之名多帶梅字以求附于雅人黄大輿至輯詩餘爲梅苑十卷方回作瀛奎律髓凡詠物俱入著題類而梅花則自立一類此倡彼和沓雜不休名則耐冬之交實則附炎之局矣豫亨在至大中距南宋之末未遠故亦染山人之積習前後二集詠梅七律至二百首與張洽之數相等然洽詩層見疊出總不出幽香高格耽寂避喧之意描摹

窠臼未免厭觀豫章則集句爲之又闢新境且屬對頗能工巧亦勝李龏翦綃集之多集絶句一花一石時逢佳勝存備詩家之小品固亦無不可矣乾隆四十七年九月恭校上

中菴集

臣等謹案中菴集二十卷元劉敏中撰敏中字端甫章邱人由中書掾歷官至翰林學士承旨卒追封齊國公謚文簡事迹具元史本傳史載敏中中菴集二十五卷文淵閣書目作五册不著卷數梁維樞内閣書目不載其名是時官書已佚明人藏書之家惟葉盛菉竹堂書目僅著于録亦無卷數黄虞稷千頃堂書目雖有其名而獨作三十五卷與史不符蓋虞稷所列諸書乃徧徵各家書目爲之多未親見其本故卷數多譌存佚不確未可盡援爲據也蘇天爵元文類中僅載其賀正旦表忠獻王廟碑二首其他作則不槩見今從永樂大典所載蒐羅裒輯以類編次尚可得二十卷則所佚者不過十之二三矣其詩文率

平正通達無鉤章棘句之習在元人中亦元明善馬祖常之亞本傳稱其文理明辭備韓性原序亦謂其不藻繢而華不琢鏤而工戶樞門鍵庭旅陛列進乎古人之作固不誣也史稱敏中爲御史時劾權臣僧格爲集賢學士時上書陳十事其文今皆不見集中殆已散佚集中有星變奏議皇慶改元奏議則爲本傳所未及蓋史佚之其金石之文如巴延廟碑哈剌哈斯沙札該當達里耀珠布哈爾李唐諸神道碑記大智全寺碑罔極寺碑皆承詔撰述之作今考元史哈剌哈斯傳即用敏中所撰墓碑然不載其在宗正時從世皇北巡猝遇亂突出破敵事又不載其在中書省時每退食延見四方賓使訪以物情得失吏治否臧人材顯晦年穀豐歉采可行行之數語又度地置兩倉句兩字譌爲內字沙札該傳亦用敏中碑而其子當達里諭降襄陽取漢口破婺賊功不在沙札該下而沙札該傳末乃僅附其子昂阿喇名無一語及當達里事尤爲舛漏蓋元史倉猝成書疎脫實多不但重複割裂如顧炎武所譏則是集之存併可以

訂史傳之訛異不徒貴其文章矣乾隆四十六年四月恭校上

文忠集

臣等謹案文忠集六卷元王結撰結字義伯定興人仁宗在潛邸時以薦充宿衛及即位遷集賢直學士元統中官至中書左丞文忠其諡也事迹具元史本傳史稱結有集十五卷王圻續文獻通考所載亦同今久散佚惟散見永樂大典者採掇排比尚得詩一百三十四首詩餘十三首編爲三卷又雜文九首爲一卷問答五首爲一卷善俗要義三十三條爲一卷共成六卷結爲元代名臣張珪稱其非聖賢之書不讀非仁義之言不談今觀是集殆非虛語詩多古體大抵春容和平無鉤棘之態文明白暢達不涉雕華其中上宰相論八事書乃結年二十餘遊京師時所作平生識力已具見于是問答五條皆與吴澄往復之語或闡儒理或明經義可略見其學問之根柢善俗要義乃結爲順德路總管時所作以化導閭里凡養敎之法纖悉必備雖瑣事常談而委曲剴切謀畫

周密如慈父兄之訓子弟循吏仁愛之意藹然具見于言表尤足以見其政事之大凡統觀所作所謂詞必軌于正理學必切于實用者也固不與文章之士爭詞采之工拙矣乾隆四十五年十月恭校上

靜春堂詩集

臣等謹案靜春堂詩集四卷元袁易撰易字通甫長洲人不求仕進爲石洞書院山長罷歸居吳淞具區之間築堂曰靜春聚書萬卷手自校定是集乃易沒之後屬其子泰所編延祐四年龔璛爲之序推之甚至然以王安石擬之殊不相類厲鶚嘗跋是集擬以黃陳亦未盡然大抵易詩吐言天拔視陳與義爲近與黃庭堅陳師道則門徑各別者也有元作者以綺縟相尚易詩雖篇什無多而風骨遒上亦足以雄視一時矣乾隆四十七年九月恭校上

惟實集

臣等謹案惟實集七卷附錄一卷元劉鶚撰鶚字楚奇永豐人皇慶間以薦授

揚州學錄累官江州總管江西行省參政守韶州以贛寇圍城力禦不支被執抗節死其事甚烈明初修元史失于採錄不爲立傳併佚其名近邵遠平作元史類編始爲補入忠義傳然亦僅及其死節事其生平行履則已不可考矣集爲其子遂述所編初名鶖溪文獻其稱惟實集者蓋本其祖訓以詩道貴實之語也鶚嘗官翰林修撰與虞集歐陽玄揭傒斯等遊所居浮雲書院諸人皆有題詠玄爲序其文集稱其詩六體皆善傒斯序亦謂其高處在陶阮之間雖友朋推挹之詞例必稍過其量然今觀其集大都落落不羣無米鹽齷齪之氣可以想見其生平二人所許亦不盡出標榜也且鶚身捍封疆慷慨殉國千秋萬世精貫三光即詩文稍不入格亦當以其人重之況體裁高秀風骨清遒實有卓然可傳者乎附錄一卷皆前人序記輓詩乃其裔孫于廷等所重輯今仍附之集末以補史傳之闕漏焉乾隆四十七年十月恭校上

臣等謹案勤齋集八卷元蕭𣂏撰𣂏字維斗奉元人歷官集賢學士國子祭酒諡貞敏事蹟具元史儒林傳𣂏卒于仁宗延祐五年詩文多散佚順帝至正四年蘇天爵官西臺始裒輯其遺稿得文八十篇詩二百六十首樂府二十八篇分爲十五卷官爲刋板於淮東蓋距𣂏之没幾三十年矣自明以來刋板又佚惟永樂大典所載尚存崖略謹依類編輯得文四十二首詩二百六十一首詞四首釐爲八卷案焦竑國史經籍志稱蕭𣂏勤齋貞敏集而永樂大典但題作勤齋集頗不相合然姚廣孝等修輯永樂大典距至正刋板時未遠其所據本當即天爵所編不容有誤殆焦竑誤記其文也又案天爵滋溪集載𣂏墓誌銘一首稱𣂏于六經百氏無不通尤精三禮及易且邃于六書初鑿土室終南山下以經傳列左右思索其義至于忘寐者三十年乃表裏洞徹關輔自許衡倡明理學之後𣂏實繼之爲文悉本諸經元史亦稱𣂏制行甚高真履實踐其教人必自小學始爲文辭立意精深言近指遠一以洙泗爲本濂洛考亭爲據爲

一代醇儒今考其文氣格雖不甚高而質實簡潔往往有關名教其辭儒學提舉書及辭免祭酒司業等狀尤可見其出處進退之大節詩非所長而陶冶性靈絕去纖穠流派亦足覘其志趣之高焉乾隆四十五年九月恭校上

石田文集

臣等謹案石田文集十五卷元馬祖常撰前五卷載詩歌騷賦後十卷則制詔表牋箴贊章疏序記銘誌諸體也祖常字伯庸光州人延祐初廷試第二人應奉翰林文字累官樞密副使謚文貞祖常爲文章精贍閎麗一洗柔曼卑冗之習而振之以氣骨故當時能文之士極推服之集中詩如都門壯遊諸作長篇鉅製迴薄奔騰不受羈靮其才尤不可及陳旅嘗稱其古詩似漢魏律句入盛唐散語得西漢之體聞者皆以爲定評焉至元間蘇天爵旣選其詩二十首文三十首入元文類又請於朝刊行其集而自爲之序其云石田者以祖常所居石田山房名之也乾隆四十七年九月恭校上

榘菴集

臣等謹案榘菴集十五卷元同恕撰恕字寬甫其先太原人徙于奉元恕年十三以書經魁鄉校至元間授國子司業辭不拜陝西行臺侍御史趙世延請置魯齋書院以恕領教事延祐六年立皇太子召恕爲奉議大夫左賛善明年英宗繼統以疾歸致和元年拜集賢侍讀學士復辭不赴卒贈翰林直學士封京兆郡侯諡文貞事蹟具元史儒學傳所著榘菴集本三十卷至正初陝西行臺御史觀音保潘惟梓等始刊布于江淮趙郡蘇天爵爲之序文淵閣書目亦載有榘菴文集一部八冊焦竑經籍志乃作二十卷疑傳寫誤也明以來久佚不傳故葉氏菉竹堂書目晁氏寶文堂書目並不載其名惟永樂大典中頗散見其詩文謹鈔撮編集分類排比釐爲文十卷詩五卷視原本尚得半焉其平生著作不事紛飾而於淳厚敦樸之中時露峻潔峭厲之氣賈仁行狀稱其於詩喜陸放翁於文慕周益公富珠哩翀神道碑又稱至元三十一年國史修世祖

帝紀采事四方陝西行省平章政事咸寧王辟爲掾典司編錄故於元初典故最爲詳贍集中誌狀諸作多有可與金元正史相參訂者惟祈禳青詞本非文章正體恕素以明道興教自任更不宜稍涉異端乃率爾操觚殊爲疎於檢點今悉恪遵聖訓删除不錄焉乾隆四十六年十二月恭校上

道園學古錄

臣等謹案道園學古錄五十卷元虞集撰集有平猺記已著錄此集凡分四編曰在朝稿曰應制稿曰歸田稿曰方外稿其中詩稿又別名芝亭永言據金華黃溍序以是集爲集手自編定而道園遺稿前有至正己亥眉山楊椿序以爲集季子翁歸及其門人所編與李本序合蓋集母楊氏爲衡陽守楊文仲之女楊椿即其外家後人其言自當無誤亦可證黃溍所云之不足據是編爲李所定無疑也自元暨明屢經刋雕然皆從建本翻刻亦間有參錯不合蓋多出後人竄改要當以元本爲正矣有元一代作者雲興大德延祐以還尤爲極盛而

詞壇宿老要必以集爲大宗此錄所收雖不足盡集之著作然菁華薈萃已見大凡迹其陶鑄羣材不滅廬陵之在北宋明人夸誕動云元無文者其殆未之詳檢乎乾隆四十七年十一月恭校上

道園遺稿

臣等謹案道園遺稿六卷元虞集撰集平生所爲文凡萬餘篇門人李本編爲道園學古錄五十卷有劉基所刻大字本又有斡克莊所刻建寧本後人又編其詩文曰道園類稿與學古錄互有出入此遺稿一編則其從孫堪補輯也凡古律詩七百四十一篇附以樂府刻于至正十四年其中有類稿已載者百餘篇而類稿所無者尚五百餘篇集之詩文爲有元一代冠冕而稿多散佚當李本編學古錄時已有泰山一豪芒之歎堪續加蒐訪用心甚勤雖不能搜括無遺然其掛漏者亦已少矣又考黃溍序學古錄以爲集所手編而此書前有至正己亥眉山楊椿序以爲集季子翁歸及其門人所編與李本序合蓋集毋楊

氏爲衡陽守楊文仲之女楊椿即其外家後人其言自當無誤亦可證黃溍所云之不足據也虞堪字克用一字勝伯隱居長洲明洪武中嘗爲雲南府學教授好學有文所著有鼓枻稿已别著録云乾隆四十七年九月恭校上

仲弘集

臣等謹案仲弘集八卷元楊載撰載字仲弘浦城人後徙杭州初以布衣薦授翰林國史院編修官調海船萬戶府照磨會復行科舉之制遂登延祐二年進士授饒州路同知浮梁州事終于寧國路總管府推官集疏國史經籍志載楊載仲弘集四卷此本八卷不知何人所分元代詩人世推虞楊范揭史稱其文章一以氣爲主而于詩尤有法度自其詩出一洗宋季之陋云云蓋宋代詩派凡數變西崑傷于雕琢一變而爲元祐之朴雅元祐傷于平易一變而爲江西之生新南渡以後江西宗派盛極而衰江湖諸人欲變之而力不勝于是仄徑旁行相率而爲瑣屑寒陋宋詩于是掃地矣載生于詩道弊壞之後勢窮而變

乃復其始風規雅贍雍雍有元祐之遺音史之所稱固非溢美其清思不及范梈秀韻不及揭傒斯權奇飛動尤不及虞集而四家併稱終無怍色蓋以此也虞集詩法實得于載史所謂有法度者良亦不誣然世傳載詩法家數一卷凡鄙弇陋殊難言狀殆纔識字義之人因元史此語而依託之今惟錄載集而詩法家數則別存其目庶幾不溷其眞焉乾隆四十七年八月恭校上

范德機詩集

臣等謹案范德機詩集七卷元范梈撰梈字亨父一字德機清江人以薦爲左衛教授遷翰林編修官出爲嶺海廉訪使照磨歷轉江西湖東後選充翰林應奉又改閩海道知事移疾歸天歷二年授湖南嶺北道廉訪使經歷以母老未赴明年母喪竟以毁卒所著有燕然稿東方稿豫章稿侯官稿江夏稿百丈稿凡十二卷此本七卷不知何人所幷葉子奇草木子載梈與危素同晚步得雨止修竹間（案諸本多訛閒爲間今據原本改正）流螢夜深至二句喜甚既而曰語太幽殆類鬼作

云云即今集中蒼山感秋詩也其語清徹妙遠爲詩家所稱然楟詩豪宕清遒兼擅諸勝實不專此一格閩書又載其爲閩海道知事時以文繡局取良家子爲繡工作閩州歌述其事廉訪使遂奏白其弊歌今亦載集中然其事可記其詩則語頗近俗與沈作喆哀扇工歌僅相伯仲尤不當以是槩楟也揭傒斯序其集曰虞伯生稱德機如唐臨晉帖終未逼眞改評之曰范德機詩如秋空行雲晴雷卷雨縱横變化出入無迹又如空山道者辟穀學仙瘦骨崚嶒神氣自若又如豪鷹掠野獨鶴叫羣四顧無人一碧萬里云云傒斯之論雖務反虞集之評未免形容過當然楟詩格實高其機杼亦多自運未嘗規規刻畫古人固未可以唐臨晉帖一語據爲定論矣乾隆四十七年十月恭校上

文安集

臣等謹案文安集十四卷元揭傒斯撰傒斯字曼碩龍興富州人延祐初以薦授國史院編修官應奉翰林文字遷國子助教告歸復召還天歷初開奎章閣

首擢爲授經郎修經世大典累官翰林侍講學士總修遼金宋三史卒于官追封豫章郡公謚文安事蹟具元史本傳傒斯與虞集范梈楊載齊名其文章敘事嚴整語簡而當凡朝廷大典册及碑版之本多出其手一時推爲巨製獨于詩則清麗婉轉別饒風韻與其文如出二手然神骨秀削寄託自深要非嫣紅姹紫徒矜姿媚者所可比也虞集常目其詩如三日新婦而自目所作如漢庭老吏傒斯頗不平故作憶昨詩有學士詩成每自誇句集見之答以詩曰故人不肯宿山家夜半驅車踏月華寄語旁人休大笑詩成端的向誰誇目題其後曰今日新婦老矣是二人雖契好最深而甲乙間乃兩不相下考楊維楨竹枝詞序曰揭曼碩文章居虞之次如歐之有蘇曾其殆定論乎顧嗣立元詩選載傒斯詩題曰秋宜集今未見焦竑國史經籍志載傒斯集一卷今亦未見此本凡詩四卷又續集二卷制表書序記碑誌雜文八卷乃其門人爕理巴哈所編爕理巴哈字元溥泰定四年進士弟九卷有送爕元溥序即其人也所編雖不

盡傒斯之著作然師弟相傳得諸親授終較他本爲善觀元詩選所載秋宜集中曉出順承門有懷太虛絶句曰步出城南門遥望江南路前日風雪中故人從此去乃割裂漢樂府半首爲傒斯之詩則所收必不甚精矣乾隆四十七年十月恭校上

翠寒集

臣等謹案翠寒集一卷元宋无撰无字子虚蘇州人嘗舉茂材不就是集前有自序又有元貞乙未趙孟頫序延祐庚申馮子振序然卷末有題孟頫遺墨詩不應有孟頫序以自序考之蓋此本爲无晚年自定子振爲序而刻之孟頫所序乃其少作以其名重仍刊以冠集耳子振序仿李中碧雲集序例摘錄其佳句甚悉所舉如古硯歌之神媧踏雲去補天留下一團焦黑煙殆蠱獷不復成語又如楊柳昏黄晚西月梨花明白夜東風之句亦失自然然其他品題大抵精當統觀其集七言古體純學李賀溫庭筠時有雋語樂府短章往往欲出新

意而反失之纖五言律詩五言長律最爲擅長七言絶句次之七言律詩又次之五言古詩集中惟建業懷古一首亦僅如拗體律詩句句對偶特平仄不諧耳蓋才所不近避而不作也亦可謂善用其短矣乾隆四十七年十月恭校上

檜亭集

臣等謹案檜亭集九卷元丁復撰復字仲容天台人延祐初被薦不就放情詩酒浪迹江淮間遂家金陵平生所作不下數千篇脱稾即棄去故散佚不少其壻饒介之及門人李謹之先後蒐輯介之所編稱前集謹之所編稱續集其合爲九卷刋之集慶學宫者則至正十年南臺監察御史張惟遠也復詩不事雕琢自然超邁中山李恒稱其詩初類太白後乃漸變將自爲一家所論頗得其實特其才氣噴薄揮灑輒數千百言往往雋語驛騎應接不暇而率易之病即在于斯讀者但賞其俊逸焉可矣至偶桓乾坤清氣集所録復詩甚多以此本相校並合惟五言長律中餞趙公子詩前聶仍踰隴句乾坤清氣集隴作蜀又

五言近體中送王伯庸詩縣僻冷于官句乾坤清氣集縣作地高吟寄碧瀾句乾坤清氣集寄作倚郭生生子詩折簡便堪呼句乾坤清氣集堪作當俱不免小有出入疑所傳之本或異以其無關大旨故各仍其舊錄之焉乾隆四十七年五月恭校上

伊濱集

臣等謹案伊濱集二十四卷元王沂撰沂字師魯先世雲中人徙于眞定父元父官至承事郎監黃池稅務馬祖常石田集有所作元父墓碣銘敍其家世甚詳而沂始末不槩見今以集中所自述與他書參考之尙可得其大略據馬祖常碣銘稱與沂同榜則當爲延祐初進士據集中送李縣令序則嘗爲臨淮縣尹據義應侯廟記稱延祐四年佐郡伊陽考地理志伊陽在嵩州則嘗爲嵩州同知又詩中有綸巾羽服臥伊濱之句則集名伊濱亦即起于此時據祀南鎭北嶽諸記則至順三年嘗爲國史院編修官據送翟生序及胡節母詩序諸篇

則元統三年嘗在國子學爲博士據送余闕序稱元統初佐考試見闕對策云云則嘗入試院同考而余闕實爲所得士據祀西鎮記御書跋諸篇則至元六年嘗爲翰林待制並嘗待詔宣文閣又宋遼金三史成于至正五年而書前列諸臣修史有總裁官中大夫禮部尚書王沂之名則是時已位至列卿其後遷轉遂不可考疑即致仕以去然集中壬寅紀異詩有壬寅仲春大雨雹南平城中晝驚愕自從兵革十年來澒洞風塵亙沙漠之句又鄰寇逼境倉皇南渡詩有鄰邑舉烽燧長驅寇南平中宵始聞警挈家遂遠行之句又有寓吉林塘避桃林兵警詩壬寅爲至正二十二年正中原盜起之時距沂登第已五十載尚轉側兵戈間計其年亦當過七十矣沂歷躋館閣多居文字之職廟堂著作多出其手與傅若金許有壬周伯琦陳旅等俱相唱和故所作詩文舂容和雅猶有先正軌度惜其名不甚著集亦絕尠流傳選元詩者并不能舉其名氏今從永樂大典中裒掇編次釐爲二十四卷庶梗概尚具不致遂就湮沒焉乾隆四

十六年十月恭校上

淵穎集

臣等謹案淵穎集十二卷元吴萊撰萊字立夫浦陽人延祐中復科舉之制以春秋貢于鄉試禮部不第後以薦署饒州路長薌書院山長未行而卒年僅四十四其門人金華宋濂等私謚爲淵穎先生據其謚議取經義元深爲淵文詞貞敏爲穎也萊與黄溍柳貫並受業于宋方鳳再傳而爲宋濂遂開明代文章之派故年不登中壽身未試一官而在元人中屹然負詞宗之目與溍貫相埒遺稿甚夥濂爲摘其有關學術議論之大者編爲斯本青田劉基序之碑文謚議一卷别爲附録張綸林泉隨筆曰吴立夫諭倭書蓋其十八歲時所作規模仿司馬相如諭蜀文其末所述諭其王之言雖古之辨士莫能過也其他大游觀日兩賦與夫形釋秦誓論補牛尾歌詞等篇皆雄深卓絶眞先秦兩漢間作者黄溍亦稱其文嶄絶雄深類秦漢間人皆未免溢量胡助謂他人患其淺陋

而萊獨患其宏博斯篇論矣王士禎論詩絶句有曰鐵崖樂府氣淋漓淵穎歌行格儘奇耳食紛紛說開寶幾人眼見宋元詩實舉以配楊維楨而其所選七言古詩乃錄萊而不錄維楨蓋維楨爲詞人之詩萊則詩人之詩恃氣縱横與覃思冶煉門戸固殊士禎論詩絶句作于任揚州推官時而古詩選一書則其後來所定所見又深也乾隆四十七年十一月恭校上

文獻集

臣等謹案文獻集十卷元黄溍撰溍有日損齋筆記已著錄其爲文原本經術應繩引墨動中法度學者承其指授多所成就宋濂王禕皆嘗受業焉濂序稱所著日損齋稾二十五卷溍歿後縣尹胡惟信鍥梓以傳又有危素所編本爲二十三卷今皆未見此本乃止十卷乃嘉靖辛卯張儉以其舊本缺失且濫載其一時泛應異端之求者恐非作者之意因索得善本稍加删定付建甌尹沈璧陳珪重梓以行蓋儉已有所刊削非濂所序之本卷首題虞守愚張儉同校

一行又題溫陵張維樞重選會稽王廷曾補訂一行則二人又有所竄易併非

儉所刻之本卷數不同有自來矣乾隆四十七年十一月恭校上

圭齋集

臣等謹案圭齋集十五卷附錄一卷元歐陽玄撰玄字原功瀏陽人延祐乙卯

進士歷官翰林學士承旨贈楚國公謚曰文事蹟具元史本傳玄三任成均而

兩爲祭酒六入翰林而三拜承旨凡朝廷高文典冊多出其手揭傒斯作玄集

序稱有曰詩流者三卷曰鉛中者十卷曰驅煙者十五卷曰强學者十卷曰述

眞者三卷其門人王師模所編明宋濂序則謂玄集一百餘冊皆燬于兵惟存

辛卯至丁酉七年之作二十四卷其孫佑持編錄之此本詩賦四卷文十一卷

附錄一卷題宗孫銘鏞編集蓋又非佑持之舊矣孔齊至正直記有曰歐陽玄

作文皆詢其實事而書未嘗作世俗誇誕時人謂文法不及虞集揭傒斯黃溍

而事實不妄則過之然宋濂稱其文如雷電恍惚雨雹交下可怖可愕及乎雲

散雨止長空萬里一碧如洗則其文格矯健實亦未減于三人也乾隆四十七年十月恭校上

待制集

臣等謹案待制集二十卷附錄一卷元柳貫撰貫字道傳浦江人大德四年薦爲江山縣教諭延祐四年授湖廣儒學副提舉六年改國子助教至治元年遷博士泰定元年遷太常博士三年除爲江西儒學提舉至正元年擢翰林待制兼國史院編修官僅七月而卒故世稱柳待制焉事迹附載元史黃溍傳貫雖受經於金履祥其文章軌度則出於方鳳謝翱吳思齊方回龔開仇遠戴表元胡長孺其史學及掌故舊聞則出於牟應龍具見宋濂所作行狀中學問淵源悉有所受故其文章原本經術精湛閎肆與金華黃溍相上下早年不自存稿年至四十餘北游燕始集爲游稿其後有西雝稿容臺稿鍾陵稿靜儉齋稿西游稿蜀山稿至正十年余闕得稿於貫子卣以濂及戴良皆貫門人屬其編次

凡得詩五百六十七首文二百九十四首勒爲二十卷闕及危素蘇天爵各爲之序濂爲之後記天爵序又稱有別集二十卷今未見其傳本考濂記稱尙餘詩九百七首文二百四十八首謄爲二十卷授先生子卣藏之蓋删汰之餘本未刻也以數計之詩僅存十之四文僅存十之六宜其簡擇之精矣附錄一卷雜載誥勅祭文像贊行狀墓表之屬不知何人所編卷首亦題曰柳貫著其謬陋可想又墓表今在黄溍集中而題曰戴良記舛駁尤甚以所記較史爲詳尙可考貫之始末姑仍其舊本存之云爾乾隆四十七年十月恭校上

閒居叢稿

臣等謹案閒居叢稿二十六卷元蒲道源撰道源字得之號順齋其先世居眉州之青神後徙家興元道源嘗爲郡學正罷歸皇慶時徵爲國史院編修官進國子博士年六十一辭歸又十年擢提舉陝西儒學不就其子機裒輯遺文爲閒居叢稿凡詩賦八卷雜文樂府十八卷道源强記博聞究心濂洛諸儒之學

故詩文俱崇尚平實不事華藻爲布帛菽粟之言黄溍以雄深醇厚許之雖不免於稍過然其氣味淸眞實有不待琱琢自然合矩者蓋當元盛時風尚敦樸其視末流纖麗之習去之尚遠也又考宋時春帖用五七言獨道源延祐中爲翰林應奉文字時所作春帖乃如今對聯體可知宮廷門聯之制其權輿實本於元時是亦足資考證焉乾隆四十七年四月恭校上

所安遺集

臣等謹案所安遺集一卷元陳泰撰泰字志同長沙人延祐二年進士是集其曾孫朴所編明成化中其來孫銓等重刋卷末有舊題六字云後段蠹損惜哉則非完本也泰試進士時以天馬賦得舉今與試官批詞俱載集首其詩七言歌行居十之七八大致氣格近李白而造句則多類李賀溫庭筠雖往往奔軼太過剽而不留又不免時傷犷獷然才氣縱横頗多奇句要有不可湮没者元人七古穠麗爲宗此猶其鐵中錚錚也利鈍互陳瑕瑜並見亦不妨存備一格

耳乾隆四十七年五月恭校上

至正集

臣等謹案至正集八十一卷元許有壬撰有壬字可用湯陰人登延祐二年進士歷官集賢大學士中書左丞兼太子左諭德致仕卒謚文忠事迹具元史本傳有壬立朝五十年三入政府於國家大事侃侃不阿多有可紀文章亦雄渾閎肆鑿切事理不爲空言稱元代館閣鉅手所著至正集一百卷其弟有孚圭塘小稿序云門生集錄繕寫方畢先生捐館猶子太常博士楨忽遭起遺倉皇之際輕身南行書籍棄擲稿亦俱亡是其集自有壬既没即已淪佚無傳明弘治間其五世孫顒刊行圭塘小稿時亦未之見此本不知何時復出而尙闕其十九卷據黄虞稷千頃堂書目所載卷數正同蓋相傳祇有此本亦僅而獲存者也中如箋表傳狀書簡諸體並闕又有錄而失其辭者詩十一篇樂府八篇有孚序又稱其論天下事嘉言讜論見至正集而此本疏稿實無一篇則其散

佚者亦復不少然觀元史本傳載有壬於泰定初言特們德爾之子索南與聞大逆乞正典刑平章政事趙世延受禍尤慘爲辨寃復職及上正始十事諸大端皆見是集公移類中亦足窺見崖略而其論特克什之妹勿令汙染宮壼更人所難言本傳顧未之及是尤可以補史闕矣乾隆四十七年八月恭校上

圭塘小稿

臣等謹案圭塘小稿十三卷別集二卷續集一卷元許有壬撰其小稿爲有壬所自輯至正庚子其弟有孚錄而序之所謂即至正集而不具錄者也迨有壬既沒集本散亡而有孚所攟此本獨存因重加編次得詩文二百四十三首釐爲十三卷又輯嘗寄有孚詩文八十五篇緐獻可所收文過集及林慮記游詩文九十三篇爲別集二卷其殘編斷簡得于倚尖野人家者爲外集一卷有孚復爲之序題屠維作噩二月乃洪武二年己酉在元亡之後矣子孫世藏其書宣德間復失其外集成化己丑其五世孫南康知府顒始校正刊行而以家乘

載誌文祭文及有孚等唱和之作編爲續集一卷附之于末葉盛水東日記曰

相臺許可用中丞文章表著一時有盛名今世所見者可數耳耿好問言其裔

孫顒尚藏文集若干卷惜乎不得見之即此本也其後至正集復出于世而闕

佚未全今以兩書校核雖大略相同亦互有出入如忍經春秋經說成中丞詩

諸序雪齋書院龍德宫上清儲祥宫河南省左右贊治堂遂山縣儒學諸記武

昌萬壽崇寧宫林州同知孫承事克埒公神道諸碑皆至正集所無而獨見于

此本又別集中長短句至正集未載者亦二十三闋其他異同詳略甚多以其

爲有壬手訂原本又經有孚排定視集本之晚出者較爲精詳故並著于録以

備參證焉乾隆四十七年十月恭校上

禮部集

臣等謹案禮部集二十卷元吴師道撰師道字正傳婺州蘭谿人至治元年進

士少與許謙從金履祥遊講明朱子之學故其學問文章得有統緒仕至國子

博士張樞撰墓表杜本撰墓誌皆稱致仕後授奉議大夫禮部郎中而宋濂所作墓碑則稱以禮部郎中致仕元史本傳亦同蓋元史即濂所撰故與碑合然樞與本皆師道舊友不應有誤疑濂記録未眞也此集本名蘭陰山房類稿今題曰禮部蓋後人以所進之官稱之師道著述甚富尚有易雜說二卷書雜說六卷詩雜說二卷春秋胡氏傳附正十二卷今多散佚惟戰國策校注繹守居園池記一卷敬鄉録二十三卷尚行於世俱别著録此集詩九卷文十一卷乃王士禎從徐秉義鈔傳之蓋亦僅存之本矣乾隆四十七年四月恭校上

積齋集

臣等謹案積齋集五卷元程端學撰端學有春秋三傳辨疑已著録其文集元史本傳不載世亦未見傳本惟文淵閣書目有之今檢勘永樂大典各韻中尙頗散見一二考曹安讕言長語記歐陽玄爲浙省考官本房得四靈賦一卷詞意高迴覆考官謂非賦體欲黜之玄爭之力且曰其人賦場如此經義必高督

掌卷官取其本經則偉然老成筆也及拆卷乃程端學歐陽玄作端學墓誌亦稱至治癸亥浙闈秋試第二場四靈賦詞氣高迥因得與選則端學以是賦得名必載集中今所存僅陽燧賦一篇而是賦已佚則散亡已多矣謹掇拾殘賸釐爲詩一卷文四卷以備元人之一家端學之說春秋勇于信心而輕于疑古頗不免偏執膠固之弊然其人品端謹學術亦醇其爲文結構縝密頗有閎深肅括之風故曹安又記其會試經義策冠場考官向宰相曰此卷非三十年學問不能成蓋根柢既深以理勝而不以詞勝故與雕章繪句者異焉詩尚沿南宋末派觀墓誌稱端學泰定初扈蹕上都時虞集爲國子司業深相器重而不甚見兩人唱利之作則端學不以是擅長亦可見矣乾隆四十五年十月恭校

上

燕石集

臣等謹案燕石集十五卷元宋褧撰褧字顯夫大都人泰定甲子進士歷官翰

林直學士兼經筵講官謚文清槩少敏悟博覽羣籍與兄本後先入館閣並有集行世時人以大宋小宋擬之槩集爲其姪太常奉禮郎彍所編凡詩十卷文五卷歐陽玄嘗稱其詩務去陳言燕人淩雲不羈之氣慷慨赴節之音一轉而爲清新秀偉蘇天爵則稱其詩清新飄逸間出奇古若盧仝李賀危素則又稱其精深幽麗而長於諷諭雖交游奬借例過其眞而元人風氣樸渾無明代門戶之習核其所說亦約略近之至其詞藻煥發時患才多句或不檢韻或牽綴如正獻公墳所寒食詩高墳白打錢句韋莊詩上相閒分白打錢非紙錢也張女挽詩卻是貞魂埋不得句序稱其女工於屬對十歲而夭李商隱詩萬古貞魂倚暮霞非十歲未字之女也如斯之類大抵富贍之過貪多務得遂不能刮垢磨光然論其大體在元代足爲一家固不以字句累之矣乾隆四十七年四月恭校上

秋聲集

臣等謹案秋聲集四卷元黄鎮成撰鎮成字元鎮邵武人自幼刻苦嗜學篤志力行築南田精舍隱居著書部使者屢薦之不就最後用執政奏授江西路儒學副提舉命下而卒至正間集賢院定謚曰貞文處士所著有易通義尚書通考中庸章指性理發蒙諸書皆已亡佚惟此集尚存然原本十卷此僅四卷則亦非完帙也鎮成詩格清新刻露在唐人中頗近錢郎不染元代穠纖氣習可謂能超然埃壒之表者王士禎居易錄稱鎮成秋風詩云秋風淅淅生庭柯蕭蕭木落洞庭波紅樹夕陽蟬噪急白蘋秋水雁來多王孫不歸怨芳草山鬼欲啼牽女蘿蒹葭蒼蒼白露下望美人兮將奈何又秋山小景云家住夕陽三峽口人行秋雨二崤間不知何處眞堪畫移得柴門對楚山五曲精廬云歌棹曾窮九曲源精廬迢遞隱屏前閑尋五曲樵溪上三十六峯秋滿船以爲甚有風調今檢集中多韻致楚楚可供吟諷之作正不獨此三詩爲然蓋秀骨出于天成故霞舉雲騫自然雋逸固非抗塵走俗者所可及已乾隆四十七年九月恭

校上

雁門集

臣等謹案雁門集三卷集外詩一卷元薩都拉撰（案薩都拉原作薩都剌今改正）薩都拉字天錫號直齋其祖曰薩拉布哈（案薩拉布哈原作思蘭不花今改正）父曰傲拉齊（案傲拉齊原作阿魯赤今改正）以世勳鎮雲代居于雁門故世稱雁門薩都拉實蒙古人也舊本有干文傳序稱薩都拉者譯言濟善也（案薩都拉蒙古語結親也此云濟善疑文傳以不諳譯語致誤今姑仍原文而附訂于此）則本以蒙古之語連三字爲名而集中溪行中秋玩月詩乃自稱爲薩氏子殊不可解又孔齊至正直記載薩都拉本朱姓非傲拉齊所生其說不知何據豈本非蒙古之人故不諳蒙古之語竟誤執名爲姓耶疑以傳疑闕所不知可矣據所自序稱始以進士入官爲京口錄事長南行臺辟爲掾繼而御史臺奏爲燕南架閣官遷閩海廉訪知事進河北廉訪經歷干文傳序則稱其登泰定丁卯第應奉翰林文字除燕南經歷陞侍御史于南臺以彈劾權貴左遷鎮江錄事宣差後

陟官閩憲幕與自序稍有不同然自序當得其實也虞集作傳若金詩序稱進士薩天錫最長于情流麗淸婉今讀其集信然楊瑀山居新話嘗辨其宮詞中紫衣小隊諸語及京城春日詩中飲馬御溝之句爲不諳國制其說良允然𩥇山詩内誤詠荔枝亦何傷杜牧之詩格乎集本八卷世罕流傳毛晋得别本刋之併爲三卷後得荻匾王氏舊本乃以此本未載者别爲集外詩一卷而其集復完其中城東觀杏花一詩今載道園學古錄中顯爲誤入則編類亦未甚確然八卷之本今不可得故姑仍以此本著錄晋跋又稱尚有無題七言八句百首别爲一集惜其未見今距晋又百餘載其存佚益不可知矣乾隆四十六年十月恭校上

杏庭摘稿

臣等謹案杏庭摘稿一卷元洪焱祖撰焱祖字潛夫歙縣人致仕爲徽州路休寧縣尹而叙其仕履乃曰年二十六爲平江路儒學錄浮梁州長薌書院山長

紹興路儒學正調衢州路儒學教授擢處州路遂昌縣主簿天歷元年年六十二致其仕不及其嘗爲縣尹蓋是時猶沿宋例致仕者率進一官使歸實未嘗仕其職也焱祖嘗作羅願爾雅翼音釋至今附願書以行又有續新安志十卷亦繼願新安志而作蓋亦博洽之士是集爲其子浦江尉在所編所居有銀杏樹大百圍焱祖嘗以杏庭自號因以名集其詩以古近體分列然五言律下注曰長律附不從高棅稱排律七言律下注曰拗律附亦宋人之舊名蓋猶當日原本未遭明人竄亂者也其詩雖純沿宋調而尚有石湖劍南風格抗衡於虞楊范揭諸家則不足以視宋季江湖末派則蟬蛻於泥滓之中矣乾隆四十七年五月恭校上

安雅堂集

臣等謹案安雅堂集十三卷元陳旅撰旅字衆仲莆田人以薦爲閩海儒學官中丞馬祖常奇之與遊京師又爲虞集所知平章事趙世延引爲國子助教考

滿再任後出爲浙江儒學提舉又召入爲應奉翰林文字至元元年遷國子監
丞越二年卒於官事迹具元史儒學傳其集見於本傳者十四卷此本僅十三
卷乃其子籲所編有張翥林泉生二序一作於至正九年一作於十一年目次
與焦竑經籍志相合殆本傳筆誤以三爲四歟史稱其文典雅峻潔必求合於
古作者不徒以徇世好又稱虞集見所作有我志將休付子斯文之語張翥序
亦稱天歷至順間學士虞公以文章擅四方其許與君特厚君亦得相與薰濡
而法度加密蓋紀實也蘇天爵輯元文類其時作者林立而不以序屬諸他人
獨以屬旅殆亦知其文之足以傳信矣乾隆四十七年十月恭校上

傅與礪詩文集

臣等謹案傅與礪詩文集二十卷元傅若金撰若金字汝礪改字與礪江西新
喻人幼力學爲同郡范梈所知得其詩法虞集宋褧以異材薦之臺省館閣交
稱無異辭佐使安南歸除廣州文學教授所著詩集有南征稿使還新稿牛鐸

晉等編范虞諸人皆嘗爲之序至正間其弟若川彙録之名曰淸江集至明洪武中又刻其文集十一卷附錄一卷今詩文總爲一編不知何時所併若金當元極盛之時親承宿老指授故其詩極有軌度而文亦和平雅正無棘吻螯舌之音雖不能雄視詞壇然亦可以劘諸家之壘矣乾隆四十七年十一月恭校上

瓢泉吟稿

臣等謹案瓢泉吟稿五卷元朱晞顏撰考元代有兩朱晞顏其一爲作鯨背吟者其一爲長興人字景淵即著此稿者也晞顏始末無可考惟吳澄集有晞顏父文進墓表載及晞顏稱其能詩文而爲良吏亦不詳其爲何官今以集中諸詩考之則初以習國書被選爲平陽州蒙古掾又爲長林丞司賛鹽賦又曾爲江西瑞州鹽稅蓋以郡邑卑吏終其身者其集藏書之家罕見著錄惟焦竑國史經籍志載有瓢泉集四卷而世無傳本顧嗣立錄元詩三百家亦不及其名

今據永樂大典所載鈔撮編次釐爲詩二卷詩餘一卷文二卷又牟巘鄭僖原序二首尚存仍以編諸卷首集中所與酬贈者爲鮮于樞揭傒斯楊載諸人故耳目薰濡具有法度所作雖邊幅稍狹而神理自淸牟巘序所稱擬古之作今具在集中頗得漢魏遺意異乎以割剝字句爲工其雜文亦刻意研練不失繩墨惟鄭僖所賞麯生菊隱二傳沿毛穎革華之體自羅文葉嘉以求已爲陳因之窠臼僖顧以奇贍許之殆所謂士俗不可醫歟乾隆四十六年三月恭校上

筠軒集

臣等謹案筠軒集十三卷元唐元撰元字長孺歙縣人泰定丁卯以文學授平江路學錄再任建德路分水縣敎諭以徽州路學敎授致仕卒集中朱克用總管詩會序作于至正乙酉自題七十七歲則當生于宋咸淳五年己巳始終皆當元盛時故所作多和平溫厚之音又嘗著易大義見聞錄諸書于經術頗深故議論亦不詭于正據朱文選行狀元有敬堂雜著思樂雜著吳門雜著汾陽

雜著金陵雜著老學藜稿幾七千篇分爲五十卷乃其子桂芳手輯故集中間有桂芳題識此本爲程敏政編入唐氏三先生集者僅詩稿八卷文稿五卷殊非其舊觀其裔孫澤請汪抑之作序啓中亦謂兵燹之餘十存二三則此集亦蠹蝕零落幸而得存矣惟元以鄉校終身未嘗一官臺閣而集中有扈從灤陽清暑四詩又有玉堂夜直詩及察罕諸爾李陵臺諸詩未喻其故或誤收他人之作歟乾隆四十七年十月恭校上

俟菴集

臣等謹案俟菴集三十卷元李存撰存字明遠更字仲公安仁人少博涉百家之書喜爲文章後從上饒陳立泰傳陸九淵之學遂盡焚所著書其論學以省察本心爲主其論文謂唐虞所有之言三代可以不言三代所有之言漢唐可以不言未有六經此理無隱前古聖賢直形容之而已惡能有所增損皆陸氏義也然存所學篤實非他人之流於空虛玄妙者比故其詩文皆平正典雅不

露圭角粹然有儒者之意焉乾隆四十七年五月恭校上

滋溪文稿

臣等謹案滋溪文稿三十卷元蘇天爵撰天爵字伯修眞定人由國子學生試名第一釋褐官至吏部尚書參議中書省事事蹟具元史本傳天爵淸修篤志討論講辨至老不倦生平著述如元文類元名臣事略諸書於掌故皆有關係今並別著於錄此本文集三十卷則其爲江浙行省參政時屬掾永嘉高明臨川葛元哲所編次元哲字廷哲以鄉貢第一人舉進士趙汸東山存稿中有別元哲序一篇載其行履甚詳高明即世所稱高則誠嘗撰蔡中郞雜劇者也天爵少即從學於安熙講明聖賢之道根柢極爲深厚故其所作措詞布局醇雅平實頗近晦菴大全集中文字而又能參以歐蘇宕逸之氣在元代諸名家中可稱自成一隊至其序事之文詳明典核尤有法度集中碑版諸作幾至百有餘篇於元代制度人物史文闕略者多可藉以考見其於一代文獻之寄尤可

無愧焉乾隆四十七年四月恭校上

青陽集

臣等謹案青陽集六卷元余闕撰闕字廷心一字天心世居武威父官合肥遂爲合肥人元統癸酉進士累官淮南行省左丞分守安慶陳友諒陷城自刎死贈行省平章謚忠宣事蹟具元史本傳闕以文學致身于五經皆有傳注篆隸亦精緻可傳而力障東南殉節甚烈故集中所著皆有關當世安危其上賀丞相四書言蘄黄禦寇之策尤爲痛切使策果行則友諒未必能陷江東西也其詩以漢魏爲宗優柔沈涵在元人中别爲一格在闕又爲餘事矣乾隆四十七年十月恭校上

鯨背吟集

臣等謹案鯨背吟集一卷舊本題元朱晞顔撰前有自序署其字曰名世末又有自跋序稱至元辛卯泛海至燕京舟中成七言絶句三十餘首詩尾各以古

句足之其末章云早知鯨背推敲險悔不來時只跨牛因名鯨背吟曹學佺編入十二代詩選中長洲顧嗣立編元百家詩據趙孟頫所作宋无翠寒集序謂无舊以晞顏字行先世自晉陵遷吳冒朱姓至元中其父領征東萬戶案牘當行病痿无代以身代遂入海經高麗諸山未嘗廢吟詠鯨背吟正其時作然序稱偶託迹於胄科未忘情於筆硯緣木求魚乘桴浮海與代父入征東幕府情事渺不相涉與孟頫序所稱西溪王公以茂才舉之辭不就者亦不合又不知其何故矣疑以傳疑可也乾隆四十六年十月恭校上

近光集

臣等謹案近光集三卷扈從詩二卷元周伯琦撰伯琦字伯溫饒州人官至兵部侍郎所著有六書正譌別著錄順帝時伯琦以文章受知遇出入禁廷因裒錄所作爲此二集近光集起後至元八年庚辰由國史院編修擢翰林修撰同知制誥至正元年辛巳爲授經郎經筵譯文官二年壬午爲籥內官四年甲申

陞監書博士五年乙酉改崇文監丞迄於出爲海北廣東道肅政廉訪使凡五年之詩悉從詩則至正十二年壬辰由翰林直學士兵部侍郎拜監察御史扈從上京之作也讀其詩者想見一時遇合之盛而朝廷掌故邊塞風土紀載詳明尤足以資考證焉乾隆四十七年八月恭校上

經濟文集

臣等謹案經濟文集六卷元李士瞻撰士瞻字彦聞先世新野人徙居荆門幼英敏好學至正初中大都路進士中書辟充右司掾除刑部主事累官戶部尚書出督福建海漕就拜行省左丞召入爲參知政事改樞密副使拜翰林學士承旨封楚國公以至正二十七年卒元史不爲立傳惟順帝本紀載至正二十二年樞密副使李士瞻上疏極言時政凡二十事具列其目大抵當時急務蓋亦讜直之士也是集爲其曾孫伸所編文皆自爲右司掾以迄奉使閩中時所著故元史所載時政疏不在其中檢核卷目其與人簡箚至七十餘通幾居全

集之半雖多屬一時酬答之作而當時朝政之姑息兵事之乖方藩臣之跋扈俱可藉以考見梗概至士瞻之彌縫匡救委曲周旋其拳拳憂國之忱不憚再三苦口尤有爲人所難能者元史於順帝時事最稱疎略此集洵足資參訂之助矣士瞻有子延興能嗣其家學所著別有一山文集亦已著於錄云乾隆四十七年九月恭校上

純白齋類稿

臣等謹案純白齋類稿二十卷元胡助撰助字履信一字古愚婺之東陽人始舉茂才爲建康路儒學錄歷美化書院山長溫州路儒學教授用薦再爲翰林國史院編修官秩滿授承信郎太常博士致仕歸時至正五年也自訂著述共三十卷曰純白齋類稿歷年既久殘缺失次今所存賦一卷詩十六卷雜文三卷凡二十卷仍名類稿蓋明正德中其六世孫淮所重編者助與虞集貢奎蘇天爵諸人結契甚密而吳澄尤爲賞激嘗謂所作如春蘭茁芽夏竹含籜露滋

雨洗之餘馥馥幽娟娟娟淨好今觀其詩文不無稍近於平易而神韻清雋格度嚴整猶能不失古意在元末實足自成一家助別著鑾坡小錄升學祭器文有鄧文原吴澄跋語今本並無之蓋已在亡佚卷中矣乾隆四十七年三月恭校上

圭峯集

臣等謹案圭峯集二卷元盧琦撰琦字希韓號立齋惠安人圭峯其所居地鈔本或作圭齋集傳寫誤也琦至正二年進士授州録事遷永春縣尹改調寧德歷官漕司提舉除平陽州命下而卒事迹具元史良吏傳徐𤊹筆精曰圭峯集歲久弗傳近歲惠安莊戸部徵甫蒐而梓之誤入薩天錫詩六十餘首此本爲元陳誠中所編明萬歷初邑人朱一龍福州董應舉序而刻之在莊本之前然已多竄入他作蓋編輯之時務盈卷帙以誇蒐采之富故眞贋溷淆如此也琦官雖不高而列名良吏可不藉詩而傳即以詩論其淸詞雅韻亦不在陳旅薩

都拉下編錄移甲爲乙亦非無因矣集乂載賦三篇記六篇誌銘二篇祭文一篇啓三篇雜著九篇則確出琦作非由假借今删其詩之妄錄者併其文錄之以存琦之眞焉乾隆四十七年五月恭校上

蛻菴集

臣等謹案蛻菴集五卷元張翥撰翥字仲舉晉寧人至元初用隱逸薦召爲國子助教分教上都尋退居淮東會修宋遼金三史起翰林國史院編修官累遷翰林學士承旨致仕加河南行省平章政事給俸終身事蹟具元史本傳案金明昌承安間亦有張翥字曰仲陽劉祁歸潛志記其簽窗小戸寒不到一爐香火四圍書西風了卻黃花事不管安仁兩鬢秋諸句稱其浮艶諸書援引或誤爲一人非也翥常從學于李存傳陸九淵之說詩法則受于仇遠得其音律之奧其詩清圓穩貼格調頗高近體長短句極爲當時所推然其古體亦伉爽可誦詞多諷諭往往得元白張王之遺亦非苟作王士禎居易錄曰蛻菴元末大

家古今詩皆有法度無論子昂伯庸輩即范德機揭曼碩未知伯仲何如其論當矣史稱翥遺稿不傳傳者有律詩樂府僅三卷王士禎則稱蛻菴集四卷明洪武三年錫山郎成鈔本此本乃朱彝尊所藏明初釋大杼手鈔本前後有來復宗泐二人序跋蓋大杼與翥爲方外交元末翥沒無嗣大杼取其遺稿歸江南別爲選次而錄存之考元音乾坤清氣集玉山雅集諸書所錄翥詩尚有出此集之外者則亦非全本也乾隆四十七年十月恭校上

五峯集

臣等謹案五峯集十卷元李孝光撰孝光字季和樂清人隱居教授伯頁台哈布哈常師事之至正七年詔徵隱士以祕書監著作郎召明年陞文林郎祕書監丞所著詩文歲久散佚是編乃弘治甲子懷遠錢杲爲樂清令訪求遺稿得全集于儒生周綸家因俾綸編次刊板杲爲之序仍以五峯集爲名其詩文不分卷帙但以各體分編今依次分爲十卷元詩綺靡者多孝光獨風骨遒上力

欲排突古人樂府古體皆刻意奮厲不作庸音近體五言疎秀有唐調七言頗出入江西派中而俊偉之氣自不可遏中間如贈潘九霞絕句所云道士自稱潘九霞身騎黄鶴大如車借我北窗眠一夜酒醒共喫白丹砂失之矗獷者亦間有之然不害其風格也雜文凡二十首皆矯矯無凡語楊維楨作陳樵集序舉元代作者四人以孝光與姚燧吳澄虞集並稱亦不虛矣乾隆四十七年十一月恭校上

野處集

臣等謹案野處集四卷元邵亨貞撰亨貞字復孺淳安人至正間爲松江訓導占籍華亭其仕履略見于楊樞淞故述中今考集中有送族兄安仲還鄉序云至元中大父處州君以弗克終仕于宋晦迹華亭别業先子遂生華亭至德間大父歸葬故里先子弗克舉家去至今爲華亭人則自其祖時已僑寓松江非亨貞始占籍樞所述猶未詳晰也是編本出上海陸深家深之孫郯爲校正而

刋行之幷所著蛾術詩選蛾術詞選爲十六卷今詩詞二選世已無傳惟此本獨存共雜文六十八首亨貞終于儒官足蹟又不出鄉里故無雄篇巨製以發其奇氣而文章大致清利步伐井然猶能守先正遺矩者案陶宗儀南村輟耕錄載亨貞所作詠眉目沁園春詞二首雋永清麗頗得倚聲三昧蓋所長尤在于此惜詞選已佚今不可得而見矣乾隆四十七年九月恭校上

夢觀集

臣等謹案夢觀集五卷元釋大圭撰大圭字恆白姓廖氏晉江人至元間居泉州之紫雲寺其集本二十四卷首爲夢法一卷夢偈一卷夢事一卷次爲詩六卷次爲文十五卷所謂夢法夢偈夢事者皆宗門語錄不當列之集中其集文亦多青詞疏引不出釋氏之本色均無可取惟其詩氣骨磊落無元代纖穠之習亦無宋末江湖蔬筍之氣吳鑒稱其華實相副詞達而意到不雕鏤而工去纂組而麗屛耘鋤而秀雖朋友推奬之詞然核以所作亦不盡出於溢美蓋石

湖劍南之餘風猶存於方以外矣今刊除其夢法等卷併删除其雜文惟録古今體詩編爲五卷沙礫既捐精華斯露取長棄短期于不失雅音其三乘宗旨聽釋氏之徒自傳之固不必爲彼法計也乾隆四十七年九月恭校上

金臺集

臣等謹案金臺集二卷元納新原本作迺賢今改正撰納新有河朔訪古記已著録是集爲危素所編前有歐陽玄李好文貢師泰三序作于至正壬辰又有黃溍題詞作于至正庚寅末有至正乙酉揭傒斯跋至正辛卯程文跋至正乙未楊彝跋至正己丑台哈布哈原本作泰不華今改正題字至正戊子張起巖題詩復有虞集詩一首及危素一跋均不著年月素跋稱易之金臺前稿余既序之及再至京師又得後稿一卷則此集二卷乃合兩稿編之故集中稱揭傒斯謚爲揭文安而集末乃有傒斯跋也納新天才宏秀去元好問爲近雖晚年内登翰林外參戎幕而仕進非所汲汲惟以遊覽唱酬爲事故氣格軒翥無世俗猥瑣之態其名少

亞薩都拉核其所作視薩都拉無不及也乾隆四十七年九月恭校上

子淵詩集

臣等謹案子淵詩集六卷考子淵詩集散見永樂大典中但題曰元人文淵閣書目載之亦不著撰人名氏而集中有歲晝詩云照我鄉關夢相隨到鄮城鄮故城在鄞縣東唐時析鄮置鄞慈奉鎮四邑隸明州元爲慶元路納新金臺集有懷明州張子淵七律一首又有依韻奉答子淵七律二首今唱和詩俱在集中韻亦相符則當爲慶元路人又鐵釜中蓮詩題下自注敍同時並賦諸人有暨仲深之語則其名當爲仲深又有懷兄子益在橫浦詩以其兄字推之則子淵當爲其字矣集久不傳茲分體綴輯得詩六卷多與納新楊維楨張雨危素袁華周焕文韓性烏本良斯道兄弟唱和之作而納新爲尤夥古詩沖澹頗具陶韋風格律詩雖頗涉江湖末派格意未高然五言如晚市魚蝦集秋山筝蕨多驛路隨江盡湖雲類海寬地通江棧濶天入海門低明月孤城柝秋風弱客

心枯萑晴似雪獨鶴夜如人七言如江村夜迥傳金鼓池館秋深老芰荷滿面
炎塵低客帽一川離思屬荷花家僮解事故攜酒野鳥避人低度牆北風吹沙
弓力勁落日照海旌旗寒秫荒乏釀茶爲酒魚熟難賒米當錢西江返照連虹
影南鎮殘山入雁行亦皆楚楚有致其見重於當時名輩亦有以也乾隆四十
六年四月恭校上

午溪集

臣等謹案午溪集十卷元陳鎰撰鎰字伯銖麗水人嘗官松陽教授後築室午
溪上榜曰蓑猗遂以午溪名其集卷首題前進士曲阜孔暘編選前進士青田
劉基校正前有黄溍張翥孫炎及暘基二人序翥序稱其學於外舅周衡炎序
又稱其學於翥故其詩雖才地稍弱而吐言清脱不失風調蓋淵源有所自來
前又載基暘手柬各一通基柬稱其體製皆佳而近日應酬之作去其一二則
純美暘柬則稱其篇篇合律而中吕字字鏗金而鏘玉今觀其集誠不無稍傷

冗蔓尚少簡汰則基言爲能中其病且基序稱午溪集一卷炎序稱二卷暘序則稱四百餘篇今此本十卷與暘所稱頗相合是基所欲去者暘仍爲存之宜持擇之未能悉歸精粹也乾隆四十七年二月恭校上

葯房樵唱

臣等謹案葯房樵唱三卷附錄一卷元吳景奎撰景奎字文可蘭谿人是集爲其子履與其門人黃琪所編前有至正十八年宋濂序其詩五言古體近白居易七言古體閒似李賀近體亦頗音節宏敞在當時可稱作手特編次時失於簡汰如偶成詩曰挾才勝德世所薄寧我負人天可欺士之言行苟如此聖經賢傳將奚爲殆不成格其他應俗之作亦多榛楛勿翦是則編錄者之過也末附行狀誌傳哀辭共爲一卷傳稱景奎別有百家雅言一書今已不傳云乾隆四十七年四月恭校上

栲栳山人集

臣等謹案栲栳山人集三卷元岑安卿撰安卿字靜能餘姚人所居近栲栳峯故以自號志行高潔窮阨以終其詩有云老成媿苟得童稚羞無官又云人視所爲主結交愼攀援足見其堅苦自立之意集中次韓明善題推篷圖詩稱坡翁仙去二百春以蘇軾卒於宋徽宗初計之蓋當元之中葉故上得見厲元吉下得見危素也是集爲安卿邑人宋禧編輯禧初名元僖洪武間召修元史曾爲安卿題像者是集雖卷帙不多而戛戛孤往如其爲人惟七言古詩時雜李賀溫庭筠之體蓋有元一代風氣如斯然氣骨本清究非圓熟穠冶之習也乾隆四十七年十一月恭校上

集部二十二

別集類二十一

梅花道人遺墨

臣等謹案梅花道人遺墨二卷元吳鎮撰鎮字仲圭自號梅花道人嘉興人嘉興志稱其卒於明洪武中考鎮自書墓碣稱生於至元十七年庚辰卒於至正十四年甲午則未嘗入明志爲舛誤鎮以畫傳初不以文章見重而抗懷高尚窮餓不移胸次既高吐屬自能拔俗舊無專集此本題曰遺墨乃其鄉人錢棻捃拾題畫之作薈稡成編其中如題竹詩陰涼生研池葉葉秋可數東華客夢醒一片江南雨一篇考鎮杜門高隱終於魏塘足迹未至京師不應有東華客夢之句核以高士奇江邨銷夏錄乃知爲鮮于樞詩鎮偶書之非其自作棻蓋未之詳審又鎮畫深自矜重不肯輕爲人作後來假名求售贗蹟頗多亦往往

有庸俗畫賈僞爲題識如題畫骷髏之沁園春詞中漏洩元陽爹娘搬販至今未休諸語鄙俚荒謬亦決非鎮之所爲又如嘉禾八景之酒泉子詞詞既弇陋其序末乃稱梅花道人鎮頓首夫偶自作書爲誰頓首耶即題竹佚句之我亦有亭深竹裏也思歸去聽秋聲亦字也字重疊而用鎮亦不應昧於字義如此凡斯之類蓋皆一例編載未免失於決擇然僞本雖多眞蹟亦在披沙簡金往往見寶要未可以糅雜之故一例廢斥之矣乾隆四十七年五月恭校上

玩齋集

臣等謹案玩齋集十卷拾遺一卷元貢師泰撰師泰字泰甫宣城人以國子生中江浙鄉試除泰和州判官薦充應奉翰林文字出爲紹興府推官復入翰林遷宣文閣授經郎至正十四年擢吏部侍郎除浙江都水庸田使尋拜禮部尚書調平江路總管張士誠據吳避之海上江浙行省丞相承制授參知政事二十年改戶部尙書命督海運二十二年召爲祕書卿道卒事蹟具元史本傳師

泰所著有友迂集余闕序之玩齋集黃溍序之東軒集程文序之又有㚟㚟集閩南集見於李國鳳之序其門人謝肅劉欽類爲一編總名曰玩齋集今未之見明天順間寧國守會稽沈性重加蒐輯得詩文六百五十三首釐爲十卷又補遺一卷其年譜之類別爲一卷附之是爲今本師泰本以政事傳而少承其父奎家學又從吳澄受業復與虞集揭傒斯游故文章亦具有源本其在元末足以凌厲一時詩格尤爲高雅虞楊范揭之後可謂挺然晚秀矣集中題陶淵明五柳圖絶句明詩別裁集以爲燕王篡位之後建文舊臣江右袁敬所作併記敬所本末甚詳然今考明孫原禮所撰元音成於洪武甲子張中達爲之刊板在建文辛巳均在遜國以前而收入是詩題爲師泰作則爲師泰之詩誤附會於敬所非敬所之詩誤竄入師泰集中明矣乾隆四十七年十月恭校上

羽庭集

臣等謹案羽庭集六卷元劉仁本撰仁本字德元天台人以進士乙科歷官溫

州路總管江浙行省左右司郎中時方國珍據有温台諸郡招延士大夫仁本入其幕中參預謀議國珍歲治海舟輸江淮之粟於大都仁本實司其事其所署省郎官蓋即元所授故集中諸作大都感慨阽危眷懷王室其從國珍蓋欲借其力以有爲徐圖興復亦如羅隱之仕吴越實心不忘唐觀其贈李員外自集慶回河南詩云漢兵早已定中華孫述猶鳴井底蛙於明祖顯然指斥其志可知厥後國珍兵敗仁本就擒抗節不撓至鞭背潰爛而死則仁本終始元人未嘗一日入明永樂大典題曰國朝劉仁本非其實也仁本學問淹雅工於吟詠多與趙俶謝理朱右等倡和嘗治兵餘姚作雩詠亭於龍泉左麓彷彿蘭亭景物集一時文士修禊賦詩自爲之敍其文雖不見集中而石刻今日猶存文采風流可以想見故所作皆清雋絶俗不染塵氛其序記諸篇述方國珍與察罕通使及歲漕大都諸事多記傳所不載亦可補史闕原本久佚僅就永樂大典所載以類編次釐爲詩四卷文二卷仍改題曰元劉仁本以存其眞焉乾隆

四十五年十月恭校上

不繫舟漁集

臣等謹案不繫舟漁集十六卷元陳高撰高字子上溫州平陽人至正十四年進士授慶元路錄事未三年輒自免去平陽陷棄家往來閩浙間自號不繫舟漁者明初蘇伯衡訪其遺集釐定成編題曰子上存稿豫章揭汯稱其文上本遷固下獵諸子詩則上遡漢魏而齊梁以下勿論推許未免太過然核其集中文格頗雅潔詩惟七言古體不擅場絕句亦不甚經意至其五言古體源出陶潛近體律詩格從杜甫雖面目稍別而神思無異亦元季之錚錚者矣乾隆四十七年八月恭校上

居竹軒詩集

臣等謹案居竹軒詩集四卷元成廷珪撰廷珪字原常一字元章又字禮執揚州人好學工詩不求仕進惟以吟詠自娛奉母居市廛植竹庭院頗有山林間

意因扁其燕息之所曰居竹軒晚遭世亂避地吳中蹤迹多在峯泖故集中有卜居海上之作後竟歿于松江年七十餘矣其故人邵肅劉欽搜輯遺稿彙而刻之廷珪與河東張翥爲忘年交其音律體製得于翥之切磋者爲多而聲名亦幾與之埒劉欽嘗稱廷珪五言務自然不事雕劌七言律最工深合唐人之體今核其集知欽所言尙非過譽而七言古詩清華遒麗頗近姜夔一流亦自琅琅可誦惟五言古詩僅有七首似不應寥寥至此蓋自知非其擅長遂不多作殆所謂善藏其拙者歟乾隆四十七年五月恭校上

句曲外史集

臣等謹案句曲外史集三卷補遺三卷集外詩一卷元張雨撰雨字伯雨一名天雨別號貞居子錢塘人年二十起家爲進士居黃篾樓一時名公卿爭與之友雨手錄平生詩文甚富明成化間姚綬購求得之嘉靖甲午陳應符讐校付刊凡三卷而以劉基所作墓誌姚綬所作小傳附之崇禎間常熟毛晉復取烏

程閔元衢所錄遺佚若干首爲補遺三卷附以明初諸人酬贈之作晉又與甥馮武搜得雨集外詩若干首合刻之仍以徐世達原序冠於卷首雨詩文豪邁灑落體格遒上早年及識趙孟頫晚年猶及見倪瓚顧瑛楊維楨中間如虞集范梈袁桷黃溍諸人皆深相投契耳濡目染淵源有自固非方外枯槁者流氣含蔬筍者比矣乾隆四十七年二月恭校上

僑吳集

臣等謹案僑吳集十二卷元鄭元祐撰元祐字明德處州遂昌人父希遠徙錢塘元祐復寓平江從之學者雲集優游吳中幾四十年終江浙儒學提舉元祐幼傷右臂每左手作書自號尚左生崑山顧瑛爲玉山文酒之會記序之作多所推屬東吳碑志爭得其言以爲重嘗自輯在吳中所作詩文名僑吳集以授謝徽而序之今此本後有弘治丙辰張習跋語稱元祐本有遂昌山人集與僑吳集多繁複重出因通錄之得詩文之精純者併爲十二卷仍名僑吳集用梓

以傳據此則其集已屬習所重訂非元祐手編原本也集爲文六卷詩六卷文頗疎宕有氣詩亦不失蒼古惟蘇大年墓誌盧熊郡志皆稱元祐以大府薦而爲校官而集中與張德常書有僕贊郡無補蒙移檇李之語又似嘗爲他官者豈大年等有所諱而不書抑元祐代人作而誤入之者耶俱不可考矣集中脱文頗多參校諸本皆同今亦姑仍之云乾隆四十七年五月恭校上

詠物詩

臣等謹案詠物詩一卷元謝宗可撰宗可自稱金陵人其始末無考顧嗣立元百家詩選録是編于戊集之末亦不知其當何代也昔屈原頌橘荀況賦蠶詠物之作萌芽于是然特賦家流耳漢武之天馬班固之白雉寶鼎亦皆因事抒文非主于刻畫一物其託物寄懷見于詩篇者蔡邕詠庭前石榴其始見也沿及六朝此風漸盛王融謝朓唱和相高而大致多主于隸事唐宋兩朝則作者蔚起不可以屈指計矣其特出者杜甫之比興深微蘇軾黄庭堅之譬喻奇巧

皆挺出衆流其餘則唐尙形容宋參議論而寄情寓諷旁見側出于其中其大較也中間如雍鷺鷺崔鴛鴦鄭鷓鴣各以摹寫之工得名當世而宋代謝蝴蝶等遂一題衍至百首但以得句相誇不必緣情而作于是别岐爲詩家小品而詠物之變極矣宗可此編凡一百六首皆七言律詩亦未可言工緻特以格調雖卑才思尙艷詩教廣大宜無所不有元人舊帙姑存之備一體耳乾隆四十七年十一月恭校上

鹿皮子集

臣等謹案鹿皮子集四卷元陳樵撰樵字居采婺州東陽人至正中遭亂不仕遁居圁谷每衣鹿皮因自號鹿皮子考所作北山别業詩三十八首備水石花竹之趣則亦顧阿瑛倪瓚之流非窮鄉苦寒之士也鄭善夫經世要言稱其經學爲獨到然所稱神所知者謂之智實慈湖之緒餘而姚江之先導論其所長當仍在文章是集題曰盧琊子友編其古賦落落有奇氣詩古體五言勝七言

近體七言勝五言大抵七言古體學溫庭筠以幽艷爲宗七言近體學陸龜蒙而琱削往往太甚如春在地中常不死月行天盡又飛來之類則傷於纖俗詩無獺髓痕猶在夢有鸞膠斷若何之類則傷於纖巧顧嗣立元詩選乃標爲佳句列於小傳之內殊失別裁又古詩用韻多以眞諄臻侵同用沿吴棫韻補之謬註殊乖古法近體多以支脂之微齊通押蓋亦誤信吴棫之說夫詩各有體裁韻亦各有界限既僻於復古自可竟作古詩何必更作今體既作今體而又不用今韻則驢非驢馬非馬龜茲王所謂羸矣是皆賢智之過亦不必曲爲樵諱也乾隆四十七年十月恭校上

林外野言

臣等謹案林外野言二卷元郭翼撰翼字羲仲崑山人少從衞培學精于易義嘗獻策張士誠不能用歸耕婁上老得訓導官竟與時忤偃蹇以沒盧熊爲作墓誌見朱珪名蹟錄中翼明敏博學不屑爲舉子業專意作古文詞尤工于詩

嘗自號東郭生又稱野翁而名所著集曰林外野言今所傳凡上下二卷附與顧仲瑛書一篇考玉山名勝乾坤清氣諸集所錄翼詩不見此集者尚多疑已爲翼所刪棄又如題劉龍洲墓送道士遊武當諸詩皆別見呂誠集中則或編詩者所誤入未可知也翼從楊維楨遊爲詩盤屈清硬頗近其流派維楨亦深以精悍許之其間如望夫石精衞詞諸篇皆用鐵崖樂府體尤爲酷似要其筆力挺勁絕無懦響在元季吳下詩人中可謂矯然特出者矣乾隆四十七年九月恭校上

傲軒吟稿

臣等謹案傲軒吟稿一卷元胡天游撰天游名乘龍以字行號松竹主人又號傲軒岳州平江人當元季之亂隱居不仕邑人艾科爲作傳稱其七歲能詩已具作者風力名藉藉一世視伯生子昂不輸一籌其著作兵燹之餘僅存什一雖悲壯激烈微有傷於麤豪而發乎情止乎禮義身處末季惓惓然想見太平

猶有詩人之遺焉科以爲使天假其年遇明太祖必爲劉基宋濂恐未必然也集中陌上花詩小序誤以錢鏐爲梁元帝蓋與酣落筆記憶偶疎又庾信桂華之語誤讀漢書王維垂楊之句訛解莊子亦小有乖舛然論古人者正不在尋章摘句間耳乾隆四十七年五月恭校上

師山集

臣等謹案師山集八卷遺文五卷附錄一卷元鄭玉撰玉字子美歙縣人以經學教授鄉里至正十四年徵爲翰林待制辭疾不就十七年明兵入徽州守將欲要致之具衣冠從容自經死事蹟具元史忠義傳其學尤邃於春秋所作春秋闕疑一書已別著錄此乃其詩文別集自序稱餘力稿而此本實稱師山集蓋重編者所改題史稱玉勤於教學門人受業者衆所居至不能容學者相與即其地構師山書院以處之其名蓋取諸此玉本志節之士覃思六經不以詞藻自見故所作皆平易簡質無復雕刻煅煉之迹而頓挫警拔望而知爲有道

之言揭傒斯歐陽玄皆極重之以爲工於古文嚴而有法蓋勁氣充塞實有肖厥平生者即其文亦自足傳固不僅以人見重矣乾隆四十七年四月恭校上

友石山人遺稿

臣等謹案友石山人遺稿一卷元王翰撰翰字用文其先西夏人元初從下江淮授領兵千戸鎮廬州因家焉翰少襲職有能名累遷江西福建行省郎中陳友定留居幕府敬而憚之表授潮州路總管兼督循梅惠三州友定敗浮海抵交趾不果屏居永福之觀獵山著黃冠服者十一年洪武間辟書再至翰以幼子偁託其故人吳海遂自引決翰本將家子志匡時難不幸遭宗邦顛沛其慷慨激烈之氣往往託之聲詩故雖篇什無多而沈鬱頓挫凛然足見其志節如題畫葵花云憐渠自是無情物猶解傾心向太陽送陳仲實還潮陽云歸去故人如有問春山從此蕨薇多大都憔悴行吟不忘故國其絶命詩云昔在潮陽我欲死宗嗣如絲我無子彼時我死作忠臣覆祀絶宗良可恥今年辟書親到

門丁男屋下三人存寸刃在手顧不惜一死了卻君親恩則於死生之際明決如此亦可知其志之素定也顧嗣立元詩選僅載翰詩二十七首此乃其子倜所輯凡諸體詩八十四首前有陳仲述序後附誌銘哀詞等七篇皆吳海所作已別載海所作聞過齋集茲不具錄云乾隆四十七年十一月恭校上

聞過齋集

臣等謹案聞過齋集八卷元吳海撰海字朝宗閩縣人博學負氣節不悅流俗慕鄒魯之風因自號魯客入明隱居不仕部使者欲薦於朝致書辭之所居有聞過齋嘗自爲之箴因以名集所作多論道之文如謂學本於志必虛心克己而後能有受志立則好篤天下之物無以易之好篤則自力汲汲孜孜而無間斷乃能有進又謂讀書者得以專其力於聖賢之言精其志於身心之學玩其意於國家得失成敗之數考其實於古今治亂興亡之迹則學正道明而書爲有益於世其立言皆有原本蓋能沈潛理學而粹然一出於正者故貢師泰林

泉生極推重之此本乃其門人王偁所編次偁爲元潮州總管王翰之子陳鳴鶴東越文苑稱翰避地永福與海相得驪甚明太祖遣使者强起翰將用之翰不屈死海撫其孤而敎之者即此人也乾隆四十七年八月恭校上

學言稿

臣等謹案學言稿六卷元吳當撰當字伯尙崇仁人澄之孫也以蔭授萬億庫照磨後歷官至翰林直學士江西行省參政元末時隱居不仕陳友諒陷江西遣人辟之當臥床不起送江州拘留一年終不屈洪武初知當名遂索致之惟長揖而已放歸田野隱居廬陵吉水之谷坪所著有周禮纂言及是編其生平忠義之氣凛然百折不回詩亦雄深雅健高出元人之上明新安葉良貴爲崇仁令始付之梓本分九卷國朝臨川李紱重序而刻之爲六卷焉乾隆四十七年九月恭校上

北郭集

臣等謹案北郭集六卷補遺一卷元許恕撰恕字如心江陰人居北郭因號北郭生至正間嘗掌澄江書院入明不仕洪武初其子節官禮部主事爲刻其遺稿每卷首標五七言古其實古今體雜編不專古詩也今爲改正卷末附節述古齋詩六首孫輅詩二首又許穆二首許雲一首則皆其族孫裔所選錄也恕遭元末造避地依人傷懷感事一見于詩雖衰世之音然往往悱惻動人其志亦有可憫者焉乾隆四十七年五月恭校上

玉笥集

臣等謹案玉笥集十卷元張憲撰憲字思廉山陰人家玉笥山因以爲號少負才不羈元亡後變姓名寄食僧寺以沒是集卷首有成化初年安成劉釪序憲祀家元尉參謀不一年間遂居樞府幕時人稱爲都司蓋嘗仕張士誠爲樞密院都事也憲早歲入元都所作紅騮馬歌酬海一漚諸篇皆在集中奇氣鬱勃頗有志于功名後從士誠之招非其本願故其枕上感興詩云拓疆良在念擇

木詎忘覵嘉猷固久抱忠憤欲誰展讀其自悔之詞可以知其志矣初學詩于楊維楨維楨許其獨能古樂府今集中樂府琴操凡五卷皆頗得維楨之體其他感時懷古諸作亦多磊落骯髒豪氣坌湧詩末間附評語蓋亦爲維楨所點定云乾隆四十七年三月恭校上

青村遺稿

臣等謹案青村遺稿一卷元金涓撰涓字德原義烏人本姓劉先世避吳越王錢鏐嫌名改爲金氏嘗受經于許謙又學文章於黃溍嘗爲虞集柳貫所知交薦于朝皆辭不赴明初州郡辟召亦堅拒不起竟敎授鄉里以終所著有湖西青村二集共四十卷兵燹不存嘉靖中其六世孫魁始掇拾散亡編爲此本魁子江始刊板印行以所存無幾非涓手定之原集故題曰遺稿涓于宋濂王褘爲同學褘贈涓詩有惜哉承平世遺此磊落姿句頗曉其沈晦而涓送李子威之金陵詩云若見潛溪宋夫子勿云江漢有扁舟乃深慮其薦達志趣頗高然

其詩則不出江湖舊派摹寫山林篇篇一律殊未爲超詣觀集中有錢塘行在一篇以元統至正間人何至指錢塘爲行在知由耽玩宋末諸集以習熟而誤沿舊語矣特以託意蕭閒不待矯語清高自無俗韻又恬于仕宦疎散寡營亦無所怨尤故品格終在江湖詩上蓋詩道關乎性情此亦一證矣乾隆四十七年十月恭校上

鶴年詩集

臣等謹案鶴年詩集三卷元丁鶴年撰鶴年本回回人祖父世爲顯官鶴年獨不仕尚節操有孝行烏斯道戴良爲作傳以申屠蟠擬之元亡避地四明後歸老武昌山中所爲詩本名海巢集此本但題丁鶴年先生集不知何人所編以各體分載合爲一卷後有鶴年長兄凘東僉都元帥吉雅摩迪音詩九首次兄翰林應奉阿里沙詩三首又鶴年表兄樊川吳惟善詩五首蓋皆後人所附入也鶴年于詩用工極深尤長于五七言近體沈鬱頓挫無元季纖靡之習集中

順帝北奔以後諸作纏綿悱惻不忘故君其志尤有足悲者云乾隆四十七年九月恭校上

貞素齋集

臣等謹案貞素齋集八卷元舒頔撰頔字道原績溪人至元丁丑江東憲使辟爲貴池教諭秩滿調丹徒明正學中教條江淮間從游者甚衆至正庚寅轉台州路儒學正以道梗不赴歸隱山中明興屢聘不出名所居曰貞素齋訓課子孫講解不倦長於詩古文所著有古淡稿華陽集今俱不傳此集乃嘉靖中其曾孫旭玄孫孔昭等所搜輯而績溪知縣遂寧趙春爲之刊行者也頔與同郡朱升鄭玉程文相友善嘗爲馬祖常所器識其文章頗有法律詩則縱橫排宕不尙纖巧織組之習而七古一體尤爲擅場張梓行狀謂其操行堅正不屈不阿甘貧樂道不及功利唐仲實亦謂其於死生禍福一無避忌而稱爲烈丈夫蓋其平日能以伉直自將者故發之於言大抵坦明精卓殊有氣骨固非闒冗

姈娴者比也集內附錄俞希魯等所作銘記數篇又頔弟遠遜遺詩數十首亦孔昭等所採掇附入今並仍其舊錄之焉乾隆四十七年十一月恭校上

一山文集

臣等謹案一山文集九卷元李繼本撰繼本名延興以字行東安人占籍北平登至正丁酉進士授太常奉禮兼翰林檢討考其代雄縣知縣所作禱雨文內稱洪武二十七年則其人明初尚存此集前有李敏序稱爲其子方曙方煦所輯而景泰中黎公穎序則曰其孫容城教諭伸所編意其父子相繼爲之朱彝尊明詩綜蒐羅最備獨未錄是集殆以未仕於明故與楊維楨一例不載顧嗣立元百家詩選內亦未收入則疑流傳頗少嗣立偶未見也其詩文俊偉疏達能不失前人規範在元末諸家中尚爲錚錚獨異者長歌縱横磊落尤爲擅場中有學李白不成流爲盧仝馬異格調者好高之弊因愈於卑靡不振者矣乾隆四十七年十月恭校上

江月松風集

臣等謹案江月松風集十二卷元錢維善撰維善字思復自號心白道人錢塘人領至正元年鄉薦官至儒學副提舉張士誠據吳退隱吳江之筒川又移居華亭明洪武初卒維善初應鄉試時題曰羅剎江賦鎖院三千人不知所出獨維善引枚乘七發證錢塘之曲江即羅剎江大爲主司所稱由是知名其作西湖竹枝詞乃稱斷橋曰段家橋爲瞿宗範所譏並見瞿宗吉歸田詩話然考證之疎密與吟詠之工拙各自一事不以地理之偶誤病及其詩也其集在明不甚顯故焦竑國史經籍志收元人詩集頗夥而維善所作不著錄其傳於世者惟賴良大雅集所錄詩九首而已此本初爲維善手書眞蹟藏於練川陸氏家後歸嘉興曹溶康熙中金侃于溶家鈔得又以甫里許氏藏本較其異同始行于世顧嗣立元詩選所錄即據此本採入者也乾隆四十七年十月恭校上

龜巢稿

臣等謹案龜巢稿十七卷元謝應芳撰應芳字子蘭武進人至正初舉三衢清獻書院山長阻兵居吳築室松江之旁洪武初歸隱横山自號龜巢老人其集一卷爲賦二卷至五卷爲詩六卷至十一卷爲雜文十二卷爲詩餘十三卷至十五卷又爲雜文十六卷十七卷又爲詩編次頗爲無緒疑後人傳寫亂其舊第抑或本爲前集十二卷後集五卷一則先詩而後文一則先文而後詩傳寫誤併爲一集故參錯如是也其詩頗雅潔可觀文則多應酬之作然其中如上周郎中論五事啓上奉使宣撫書與王氏諸子書上周參政正風俗書上何太守書上武進樊大尹書與林掌諭請建先賢祠書皆有關于國計民生人心風俗非徒以筆墨爲物役者觀所作辨惑編力崇正理以糾術數方技之妖妄知爲留心世道之士不但節並柴桑矣乾隆四十七年九月恭校上

石初集

臣等謹案石初集十卷元周霆震撰霆震字亨遠安成人生於前至元末延祐

中再試不偶遂隱居不出從宋諸遺老學古文辭得其法度先世居石門田西自號石田子初遂以石初名齋亦以名集是集詩五卷文五卷乃其門人山東僉事晏璧所編霆震詩文皆縱筆直書不事矜鍊王士禎以陳腐少之至詆爲鄉塾老儒本色然其質朴處亦頗見淳厚之氣尚不致墮入纖佻一派元當至正末造江淮以南寇盜縱横霆震目擊亂離感時抒憤其於兵事始末敘述甚詳而一時忠臣義士捍禦殘疆往往爲之歌詠以傳如豫章吟丁馬謠等篇尤足採遺聞而補史闕雖不及王逢梧溪集之贍博而徵文考獻論古者或亦有取于斯焉乾隆四十七年四月恭校上

山窗餘稿

臣等謹案山窗餘稿一卷元甘復撰復字克敬餘干人其詩受學于張翥雖不及翥之才力富健諸體兼備而風懷澄澹意境脩然五言古體綽有韋柳之遺其格韻乃似在翥上蓋才有所偏長詣有所獨至也元亡之後遁迹以終著作

散佚僅存手墨于同里趙石蒲家凡文四十九篇詩十七首明成化中石蒲之孫琥始爲繕錄開雕復見于世雖零篇斷簡所存無多而詩格文筆一一高潔疑復當日自擇其最得意者手錄此帙故篇篇率有可觀轉勝于珠礫雜陳務盈卷帙徒供覆瓿者矣顧嗣立元詩選稱琥刻是編劉憲爲序稱其詩俊逸清奇此本僅有琥跋不載憲序蓋刊板散失之後輾轉傳鈔佚之矣然復集自足傳亦不以序之有無爲輕重也乾隆四十七年九月恭校上

梧溪集

臣等謹案梧溪集七卷元王逢撰逢字原吉自號席帽山人江陰人當至正間被薦不就避地吳淞江築室上海之烏泥涇適張氏據吳東南之士咸爲之用逢獨高蹈遠引及洪武初徵召甚迫又以老疾辭逢少學詩于陳漢卿得虞集之傳才氣弘敞而不失謹嚴集中載宋元之際忠孝節義之事甚備每於詩首作小序以標其崖略足補史傳所未及蓋其微意所寓也是書傳本差稀王士

禎屬其鄉人楊名時訪得明末江陰老儒周榮起手錄本乃盛傳于世榮起號硯農究心六書毛晉汲古閣刊板多其所校定云乾隆四十七年三月恭校上

吾吾類稿

臣等謹案吾吾類稿三卷元吳皐撰皐元史無傳志乘亦失載其姓名獨永樂大典各韻中頗採錄其詩文題作吳舜舉吾吾類稿又別收胡居敬等原序三篇略具行履知其爲臨川人乃宋丞相吳潛諸孫早遊吳澂之門嘗官臨江路儒學教授元亡後抗志不出遯迹以終而不著其名惟王圻續文獻通考載有吳皐吾吾類稿之目而集中祝文亦有皐忝遊宦語知皐爲其名舜舉乃其字也皐工於韻語所作大都以朴澹爲主不涉元末佻巧纖靡之習詩中紀年多有庚寅壬辰及癸卯甲辰等歲名時正值至正之季盜賊縱橫目擊艱危每深憂憤如和劉聞廷擬古十章反覆於國步將傾藩維弛節而繼之以堂堂尋陽守重義知所本云云特表李黼之忠烈以激厲當時其志有可憫者雖其骨格

未堅尙不能抗行古作者而纏綿悱惻要不失變雅之遺意焉集佚已久顧嗣立元詩選蒐羅最廣亦闕而不載今從永樂大典裒輯共得詩一百二十餘首釐爲三卷其雜文十餘首亦附於後備考核焉乾隆四十五年九月恭校上

樵雲獨唱

臣等謹案樵雲獨唱六卷元葉顒撰顒字景南金華人志行高潔結廬於城山東隅名其地曰雲顒自號雲顒大民集爲其長孫雍所編次自序以爲薪桂老而雲山高寒音調古而巖谷絕響故名曰樵雲獨唱序凡二篇皆題至正甲午而集中多載入明以後詩第二篇乃明興後語疑集先成而雍復次其晚年之所作攙入之故歲月不甚符合耳其詩寫閒適之懷頗有流於頹唐者而胸次超然殊見自得之趣固不必以繩削求之也考顒生於大德庚子至洪武元年戊申年已六十有九而洪武六年七十五歲誕日詩尙純作林泉語又安邱袁凱作序亦惜顒不能及見明之盛並列庶職是入明始終不出今故仍系之於

元人或又謂顒嘗登洪武中進士官行人司副未知何據案王鏊震澤編有東山葉顒字伯昂以鄉貢爲和靖書院山長登科錄建文庚辰榜有葉顒亦金華本貫皆同姓名而非一人其以景南爲明進士者當必因此致誤今並爲辨正庶不至於相混焉乾隆四十七年九月恭校上

桐山老農集

臣等謹案桐山老農集四卷元魯貞撰貞字起元自號桐山老農開化人集中萬青軒記自稱曲阜人蓋曲阜其祖貫也貞生當元末明初是集中文作于元者皆題至正年號其入明以後惟題甲子有栗里抗節之思焉凡文三卷詩一卷蒔不出元末之格且閒有累句蓋非所長其文則聞見頗狹或失考證如武安王廟記迎神詞中有蘭佩下兮桂旗揚乘赤兔兮從周倉句考周倉之名不見史傳是直以委巷俚語鐫刻金石殊乖大雅然人品既高胸懷夷曠一切塵容俗狀無由入其筆端故稱臆而談自饒淸韻譬諸深山幽谷老柏蒼松雖不

中繩規而天然有出塵之意其故正不在語言文字間矣乾隆四十七年八月恭校上

靜思集

臣等謹案靜思集十卷元郭鈺撰鈺字彥章吉水人少負奇氣元末遭亂隱居不仕江西通志稱其于明初以茂才徵辭疾不就今案集中有辛亥秋詔舉秀才余以耳聾足躄縣司逼迫非情因成短句一詩辛亥爲洪武四年蓋即其事又癸丑首正詩中有肓廢倦題新甲子醉來謾說舊山川貞元朝士今誰在東郭先生每自憐之句是其不忘故國抗迹行吟志操可以槩見又有乙卯新元六十生辰詩則其入明已八年矣迹其生平轉側兵戈流離道路目擊時事阽危之狀故見諸吟詠者每多愁苦之詞如悲廬陵悲武昌諸篇慷慨激昂于元末盜賊殘破郡邑事實言之確鑿尤足裨野史之闕其遺集本藏于家嘉靖間羅洪先始爲序而傳之而其孫廷詔等不知編次之法前後舛錯殊無義例以

行世既久今亦姑仍其舊焉乾隆四十七年九月恭校上

九靈山房集

臣等謹案九靈山房集三十卷元戴良撰良字叔能浦江人嘗學文於柳貫黃溍吳萊學詩於余闕旁及天文地理醫卜佛老之書無不該悉元末以薦授淮南江北等處行中書省儒學提舉已而挈家浮海至膠州又僑居昌樂洪武六年南還變姓名隱四明山十五年徵入京欲官之以老疾固辭卒良世居金華九靈山下故自號九靈山人其集曰山居稿曰吳遊稿曰鄞遊稿曰越遊稿後跋又云集外有和陶詩一卷今檢集中越遊稿內已有和陶詩一卷而門人趙友同所作墓誌亦云和陶詩一卷九靈集三十卷不在集目之内或本別有和陶一卷而爲後人合併於集中未可知也良自元亡之後睠懷宗國慷慨激烈發爲吟詠多磊落抑塞之音故其自贊謂識字不如揚子雲摛文不如沈休文而歌黍離麥秀之詩詠賸水殘山之句於二子庶幾無愧觀其所作亦可謂皭

然不渝其志者矣乾隆四十七年四月恭校上

灤京雜詠

臣等謹案灤京雜詠一卷元楊允孚撰允孚字和吉吉水人其始末未詳惟集後羅大已跋稱楊君以布衣襆被歲走萬里窮西北之勝凡山川物產典章風俗無不以歌詠紀之則允孚似未登仕版者然第四十九首注稱每湯羊一膳具數十六餐餘必賜左右大臣日以爲常予嘗職賜故悉其詳云云則亦順帝時尙食供奉之官非遊士矣又末數首中一則曰宮監何年百念消冠簪驚見鬢蕭蕭挑鐙細說前朝事客子朱顏一夕凋一則曰强欲驅愁酒一卮解鞍閒看古祠碑居庸千載興亡事惟有中天月色知一則曰試將往事記從頭老鬢征衫總是愁天上人間今又昔灤河珍重水長流則是集蓋作於入明之後故羅大已序有兵燹所過莽爲邱墟回視曩遊慨然永歎語也其詩凡一百八首題曰百詠蓋舉成數其曰灤京者以灤河逕上都城南故元時亦有此稱詩中

所記元一代避暑行幸之典多史所未詳其詩下自注亦皆賅悉蓋其體本王建宮詞而故宮禾黍之感則與孟元老之東京夢華錄吳自牧之夢粱錄周密之武林舊事同一用意矣乾隆四十七年四月恭校上

雲陽集

臣等謹案雲陽集十卷元李祁撰祁字一初別號希蘧茶陵人元統元年進士除應奉翰林文字改授婺源州同知選江浙儒學副提舉以母憂解職會天下已亂遂隱永新山中元亡自稱不二心老人年七十餘乃卒祁爲詩沖融和平自合節度文章亦雅潔有法其初登第也元制以漢人南人爲左榜蒙古色目人爲右榜（案元制尚右故元史梁增傳稱諭安南以新朝尚右之禮蒙古色目人爲右榜以此）祁爲左榜第二人其右榜第二人則余闕也後闕死節而祁獨轉側兵戈間嘗爲闕序青陽集以不得乘一障効死如廷心爲恨又稱世之貪生畏死甘就屈辱靦然以面目視人在斯文之喪益掃地盡矣蓋與闕雖出處稍殊死生各異而其惓惓故主義不負心

則大節如一昔宋理宗寶祐四年榜得文天祥爲狀元又得陸秀夫謝枋得二
人是榜得李黼爲狀元而又得祁與闕二人黼不愧文天祥闕不愧陸秀夫而
祁亦不愧謝枋得是二榜者後先輝映亦可云科名之盛事矣初明兵至永新
祁中刃僵道左千戶俞子茂詢知爲祁舁歸禮待之雖幸不死然洪武中徵召
舊儒祁獨力拒不起子茂重其爲人祁歿之後子茂爲刻其遺集十卷至弘治
間其五世從孫東陽搜輯遺稿屬吉安守顧天錫重鋟即此本也　國朝康熙
中廣州釋大汕復以意删削併爲四卷然大汕雖號方外實權利之流其學識
不足以知祁去取深爲未當故今仍以原本著錄存其眞焉乾隆四十七年十
月恭校上

南湖集

臣等謹案南湖集二卷元貢性之撰性之字友初歸田詩話作有初未詳孰是
也宣城人尚書師泰之族子元季以胄子除簿尉後補閩省理官洪武初徵錄

師泰後人大臣以性之薦性之避居山陰更名悅其從弟仕于朝者迎歸金陵宣城俱不往躬耕自給以終其身其集名曰南湖雖仍以宣城祖居爲目其實沒於浙東終始未歸也集中題畫馬詩云記得曾陪仙仗立五雲深處隔花看題蒲萄詩云憶騎官馬過灤陽馬乳纍纍壓架香蓋惓惓不忘故國又題墨菊詩曰柴桑生事日蕭然解印歸來只自憐醉眼不知秋色改看花渾似隔輕煙題陶靖節像曰解印歸來尙黑頭風塵吹滿故園秋一生心事無人識剛道逢迎愧督郵其不事二姓之意尤灼然可見貢欽嘗謂會稽王元章善畫梅得其畫者無貢南湖題詩則不貴重故集中多詠梅詩嘗題絶句云王郎胸次亦清奇盡寫孤山雪後枝老我江南無俗事爲渠日日賦新詩又云王郎日日寫梅花寫徧杭州百萬家問我題詩如索債詩成贏得世人誇其他題畫之作尤多蓋人品旣高故得其題詞則縑素爲之增價有不全繫乎詩者歸田詩話稱其吳山游女及送戴伯貞之廣西兩篇未足以盡性之也乾隆四十七年九月恭

校上

佩玉齋類稿

臣等謹案佩玉齋類稿十卷元楊翮撰翮字文舉上元人父剛中大德間官翰林待制著有霜月集今已不傳翮初爲江浙行省掾至正中官休寧主簿歷江浙儒學提舉遷太常博士剛中爲時名宿所學具有原本當代勝流多與之遊翮承其家訓益鏃厲爲古文詞觀虞集楊維楨等所作序皆儼然以父執自居則其指受提撕必爲親切故其文章格律多得自師友見聞意態波瀾能不失先民矩矱雖邊副未廣醞釀未深而法度謹嚴視無所師承徒以才氣馳騁者則相去遠矣是集刊於至正末而劉仔肩選明雅頌正音乃採入其詩又楊基集悼楊文舉博士詩亦有白髮蒼髯老奉常亂離終喜得還鄉句則其歿當在洪武初年今以其未受明祿故仍系之元人焉乾隆四十七年八月恭校上

臣等謹案清閟閣全集十二卷元倪瓚撰瓚字元鎭號雲林無錫人晝居逸品詩文不屑屑苦吟而神思散朗意格自高不可限以繩墨明天順間宜興蹇朝陽有刻本至萬歷中其八世孫珵等復爲彙刋凡十五卷歲久漫漶惟毛晉所刋十元人本行世國朝康熙癸巳上海曹培廉重爲編定校勘付梓多所增補凡詩八卷雜文二卷外紀二卷上卷列遺事傳銘並贈答弔輓之作下卷專載諸家品題詩畫語毛晉又嘗刋雲林遺事于集外別行培廉裒爲一編瓚之文章行誼備錄無遺其校勘體例亦較毛本爲精善云乾隆四十七年九月恭校上

玉山璞稿

臣等謹案玉山璞稿一卷元顧瑛撰瑛一名阿瑛又名德輝字仲瑛崑山人少輕財結客年三十始折節讀書與天下勝流相唱和舉茂才署會稽教諭辟行省屬官皆不就年四十即以家產盡付其子元臣卜築玉山草堂池館聲伎圖

畫器玩甲于江左風流文采傾動一時後元臣仕爲水軍副都萬戶元亡隨例徙臨濠瑛亦偕往洪武二年卒嘗自題其畫像曰儒衣僧帽道人鞋天下青山骨可埋若說舊時豪俠輿五陵裘馬洛陽街紀其實也明史文苑傳附載陶宗儀傳末楊循吉蘇談曰何瑛好事而能文其所作不逮諸客而詞語流麗亦時動人故在當時得以周旋騷壇之上非獨以財故也今觀所作雖生當元季正詩格綺靡之時未能自拔于流俗而清麗芊緜出入于溫岐李賀間亦復自饒高韻未可概以詩餘斥之集末附步虛詞四章體摹眞誥又小詞二首文二篇拜石壇記頗疎峭玉鸞一傳爲楊維楨得籥而作摹擬毛穎革華則不免陳因窠臼矣隆乾四十七年九月恭校上

麟原集

臣等謹案麟原集前後二編元王禮撰禮字子尚後更字子讓廬陵人元末嘗爲廣東元帥府照磨明興不仕聘爲考官亦不就江西通志載吉安人物有王

子讓而無王禮蓋誤以子讓爲名也禮工於文章著述甚富嘗選輯同時人詩爲天地間集其名見於郭鈺靜思集中今已失佚惟是編尚存分前後兩集各十二卷禮當元室淪胥以後匿迹逃名堅卻爵祿皭然能弗渝其志其故國舊君之念一皆託之於文辭故所作大都主之以仁義激之以忠憤不爲異辭詭說而深沈懇到無不饜理而切心蓋其立身具有本末故所抒皆根柢之言與襲貌遺神者迥別劉定之作序稱當時有與子讓同出元科目佐幕府攀附龍鳳自擬留文成而豪氣澌滅無餘者蓋借禮以詆劉基其說固不無過當然禮節操之足重亦大略可見矣乾隆四十七年四月恭校上

來鶴亭集

臣等謹案來鶴亭集八卷補遺一卷元呂誠撰誠字敬夫崑山人遭元季之亂隱居不仕家有園林嘗蓄一鶴後有鶴自來爲伍因築來鶴亭與同縣郭翼陸仁袁華等相倡和詩格清麗爲楊維楨鄭東所推許顧嗣立選元百家詩以是

集列之元人中今考集中第一卷多嶺南詩二卷有洪武辛亥南歸重渡梅關詩云去年竄逐下南溟萬里歸來鬢已星辛亥爲洪武四年則明初嘗謫還廣東已而赦歸者第八卷詩內有洪武癸酉紀年是爲洪武二十六年上距至正七年丁亥楊維楨爲作集序之時已四十七年則入明已久矣維楨序稱嘗和其古樂府自上京至江南諸弄若干首今集中皆無之據顧嗣立所選尚有既白軒竹洲歸田等稿今止題來鶴亭集蓋散佚之餘後人重爲裒輯已非當日之原本也乾隆四十七年三月恭校上

雲松巢集

臣等謹案雲松巢集三卷元朱希晦撰希晦樂清人元末以詩名與吳主一趙彥明稱鴈山三老明初有薦於朝者朝命未至而卒是集乃其子幽所編天台鮑原宏爲之序正統中其玄孫元諫刊板章陬又爲序之原宏序稱其飄逸放曠宗於李典雅雄壯宗於杜陬序稱其思致精深詞意豐贍滔滔汩汩如驚濤

怒濤蛟鼉出沒而可駭可愕今觀其詩五言詩氣格頗清而邊幅少狹興象未深數首以外詞旨略同七言稍爲振拔古體又勝於近體蓋瓣香於劍南一集者原序所稱未爲篤論然在明初諸家中固可稱猶有典型者矣乾隆四十七年八月恭校上

環谷集

臣等謹案環谷集八卷元汪克寬撰克寬有禮經補逸已著錄其平生以聚徒講學爲業本不留意于文章談藝之家亦未有以文章稱克寬者然其學以朱子爲宗故其文皆持論謹嚴敷詞明達無支離迂怪之習詩僅存十餘首雖亦濂洛風雅之派而其中七言古詩數首造語新警乃頗近溫庭筠李賀之格較諸演語錄以成篇方言俚字無不可以入集者亦殊勝之在其鄉人之中不失爲陳櫟胡炳文之亞文士之文以詞勝而防其害理詞勝而不至害理則其詞可傳道學之文以理勝而病其不文理勝而不至不文則其理亦可傳固不必

以一格繩古人矣此集爲　國朝康熙初其裔孫宗豫所輯前列行狀年譜墓表又有三原孫枝蔚序稱祁門三汪先生集蓋與其孫之集合爲一編今以時代各異析之各著錄焉乾隆四十七年九月恭校上

性情集

臣等謹案性情集六卷元周巽撰巽事蹟不見於他書其詩集諸家亦未著錄惟文淵閣書目載有周巽泉性情集一部一册與永樂大典標題同吉安府志又載有周巽亭白鷺洲洗耳亭二詩檢勘亦與此集相同而集中擬古樂府小序則自題曰龍唐鼇艾周巽云云以諸條參互考之知巽爲其名而巽泉巽亭乃其號與字也集中自稱嘗從征道賀二縣猺寇以功授永明簿則在元曾登仕版而所紀干支有丙辰九月當爲洪武九年則明初尚存矣巽詩格不高頗乏沈鬱頓挫之致然其抒懷寫景亦頗近自然要自不失雅則集以性情爲名其所尚蓋可知也元末吉州一郡如周霆震楊允孚郭鈺等皆有詩集流傳而

巽詩獨佚殆亦有幸不幸歟今據永樂大典所載搜羅編緝釐爲六卷俾與石初諸集存於世亦未嘗不分路爭馳矣乾隆四十六年四月恭校上

花谿集

臣等謹案花谿集三卷元沈夢麟撰夢麟字原昭吳興人舉至元已卯鄉薦授婺源州學正遷武康令至正時解官歸隱明初以賢良徵辭不起應聘入浙闈校文者三爲會試同考者再太祖稱之曰老試官然知其志不可屈亦不强以仕年垂九十而卒是集爲其玄孫江西按察司僉事靖所編凡詩文四百二十四篇夢麟博通羣經尤邃于易與趙孟頫爲姻家傳其詩法七律最工時稱沈八句劉基早與之游嘗寄贈曰杜陵老去詩千首陶令歸來酒一樽其文其人具見于是矣乾隆四十七年九月恭校上

樗隱集

臣等謹案樗隱集六卷元胡行簡撰行簡字居敬新喻人至正二年進士授國

子監助教歷翰林修撰除江南道御史遷江西廉訪司經歷遭世亂乞歸以經學教授鄉里事蹟見江西通志中考明史禮志載洪武二年詔郡縣舉高潔博雅之士同修禮書至者八人而行簡與焉是明初尚存故集中晏公廟喻眞人二碑均有洪武年號然明太祖實録又載徵江西儒士劉于胡行簡等至京欲官之俱以老病辭各賜帛遣還則尚未嘗受明官也行簡文章以沖和澹雅爲宗雖波瀾未闊而能確守法度不爲支離冗贅之詞擬之元末殆李祁雲陽集之流其詩傳者無多墨竹絶句於故君舊國之思再三致意亦頗可見其節操焦竑經籍志所列元末明初諸集爲數最夥而獨無此集之目是明代傳本已尠今從永樂大典蒐輯編綴釐爲六卷存其槪焉乾隆四十五年九月恭校上

東山存稿

臣等謹案東山存稿七卷元趙汸撰汸有周易文詮已著録初汸于洪武二年應召修元史歸未逾月而卒其門人汪蔭裒輯遺文爲一編後其門人范準又

蒐羅補綴汪仲魯爲之序但稱若干卷而不詳其數似作序時尚未編定也又有嘉靖戊午鮑志定序稱文集散佚間雖輯于汪范二君而未備也先翰林于先生爲莫逆交故諸所撰述留余家藏書樓中大率悉備先君子棠野公追念世好收摭先生遺文總彙成集攜遊北雍潛川豫菴汪君極請繡梓云云則此本乃志定之父所編非汪蔭范準之舊也凡詩詞一卷文六卷詩文間註本事有似汸自註者有稱汸爲先生如贈推命焦月巖詠蟋蟀二詩之類灼然爲後人所加者詳其語意殆汪范二人所附歟乾隆四十七年十一月恭校上

東維子集

臣等謹案東維子集三十卷附錄一卷元楊維楨撰維楨有鐵崖樂府麗則遺音諸集已著錄此其初刊詩文集也維楨以詩文奇逸雄跨一時此編乃錄文二十八卷詩僅兩卷又以雜文六篇足之蓋以文集爲主詩特附行耳朱國楨湧幢小品載王彝嘗詆維楨爲文妖今觀所傳諸集詩歌樂府出入于盧仝李

賀之間奇奇怪怪溢爲牛鬼蛇神者誠所不免至其文則文從字順無所謂翦
紅刻翠以爲塗飾聱牙棘口以爲古奥者也觀其于句讀疑似之處必旁注一
句字使讀者無所歧誤此豈故爲險僻欲使人讀不可解者哉其作鹿皮子文
集序曰盧殷之文凡千餘篇李礎之詩凡八百篇樊紹述著樊子書六十卷雜
詩文凡九百餘篇今皆安在哉非其不傳也言龎義淫非傳世之器也孔孟而
下人樂傳其文者屈原荀況董仲舒司馬遷又其次王通韓愈歐陽修周敦頤
蘇洵父子我朝則姚公燧虞公集吳公澄李公孝光凡此十數君子其言皆高
而當其義皆奥而通也觀其所論則維楨之文不得概以妖目之矣又考陶宗
儀輟耕錄載維楨正統辨一篇謂元應繼宋而不繼遼金其文不載集中臣等
初疑其說未當今蒙　聖諭指示以統系代嬗之義大公至正啟發愚蒙爲論
世之準的謹恭錄冠于卷端並遵　旨補錄正統辨一篇列爲卷首仰見　大
聖人察邇用中不以人廢言洵足以昭示萬世矣乾隆四十七年十一月恭校

上

鐵崖古樂府

臣等謹案鐵崖古樂府十卷樂府補六卷元楊維楨撰其門人吳復所編維楨以樂府擅名此其全帙也樂府始於漢武後遂以官署之名爲文章之名其初郊祀等歌依律制詩橫吹諸曲採詩協律與古詩原不甚分後乃聲調迥殊與詩異格或擬舊譜或製新題輾轉日增體裁百出大抵奇矯始於鮑照變化極於李白幽艷奇詭別出蹊徑歧於李賀元之季年多效溫庭筠體柔媚旖旎全類小詞維楨以橫絕一世之才乘其弊而力矯之根柢於青蓮昌谷縱橫排奡自闢町畦其高者或突過古人其下者亦多墮入魔趣故文采照映一時而彈射者亦復四起然其中如擬白頭吟一篇曰買妾千黃金許身不許心使君自有婦夜夜白頭吟與三百篇風人之旨亦復何異特其才務馳騁意務新異不免滋末流之弊是其一短耳去其太甚則可欲竟廢之則究不可磨滅也惟維

楨於明初被召不肯受官賦老客婦謠以自況其志操頗有可取而樂府補內有所作大明鐃歌鼓吹曲乃多非刺故國頌美新朝判然若出兩手據危素跋亦即聘至金陵時所作不知何以乖謬至是核以大義殆不止於白璧之微瑕矣乾隆四十七年九月恭校上

復古詩集

臣等謹案復古詩集六卷元楊維楨撰所載皆琴操宮詞冶春遊仙香奩等作而古樂府亦雜廁其間乃其門人章琬所編以其體皆時俗所置而不爲故以復古爲名琬序稱輯前後所製者二百首連吳復所編又三百首而今止一百五十二首數不相符或後人已有所删削非完本歟其中香奩諸詩爲他本所不載古樂府諸篇則與鐵崖樂府相複者數十首而稍有異同如石婦操山夫折山花句上樂府本尙有峩峩孤竹岡上有石層層二句山頭朝石婦句樂府本作歲歲山頭歌石婦又烽燧曲一首樂府本以上二句作下二句其文互有

顛倒又樂府本所載詩題與此本異者如北郭詞之作屈婦詞秦宮曲之作桑陰曲合歡詞之作生合歡空桑曲之作高樓曲此類不一而足蓋吳復編鐵崖樂府在至正六年琬編此集在至正二十四年相距幾二十載殆維楨於舊稿又有所改定故琬據而錄之此當從其定本不當泥其初稿矣乾隆四十七年十月恭校上

麗則遺音

臣等謹案麗則遺音四卷元楊維楨撰維楨東維子集不載所作古賦鐵崖文集中亦僅有土圭蓮花漏記里鼓車三作而他賦槩未之及是集爲賦三十有二首皆其應舉時私擬程試之作乃維楨門人陳存禮所編而刊板於錢塘者至正二年維楨自爲之序其後漸佚不傳明史藝文志中備錄維楨著述書目亦無是集之名明末常熟毛晉偶得元乙亥科湖廣鄉試荆山璞賦一册而是集實附卷末始爲重刊以行其荆山璞賦五首并綴錄於後以存其舊元代設

科例用古賦行之既久亦復剽竊相仍末年尤甚如劉基龍虎臺賦以場屋之作爲世傳誦者百中不一二也維楨才力富健回風馳霆擊之氣以就有司之繩尺格律不更而神采迥異遽擬諸詩人之賦雖未易言然在科舉之文亦可云卷舒風雲吐納珠玉者矣乾隆四十七年五月恭校上

夷白齋稿

臣等謹案夷白齋稿三十五卷外集一卷元陳基撰基字敬初臨海人元季從其師黃溍至京師授經筵檢討嘗爲人草諫章幾獲罪亟避歸張士誠據吳引爲學士書檄多出其手明興太祖召入與修元史賜金而還寓舍有夷白齋故以名其稿内集詩十一卷文二十四卷外集詩文合一卷大抵皆元世所作基本傳黃溍之學故所爲詩文馳騁操縱而自有雍容紆餘之氣能不失前輩矩度朱存理樓居雜著有跋夷白齋稿一篇稱得鈔本于王東郭家臨寫一部計二百九十六番裝爲五册而不言其卷數又有跋夷白齋拾遺一篇稱尚寶李

公前修郡乘時先得海虞人家本一册復有遺文三十五篇予悉錄之今得王氏本相校異同于海虞本錄出爲拾遺一卷吳中尤氏有遺墨數紙內有陳基傳謝徽詩併存拾遺後云云據其所言頗與今本相近然存理但云拾遺爲遺文而此本外集有詩或後人又有所更定歟乾隆四十七年十月恭校上

庸菴集

臣等謹案庸菴集十四卷元朱禧撰禧初名元禧後改名禧字无逸庸菴其號也餘姚人元至正庚寅中浙江鄉試補繁昌教諭尋棄歸洪武初召修元史所撰外國傳自高麗以下悉出其手書成不受職乞還山復與桂彥良同徵主考福建故明史列之文苑中附見趙壎傳末然集中題桐江釣隱圖有云黃冠漫憶賀知章老病憐予簡書趣又寄宋景濂云當時十八士去留各有緣而戴良贈以詩亦有麥秀歌殘已白頭逢人猶自說東周之句則亦沈夢麟趙汸之流非危素諸人比也禧學問源出楊維楨維楨才力橫軼所作詩歌以奇譎兀奡

凌轢一世效之者號爲鐵體而禧詩乃清和婉轉獨以自然爲宗頗出入香山劍南之間文亦詳贍明達而不詭於理可謂善學柳下惠莫如魯男子矣黄虞稷千頃堂書目載庸菴文集三十卷又庸菴集十卷自明以來未有刊板故流播絶稀今浙江所採進者乃其詩集即千頃堂書目所云十卷之本而文集則已久佚惟永樂大典各韻内詩文並載尚具梗槩以浙本相校其詩惟多七言絶句四首詞一首其他轉不若浙本之詳備疑編錄之時多所删汰其雜文每題之下各載年月檢勘皆至正間所作而入明乃無一篇當亦不免有所遺脱然世無傳本惟藉此以獲見一斑尤不可不亟爲甄錄謹據浙本參互考證仍編詩集爲十卷文集則別鳌爲四卷又從西湖志補詩二首餘姚志補文二首統題作庸菴集以備元末之一家焉乾隆四十六年九月恭校上

可閒老人集

臣等謹案可閒老人集四卷明張昱撰昱字光弼自號一笑居士廬陵人元末

左丞楊鄂勒哲鎮江浙𤽄參謀軍府官歷左右司員外郎行樞密院判官元末棄官不仕張士誠招禮之不屈明太祖徵之至京召見憫其老曰可閒矣厚賜遣歸更號可閒老人放浪山水年八十三乃卒瞿宗吉歸田詩話記其酒酣自誦歌風臺詩以界尺擊案淵淵作金石聲曰我死埋骨湖上題曰詩人張員外墓足矣其風雅可以想見也其詩學出於虞集故具有典型舊稿散佚正統元年楊士奇始得殘帙於給事中夏時以授浮梁縣丞時昌刻之此本即從正統刻本傳寫者士奇原序尚載於卷端其詩如五王行春詞歌風臺諸作皆蒼莽雄肆得歌行正則七絕天寶宮詞輦下曲宮中詞不獨詠古之工且足補史乘所未載顧嗣立元詩選嘗錄其詩於辛集中其小傳引楊士奇序云云所見蓋即此本然舊板久佚流傳漸寡在近時頗爲難得云乾隆四十七年十一月恭校上

石門集

臣等謹案石門集七卷明梁寅撰寅字孟敬新喻人世業農寅獨自力於學淹貫五經百氏元末辟集慶路儒學訓導以親老乞歸隱居教授明洪武初徵修禮書寅年已六十餘書成將授官稱老病辭還結廬石門山四方士多從學稱爲梁五經又稱石門先生事蹟具明史儒林傳寅平生著述甚富於易書詩春秋周禮禮記皆有訓釋其史學則策要史斷等書雜著則耄言論林蒐古集格物編等書不下數千卷今俱已散佚惟詩文集僅存而世所行又有二本一即此本乃馬氏玲瓏山館所鈔一爲新喻知縣崇安暨用其所刋本分爲十卷與此本稍有詳略而大致不甚相遠寅邃於經術故其文皆能原本注疏經義紛綸頗爲醇雅有法詩亦春容淡遠規仿陶韋殊無塵俗之氣惟河源一記過信都實之說其失正與潘昂霄相同書生拘墟之見承譌襲謬無足多責固存而不論焉可矣乾隆四十七年五月恭校上

臣等謹案玉笥集九卷明鄧雅撰原本集首但題鄧伯言而不著其名今案集中洪武壬戌辭聘詩有雅以非才例蒙郡舉云云則知其名爲雅而伯言乃其字也又詩作于郡中徵聘之時而末一卷爲朝京紀行詩且有應制賦鍾山雲氣沍寒之作則是當時懇辭不允仍起送入都朝見後始得請歸老者矣時梁寅方講學石門山中雅爲其鄉人因以近稟屬定相與酬贈篇什頗多辭榮名而就有道其志操亦頗有可尙者乃江西通志失載其人詩集諸家亦俱未著錄惟此鈔帙僅存卷首有梁寅序及答書一首何淑丁節戴正心序各一首謝觀題詞一首皆極相推挹今觀其詩格調平正雖未免稍涉率易而氣味沖澹頗有自然之致究爲不失雅音與梁寅石門集體裁正復相近宜其契合之深也明初詩人遺集之獲傳者已尠此固亦足備一家矣乾隆四十七年十月恭校上